Cloud-Network Convergence based
5G Technology and Application Innovation

基于云网融合的 5G技术与应用创新

谢沛荣　毛聪杰　谭 华　阳志明　陈 鹏　许 森 / 主编

人民邮电出版社
北京

图书在版编目（CIP）数据

基于云网融合的 5G 技术与应用创新 / 谢沛荣等主编.
北京 ： 人民邮电出版社，2025. -- ISBN 978-7-115
-65615-5

Ⅰ. TN929.538

中国国家版本馆 CIP 数据核字第 2024114AF2 号

内 容 提 要

本书作者所在研究团队根据中国电信 2020 年提出的"网是基础，云为核心，网随云动，云网一体"的 16 字方针，设计了以云网融合为特征的 5G 创新方案。本书基于上述方案，对基于云网融合的 5G 技术与应用创新进行了阐述。首先回顾了 5G 需求与面临的挑战、全球 5G 频谱的分配情况、5G 标准演进历程和 5G SA 架构及组网方案，通过分析 5G 覆盖增强、云边协同、网络切片和能力开放四大特性，让读者对基于云网融合的 5G 技术有更深入的了解；然后重点阐述了基于云网融合的 5G 网络云化部署与演进，从 5G 网络共享、5G 网络运营支撑系统和 AI 赋能 5G 网络几个方面介绍了 5G 网络部署方案和运维情况，并对云网一体下的 5G 应用创新进行了展望；最后对 5G Rel-16～Rel-18 标准的演进情况进行了综述。

本书面向希望了解 5G 技术及应用创新的人士，不仅可以作为移动通信行业和相关垂直行业从业人员的技术参考书，也可以作为高等院校信息通信相关专业的教材。同时，本书对 5G 技术爱好者也具有阅读和参考价值。

◆ 主　　编　谢沛荣　毛聪杰　谭　华　阳志明　陈　鹏　许　森
　　责任编辑　高　珮
　　责任印制　马振武

◆ 人民邮电出版社出版发行　　北京市丰台区成寿寺路 11 号
　　邮编　100164　电子邮件　315@ptpress.com.cn
　　网址　https://www.ptpress.com.cn
　　固安县铭成印刷有限公司印刷

◆ 开本：710×1000　1/16
　　印张：22　　　　　　　　　　　2025 年 8 月第 1 版
　　字数：415 千字　　　　　　　　2025 年 8 月河北第 1 次印刷

定价：189.80 元

读者服务热线：(010)53913866　印装质量热线：(010)81055316
反盗版热线：(010)81055315

编辑委员会

前 言
Preface

从 20 世纪 80 年代蜂窝移动通信问世至今，移动通信技术经历了从 1G 到 5G 的演变，每一次技术升级都会带来新的应用，持续地为人类提供便利和惊喜。在通信技术发展的过程中，中国通信业实现了从技术跟随到同步参与，再到技术引领的巨大进步。当前，5G 技术在加快科技创新、推动产业升级、实现数字化改革等方面发挥着越来越重要的作用。

作为国家信息基础设施的核心建设者和运营者，中国电信集团有限公司（简称中国电信）深刻理解和把握红色电信精神，贯彻"崇尚科技"的思想内涵，始终把科技自立自强作为企业高质量发展的战略支撑，在推动全球 5G 技术发展的过程中发挥了重要的作用。2018 年，中国电信在全球运营商中率先明确提出了 5G 独立组网（3A）策略，随后还在 GSMA（全球移动通信系统协会）中牵头，组织全球 5G 产业共同制定了《5G SA 部署指南》，为全球 5G SA 产业的健康发展提供了高价值的参考信息和指导建议。2020 年，中国电信提出了"网是基础，云为核心，网随云动，云网一体"的 16 字方针，随后与中国联合网络通信有限公司（简称中国联通）协作打造了世界最大的 5G SA 共建共享网络。经过多年的探索和发展，中国电信走出了一条独具特色的 5G 网络建设之路，并取得了业界公认的显著成果。

为了更好地向读者展示 5G 技术和中国电信的 5G 网络，并为业界提供参考，中国电信股份有限公司研究院组织多位移动通信领域各专业的资深技术专家，将他们的经验和成果浓缩、汇聚，编写了本书。

本书立足中国电信云网融合的发展思路和特点，重点介绍了中国电信在 5G 网络建设过程中的实践和创新，涵盖无线网、核心网、云计算、AI、运营系统、5G 应用等移动通信领域中的多个专业,从 5G 需求与面临的挑战、全球 5G 频谱的分配情况及 5G 标准演进历程着手,系统性地总结了中国电信的 5G 网络建设及 5G 业务发展情况,其中包括支撑 ToB 和 ToC 业务的 5G SA 架构及组网方案、重构无线资源的覆盖增强、面向固移融合的云边协同、基于客户定制化需求的网络切片、能力开放赋能 5G 网络、基于云网融合的 5G 网络云化部署与演进、5G 网络共享、5G 网络运营支撑系统、AI 赋能 5G 网络等多个方面的工作。同时,结合中国电信在工业、交通、警务、媒体及医疗等行业的实践案例,分析和探讨了基于云网融合的 5G 应用创新。最后,基于 5G 标准发展情况分析了 5G 未来的增强和演进。

随着 5G 数字化时代的到来,面对万物互联的广阔发展前景,希望本书可以为读者带来新的收获与思考。

作者

2025 年 3 月 5 日

目　录
Contents

第 1 章　概述···1

1.1　5G 需求与面临的挑战···2

　　1.1.1　5G 业务发展需求···2

　　1.1.2　5G 发展面临的主要挑战··3

1.2　全球 5G 频谱的分配情况··5

　　1.2.1　欧洲 5G 频谱分配···5

　　1.2.2　美国 5G 频谱分配···6

　　1.2.3　亚太地区 5G 频谱分配··7

1.3　5G 标准演进历程···8

　　1.3.1　ITU···8

　　1.3.2　3GPP···10

1.4　5G 系统架构与技术特征··11

　　1.4.1　"三朵云"5G 网络架构概念设计···11

　　1.4.2　简洁灵活的 5G 无线网架构··14

　　1.4.3　敏捷开放的 5G 核心网架构··18

　　1.4.4　5G SA 架构选择···20

1.5　5G 与云网融合··23

　　1.5.1　云网融合概念··23

　　1.5.2　云网融合发展愿景··24

　　1.5.3　5G 与云网融合···25

1.5.4　将 5G 打造成云网融合最佳实践 ·························· 26

参考文献 ··· 28

第 2 章　5G SA 架构及组网方案 ······························ 29

2.1　5G 网络与其他网络间的关系 ·························· 30
2.2　5G SA 的网络组织 ································· 31
　　2.2.1　5G 核心网的网络组织 ·························· 31
　　2.2.2　无线网的网络组织 ··························· 40
2.3　5G 定制专网方案 ································· 45
　　2.3.1　企业虚拟专网 ····························· 46
　　2.3.2　独享数据面网元 ··························· 47
　　2.3.3　独享轻量级 5G 核心网网元 ··················· 48
　　2.3.4　3 种 5G 定制专网方案比较 ·················· 49

第 3 章　重构无线资源的覆盖增强 ··························· 51

3.1　4G 网络和 5G 网络的覆盖能力分析 ·················· 52
　　3.1.1　影响 5G 网络覆盖能力的主要因素 ··············· 52
　　3.1.2　5G 不同信道的覆盖能力差异 ·················· 54
　　3.1.3　4G 网络和 5G 网络的上行业务信道覆盖能力对比 ······· 58
3.2　5G SA 面临的主要问题 ··························· 60
　　3.2.1　5G 上行覆盖 ····························· 60
　　3.2.2　上行容量 ······························· 61
　　3.2.3　空口时延 ······························· 62
3.3　5G 覆盖增强技术 ································ 65
　　3.3.1　上行载波聚合 ····························· 66
　　3.3.2　补充上行载波 ····························· 68
　　3.3.3　超级上行技术 ····························· 69
3.4　几种覆盖增强技术的对比分析 ····················· 70
　　3.4.1　技术特点分析 ····························· 70
　　3.4.2　性能增益分析 ····························· 71

参考文献 ··· 77

第4章 面向固移融合的云边协同 ································ 79

4.1 5G 边缘计算关键技术及解决方案 ······················· 80

4.1.1 5G 边缘计算的典型应用场景及对网络的要求 ··········· 80

4.1.2 网络分流方案 ··· 81

4.1.3 云边协同多点业务调度 ··································· 89

4.1.4 网络增强技术方案 ······································· 100

4.2 面向固移融合的边缘计算系统 ·························· 102

4.2.1 系统架构 ··· 102

4.2.2 云边协同的计算系统部署方案 ···························· 103

参考文献 ·· 104

第5章 基于客户定制化需求的网络切片 ···················· 105

5.1 网络切片的行业需求和应用场景 ························· 106

5.1.1 网络切片的行业需求 ····································· 106

5.1.2 网络切片的应用场景 ····································· 107

5.2 5G 网络切片整体架构和实现方式 ······················· 108

5.2.1 概述 ··· 108

5.2.2 核心网切片技术 ··· 113

5.2.3 无线网切片技术 ··· 120

5.2.4 承载网切片技术 ··· 123

5.3 基于客户定制生成网络切片 ···························· 133

5.3.1 网络切片 SLA 参数的选择 ································ 133

5.3.2 网络切片管理系统 ······································· 137

5.4 网络切片的部署 ····································· 142

5.4.1 网络切片的受理 ··· 142

5.4.2 网络切片的开通 ··· 143

5.5 网络切片安全 ······································· 144

5.5.1 网络切片面临的安全挑战和需求 ························· 144

　　　5.5.2　网络切片面临的安全威胁识别 ⋯⋯⋯⋯⋯⋯⋯⋯⋯⋯⋯⋯⋯ 146

　　　5.5.3　网络切片安全防护措施 ⋯⋯⋯⋯⋯⋯⋯⋯⋯⋯⋯⋯⋯⋯⋯⋯ 147

　参考文献 ⋯⋯⋯⋯⋯⋯⋯⋯⋯⋯⋯⋯⋯⋯⋯⋯⋯⋯⋯⋯⋯⋯⋯⋯⋯⋯ 149

第 6 章　能力开放赋能 5G 网络 ⋯⋯⋯⋯⋯⋯⋯⋯⋯⋯⋯⋯⋯⋯⋯⋯⋯ 151

　6.1　5G 网络支持的能力开放 ⋯⋯⋯⋯⋯⋯⋯⋯⋯⋯⋯⋯⋯⋯⋯⋯⋯⋯ 152

　6.2　5G 网络能力开放平台架构 ⋯⋯⋯⋯⋯⋯⋯⋯⋯⋯⋯⋯⋯⋯⋯⋯⋯ 153

　　　6.2.1　NEF 功能架构 ⋯⋯⋯⋯⋯⋯⋯⋯⋯⋯⋯⋯⋯⋯⋯⋯⋯⋯⋯⋯ 153

　　　6.2.2　CAPIF 功能架构 ⋯⋯⋯⋯⋯⋯⋯⋯⋯⋯⋯⋯⋯⋯⋯⋯⋯⋯⋯ 154

　　　6.2.3　CAPIF 与 5G 网络能力开放的关系 ⋯⋯⋯⋯⋯⋯⋯⋯⋯⋯ 157

　6.3　5G 网络典型能力开放端到端解决方案 ⋯⋯⋯⋯⋯⋯⋯⋯⋯⋯⋯ 159

　　　6.3.1　业务需求探讨 ⋯⋯⋯⋯⋯⋯⋯⋯⋯⋯⋯⋯⋯⋯⋯⋯⋯⋯⋯⋯ 159

　　　6.3.2　应用技术架构 ⋯⋯⋯⋯⋯⋯⋯⋯⋯⋯⋯⋯⋯⋯⋯⋯⋯⋯⋯⋯ 160

　　　6.3.3　应用流程举例 ⋯⋯⋯⋯⋯⋯⋯⋯⋯⋯⋯⋯⋯⋯⋯⋯⋯⋯⋯⋯ 162

　6.4　5G 网络能力开放部署相关考虑 ⋯⋯⋯⋯⋯⋯⋯⋯⋯⋯⋯⋯⋯⋯ 165

　参考文献 ⋯⋯⋯⋯⋯⋯⋯⋯⋯⋯⋯⋯⋯⋯⋯⋯⋯⋯⋯⋯⋯⋯⋯⋯⋯⋯ 165

第 7 章　基于云网融合的 5G 网络云化部署与演进 ⋯⋯⋯⋯⋯⋯⋯⋯ 167

　7.1　5G 网络云化架构 ⋯⋯⋯⋯⋯⋯⋯⋯⋯⋯⋯⋯⋯⋯⋯⋯⋯⋯⋯⋯⋯ 168

　　　7.1.1　体系框架 ⋯⋯⋯⋯⋯⋯⋯⋯⋯⋯⋯⋯⋯⋯⋯⋯⋯⋯⋯⋯⋯⋯ 168

　　　7.1.2　部署需求 ⋯⋯⋯⋯⋯⋯⋯⋯⋯⋯⋯⋯⋯⋯⋯⋯⋯⋯⋯⋯⋯⋯ 169

　　　7.1.3　部署架构 ⋯⋯⋯⋯⋯⋯⋯⋯⋯⋯⋯⋯⋯⋯⋯⋯⋯⋯⋯⋯⋯⋯ 172

　7.2　5G 核心网云网融合基础设施层部署 ⋯⋯⋯⋯⋯⋯⋯⋯⋯⋯⋯⋯ 177

　　　7.2.1　总体部署架构 ⋯⋯⋯⋯⋯⋯⋯⋯⋯⋯⋯⋯⋯⋯⋯⋯⋯⋯⋯⋯ 177

　　　7.2.2　资源池布局 ⋯⋯⋯⋯⋯⋯⋯⋯⋯⋯⋯⋯⋯⋯⋯⋯⋯⋯⋯⋯⋯ 178

　　　7.2.3　资源池部署架构 ⋯⋯⋯⋯⋯⋯⋯⋯⋯⋯⋯⋯⋯⋯⋯⋯⋯⋯⋯ 180

　　　7.2.4　资源池网络 ⋯⋯⋯⋯⋯⋯⋯⋯⋯⋯⋯⋯⋯⋯⋯⋯⋯⋯⋯⋯⋯ 182

　　　7.2.5　资源管理 ⋯⋯⋯⋯⋯⋯⋯⋯⋯⋯⋯⋯⋯⋯⋯⋯⋯⋯⋯⋯⋯⋯ 185

　　　7.2.6　灾备 ⋯⋯⋯⋯⋯⋯⋯⋯⋯⋯⋯⋯⋯⋯⋯⋯⋯⋯⋯⋯⋯⋯⋯⋯ 190

　　　7.2.7　安全 ⋯⋯⋯⋯⋯⋯⋯⋯⋯⋯⋯⋯⋯⋯⋯⋯⋯⋯⋯⋯⋯⋯⋯⋯ 191

7.3 5G 网络云原生化演进 ·· 194

7.3.1 云原生技术概述 ·· 194

7.3.2 云原生化网络云 ·· 199

7.3.3 5G 网络云原生化发展 ······································ 201

参考文献 ·· 202

第 8 章 5G 网络共享 ·· 203

8.1 5G 接入网共享 ·· 204

8.1.1 NSA 接入网共享 ·· 205

8.1.2 SA 接入网共享 ·· 208

8.2 频谱资源动态共享 ··· 210

8.2.1 动态频谱共享中的 5G 关键技术 ························ 211

8.2.2 动态频谱共享中的下行物理信道 ······················· 214

8.2.3 动态频谱共享中的上行物理信道 ······················· 217

第 9 章 5G 网络运营支撑系统 ································ 219

9.1 5G 网络运营支撑系统的挑战 ····························· 220

9.1.1 网络挑战 ·· 220

9.1.2 业务挑战 ·· 220

9.1.3 运营挑战 ·· 221

9.2 顶层设计 ·· 222

9.2.1 设计思路 ·· 222

9.2.2 目标特征 ·· 224

9.2.3 架构定位 ·· 224

9.3 架构蓝图 ·· 227

9.3.1 总体架构 ·· 227

9.3.2 技术架构 ·· 229

9.3.3 集成架构 ·· 231

9.3.4 部署架构 ·· 234

9.4 5G 关键运营能力 ·· 237

9.4.1　5G 核心网运营支撑建设 ··· 238

9.4.2　5G 网络云化 NFVO 建设 ·· 241

9.4.3　5G NSMF 建设 ·· 243

9.5　中国电信 5G 核心网运营支撑系统建设实践案例 ················· 245

9.5.1　面向 5G 的云网控制和采集平台 ·················· 245

9.5.2　面向 5G 的云网资源与数据共享平台 ·············· 248

9.5.3　面向 5G 网络的切片产品开通编排实践 ··········· 252

第 10 章　AI 赋能 5G 网络 ·· 257

10.1　AI 技术 ··· 258

10.2　5G 对 AI 的需求 ··· 259

10.3　AI 赋能 5G 智能化的主要应用场景 ·························· 259

10.3.1　基于 AI 的 5G 资源效率优化 ·················· 260

10.3.2　基于 AI 的 5G 运维效率提升 ·················· 261

10.3.3　基于 AI 的 5G 能源效率提升 ·················· 262

10.3.4　基于 AI 的 5G 业务创新应用 ·················· 263

10.4　中国电信在 AI 赋能 5G 网络方面的实践案例 ·············· 264

10.4.1　5G 基站智慧节能 ······························· 264

10.4.2　5G 精定位与智慧网络优化 ····················· 265

10.4.3　5G 无人机智能巡检 ···························· 267

第 11 章　云网一体下的 5G 应用创新 ···································· 269

11.1　中国电信 5G 应用总述 ······································· 270

11.2　5G 工业应用创新及实践 ····································· 271

11.2.1　5G 赋能工业信息化 ···························· 271

11.2.2　5G 工业应用场景及分析 ······················· 273

11.2.3　5G 工业应用案例剖析——广东美的 ············ 276

11.3　5G 交通应用创新及实践 ····································· 280

11.3.1　5G 赋能交通信息化 ···························· 280

11.3.2　5G 交通应用场景及分析 ······················· 281

11.3.3　5G 交通应用案例剖析——珍宝巴士 5G 智能公交 ················285

11.4　5G 警务应用创新及实践 ··········286

11.4.1　5G 赋能警务信息化 ··········286

11.4.2　5G 警务应用场景及分析 ··········288

11.4.3　5G 警务应用案例剖析——广州天河公安 ··········290

11.5　5G 媒体应用创新及实践 ··········292

11.5.1　5G 赋能媒体信息化 ··········292

11.5.2　5G 媒体应用场景及分析 ··········295

11.5.3　5G 媒体应用案例剖析——央视春晚 ··········297

11.6　5G 医疗应用创新及实践 ··········299

11.6.1　5G 赋能医疗信息化 ··········299

11.6.2　5G 医疗应用场景及分析 ··········301

11.6.3　5G 医疗应用案例剖析——远程医学超声检查 ··········304

11.7　5G 应用未来展望 ··········306

参考文献 ··········308

第 12 章　5G 增强 ··········309

12.1　5G 核心网 3GPP Rel-16 标准新特性介绍及引入分析 ··········310

12.1.1　核心网基础能力增强 ··········310

12.1.2　核心网垂直行业增强 ··········312

12.2　5G 无线网 3GPP Rel-16 标准新特性介绍及引入分析 ··········313

12.2.1　空口功能及性能增强 ··········313

12.2.2　垂直行业拓展 ··········314

12.2.3　运维和网络系统优化 ··········315

12.3　3GPP Rel-17 标准工作介绍 ··········316

12.3.1　5G 核心网 3GPP Rel-17 项目介绍 ··········316

12.3.2　5G 无线网 3GPP Rel-17 项目介绍 ··········317

12.4　3GPP Rel-18 标准工作介绍 ··········319

12.4.1　5G 核心网 3GPP Rel-18 项目介绍 ··········319

12.4.2　5G 无线网 3GPP Rel-18 项目介绍 ··········320

12.5　智能调度 ·· 322

　　12.5.1　智能调度标准化实现 ··· 323

　　12.5.2　智能调度应用：基站节能 ·································· 324

参考文献 ·· 327

缩略语 ·· 329

第1章

概　述

本章首先回顾了 5G 业务发展需求与面临的主要挑战，介绍了全球 5G 频谱分配现状及 5G 标准演进历程，然后结合灵活、智能、融合和开放的技术需求，重点描述了 5G 系统架构与技术特征，包括"三朵云"5G 网络架构、5G 无线网架构、5GC（5G 核心网）架构及 5G SA（独立组网）和 NSA（非独立组网）的对比分析等，最后介绍了云网融合的概念、发展愿景及 5G 与云网融合的紧密关系。

5G 作为国家博弈的筹码，可以拉动投资、引领科技创新、推动产业升级和经济繁荣，5G 还是发展新经济的重要基础设施，当前 5G 已迈入高速发展期。本书将为读者重点介绍中国电信作为国家信息基础设施的核心建设者和运营者在 5G 标准演进、5G 网络部署、5G 应用创新方面的探索与实践，以期在促进 5G 发展方面为读者和业界提供参考。

1.1 5G 需求与面临的挑战

1.1.1 5G 业务发展需求

5G 的愿景与需求，是为了应对未来移动数据流量的爆炸式增长、海量设备连接、不断涌现的新业务和应用场景，同时与各行业深度融合，满足垂直行业终端互联的多样化需求，实现真正的"万物互联"，从而构建社会经济数字化转型的基石。

ITU（国际电信联盟）为 5G 定义了 EMBB（增强移动宽带）、MMTC（大规模机器通信）、URLLC（超可靠低时延通信）三大应用场景，图 1-1 中给出了 ITU 对 5G 关键性能指标的要求[1]。实际上，不同行业在多个 5G 关键性能指标上存在差异化要求，因此 5G 系统还需支持可靠性、时延、吞吐量、定位、计费、安全和可用性等关键性能指标的定制组合。

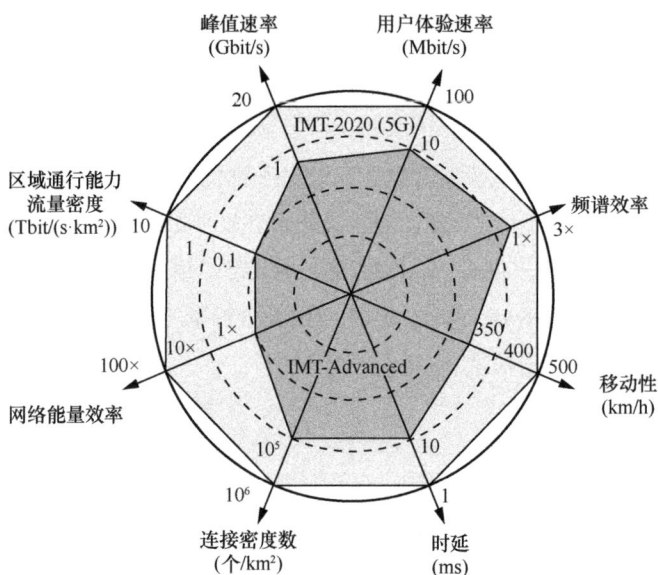

图 1-1 5G 关键性能指标要求

EMBB 的典型应用包括超高清视频、VR（虚拟现实）、AR（增强现实）等，这类应用对带宽要求极高，关键性能指标包括达到 100Mbit/s 的用户体验速率（热点场景可达 1Gbit/s）、数十 Gbit/s 的峰值速率、数十 Tbit/(s·km^2) 的流量密度、500km/h 以上的移动性要求等。其中，涉及交互类操作的应用还对时延较为敏感。

URLLC 的典型应用包括工业控制、无人机控制、智能驾驶控制等，这类应用场景对时延极其敏感、可靠性要求严苛。例如，自动驾驶、实时监测等场景要求毫秒级的时延，汽车生产、工业机器设备加工制造场景要求 10ms 级的时延，要求可靠性达到接近 100%。

MMTC 的典型应用包括智慧城市、智能家居等，这类应用对连接密度要求较高，同时具有行业多样性和差异化。例如，智慧城市中的抄表应用要求使用低成本、低功耗的终端，网络支持海量连接的小数据包；智能家居业务对时延相对不敏感，但终端可能需要适应高温、低温、震动、高速旋转等不同家用电器工作环境的变化。

1.1.2　5G 发展面临的主要挑战

1．多接入网络融合面临的挑战

移动通信系统在网络演进发展的过程中逐步形成了包含多种无线制式、不同频谱和覆盖范围的复杂现状，多种接入技术长期共存成为突出特征。多制式网络将至少包括 4G 网络、5G 网络及 WLAN（无线局域网），如何高效地运行和维护多张不同制式的网络、不断减少运维成本、实现节能减排、提高竞争力是每个运营商都要面临的挑战和需要解决的问题。

面向未来，移动互联网和物联网业务将成为移动通信发展的主要驱动力。如何实现多接入网络的高效动态管理与协调，同时满足 5G 的技术指标要求及应用场景需求是 5G 多接入网络融合面临的主要技术挑战。网络架构方面，需要进行高效的网络架构设计（如核心网和接入网锚点的选择），兼顾网络改造复杂度控制、对现网的影响最小化等是网络架构设计需要解决的问题。连接与移动性方面，5G 包含了更多的复杂应用场景及更多样的接入技术，同时引入了更高的移动性要求。与 4G 网络相比，5G 网络中的连接管理和控制需要更加简化、高效、灵活。

2．提升网络架构灵活性面临的挑战

5G 承载业务种类繁多，业务特征各不相同，对网络的要求也不同。业务需求的多样性和定制化为 5G 网络规划和设计带来了新的挑战，包括网络功能、网络架构、网络资源、路由等。5G 网络架构的设计思路是基于 NFV/SDN（网络功能虚拟化/软件定义网络）、云原生技术实现网络虚拟化、云化部署，目前受限于容器技术标准化进程和产业成熟度，5G 网络云化部署面临着用户面转发性能待提升、安全隔离技术待完善等方面的挑战。5G 网络基于服务化架构设计，通过网络功能模块化、控制和转发分离等使能技术，可以实现网络按照不同业务需求快速部署、动态扩缩容和网络切片全生命周期管理，包括端到端网络切片的灵活构建、业务路由的灵活调度、网络资源的灵活分配，及跨域、跨平台、跨厂商乃至跨运营商（漫游）的端到端业务提供等。此外，5G 网络架构设计还融合了 AI（人工智能）等新技术，这为 5G 网络带来了更高的灵活性，同时也带来运营和管理挑战。

3．灵活高效承载技术面临的挑战

5G 承载网在速率、时延、灵活性和成本方面存在挑战。5G 网络带宽与 4G 网络带宽相比，有数十倍的增长，这导致 5G 承载网高速率需求剧增；25Gbit/s、50Gbit/s 的高速率将部署到网络边缘，25Gbit/s、50Gbit/s 光模块的低成本实现和 WDM（波分复用）传输是首要挑战。URLLC 业务提出的毫秒级超低时延要求，需通过网络架构的扁平化、MEC（多接入边缘计算）的引入及站点的合理布局来实现，而达到微秒级超低时延是 5G 承载网面临的第 2 个挑战。5G 核心网云化、部分功能下沉及网络切片等需求导致 5G 回传网络连接要求更高的灵活性，如何优化路由转发和控制技术，以满足 5G 承载网的路由灵活性和运维便利性需求，是第 3 个挑战。

4．终端技术面临的挑战

与 4G 终端相比，为应对不同应用场景的多样化需求，5G 终端将向形态多样化与能力差异化方向发展。在 5G 技术发展初期，终端产品以智能手机为主，主要提升人与人之间的通信体验。随着 5G 技术的进一步发展，人与物之间和物与物之间的交互需求逐渐增加，终端产品形态也变得多样化，产生了如 C-V2X 车载终端等设备。

随着多样化终端产品的不断涌现，5G 对终端的技术实现提出了新的挑战。在传统终端的天线和射频硬件等硬件设计中，sub-6GHz（6GHz 以下）频段将采用 2 发 4 收作为收发信机基本方案，并借助高功率终端技术扩大网络覆盖范围。但天线数量的增加将引起终端空间与天线效率问题，需要综合考虑和优化终端尺寸、材质与天线布局方式。同时，上行的 2 发导致 2 个功率放大器同时工作，外加高功率 UE 的设计，也对功率放大器设计和 SAR（比吸收率）指标提出了一定的要求。

5．无线设备器件面临的挑战

无线设备主要包括基带数字处理单元及 ADC（模数转换器）/DAC（数模转换器）/变频和射频前端等模拟器件。

为了追求更高的吞吐量和更低的空口用户面时延,5G采用更短的调度周期及更快的HARQ(混合自动重传请求)反馈,提高了对基带处理能力的要求,给数字基带处理芯片工艺带来了挑战。

同时,射频前端的发展也面临挑战。4G 时期,RRU（远端射频单元）设备最多内置 8 根天线,而 5G 系统为了支持 64 个数字通道的内置 192 根天线的天线阵列单元和新增的波束扫描与成形功能,引入了射频天线一体化的 AAU（有源天线单元）。这样一来,虽然支持的射频通道数与功能增加,设备功耗却超过了传统 RRU 设备功耗数倍,如何降低功耗成为需要研究的问题;并且过高的功耗会产生大量热量,对射频前端的结构设计与散热方式选择提出了更高的要求。

最后,5G 也对 ADC/DAC、功率放大器（简称功放）和滤波器等模拟器件的设计提出了要求。由于载波带宽变大（如 1GHz）,ADC/DAC 需要支持更高的采样率。而在 4GHz 以上的高频段与更高效率的要求下,功放需采用 GaN（氮化镓）材料。随着基站侧通道数激增,滤波器数量也随之增加,工程上需进一步减小滤波器体积和质量,采用陶瓷滤波器或对滤波器采用小型化金属腔设计等成为有效手段。

总体来看,模拟器件面临的主要挑战在于对器件处理能力和工艺水平的更高要求。需要设计合理的器件结构、选择合理的材料,并选取处理能力突出的器件,以获得具备尺寸、质量和功耗优势的实现方案。对于未来的毫米波段,功放、时钟等器件的高成本与严苛要求将成为主要挑战。近年来,器件研发虽有突破,但离设备成熟尚有距离,需业界付出更大的努力。

1.2 全球 5G 频谱的分配情况

1.2.1 欧洲 5G 频谱分配

2016 年 11 月 10 日,RSPG（欧盟委员会无线频谱政策组）发布欧洲 5G 频谱战略,明确提出,3400~3800MHz 频段将作为 2020 年前欧洲 5G 网络部署的主要频段,700MHz～1GHz频段将用于 5G 广覆盖。在毫米波频段方面,明确 26GHz（24.25～27.5GHz）频段将作为欧洲 5G 高频段的初期部署频段,RSPG 曾建议欧盟在 2020 年前确定此频段的使用条件,并敦促欧盟各成员国释放 26GHz 频段部分频谱从而在 2020 年前可用于满足 5G 市场需求。此外,欧盟将继续研究 32GHz（31.8～33.4GHz）频段、40GHz（40.5～43.5GHz）频段及其他高频段。

截至 2020 年 2 月，欧洲地区已有 19 个国家完成了 5G 频谱的拍卖，分别是阿尔巴尼亚、奥地利、克罗地亚、捷克、丹麦、芬兰、法国、德国、希腊、匈牙利、爱尔兰、意大利、拉脱维亚、挪威、斯洛伐克、西班牙、瑞典、瑞士和英国；当时欧洲地区另有 29 个国家明确计划在 2020—2022 年进行 5G 频谱拍卖/分配。已确定 5G 频谱的这些国家中，大部分将 700MHz 频段与 3.5GHz 频段作为 5G 频谱进行了拍卖。同时，26GHz 频段作为欧洲 5G 先锋频段也在这些国家完成了频谱规划、分配计划，截至 2024 年 9 月，还未实现规模化部署，在德国、法国等少部分国家开展了企业专网测试。

其中，欧洲主要国家的 5G 频谱拍卖情况如图 1-2 和图 1-3 所示。

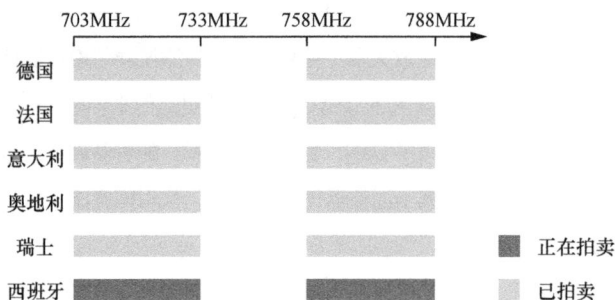

图 1-2　欧洲主要国家的 5G 频谱拍卖情况（700MHz 频段）

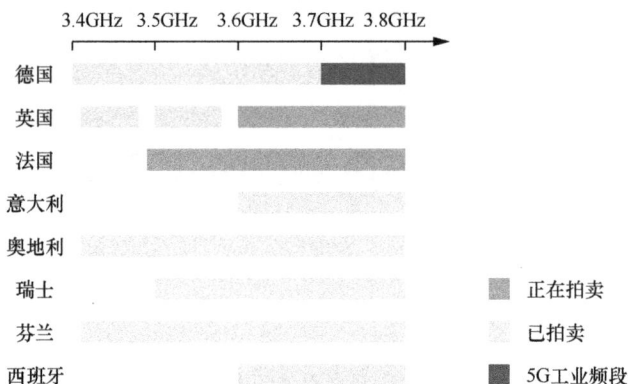

图 1-3　欧洲主要国家的 5G 频谱拍卖情况（3.5GHz 频段）

1.2.2　美国 5G 频谱分配

美国已通过采用技术中立的方式分配了 5G 频谱，包括 600MHz、3.5GHz 和毫米波等频段。2017 年 4 月，美国 600MHz 频段频谱拍卖结束，历经 4 个阶段、耗时近 10 个月，有 50 家公司共获 70MHz 频谱使用授权。自 2018 年 11 月起，美国联邦通信委员会（FCC）分 3 次进行了毫米波频段频谱拍卖会，包括 28GHz（27.5～28.35GHz）、24GHz（24.25～24.45GHz 和 24.75～25.25GHz）、37GHz（37.6～38.6GHz）、39GHz（38.6～40GHz）和 47GHz（47.2～48.2GHz）等频段，释放频谱总量共计 5.02GHz。2020 年 3 月，美国发布了中频段频谱拍卖公告，包括 3.5GHz（3.55～3.65GHz）和 3.7GHz（3.7～3.98GHz）频段，具体见表 1-1。

表 1-1　FCC 频谱拍卖信息

FCC 拍卖号	拍卖开始时间	频段	频率范围	频谱总量
1001/1002	2016 年 5 月	600MHz	617～652MHz 或 663～698MHz	70MHz
101	2018 年 11 月	28GHz	27.5～28.35GHz	850MHz
102	2019 年 3 月	24GHz	24.25～24.45GHz、24.75～25.25GHz	700MHz
103	2019 年 12 月	37GHz、39GHz、47GHz	37.6～38.6GHz、38.6～40GHz、47.2～48.2GHz	3400MHz
105	2020 年 6 月	3.5GHz	3.55～3.65GHz	100MHz
107	2020 年 12 月	3.7GHz	3.7～3.98GHz	280MHz

1.2.3　亚太地区 5G 频谱分配

截至 2020 年 7 月，在亚太地区中，澳大利亚、中国、日本、菲律宾、韩国和泰国共 6 个国家已完成了 5G 频谱分配/拍卖。分配/拍卖的 5G 频谱主要集中在 3.5GHz、26GHz 和 28GHz 频段，同时，700MHz 频段正被多个国家和地区纳入 5G 频谱规划和分配考量。具体 5G 频谱分配/拍卖情况如图 1-4～图 1-8 所示。

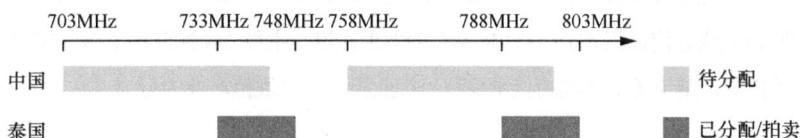

图 1-4　亚太地区 5G 频谱分配/拍卖情况（700MHz 频段）

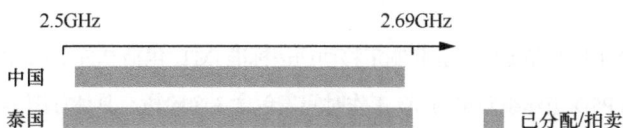

图 1-5　亚太地区 5G 频谱分配/拍卖情况（2.6GHz 频段）

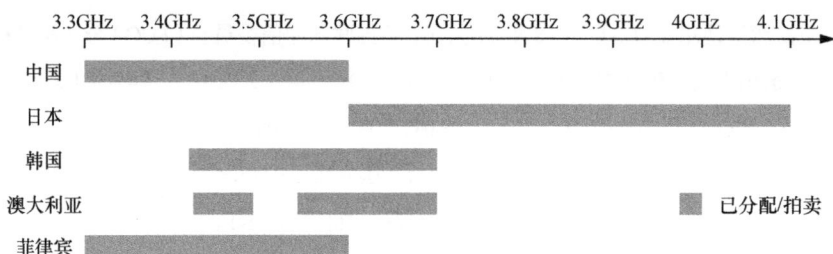

图 1-6　亚太地区 5G 频谱分配/拍卖情况（3.5GHz 频段）

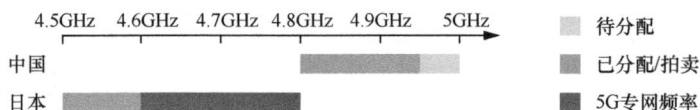

图 1-7　亚太地区 5G 频谱分配/拍卖情况（4.5GHz/4.8GHz 频段）

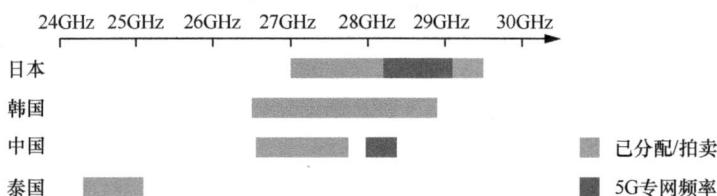

图 1-8　亚太地区 5G 频谱分配/拍卖情况（26GHz/28GHz 频段）

1.3　5G 标准演进历程

与 4G 技术类似，5G 技术相关的标准化组织主要有 ITU 和 3GPP（第三代合作伙伴计划）。国际电信联盟无线通信部门 5D（ITU-R WP5D）工作组，主导 5G 标准化工作。3GPP 则根据 ITU 的相关需求，制定更加详细的技术规范与产业标准，以规范产业的行为。

1.3.1　ITU

ITU-R WP5D 工作组是专门研究和制定移动通信标准 IMT（包括 IMT-2000 和 IMT-Advanced）的组织。ITU-R WP5D 工作组确定的 5G 工作时间表包含 3 个阶段，具体如图 1-9 所示。

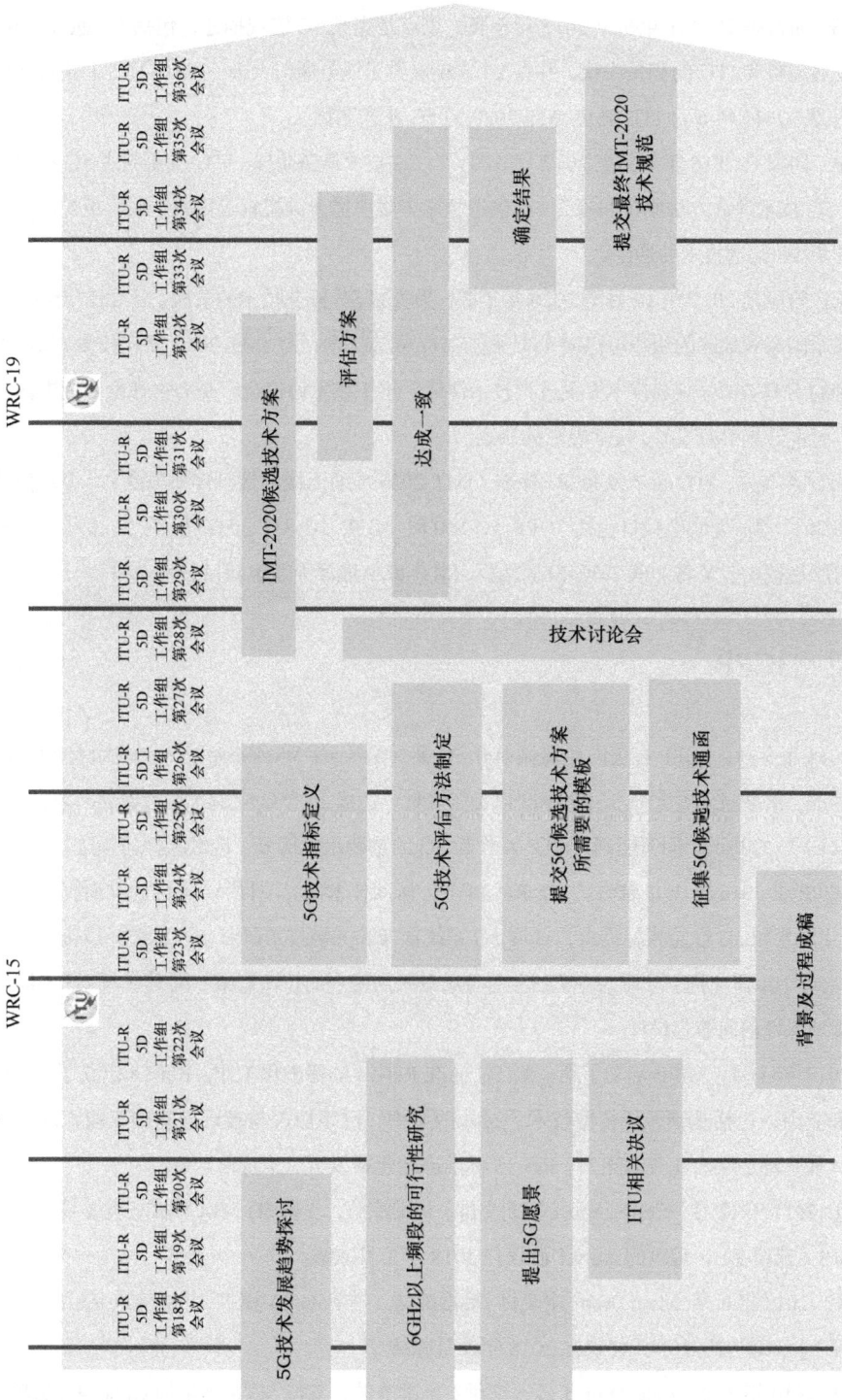

图 1-9 ITU-R 5G 工作时间表

第一阶段是 2012 年年初至 2015 年年底，重点是完成 5G 宏观描述，包括 5G 愿景、5G 的技术发展趋势和 ITU 的相关决议，并在 2015 年世界无线电通信大会（WRC-15）上获得必要的频谱资源。2015 年 6 月 ITU 确定 IMT-2020 为 5G 正式名称。

第二阶段是 2016 年年初至 2017 年 6 月，为 5G 技术准备阶段。ITU 主要完成 5G 技术指标定义、5G 技术评估方法制定和提交 5G 候选技术方案所需要的模板等内容，最后正式向全世界发出征集 5G 候选技术的通函。

第三阶段是 2017 年 10 月至 2020 年年底，为收集 5G 候选技术的阶段。从 2017 年 10 月开始，各个国家和地区的组织可以向 ITU 提交 5G 候选技术，即 IMT-2020 候选技术方案。ITU 对收到的 IMT-2020 候选技术方案进行技术评估，组织技术讨论会，并力争在世界范围内达成一致，进而开展 IMT-2020 技术规范的制定。

2021 年 2 月，ITU 正式发布 5G 标准《IMT-2020 地面无线电接口详细规范》，该规范建议 IMT-2020 的地面无线电接口包括 3GPP 5G-SRIT、3GPP 5G-RIT、5Gi[2]。在 2022 年 2 月发布的修订版规范中，又将 DECT 5G-SRIT 纳入 IMT-2020 地面无线电接口技术[3]。

1.3.2　3GPP

2015 年 9 月，3GPP 在美国凤凰城召开 5G 研讨会（5G Workshop）[4]，首次讨论了 5G 场景、需求、潜在技术方案及 3GPP 标准化工作计划，达成了 "5G 应引入不考虑后向兼容的 NR（新空口）" 的共识。同时明确，LTE-A 作为 5G 的重要组成部分，应继续保持演进。

3GPP 于 2016 年 3 月启动了 5G Rel-14 NR 接入技术研究项目[5]，面向前文所提到的不同 5G 应用场景和 5G 性能指标需求，开展 5G 系统框架和关键技术研究，为后续标准化工作奠定基础。5G NR 研究特别要求对 5G 三大业务场景采用统一的技术框架，同时，与 4G 不同，要尽可能地保证前向兼容设计。

2017 年 3 月，3GPP 启动了第一版 5G 标准 Rel-15 的标准化工作。Rel-15 定义了 5G 基础架构和能力，包括基础无线传输技术、接入网架构、网络协议与接口等基础架构，以及支持 EMBB 和基础物联网业务的能力。Rel-15 标准冻结包括以下 3 个阶段。

① 2017 年 12 月，Early Drop（早期交付）标准冻结，支持 5G NSA 模式，并支持系统架构 Option 3（选项 3），对应的 ASN.1 协议在 2018 年 3 月冻结。

② 2018 年 6 月，Main Drop（主交付）标准冻结，支持 5G SA 模式，并支持系统架构 Option2（选项 2），对应的 ASN.1 协议在 2018 年 9 月冻结。

③ 2019 年 3 月，Late Drop（延迟交付）标准冻结，支持 5G 系统架构 Option4（选项 4）

和 Option7（选项 7），支持 5G NR 双连接功能，对应的 ASN.1 协议在 2019 年 6 月冻结。

2018 年 6 月，3GPP 启动了 5G Rel-16 标准化工作，聚焦于增强 Rel-15 基础能力、提升 EMBB 能力和扩展物联网业务。Rel-16 标准于 2020 年 7 月完成冻结。

2019 年 12 月，3GPP 通过了 5G Rel-17 的立项包，正式启动了 5G Rel-17 标准化工作，工作内容包括 Rel-16 之上的应用场景和需求扩展、网络能力增强及 Rel-16 已有项目的后续增强。Rel-17 于 2022 年 6 月完成标准冻结。

5G Rel-18 RAN1/2/3 主导的立项包内容讨论在 2021 年 12 月完成，RAN4 主导的立项在 2022 年 3 月通过。作为 5G-Advanced 的第一版标准，Rel-18 包含双工演进、无线空口 AI、智能中继、网络节能等新技术方向，以及 Rel-16/Rel-17 已有项目的演进和增强，其中一些项目可以看作 6G 的技术铺垫。Rel-18 于 2024 年 6 月完成冻结。

3GPP 于 2023 年 12 月确定了 Rel-19 主要的立项包内容。Rel-19 周期预计为 18 个月，目标在 2025 年完成标准制定。

3GPP 5G 标准演进路线如图 1-10 所示。

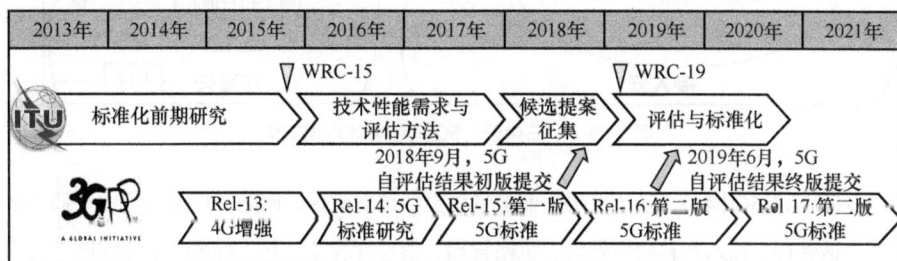

图 1-10　3GPP 5G 标准演进路线

1.4　5G 系统架构与技术特征

1.4.1　"三朵云" 5G 网络架构概念设计

为了应对 5G 应用场景，并满足网络及业务发展的需求，5G 网络必须更加灵活、智能、融合与开放。中国电信在业界率先提出"三朵云" 5G 网络逻辑架构，包括接入云、控制云和转发云 3 个逻辑域，如图 1-11 所示。

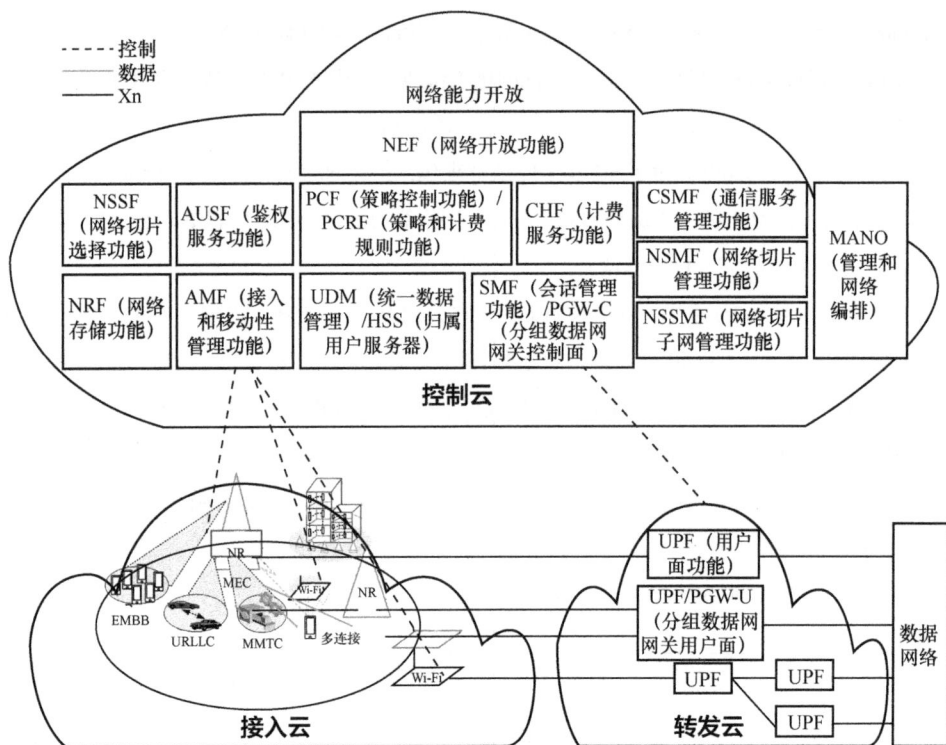

图 1-11   "三朵云" 5G 网络总体逻辑架构

"三朵云" 5G 网络是一个可根据业务场景灵活部署的融合网络。控制云完成全局的策略控制、会话管理、接入和移动性管理、策略管理、信息管理等，并支持面向业务的网络能力开放功能，实现网络与服务的定制化，满足不同业务的差异化需求，并扩展新的网络服务能力。接入云支持用户在多种应用场景和业务需求下的智能无线接入，并实现多种 RAT（无线接入技术）的高效融合，无线组网可基于不同部署条件和要求进行灵活组网，并提供边缘计算能力。转发云配合接入云和控制云，实现业务汇聚转发功能，基于不同业务对带宽和时延等的要求，转发云在控制云的路径管理与资源调度功能下，实现 EMBB、URLLC、MMTC 等不同业务数据流的高效转发与传输，保证业务端到端质量。综上所述，"三朵云" 5G 网络架构由控制云、接入云和转发云共同组成，不可分割，协同配合，并可基于 NFV/SDN 技术实现。

1. 控制云

控制云在逻辑上作为 5G 网络的控制核心，控制接入云与转发云。控制云由多个虚拟化网络控制功能模块组成，具体包括 AMF、PCF/PCRF、UDM/HSS、NSSF、NSMF、NSSMF、NEF、AUSF、NRF、CSMF、CHF、SMF/PGW-C，以及对应的 MANO 等模块。这些功能模块的逻辑功能可类比之前移动网络的控制网元，完成移动通信过程和业务控制。在实现过程中，控制云以虚拟化技术为基础，通过模块化技术重新优化网络功能之间的关系，实现了网络控制与承载分离、网络切片和网络组件功能服务化等，整个架构可以根据业务场景进行定制化裁剪和灵活部署。

其中，NEF 模块是 5G 网络对外开放的核心。5G 网络的模块化和网络切片技术、网络控制和数据资源的集中化，带来了网络开放的便捷性。NEF 模块整合网络模块组件的能力，形成网络级别的能力开放，统一对外提供网络能力开放。

MANO 模块是 5G 网络虚拟化资源管理和控制的核心，包含 3 个层次的子模块，即编排器、VNFM（虚拟化网络功能模块管理器）和 VIM（虚拟化基础设施管理器）。该模块为虚拟环境下的 5G 网络可管、可控、可运营的服务提供环境，使得基础资源可以被便捷地提供给 5G 网络应用。

2. 接入云

在未来移动通信系统中，多种制式无线接入系统将长期共存。鉴于多样化的业务特征，需要结合业务需求、网络状态、用户喜好和终端能力等因素，进行差异化的数据传输和承载，包括数据的灵活调度与分配、分流与聚合等，实现系统资源利用和业务质量保证间的良好均衡。5G 接入云将是一个多拓扑形态、多层次、动态变化的网络，可针对不同业务场景选择集中式、分布式或分层式部署，可通过灵活的无线接入技术，实现高速率接入和无缝切换，从而提供极致的用户体验。5G 无线网部署需综合考虑业务应用属性、网络功能特性、网络环境条件等多重因素，将所选择的网络功能在 5G 无线网物理节点上进行合理部署。

5G 接入云功能需求包括新型无线接入技术、资源协同灵活管理、跨制式无线接入系统深度融合、无线网虚拟化、边缘计算能力与无线能力开放等。为了实现 5G 网络应用场景和业务应用所提出的高性能指标，需要引入新型无线接入技术，具体包括大规模天线阵列、多载波协同、频谱共享技术等，5G 接入云对所述新型无线接入技术进行有效管控和支撑。基于接入集中控制模块，5G 网络可以构建一种快速、灵活、高效的协同机制，实现不同无线接入系统的融合，提升移动网络资源利用率，进而大大提升用户业务体验。未来移动通信系统将是以用户为中心的全方位信息生态系统，通信技术与 IT（信息技术）的深度结合，将 IT 计算与服务能力部署于移动接入网边缘，逐步实现虚拟化和云化，进而提供高效、差异化、多样化的移动宽带用户服务体验。同时，结合 IT 技术优势，通过构建一个标准化、开放式的边缘计算平台，开放无线网信息和控制能力，形成全新的价值链条，开启全新的服务类别，并提供丰富的用户业务。

3. 转发云

5G 网络实现了核心网控制面与数据面的彻底分离，转发云聚焦于数据流的高速转发与处理。逻辑上，转发云包括了单纯高速转发单元及各种业务使能单元。在传统网络中，业务使能单元在网关之后呈链状部署，如果想对业务链进行优化，需要在网络中增加额外的业务链控制功能或者增强控制网元。在 5G 网络的转发云中，业务使能单元与单纯高速转发单元呈网状部署，一同接受控制云的路径管理控制，根据控制云的集中控制，基于用户业务需求，软件定义业务流转发路径，实现单纯高速转发单元与业务使能单元的灵活选择。

除此之外，转发云可以根据控制云下发的缓存策略实现热点内容的缓存，从而降低业务时延、减少移动网出口流量，并改善用户体验。为了提升转发云的数据处理和转发效率，转发云需要周期性或非周期性地将网络状态信息上报给控制云，进行集中优化控制。由于控制云与转发云之间存在传播时延，某些对时延要求严格的事件需要在转发云本地处理。

1.4.2　简洁灵活的 5G 无线网架构

1. CU-DU 架构

为了满足 5G 网络的需求，运营商和主设备厂商提出了多种无线网架构。按照协议功能划分方式，3GPP 提出了面向 5G 的无线网功能重构方案，引入 CU-DU（集中单元–分布单元）架构。基于此架构，将 5G 的 BBU（基带单元）拆分成 CU（集中单元）和 DU（分布单元）两个逻辑网元，而 RF（射频）单元及部分基带 PHY（物理层）底层功能与天线组成 AAU。

CU-DU 功能切分存在多种可能性，3GPP 提出了 8 种候选方案，如图 1-12 所示，其中 Option1~Option4 属于高层切分方案，主要是 CU 与 DU 之间的功能切分；而 Option5~Option8 属于底层切分方案，是 DU 与 AAU 之间的功能切分。

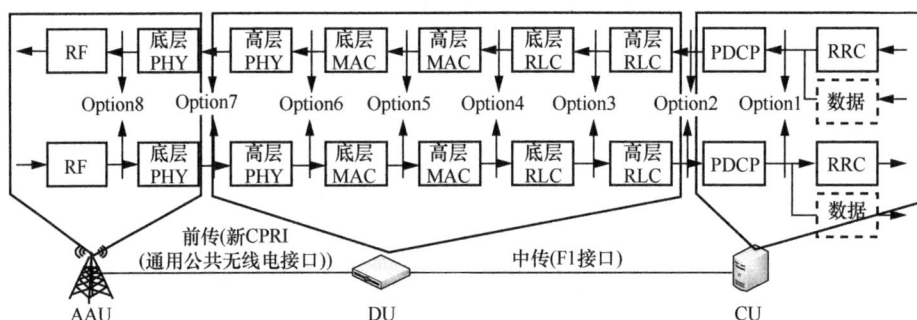

图 1-12　CU-DU 功能切分候选方案

注：MAC（媒体接入控制），RLC（无线链路控制协议），RRC（无线电资源控制）。

对于高层切分方案，在标准化层面，3GPP 已于 2017 年 3 月确定了将 Option2 作为高层切分方案，即 PDCP（分组数据汇聚协议）层及以上层的无线协议功能由 CU 实现，PDCP 层以下层的无线协议功能由 DU 实现，从而作为 Rel-15 NR WI 阶段的基线。CU 与 DU 作为无线侧逻辑功能节点，可以映射到不同的物理设备上，也可以映射为同一物理实体，即存在 CU-DU 合设和 CU-DU 分离两种部署方案，如图 1-13 所示。对于 CU-DU 分离部署方案，其主要目的是通过 CU 的集中和资源池化实现无线网虚拟化，但是目前来看，CU 虚拟化存在成本高、代价大的问题，而 DU 虚拟化更加难以实现。同时，CU-DU 分离架构虽然适用于 MMTC 小数据包业务，但目前 3GPP 大连接和物联网标准化工作尚未启动，发展趋势还不明确。对于 CU-DU 合设部署方案，具备一些明显优点，如 CU-DU 合设可以节省网元，降低规划与运维复杂度并降低部署成本，不需要中传且减少时延，缩短建设周期等。因此，对于 CU-DU 部署方式，5G 网络部署初期更宜采用 CU-DU 合设部署方案。

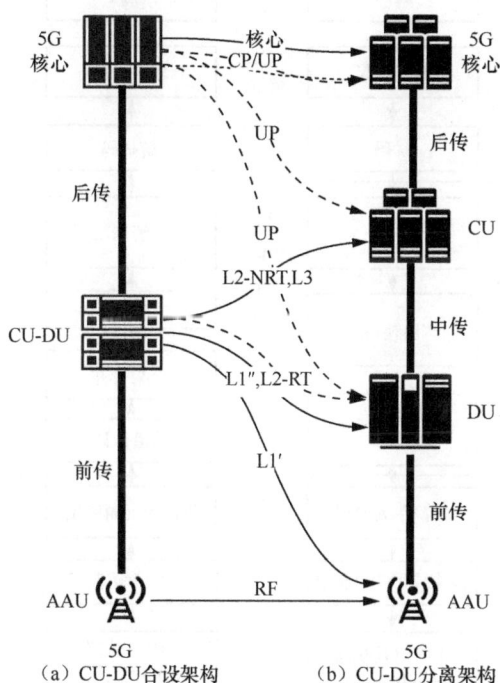

图 1-13　CU-DU 合设和分离架构

对于底层切分方案，不同设备厂商在 DU 和 AAU 之间的接口实现方式存在较大差异，难以实现接口统一，因此 3GPP 标准化工作进展缓慢。目前主要有采用 CPRI 与采用 eCPRI（增强型通用公共无线电接口）两种部署方案，如图 1-14 所示。采用传统 CPRI 时，前传带宽需求基本与 AAU 天线端口数成线性关系，以带宽为 100MHz 的 64 天线 64QAM（正交振幅调制）系统为例，如果采用 CPRI 则前传带宽需要达到 320Gbit/s，即使考虑 3.2 倍的数据压缩，带宽需求仍达到 100Gbit/s。采用 eCPRI 时，带宽需求基本与 AAU 支持的流数成线性关系，约 25Gbit/s，因此 DU 与 AAU 之间的接口首选 eCPRI。但由于采用 eCPRI 需要将用户级基带处理功能下沉到 AAU，这可能会对未来 AAU 的性能、工程规格（包括射频拉远单元重量、功耗和迎风面积等）、成本，以及未来物理层的升级能力等带来一定影响。后续在进行 5G 网络部署时，可根据场景需求灵活选择前传接口，在传送网资源充足且可集中化部署 DU 时，建议首选 eCPRI；而在非理想传输条件下，DU 需要下沉到远端站址机房，此时可以考虑部署短距 CPRI。

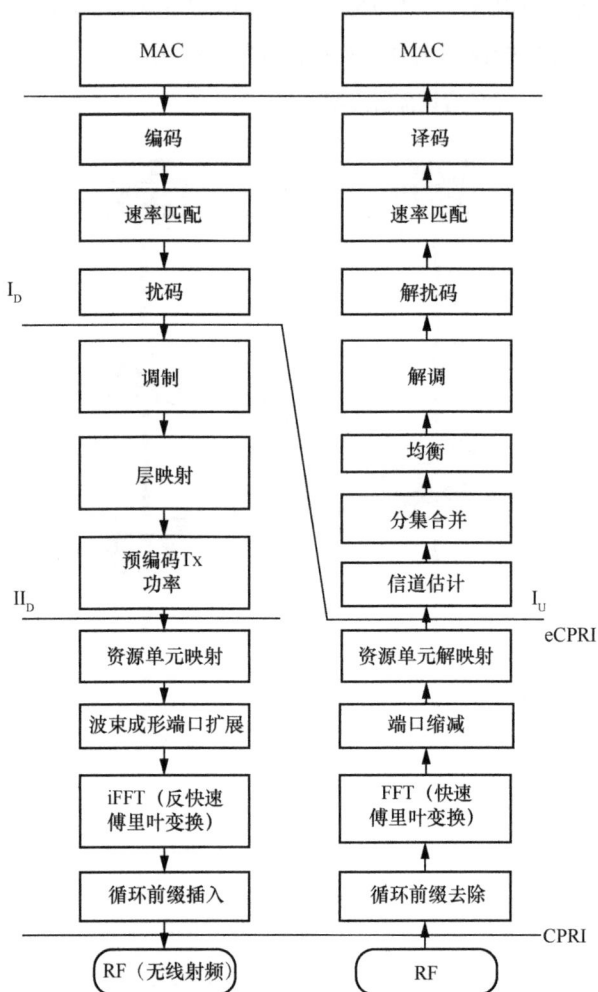

图 1-14　采用 CPRI 与采用 eCPRI 两种部署方案

2．无线网虚拟化

为了支持业务快速部署，降低网络建设运维成本和复杂度，以及满足未来业务差异化、定制化需求，提升运营商竞争力，虚拟化成为移动网发展方向之一。虚拟化技术采用通用硬件平台，通过该技术可以实现软硬件解耦，使得网络具有灵活性、可扩展性、开放性和演进能力。无线网虚拟化是一个比较宽泛的概念，由于无线网资源主要包括无线设备（基站等）及无线接入资源（时域、频域、空域、码域的资源和频率等），所以无线网虚拟化可以理解为无线设备资源虚拟化或无线接入资源虚拟化，如图 1-15 所示。本质上，无线网虚拟化通过底层物理资源抽象化实现用户资源共享和隔离机制。然而，与有线网资源比较稳定不同，无线网资源会随着时间、空间的变化而动态变化，因此针对无线网资源的特殊性，有线网的虚拟化技术需要进一步调整和增强，以适应无线网资源虚拟化的要求。

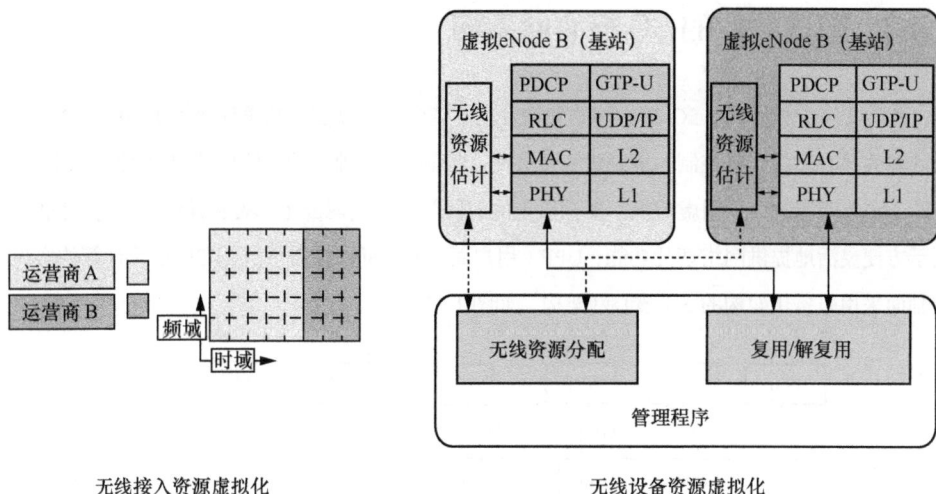

图 1-15　无线网虚拟化示意图

对于无线设备资源虚拟化，在传统网络中基站设备通常采用专用架构与硬件，一种网络功能对应一个设备形态，这导致网络的升级与更新需要更换整套基站硬件。虚拟化技术通过实现软硬件解耦，硬件资源可以采用通用处理器平台代替专用平台，从而实现平台的完全虚拟化，或者通过采用通用处理器和部分加速模块，实现设备的部分虚拟化。对于无线网，如果采用基带资源池的建设模式，可以实现基带资源的虚拟化，从而令不同小区、不同无线接入技术共享通用的基带处理硬件资源；同时，通过采用通用处理器平台更容易向业务层开放接口，有利于业务创新。射频虚拟化支持多种无线接入技术共享通用射频前端，在同一射频前端上发送多频多制式信号，但是受限于硬件技术，射频虚拟化的实现还比较遥远。

对无线接入资源虚拟化而言，无线接入资源主要指时域、频域、空域、码域等资源。通过无线空口资源虚拟化，可以实现无线接入资源的灵活划分、共享与隔离，将单一无线网虚拟化成多个虚拟无线网，提供多种业务，可实现不同运营商、不同用户、不同业务之间的无线接入资源共享和隔离。对于无线网虚拟化来说，无线接入资源虚拟化是最容易实现的，通过基站空口资源的调度策略即可。

从长远看，无线网将根据业务应用的需求逐步向虚拟化和云化演进，通过虚拟化技术可以在同一物理设施、同一频段内构建多个虚拟无线网，来满足不同业务的差异化、定制化和隔离化需求。但需要注意，其演进过程仍面临技术挑战，如通用化平台的转发能力有待提升，与现有网络管理的协同需要综合考虑，同时需要考虑移动网络基础 DC（数据中心）建设进程等因素。

1.4.3　敏捷开放的 5G 核心网架构

相较于 4G 核心网，5G 核心网的架构发生了革命性的改变，其设计融入了 SDN、NFV、云计算的核心思想，将控制与承载进一步分离。控制面采用服务化架构，基于虚拟化技术和统一的 NFVI 资源池，采用虚拟机、虚拟机上的容器等方式实现云化部署和弹性扩缩容，同时有利于方便灵活地提供网络切片功能；UPF（用户面功能）可以按需下沉，支持边缘计算的实现。控制面采用服务化架构的 5G 核心网架构，如图 1-16 所示。

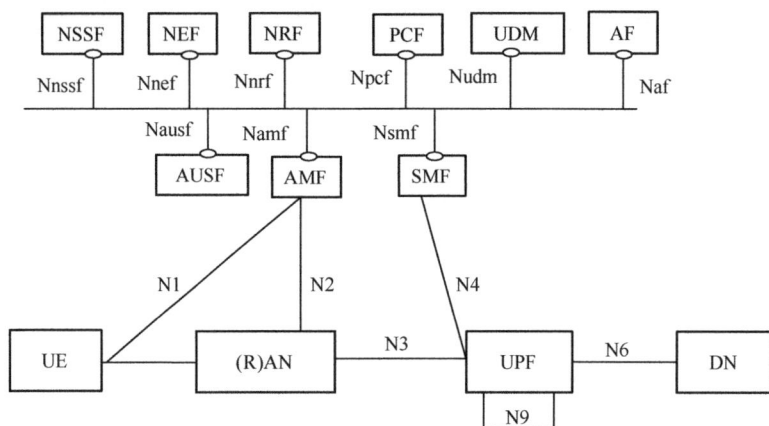

图 1-16　控制面采用服务化架构的 5G 核心网架构

下面是 5G 核心网的主要 NF（网络功能）的具体介绍。

① AMF（接入和移动性管理功能）负责终结无线网控制面接口，进行注册管理、连接管

理、可达性管理和移动性管理，还负责 UE 和 SMF（会话管理功能）之间的消息传递，以及接入鉴权和授权等。

② SMF 负责会话管理，包括会话建立、修改和释放等的管理，UE IP 地址分配和管理，选择和控制 UPF，终结与 PCF 的接口，控制会话相关策略执行和 QoS（服务质量）控制及计费相关功能等。

③ UPF 是 RAT 内/间移动性锚点，与外部数据网络互联的 PDU 会话节点，负责数据包路由和转发、用户面策略执行、用户面 QoS 控制等。

④ PCF（策略控制功能）主要支持统一的策略架构，为控制面提供策略规则，也负责 UE 路由选择策略控制等。

⑤ NEF（网络开放功能）负责向第三方、AF 等开放能力和事件。

⑥ NRF（网络存储功能）支持服务注册 / 去注册和发现，NRF 接收来自 NF 实例的 NF 发现请求，并向外提供发现的 NF 实例信息；维护可用 NF 实例的 NF 配置文件及其支持的服务。

⑦ UDM（统一数据管理）负责 3GPP AKA（认证与密钥协商）协议认证证书的生成，还负责用户标识处理、基于签约数据的接入授权、签约管理等。

⑧ AUSF（鉴权服务功能）支持 3GPP/非 3GPP 接入的鉴权。

⑨ AF（应用功能）通过与 3GPP 核心网交互来提供服务，主要功能是支持应用对数据路由的影响，与策略框架进行交互从而执行策略控制。

⑩ NSSF（网络切片选择功能）在网络切片选择过程中，负责为 UE 选定提供服务的网络切片实例集，确定 Allowed NSSAI，并确定为 UE 提供服务的 AMF 集或候选 AMF 组。

核心网的所有 NF 上线后，都要先向 NRF 进行注册登记，注册 NF 实例相关的信息及 NF 实例所支持的服务信息。以 UDM 为例，UDM 向 NRF 注册的信息包括 UDM 实例的名称、地址、状态、心跳定时器、支持的服务名称、支持的 S-NSSAI 等通用信息，还要提供本 UDM 支持用户的 SUPI（用户永久标识）和 GPSI（通用公共用户标识）号段信息、路由信息等。当 AMF 需要访问 UDM 的时候，AMF 应向 NRF 发起网元发现请求，AMF 提供用户的号码信息，NRF 根据 UDM 注册时提供的号段信息，向 AMF 返回 UDM 实例的信息，AMF 据此与特定的 UDM 进行信息交互。这是 5G 核心网的 NF 之间的通用通信机制。当 NF 准备退出服务时，向 NRF 发起去注册请求，以便 NRF 进行 NF 的信息更新。

基于服务化架构，控制面的 NF 之间采用服务化接口，用户面仍然采用点对点接口。控制面的 NF 既可以是服务的生产者，也可以是服务的消费者。当消费者访问生产者的服务时，必须使用生产者提供的统一接口。服务的提供通过生产者与消费者之间的消息交互来实现。消息交互的模式分为请求/响应模式和订阅/通知模式。其中，订阅/通知模式有两种，订阅/通知模式

1 是 NF_A 直接向 NF_B 进行信息订阅，订阅/通知模式 2 是 NF_A 代替 NF_C 向 NF_B 进行信息订阅。具体如图 1-17～图 1-19 所示。

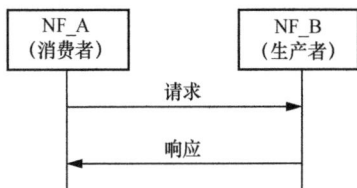

图 1-17　请求/响应模式

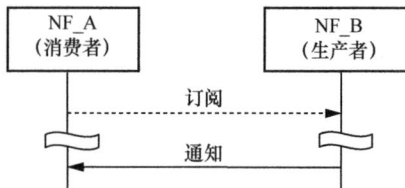

图 1-18　订阅/通知模式 1

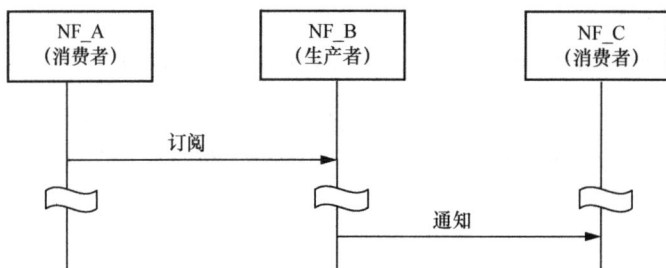

图 1-19　订阅/通知模式 2

采用服务化接口的方式简化了设计，使同一种服务可以被多种 NF 调用，降低 NF 之间接口定义的耦合度。各个 NF 采用微服务设计，可以提高功能的重用性，简化业务流程设计，提升参数传递效率。各个服务支持独立扩容、独立演进和按需部署，灵活性大大提升。

1.4.4　5G SA 架构选择

3GPP 定义 5G 网络架构有多种选项，主流方案有 Option2 和 Option3 两种，即 SA 和 NSA 方案。下面对这两种方案进行介绍，其他的选项不再赘述。

1. NSA（Option3）方案

这里先说明两个概念，双连接和主/从节点。简单来说，双连接指同一个 UE 在连接状态同时使用 4G/5G 基站资源，从两个基站获得数据，实现数据聚合；主/从节点指在双连接方案中，提供与 5G 核心网控制面连接的节点为主节点，没有提供控制面连接的节点为从节点。在 Option3 方案中，5G 基站作为双连接的从节点接入 EPC（4G 核心网），分担用户面的流量，所有的移动性管理信令都锚定在 EPC 与 eNB 上，不会发生 eNB 和 5G NR 之间的信令控制切换，UE 和 5G 核心网之间的信令连接是 4G NAS 信令连接，支持 4G RAN 和 5G RAN 双连接。Option3 包括

Option3c、Option3a、Option3x 3 种子方案，具体的网络部署架构如图 1-20 所示。

5G NR 的用户面通过 3 种方式接入 EPC：

① 通过 eNB 汇聚 eNB 和 NR 节点的用户面，经 S1-U 接口接入 EPC，NR 节点无须支持 S1-U 接口，如图 1-20（a）所示；

② eNB 或 NR 节点直接通过 S1-U 接口接入 EPC，如图 1-20（b）所示；

③ 通过 NR 汇聚 eNB 和 NR 节点的用户面，经 S1-U 接口接入 EPC，如图 1-20（c）所示。

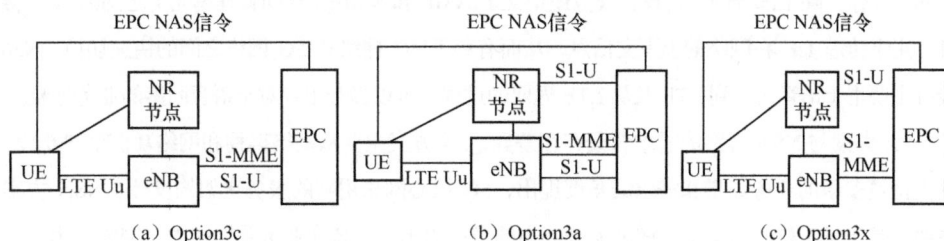

图 1-20　Option3 网络部署架构

2．SA（Option2）方案

SA 方案的主要特点是 5G NR 直接接入 5G 核心网，UE 和 5G 核心网之间采用 5G NAS 信令连接，UE 在连接态只连接一个空口，即不需要支持 4G RAN 和 5G RAN 双连接。4G RAN、5G RAN 通过 5G 核心网实现与 4G 网络和 5G 网络的互操作，使 UE 可以在两个网络之间切换，以保障业务的连续性，架构如图 1-21 所示。

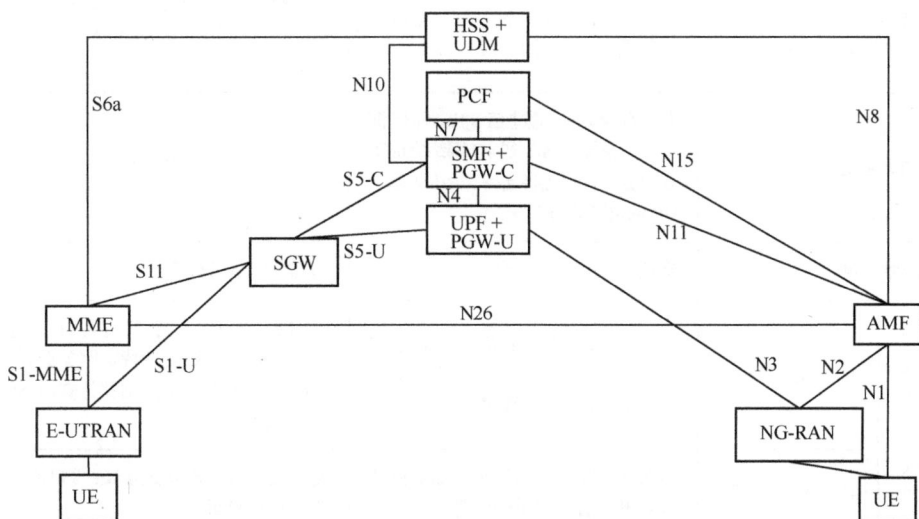

图 1-21　SA 方案下的 4G 网络与 5G 网络的互操作架构

在这种架构下，为保障业务连续性，需要 3 个网元合设：HSS+UDM、SMF+PGW-C 和 UPF+PGW-U 合设。合设网元 SMF+PGW-C 和 UPF+PGW-U 负责分配用户 IP 地址、执行用户会话 QoS 策略及计费触发等会话相关功能，从而保障 4G 网络和 5G 网络间的业务连续性和策略一致性。HSS+UDM 作为数据库的统一前端，负责用户 4G 和 5G 签约数据管理、认证信息生成、移动性管理等业务逻辑，将用户数据存储在 UDR（统一数据存储库）中。数据库融合可以确保用户在 4G 网络和 5G 网络之间移动时，用户状态的唯一性和业务体验的一致性。为了支持两个网络的互操作，除了部分网元合设，规范还定义了 AMF 和 MME（移动管理单元）之间的 N26 接口，用于传递 UE 在网络的上下文信息，从而有利于 4G 网络和 5G 网络之间的快速切换。N26 接口主要用于语音回落到 LTE 及从 LTE 返回的过程，可以提升用户对于语音回落的业务体验。

SA 方案与 NSA 方案的需求背景存在差异，SA 方案主要从网络架构和网络功能演进出发，从支持更多新的业务场景和需求的角度提出，5G 核心网采用新的服务化架构设计；NSA 方案主要从基于 4G 核心网架构、增强无线能力的角度提出。二者在业务感知能力、网络能力、网络改造、终端等方面存在差异，二者的比较见表 1-2。

表 1-2 SA 方案和 NSA 方案的比较

对比项		SA 方案	NSA 方案
4G 网络与 5G 网络间的切换时延		核心网切换，切换时延可能略高，通过 N26 接口切换的端到端时延大约为 200ms	无线网切换，切换时延更低
网络切片功能、MEC 等 5G 能力		支持 5G 新业务特性，这些业务需要基于 5G 核心网实现	不支持，4G 标准没有定义网络切片功能和 MEC，无法标准化支持这两个功能
语音业务		有语音业务时，通过 EPS Fallback（演进分组系统回落）到 4G 网络完成语音业务，后续还将支持 VoNR（基于 NR 的语音业务）	基于 4G 核心网支持语音业务
流量密度		略低，没有流量聚合	稍高，流量可聚合
网络改造要求	4G 核心网升级	4G 核心网需升级支持与 5G 核心网间的互操作，如 MME 升级支持 N26 接口，以进行数据库迁移	4G 核心网升级支持 5G 接入和双连接，如 MME 升级支持特定网关选择，PGW 支持 5G 流量识别和计费，HSS 支持双连接等
	4G 无线网升级	要求低，升级工作量小，如支持邻区列表广播、测量配置等	要求较低，需升级支持 Xn 接口的控制面和用户面

对比项	SA 方案	NSA 方案
传输需求	包括前传、回传和骨干传输支持	包括前传、回传和骨干传输支持，还需要考虑无线网之间的新增 Xn 接口的传输需求
终端复杂度及成本	相对低，UE 不需要支持双连接	相对高，终端支持双连接，功耗和成本相对较高
无线异厂商组网难度	容易	困难，由于 Xn 接口不开放，需要 4G 无线和 5G 无线同厂商

SA 方案作为目标网络方案，可避免先采用 NSA 方案再采用 SA 方案的频繁网络改造，且业务能力更强，是运营商 5G 网络建设的优选方案。

1.5 5G 与云网融合

1.5.1 云网融合概念

云网融合是新基建（新型基础设施建设）的核心基石。当今社会正在向信息化、数字化发展，以数字经济为核心的新经济代表社会的发展前沿和发展方向。在这个大背景下，新基建作为支撑数字经济发展和产业数字化转型升级的基础保障，已上升到国家战略层面。新基建包括以大数据中心、人工智能基础设施、5G 基站、物联网等为代表的新型信息基础设施的建设。这些新型信息基础设施的能力构建，有赖于云、网等信息基础设施的协同与融合：首先，云离不开网，云规模越来越大，云应用越来越多，都需要更加便捷和安全的网络连接；其次，网也离不开云，网络基础设施构建在云上，网络信息与通信功能都将在云上实现，网络的控制管理也将逐步云化；再次，新型信息基础设施与数字化平台构建在云、网之上，需要云网一体化提供端到端保障。由此可知，云网密不可分，共同构成信息通信的"底座"，云网融合则成为新型信息基础设施的核心特征和演进方向。

具体而言，云网融合是 IT（信息技术）和 CT（通信技术）的深度融合所带来的信息基础设施的深刻变革，使得传统上相对独立的云计算资源和网络设施融合形成云网一体化供给、云网一体化服务、云网一体化运营的体系。其中，云网一体化供给指网络资源和云资源统一定义、封装和编排，形成一致的、弹性的资源供给体系；云网一体化服务指从云和网各自独立的管理、运营和维护服务体系，转向一点受理、一点开通、一致的服务保障、一体化的运维服务；云网一体化运营指面向客户实现云网业务的统一呈现、统一交付、统一感知，实现云业务和网业务的深度融合。

云的本质在于 IT 资源的弹性伸缩，网的本质在于连接，而云网融合的关键则在于"融"。从技术层面来看，云网融合需要重点聚焦云和网的基础资源层，通过虚拟化/云化乃至一体化的技术架构，最终实现简洁、敏捷、开放、集约、安全、融合的新型信息基础设施的资源供给。在技术层面融合的基础上，云网融合需要在业务形态、商业模式、运营服务模式等更多层面开展融合与创新，赋能千行百业，为行业和社会提供数字化应用和解决方案。

1.5.2 云网融合发展愿景

中国电信云网融合以"网是基础，云为核心，网随云动，云网一体"为发展原则，旨在通过 IT 与 CT 的深度融合，在"自有云网"深度融合的基础上，重点聚焦生态模式，加快开放与合作，构建"多云+多网"的立体化生态格局，在赋能中国电信自身的数字化转型的同时，为全社会、全行业的数字化转型打造基础底座，提供综合智能信息服务，赋能客户数字化转型，如图 1-22 所示。

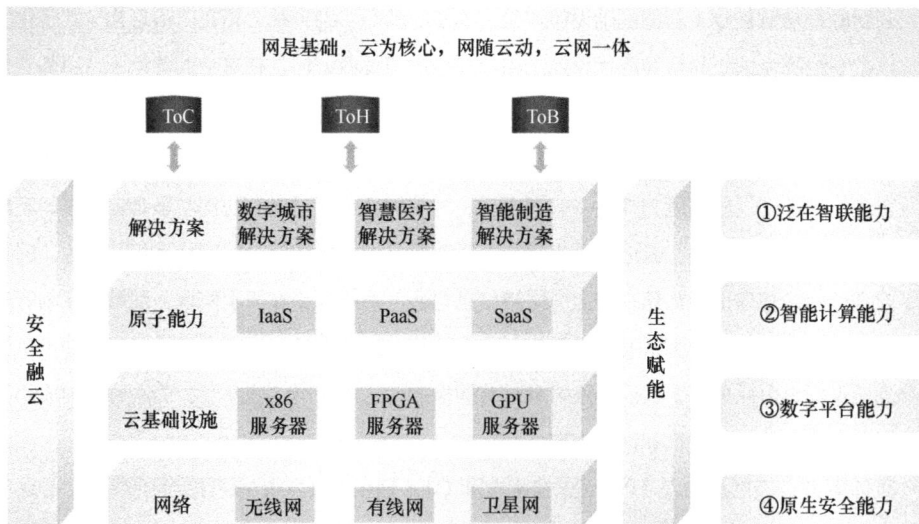

图 1-22 云网融合发展愿景

① 网是基础：网络与端、云开展数据和指令的协同，提供泛在、高速和弹性的连接保障。

② 云为核心：云为算力提供分布式的资源池，形成数据的仓储，为大数据应用和人工智能应用提供技术支持和场景封装，为云化软件应用提供承载能力和开发环境。

③ 网随云动：对应数据瞬发、较低时延、分布式广播和云边协同等要求，传送网需要根据云的需要进行弹性适配、按需部署、敏捷开通，保证安全可靠。

④ 云网一体：通过云网一体化的调度、运维和服务保障，打破传统云和网的物理边界，形成统一的资源和能力。

中国电信云网融合愿景是形成云和网络充分融合的一体化架构。在功能层面上，该架构主要包括云网基础设施层、云网功能层、云网操作系统层等层次，各层都将引入内生安全、AI和大数据等技术，形成端到端的支撑和赋能。

1.5.3　5G 与云网融合

5G 既是网络强国战略的重要组成部分，也是新型信息基础设施的重要组成部分。5G 是引领科技创新、实现产业升级、发展新经济的基础性平台，为了满足数字化社会对移动网络的各类业务需求，不论是 5G 的网络架构、技术，还是业务、运营等方面，都体现了云网融合的理念。主要表现如下。

（1）云网能力匹配与融合

5G 网络自身而言，通过 IT 与 CT 的深度融合，推动了移动网络架构的巨大变革与创新，实现云网能力匹配与融合，具体如下。

5G 网络系统架构：采用"三朵云"5G 网络架构这一新型目标网络逻辑架构，包括接入云、控制云和转发云 3 个逻辑域，"三朵云"协同配合，根据业务场景灵活部署。

5G 网络云化实现：5G 网络云化体系引入云计算、NFV、SDN 等技术，包括基础设施层、网络功能层和运营支撑层 3 个功能层次，为 5G 网元提供云化承载能力、运行和管理环境，实现网元与基础设施解耦、软件定义、分解重构、敏捷部署、能力开放、智能运营，降低 OPEX（运营支出）和 CAPEX（资本性支出）。

5G 网络服务化架构：5G 核心网支持控制与转发分离、网络功能模块化设计、接口服务化和 IT 化等特性。其中，控制面基于服务化架构，将网元功能拆分为相对独立的、接口服务化的、细粒度的网络服务，"无缝"对接轻量级云化承载单元，各个服务可以独立扩容、独立演进和按需部署，为差异化的业务场景提供灵活、敏捷的系统架构支持。

5G 网络能力开放：增强了网络能力开放服务环境，实现面向第三方的网络友好化和网络智能化能力开放，具体包括监控、配置、策略、计费、分析及 AF 对业务路由的影响等网络能力开放，使应用充分利用网络能力，优化网络资源配置策略和流量管理策略，提供更好的用户体验和实现应用创新。

5G 网络智能化：采用 AI、大数据等技术，为 5G 网络和业务注智赋能，提升 5G 网络运营和应用能力。其中，在网络层面上，支持有效网络感知、智能监控、预测性维护优化，从而优化资源投放能力、提升网络运维效率、降低网络运营成本；在业务层面上，支持按需建立快速、精准的资源调度能力，提升服务质量和效率，从流量经营转向价值经营，从而推动应用创新。

（2）云网业务融合与创新

5G 网络随云而动，与云互动协同，实现云网业务融合与创新，具体如下。

5G 网随云动：5G 网络支持大流量、低时延和海量连接等多样化特性需求，其控制云、转发云、接入云等功能网元可根据业务场景灵活部署，以适配核心网、网络边缘的多样化云业务需求，从而更好地为用户提供端到端的使用保障，降低业务时延，提升客户体验。

5G 网络切片：5G 网络切片基于云技术，并反向赋能，适配不同云、网业务场景，提供覆盖无线网、承载网、核心网的端到端网络服务，支持提供自动化、按需进行的网络控制和性能保障，为不同行业客户提供个性化、差异化的服务，以满足网络性能、安全可靠性、网络自运维等多样化需求。

5G 云边协同：5G 网络增强了对边缘计算、云边协同的支持，通过网络分流、多点业务调度、网络增强等技术，结合面向固移融合的 5G MEC 系统的构建和部署，支持 5G 业务应用的本地化部署、缓存加速、网络感知及能力开放，提供边缘算力，以满足大带宽、低时延、大并发等多样化应用需求。

5G 创新应用：融合 5G 移动网络与固网、云等的业务能力，面向工业制造、车联网、智慧医疗等领域的需求，打造"连接+计算"的云网融合创新应用和解决方案，为个人、家庭、企业、政府客户提供更加智能的信息服务，以共同推进行业数字化转型。

云网统一运营：云、网运营系统深度融合，突破各专业"烟囱式"建设模式，整合核心网、无线网、承载网、传输网、云等的管理能力，实现"一张网、一朵云、一个系统、一套流程"，云、网能力高效协同，云、网端到端可视、可管、可调，集约高效智慧运营。

1.5.4　将 5G 打造成云网融合最佳实践

中国电信以 5G 为契机，打造云网融合最佳实践。具体而言，中国电信以 SA 为 5G 发展的方向和目标，坚持 SA 是 5G 创新的根本，优先选择 SA 方案组网，并基于此，积极、稳步推进

5G SA 技术创新、落地部署，从而推动行业生态繁荣发展。

（1）加速 5G 创新

中国电信坚持"标准先行、技术引领、业务创新"的发展思路，在加强自主研发的同时，多方开展深度创新合作，努力突破 5G SA 技术瓶颈，丰富和繁荣 5G 的生态环境，快速敏捷地响应行业的需求。

在标准创新方面，中国电信聚焦 5G 核心能力，率先提出"三朵云"5G 网络架构、超级上行等 SA 关键技术，这些技术均已融入 3GPP 国际标准，为全球 5G SA 发展提供了坚实的技术基础。

在技术创新方面，中国电信全球率先发布 5G 技术白皮书（2018 年），明确提出 SA 发展方向和组网策略，搭建跨省跨域 SA 规模试验网，多次突破 SA 发展面临的瓶颈，并实现了多项 SA 业内第一，为加速推动 SA 产业成熟和扩大 5G 规模积累了宝贵经验。

在业务创新方面，中国电信基于网络切片、边缘计算等 5G SA 特色能力，面向公众客户和行业客户提供各种创新应用，从而推进 5G 与工业互联网融合，深度赋能传统产业，取得良好的社会效益和经济效益。

（2）推动 5G 部署

中国电信 5G 云化实践，深度贯彻云网融合理念，积极推动云网融合资源布局和体系构建，切实推动 5G SA 落地部署和商用，双向赋能，协同实现云网融合创新应用。

首先，积极推进云网融合部署，为 5G SA 落地提供有利条件。中国电信正在积极构建以客户为中心，场景驱动的，高效、敏捷、安全的云网一体新架构，实现"2+4+31+X+O"的云资源池布局，加快云边协同，构建云网 PoP，实现"网络随客户、业务和应用而动"；同时，打造新一代云网运营系统，实现云网业务一体化快速开通和高质量保障；打造数字化平台，支持大数据和人工智能技术融合应用，实现生态赋能和运营赋能。

其次，积极推动 5G SA 落地部署，大力开展 5G 核心技术和业务应用创新，打造高质量 SA 商用部署能力，成功实现了多项 SA 业内第一。2019 年 8 月，中国电信在全球率先实现了基于 IPv6 和云网融合架构的 5G SA 部署，实现 5G 与现网 4G 的互操作；2019 年 10 月 31 日，中国电信在深圳实现全球首发 5G SA 商用网络，同时发布了基于云网融合的三大核心能力和四大行业解决方案，向 5G SA 规模商用部署迈出坚实的一步。

再次，5G SA 反向赋能，为云网深度融合提供了重要契机和技术手段。网络切片、边缘计算等 5G SA 关键特色能力需要云与网更好地配合，也提供了更多的可能。中国电信正在持续强化推进 5G SA 在云网融合领域中的技术创新，开发完善边缘计算和切片管理系统，使网络实现能力开放，打造安全、可靠、可信的云网融合产品，为工业互联网、智慧城市、媒体直播等提供端到端、可定制的信息化应用。

（3）促进产业成熟

中国电信愿意并持续积极推动与社会各方的合作，与全球 5G 产业合作伙伴携手并进，共创价值。

在 5G 国际标准层面，中国电信一直深度参与 5G 国际标准制定，重点在 5G 业务和商业模式、网络智能化、网络融合等方面开展深入研究，先后在 ITU、ETSI（欧洲电信标准组织）、3GPP 等国际标准组织中牵头多项标准的制定。

在 5G SA 部署方面，GSMA 宣布，中国电信牵头组织全球 5G 产业，共同制定并成功发布《5G SA 部署指南》。该指南梳理了全球 5G SA 产业链发展情况，总结和分享了 5G SA 部署的重要经验和指导建议，深入阐述了 5G SA 核心技术、部署演进、终端、测试评估、业务应用等焦点问题，对全球 5G SA 产业健康发展和 5G SA 规模部署起到了积极、重要的推动作用。

在 5G 产业互通协同方面，中国电信在业界率先实现了 5G 核心网的异厂商互通，成为全球首个遵循国际 3GPP 标准实现 5G SA 异厂商互通的运营商。

在 5G 终端产业推进方面，中国电信加快 5G 终端多元化。中国电信联合终端芯片品牌厂商、仪表厂商等成立了 5G 终端研发联盟，还发布了《中国电信 5G 终端白皮书（1.0）》，并启动行业终端研究。

参考文献

[1] ITU-R. IMT Vision——framework and overall objectives of the future development of IMT for 2020 and beyond[R]. 2015.

[2] ITU-R. 国际移动通信-2020 (IMT-2020) 地面无线电接口的详细规范: ITU-R M. 2150-0 建议书[S]. 2021.

[3] ITU-R. 国际移动通信-2020 (IMT-2020) 地面无线电接口的详细规范: ITU-R M. 2150-1 建议书[S]. 2022.

[4] FLORE D. RAN workshop on 5G: chairman summary[R]. 2015.

[5] 3GPP. Study on new radio access technology: 3GPP TR 38.912 version 14.1.0[S]. 2017.

第 2 章

5G SA 架构及组网方案

本章首先分析了 5G 网络与 4G、IMS（IP 多媒体子系统）等网络的关系，然后分别从核心网与无线网两个方面介绍 5G SA 网络组织原则，其中在核心网方面从 NF 设置原则与网元组网原则两个层次进行了阐述，在无线网方面则重点论述了天线、时隙、小区等的配置原则，最后分析和比较了典型的 3 种 5G 定制专网方案，探讨了 5G SA 应用于垂直行业的组网方案。

3GPP 5GRel-15 标准聚焦提供 EMBB 业务，主要定义了 5G SA 全新网络架构，包括网络切片、服务化架构、边缘计算、移动性管理、会话管理等功能，并在 Rel-16 等后续版本标准中致力于面向垂直行业的 5G 能力拓展与延伸。5G SA 网络的控制面采用服务化架构，支持云化部署、弹性扩缩容；5G SA 网络的 UPF 可以按需下沉、支持实现边缘计算。运营商基于 5G SA 服务化架构提供更多应用场景的业务，可以更好地为垂直行业提供服务。中国电信于 2018 年在全球运营商中率先明确提出了 5G SA 发展方向和组网策略，如前所述，中国电信还牵头全球 5G 产业，主导制定了《5G SA 部署指南》，对全球 5G SA 产业的健康发展，提供了高价值的参考信息和指导建议。

2.1 5G 网络与其他网络间的关系

5G 网络与其他网络间的关系如下。

（1）5G 网络与 LTE/EPC（4G 核心网）间的关系

5G 网络的部署和完善需要一个长期的演进过程，部署初期重点按需开展精准网络建设，通过 5G 网络与 4G 网络的互操作来实现 4G/5G 业务连续性，并推动通过业务（应用）感知来实现对 4G 网络/5G 网络的选择，即在保证用户业务体验的前提下，实现网络资源的优化使用，实现 4G 网络/5G 网络资源、服务能力的高效协同。

3GPP 提出了多种 5G 网络与 4G 网络的互操作方案，包括 5G SA 和 5G NSA 两类。互操作方案的选择应综合考虑建网时间、业务体验、业务能力、终端产业链支持情况、组网复杂度及网络演进等因素。

新部署的 5G 核心网为融合设备，当 5G 用户从 4G 网络基站接入时，由 MME 负责识别并选择 5G 融合网元来处理 5G 用户的业务，以保持 UPF/SAE GW-C 锚点不变。为避免 EPC SGW（服务网关）的持续扩容，SMF 和 UPF 均具备 SGW-C（服务网关控制面）和 SGW-U（服务网关用户面）功能，媒体流通过 4G 基站直接连接 UPF/SAE GW-C（系统架构演进网关控制平面），不经 EPC SGW 绕转。

5G 用户通过 4G 网络和 5G 网络接入的信令流和媒体流路径，即 5G 用户的业务流示意图如图 2-1 所示。

（2）5G 网络与 IMS 网络间的关系

对于语音业务，5G 实现全覆盖相对较难，为避免频繁切换，从而保持语音连续性，初期采用 SA 下的 5G 回落 VoLTE 方案（即 EPS Fallback 方式），通过 IMS 网络与 5G 网络对接实现 5G 用户的 VoLTE IMS 注册，在用户拨打/接听电话的时候，从 5G 网络主动回落到 4G 网络，通过 4G 网络接入 vIMS（虚拟化 IMS）实现话音业务的呼叫。在流程上相当于用户从 4G 无线网接入，再由融合核心网网元 UPF/GW-U 接入 IMS 网络的 SBC/P-CSCF（会话边界控制器/代理呼叫会话控制功能），后续流程同现有的 VoLTE 流程。随着 VoNR 技术和网络条件的成熟，基于 IMS 网络的 VoNR 业务被开展，通过 IMS 网络与 5G 网络对接实现 5G 用户的 VoNR IMS 注册，这样在用户拨打/接听语音电话时，无须回落至 4G VoLTE。

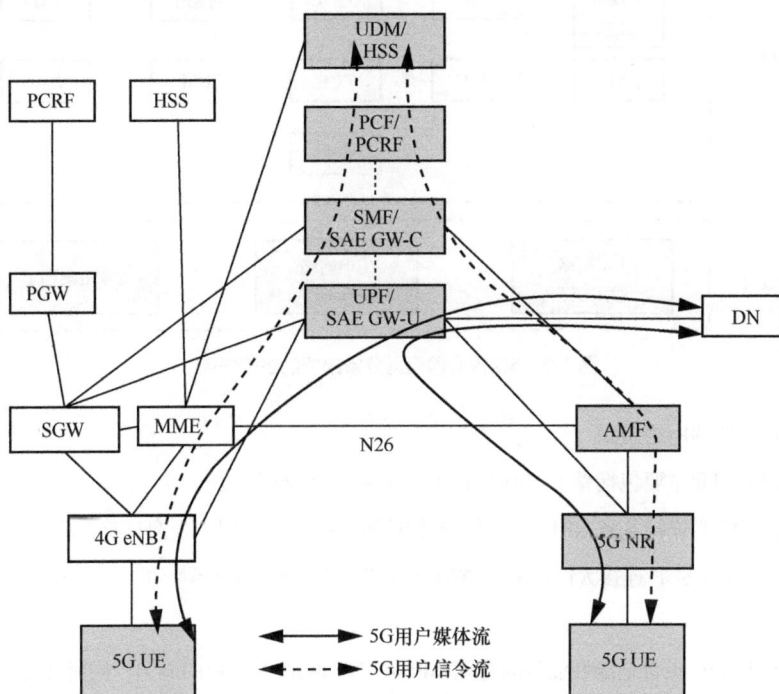

图 2-1　5G 用户的业务流示意图

2.2　5G SA 的网络组织

2.2.1　5G 核心网的网络组织

中国电信 5G 核心网组网分省部署的逻辑框架如图 2-2 所示。5G 核心网根据网元的性质分别按照三层架构部署，其中骨干层设备部署在区域 DC（数据中心），省层 5G 核心网部署在省级 DC，地市边缘层按需部署 UPF/GW-U 或 UPF，设置在地市级 DC。

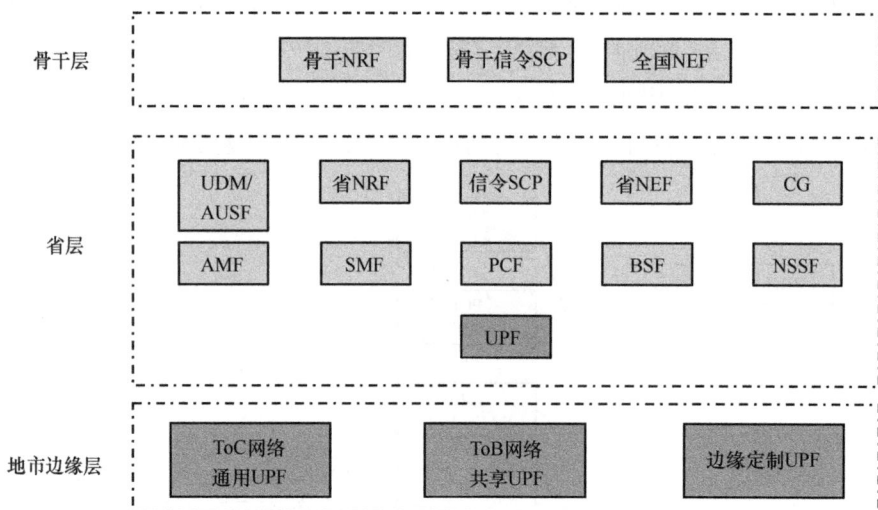

图 2-2　5G 核心网组网分省部署的逻辑框架

（1）骨干层的网络组织

骨干层的网元主要包括骨干 NRF、骨干信令 SCP 及全国 NEF。

① 骨干 NRF 连接各省 NRF，主要负责转接跨省的网元发现、查询与应答消息。

② 骨干信令 SCP 连接大区内的各省信令 SCP，主要负责转接跨省的网元服务请求与通知消息。

③ 全国 NEF 负责全国性业务的管理和调用省级 NEF 上开放的能力，同时转发省间 NEF 的业务调用请求。

骨干层还包含 ToB 网络的数据集约节点，数据集约节点部署包括 UDM、PCF、NRF 与信令 SCP，主要承担 ToB 网络的号码开通、PCC 策略签约业务，数据集约节点中的 NRF 连接骨干 NRF，实现全网路由；随业务发展，可增加部署 SMSF（短消息服务功能）、AAA（鉴权、授权和结算）与物联 NEF 等网元。同时数据集约节点数量随着业务规模扩大可适当增加。

（2）省层的网络组织

省层核心网网元主要包括 AMF、SMF、UDM、AUSF、NSSF、PCF、UPF、BSF、CG（计费网关）、信令 SCP、省 NRF、省 NEF。其中，AMF、SMF、NSSF、UPF、CG 与信令 SCP 是 ToC 网络与 ToB 网络复用的。随着 ToB 业务规模发展，可以考虑按需部署独立 UPF 承载

ToB 业务。

为了实现 4G 网络与 5G 网络的互操作,需要将部分 4G 网元与 5G 网元合设,即新建的 SMF 支持 SAE GW-C 功能,PCF 支持 PCRF 功能,UDM 支持 EPC HSS 和 IMS HSS(简称"HSS")功能,UPF 支持 SAE GW-U 功能。

1．NF 设置原则

5G 核心网 NF 的设置前提具体如下。

① 采用 N26 接口互操作方式,设置合设网元(UDM 与 HSS 合设,PCF 与 PCRF 合设,SMF 与 SAE GW-C 合设,UPF 与 SAE GW-U 合设)。

② 5G 核心网控制面网元集中化设置,用户面网元根据业务需求分布式设置。

③ 5G 核心网网元需要考虑高安全性和高可靠性,要求提供网元级冗余与容灾备份。

④ 5G 核心网网元可通过融合设置的方式同时为 ToC 和 ToB 客户提供服务,也可以按需通过分开设置的方式分别为 ToC 和 ToB 客户提供服务,选择哪种方式取决于运营商的网络运营策略和演进策略。

(1)骨干层 NF 设置原则

骨干层网元物理部署在区域 DC 中。骨干层 NF 设置原则具体如下。

① 骨干 NRF:骨干 NRF 转发省间 NF 的发现请求,采用"1+1 主备"的方式进行容灾备份,省 NRF 与骨干 NRF 路由可达。全国可以划分为多个大区,每个大区内设置一套骨干 NRF,骨干 NRF 连接大区内的各省 NRF,各大区间的骨干 NRF 全连接互联。

② 骨干信令 SCP:骨干信令 SCP 转发省间 NF 的服务请求。全国划分为多个大区,每个大区内设置一对骨干信令 SCP,各大区间的骨干信令 SCP 全连接互联。骨干信令 SCP 连接同大区内及备份大区内的各省信令 SCP;省信令 SCP 优选本大区内的骨干信令 SCP、备选备份大区内的骨干信令 SCP,以负载分担的方式向大区内的一对骨干信令 SCP 发送请求。

③ 全国 NEF:负责全国性业务的管理和调用省级 NEF 开放的能力,转发省间 NEF 的业务调用请求,采用"1+1 主备"的方式进行容灾备份,省级 NEF 与全国 NEF 路由可达。全国可以设置一对全国 NEF。

(2)省层 NF 设置

省层控制面网元可物理部署在区域 DC 中或部署在省级 DC 中,一般取决于运营商的运营策略和 DC 资源情况。省层用户面网元设备 UPF 部署在省级 DC 中。省层 NF 设置原则具体如下。

① NRF:省 NRF 负责省内 NF 的注册、发现与授权,省 NRF 与骨干 NRF 路由可达。省

层设置一对 NRF，采用 "1+1 主备" 的方式进行容灾备份。

② NSSF：省层设置一对 NSSF，采用 "1+1 负载分担" 的方式进行容灾备份。

③ AMF：AMF 采用 AMF Pool（AMF Region+ AMF Set）组网，AMF Pool 包含多个功能相同的 AMF。无线连续覆盖的区域划分在同一个 Pool 内。为 AMF Pool 内的 AMF 等的容量规划设置权重因子，以实现负载均衡。AMF Pool 内的 AMF 可以设置在一个 DC 内或跨 DC 设置，采用 "N+1 主备" 的方式进行容灾备份。

④ SMF：SMF 采用 SMF Pool（类似 EPC 的 GW 服务区域）组网，SMF Pool 内包含多个功能相同的 SMF。SMF Pool 区域与 AMF Region 区域间的关系是一对一或一对多，无线连续覆盖的区域划分在同一个 Pool 内。SMF Pool 内的 SMF 可以设置在一个 DC 内或跨 DC 设置，采用 "M+N 主备" 的方式进行容灾备份。

⑤ UPF：相同层次且相同 UPF 服务区域（类似 EPC 的 GW 服务区域的用户面）部署的 UPF 之间实现容灾备份。

⑥ UDM+UDR：根据标准，数据库采用前后端架构，UDM 作为数据库前端，UDR 作为数据库后端，UDM 访问 UDR 以获取用户签约数据。UDM 采用 "N+1 主备" 的方式，主用负载分担，主用 UDM 可以设置在一个 DC 内或跨 DC 设置，备用 UDM 和主用 UDM 必须跨 DC 设置。UDR 采用 "1+1 主备" 的方式，分别设置在不同 DC 中。

⑦ PCF：PCF 作为数据库前端，通过访问 UDR 获取策略签约数据。PCF 采用 "N+1 主备" 的方式，主用负载分担，主用 PCF 可以设置在一个 DC 内或跨 DC 设置，备用 PCF 和主用 PCF 必须跨 DC 设置。PCF UDR 采用 "1+1 主备" 的方式，分别设置在不同 DC 中。

⑧ AUSF：AUSF 一般与 UDM/UDR 融合设置，容灾备份方式同 UDM。

⑨ BSF：BSF 负责 PCF 的会话绑定。BSF 独立设置，且支持 Diameter 接口，BSF 采用 "1+1 主备" 的方式进行容灾备份。

⑩ 省 NEF：省 NEF 负责省内的能力开放，并管理省内的特色业务。采用主备或负荷分担的方式进行容灾备份。

⑪ CG：CG 实现离线话单留存，CG 采用 "N+1 主备" 的方式，主用负载分担。

⑫ 信令 SCP：在省内设置一对信令 SCP，采用 "1+1 负载分担" 的方式进行容灾备份。各省信令 SCP 与本大区内的骨干信令 SCP 及备份大区内的骨干信令 SCP 连接。

（3）地市边缘层 NF 设置原则

地市边缘层网元可按需物理部署在地市级 DC 中或垂直行业客户园区中，满足低时延、大带宽和大计算业务的需要，主要根据 MEC 和本地分流业务需求而确定部署策略。其中，部署在客户园区内的 UPF 与省层 5G 核心网网元对接时满足安全隔离要求。

2．网元组网原则

（1）AMF 组网

AMF 负责 5G 核心网的移动性管理，是 5G 核心网的核心控制网元。独立 AMF Pool 组网，AMF Pool 和 MME Pool 之间采用 N26 接口，如图 2-3 所示。

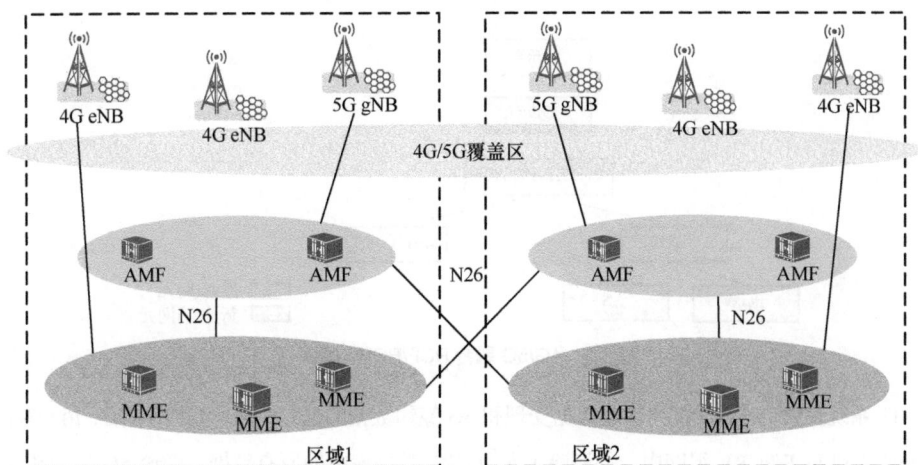

图 2-3　独立 AMF Pool 组网

（2）UDM/HSS 组网

4G/5G 数据库融合 UDM/HSS 组网如图 2-4 所示。

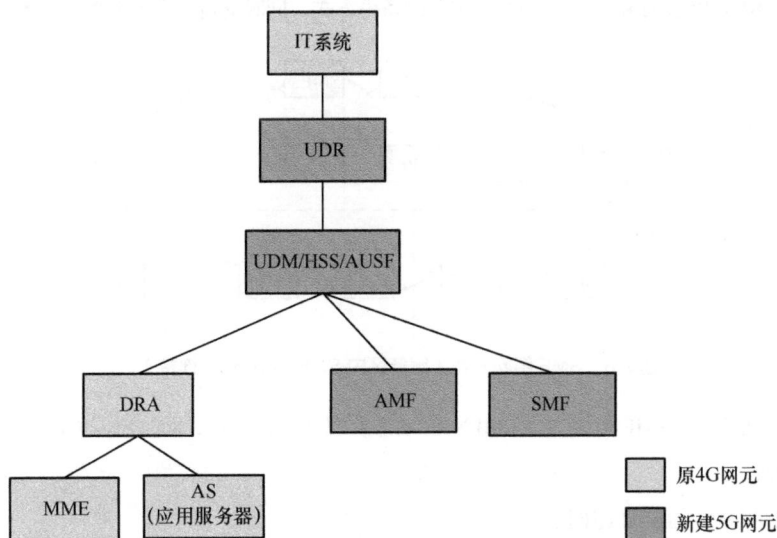

图 2-4　4G/5G 数据库融合 UDM/HSS 组网

IT 系统负责完成 5G 业务受理和 4G 签约数据的迁移，用户签约 5G 后，用户数据迁移到 UDM/HSS 组网中，并删除 EPC HSS 数据库中的原有数据。5G 用户无论从 4G 网络接入还是从 5G 网络接入，其签约数据都从融合 UDM/HSS 组网中获取。

（3）PCF/PCRF 组网

4G/5G 融合 PCF/PCRF 组网如图 2-5 所示。

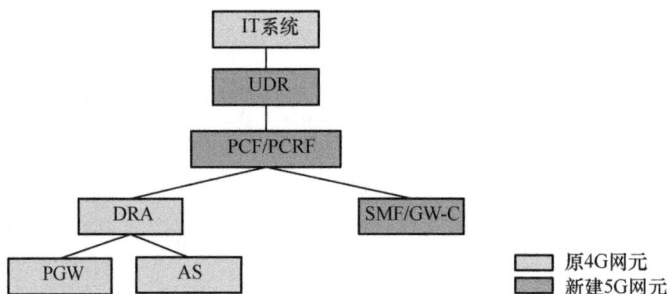

图 2-5 4G/5G 融合 PCF/PCRF 组网

IT 系统负责完成 5G 签约策略数据受理和 4G 签约数据的迁移，用户签约 5G 后，用户策略数据迁移到 PCF/PCRF 组网中，并删除 EPC PCRF 数据库中的原有数据。无论 5G 用户从 4G 网络接入还是从 5G 网络接入，其签约数据都从 PCF/PCRF 组网中获取。

（4）SMF/SAE GW-C 组网

SMF 组网方案如图 2-6 所示，即服务区内的 SMF 与 UPF 全连接。这种情况下组网方案可以更加灵活，SMF 可以采用"M+N 负载分担"的备份方式，同时支持所有的业务应用场景。

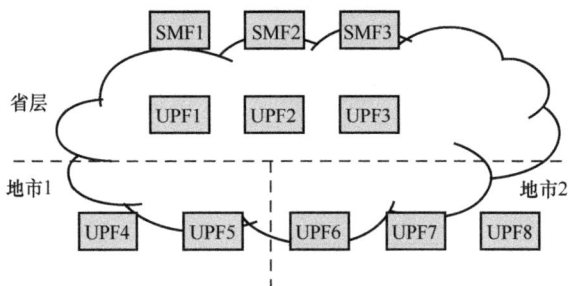

图 2-6 SMF 组网方案（服务区内 SMF 与 UPF 全连接）

在这种方案中，SMF 可以考虑利用 NRF 动态发现并选择 UPF，同时还可以由 UPF 来分配用户 IP 地址。

（5）UPF/SAE GW-U 组网

UPF 作为 5G 核心网的用户面网元，其主要功能是进行数据转发，同时必须具备 DPI（深度包检测）及 QoS 处理等能力。在 5G 标准中，基于控制和承载的彻底分离，UPF 可按需分布式部署在网络的省中心、城域核心或城域边缘位置等不同层面上。

UPF 的设置遵循以下原则。

① UPF 的部署宜综合考虑业务需求、SMF 设置方式、冗余设置、单设备容量、地域和位置、DNN、S-NSSAI（网络切片选择辅助信息）、接入方式，或其他的部署策略。

② 在业务流程中，SMF 根据策略和配置选择 UPF，因此 UPF 的设置受 SMF 设置方式的影响，其服务区域只能小于或等于 SMF 的服务区域。

③ UPF 下沉以业务为导向，主要满足低时延、大带宽和大计算业务的需求，特别是根据 MEC 业务需求分布式部署到本地网中。

具体的，UPF 组网主要考虑以下 3 方面因素。

① 考虑 4G 网络与 5G 网络的互操作和融合组网的需求，将 UPF 和 SAE GW-U 融合设置。面向 4G 网络与 5G 网络的互操作的 UPF/SAE GW-U 融合网关宜相对集中设置；某些中心或发达城市具备规模化的互联网业务本地服务器，在这种情况下 UPF 下沉有利于实现就近访问、提升用户业务体验，可考虑将 UPF/SAE GW-U 融合网关下沉到城域核心 DC 中。

② 为满足 5G 新业务，特别是 MEC 业务的需求，可将 UPF 分布式部署到靠近网络边缘的位置上。针对 MEC 场景，UPF 下沉不需要考虑 4G 网络与 5G 网络的互操作，所以针对 MEC 场景的下沉节点可以是独立的 UPF。针对 EMBB 场景，UPF 主要考虑下沉到城域核心 DC 中；某些业务对时延很敏感或对接入传输消耗大，可部署在城域边缘 DC 中。

③ 为实现业务的分流，SMF 可以动态地在 UPF 中插入 ULCL 或 BP（分支点），形成层次化部署的 UPF 组网。

UPF 组网的层次关系如图 2-7 所示。

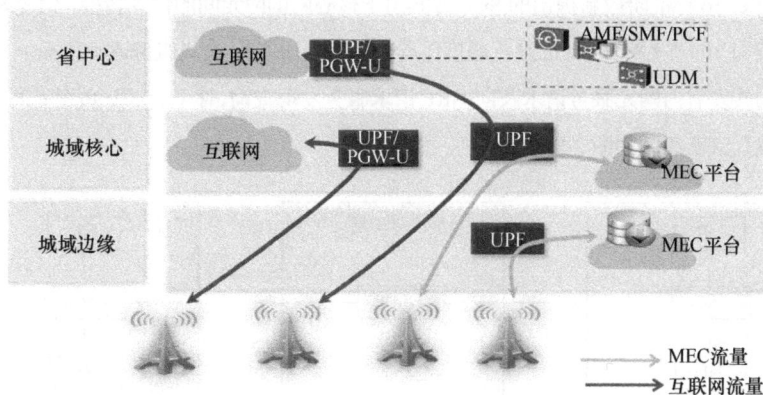

图 2-7 UPF 组网的层次关系

（6）信令组网

5G 核心网的服务化架构引入了 NRF 网元，由 NRF 网元负责全网控制面网元的注册和发现。5G 核心网的控制面网元通过 NRF 网元找到目标网元后，即可根据目标网元的 IP 地址直接与其通信。

5G SA 建网初期可采用纯 NRF 的信令组网方案，在全国部署两级 NRF，即省 NRF 与骨干 NRF，省 NRF 负责省内控制面网元的注册与发现，而如前所述，骨干 NRF 负责转接跨省的网元发现、查询与应答。此方案具有网络简单、路由效率高、无路由故障等优点，但这种方案信令分散传输，无统一集中控制点，为现有的运维管理模式带来一定的挑战。图 2-8 以纯 NRF 方案下的拜访省（A 省）的 AMF 与归属省（B 省）的 UDM 间通信为例进行说明。

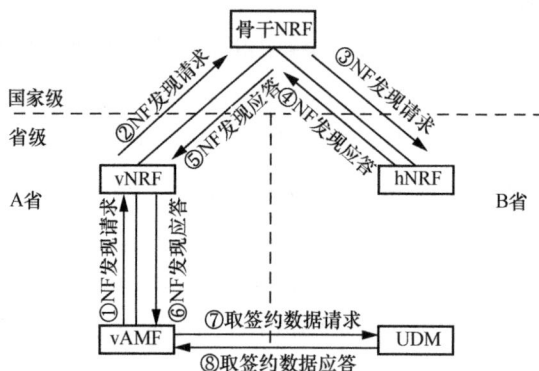

图 2-8　纯 NRF 方案

在图 2-8 中，vAMF 经过步骤①～步骤⑥可获得目标网元的 IP 地址，随后 vAMF 将直接与归属地的 UDM 进行通信，而不需要经过其他网元进行信令中转。

3GPP Rel-16 标准阶段新提出的 SCP 方案用于核心网侧网元间的信令转接。信令 SCP 采用二级组网架构，即省 LSCP（低级服务通信代理）与骨干 HSCP（高级服务通信代理），省 LSCP 负责接收与转发省内网元服务请求及向 NRF 请求服务发现查询，骨干 HSCP 负责省间的服务通信代理转发，SCP 组网如图 2-9 所示。

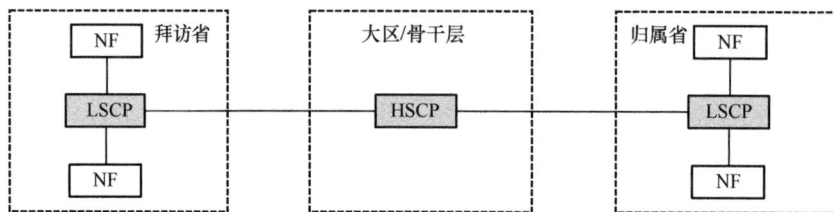

图 2-9　SCP 组网

为实现 5G 的 PCC 会话绑定，中国电信 5G SA 部署单独的 BSF 网元，BSF SA 方案如图 2-10 所示。在每个 PDU 会话建立与释放后，PCF 均会向 BSF 分别发起会话绑定的登记与删除流程；同时，当 PDU 会话异常终结，BSF 会定期自行清理垃圾数据（失效的会话绑定信息）。BSF 独立设置的方案可以完美地兼容后续 5G SA 中由 UPF 分配用户 IP 地址的方案。此外，为避免对现网 DRA（路由代理节点）进行改造升级，BSF 应支持 Diameter 接口。

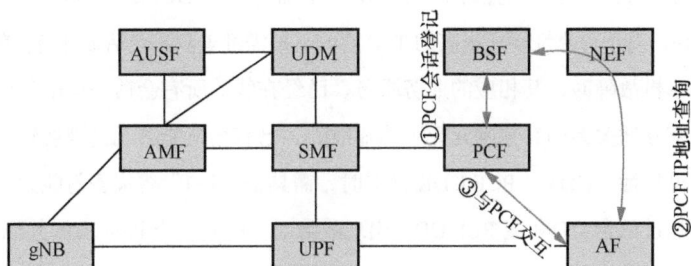

图 2-10　BSF SA 方案

（7）核心网 DC 内高可靠性组网

在进行部署时，核心网 DC 的各主要网元采用高可靠性组网，包括如下技术。

① 采用亲和性和反亲和性部署策略：在硬件资源充足的情况下，同一功能模块的虚拟机应优先部署在不同物理机上；结合密切的功能模块的虚拟机应优先部署在同一物理机上。

② 模块化部署：部署核心网的主要 NF 时，通过采用管理模块、业务模块、存储模块等进行模块化部署，管理面、业务面、存储面等不同平面之间相互隔离，每个平面网元到 TOR/EOR 交换机之间都采用双上联模式，以提升核心网 DC 内的组网可靠性。

③ 核心网 DC 内的主要网元备份部署：根据备份要求，在核心网 DC 内功能相同的多套网元之间采用按需组 Pool/分地域片区组 Pool、Pool 内采用负载分担的备份方式；采用"1+1 主备""N+1 主备"、负载分担的方式进行核心网 DC 内的网元之间的备份部署。

④ 核心网存储的高可靠性组网：当核心网的各 NF 采用虚拟化部署时，虚拟机/容器等对应文件、各 NF 配置文件、各 NF 主要会话信息需要采用高可靠性组网进行存储。常用的主要技术有分布式存储和磁盘阵列存储：分布式存储通过采用多份副本的模式来提升存储的可靠性；磁盘阵列存储通过磁盘阵列内不同硬盘之间的相互备份、不同磁盘阵列之间的相互备份等模式，来避免磁盘单点故障、提升可靠性。

（8）核心网 DC 间高可靠性组网

核心网各 DC 内的主要网元在进行部署时，需要按照容灾备份的模式进行部署，具备跨核心网 DC 进行备份的能力。

① 骨干层 NF 的跨 DC 高可靠性组网：骨干层网元按照大区模式部署，在同一大区内的两个 DC 之间采用双主备的模式负责本大区内业务；另外，当由两个大区组成片区时，片区内的两个大区网元之间采用互备模式进行跨大区的异地容灾备份，从而提升系统可靠性。

② 省层 NF 的跨 DC 高可靠性组网：省层网元部署时需部署在至少两个 DC 中，DC 之间相互进行容灾部署，当其中一个 DC 出现故障时，可以由另外一个 DC 的相关网元承接业务，以保证业务的可用性。省层各网元跨 DC 部署时，按需采用跨 DC 负载分担、主备、双主互备等模式进行备份。对于可靠性要求极高的 ToB 客户，按需部署双机会话级热备，在双机会话级热备下，出现单机故障时，其相应的业务服务、已经在线的所有会话等均由备机快速承接，与该故障网元有互通关系的其他网元无须感知故障，已有会话能够无缝倒换到备机上，极大限度地提升了可靠性。UDM、PCF UDR 部署时，需具备"1+1"容灾备份能力，保证在一个 Pool 内，当不超过两台 UDM 或 PCF UDR 出现故障时，由同一个 Pool 内的其他正常的 UDR 来承接业务。

③ 地市边缘层 NF 的跨 DC 高可靠性组网：部署到地市边缘层的 NF，参照省层 NF 的模式实现跨 DC 的备份部署。

④ 跨 DC 互通物理路由高可靠性组网：当各省层 NF 跨 DC 与骨干层网元互通时，物理路由（含传输系统、管线等）需要至少满足双路由要求，保证单物理路由中断时 5G 核心网承接的业务不受影响。

2.2.2　无线网的网络组织

1．多无线网协同承载定位建议

表 2-1 对多种无线接入方式的特点进行了分析和比较。

表 2-1　多种无线接入方式的特点

无线接入方式	覆盖能力	传输速率	移动性	QoS 能力	终端支持情况
LTE FDD	较强	高	好	强	较好
CDMA EVDO	强	低	好	较强	好
CDMA 1X	最强	最低	好	较强	好
WLAN	弱	高	差	弱	好
NR TDD	较弱	最高	好	强	预期较好
NR FDD	较强	高	好	强	预期较好

考虑多种无线接入方式在覆盖能力、传输速率和移动性等方面的特点，网络运营者需要制定合理的无线接入策略，充分发挥各无线接入方式的最佳能力。

2. 5G 网络与 4G 网络融合组网原则

采用 SA 方案改造现网时，改造量小，可避免 NSA 方案对网络的频繁改造和终端复杂的问题，因此 5G SA 是 5G 网络演进的最终目标。

鉴于 NR TDD 频点的覆盖能力较弱，初期只能进行热点区域覆盖。为保证用户的业务体验，应保障 LTE FDD 网络的维护与演进，实施 NR TDD 与 LTE FDD 的融合组网，并设置如下原则。

① 对于 NR TDD，设置 NR TDD 频点的优先级高于 LTE FDD 频点的优先级，在 NR 信号质量高于空闲重选门限（ThreshX, High）区域时，使终端驻留在 5G 小区中。

② 对于 NR FDD，设置 NR FDD 频点的优先级高于 LTE FDD 频点的优先级。

3. NR 时隙结构配置原则

3.5GHz NR 帧的时隙结构采用 5ms 周期的配置，其中子帧的配比方案为 DDDSUDDSUU，上下行符号间的比例为 3∶7，其中 D 时隙为全下行时隙，U 为全上行时隙，S 为特殊时隙。3.5GHz NR 帧结构示意图如图 2-11 所示。

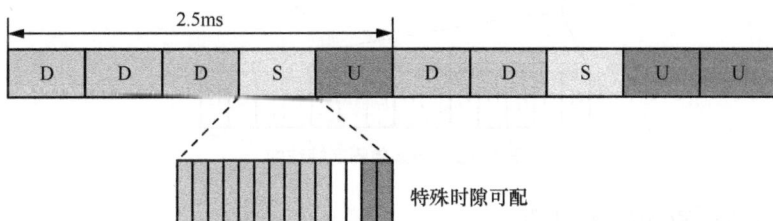

图 2-11　3.5GHz NR 帧结构示意图

目前，特殊时隙中的下行符号、GAP（灵活符号）和上行符号间的比例关系可为 10∶2∶2，下行符号可用于发送 PDCCH（下行控制信道）信号、PDSCH（下行共享信道）信号等下行信号，GAP 不用于发送任何上下行信号，上行符号可用于发送 SRS（探测参考信号）等上行信号。后续根据基站间、系统内的干扰情况及中国联通的设置建议等因素，合理设置 GAP 大小。

为了达到垂直行业对业务速率和时延的要求，可通过配置不同的帧结构满足垂直行业用户的需求。下面给出不同场景所支持的帧结构类型，在部署这些帧结构时，需要保证 2.5ms 双周期与其存在一定的空间隔离度，保证在应用如下帧结构时不会对公网业务产生干扰和负面影响。

① 支持上行大带宽：可以采用 DSUUU 配比方案，周期为 2.5ms，其中特殊时隙中的下行符号、GAP 和上行符号间的比例关系可为 10∶2∶2，如图 2-12 所示。与前文所述情况相同，下行符号可用于发送 PDCCH 信号、PDSCH 信号等下行信号，GAP 不用于发送任何上下行信号，上行符号可用于发送 SRS 等上行信号。

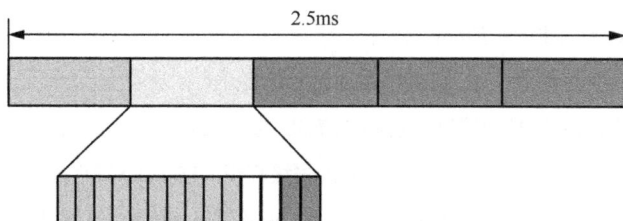

图 2-12　支持上行大带宽的 DSUUU

② 支持更低时延：采用 1ms 单周期帧结构的上行/下行转换单周期为 1ms，2 个时隙的典型配比方案为 DS，其中 S 符号级为 GGUUUUUUUUUUUU（G 为 GP（保护间隔），U 为上行符号，D 为下行符号），如图 2-13 所示。

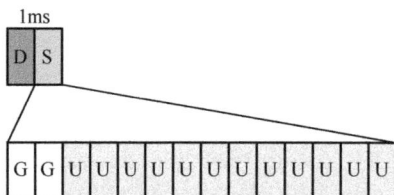

图 2-13　1ms 单周期帧结构

4．天线配置和使用原则

大规模天线技术是影响 5G 网络性能的关键技术，大规模天线配置和使用原则对 5G 网络的覆盖能力有重要影响，在进行网络部署时需要合理选择产品形态和覆盖技术，充分发挥大规模天线性能。本小节从设备选型、基站下倾角设置、广播/公共控制信道多波束扫描技术等与网络部署密切相关的 3 个方面给出对大规模天线配置和使用原则的建议。

（1）设备选型建议

由于其天线数目和物理端口数目的增加，大规模天线基站可以选择的产品形态复杂多样。在进行设备选型时，需要综合考虑实际网络部署场景、产品性能和成本（包括产品生产成本、安装成本和运维成本）。

根据人口分布、建筑分布及业务需求，实际网络部署场景大致分为密集市区、一般城区/郊区、农村。在进行网络部署时需要因地制宜，从系统性能和产品出发，实现双管齐下。

（2）基站下倾角设置建议

基站下倾角是影响系统覆盖性能的关键因素，LTE 基站支持的下倾角调整方式主要包括机械调节下倾角和电调下倾角，5G NR 基站额外支持更加灵活的数字下倾角调整，在表 2-2 中对比了 LTE 基站与 5G NR 基站对不同下倾角调整方式的支持情况。

表 2-2　对比 LTE 基站与 5G NR 基站对不同下倾角调整方式的支持情况

基站类型	机械调节下倾角	电调下倾角	数字下倾角调整
描述	通过调整安装支架和天线面板，改变天线的物理位置，从而实现物理倾角的改变	通过调整天线关键器件——移相器，改变天线振子相位	通过权值控制波束数字下倾，实现天线波束调节的灵活性和精准性
LTE 基站	支持	支持	不支持
5G NR 基站	支持	应支持垂直自由度为 1 的产品（如 16TxRU）；可不支持 32/64TxRU	无法支持垂直自由度为 1 的产品（如 16TxRU）；支持 32/64 TxRU

（3）广播/公共控制信道多波束扫描技术建议

5G 在广播/公共控制信道中引入了多波束扫描技术，通过使用不同指向的波束进行 SSB 的传输以提升网络的覆盖性能。根据 3GPP 标准，在 FR1 频段最多支持 8 个 SSB 传输波束配置，3.5GHz 的 5G 网络部署可采用 2.5ms 双周期帧结构，在一个 SSB 传输周期内最多支持 7 个 SSB 传输波束配置。

厂商基站设备在实现 SSB 的传输时可采用多波束扫描方案和宽波束传输方案两种方案，其中多波束扫描方案具有更好的覆盖性能，而宽波束传输方案具有更好的稳定性，因此要求 5G 基站支持宽波束传输和多波束扫描两种方案。

在实际网络部署中，SSB 传输波束方案的选择需要基于具体网络部署场景，同时需要针对具体的网络部署场景设计相应的波束图样。

5．跟踪区设置原则

TA（跟踪区）的规划要确保寻呼信道容量不受限，同时对于区域边界位置的更新开销最小。一般的建网区域只需一个 AMF 管辖。跟踪区的规划遵循以下原则。

① 在划分跟踪区时，跟踪区不能过大或过小，一个跟踪区中的基站的最大数目由 AMF 等的寻呼容量来决定。

② 跟踪区规划在地理意义上应为一块连续的区域，避免和减少各跟踪区基站插花组网，避免 TAU（跟踪区更新）频繁。

③ 一般城区/郊区与密集市区不连续覆盖时，一般城区/郊区使用单独的跟踪区，不规划在

同一个跟踪区中。

④ 遵循寻呼区域不跨 AMF 的原则。

⑤ 利用规划区域内的山体、河流等作为跟踪区边界，减少两个跟踪区下不同小区交叠深度，尽量使跟踪区边缘位置更新量最低。

⑥ 初期建议跟踪区范围与 LTE 的 TAC（跟踪区码）范围尽量保持一致，减少规划工作量。

确定跟踪区的大小要综合考虑以下因素。

① AMF 的寻呼性能。

② gNB 的寻呼性能，包括 PDSCH 寻呼负载、PDCCH 寻呼负载、CPU 寻呼负载、寻呼规格限制等指标。

根据调研，在负载正常的情况下，设备厂商在 1 个跟踪区下的基站数一般为 50 ~ 100（不排除部分厂商因为处理能力极强而使跟踪区下挂的基站数更多的情况）。各省应根据设备厂商能力考虑跟踪区的合适大小，初期在负载较小的情况下，可将跟踪区设计得大一些，范围尽量与 LTE 的 TAC 范围保持一致，后期当负载增加时可缩小跟踪区的大小。

目前通常大部分运营商的每个跟踪区 List 均包含多个跟踪区，建议采用该模式减少位置更新负载。

6．gNB 部署原则

gNB 部署应遵从如下原则。

① 初期阶段，NR TDD 应保证对选定热点区域的连续覆盖，并达到对边缘速率、接入概率和移动性等的要求。最终目标是实现广覆盖。

② NR TDD 应充分利用 LTE 现网站址资源进行部署。在不影响 LTE 网络性能的前提下，若 LTE 站址资源中有充分的天面资源，可考虑部署 NR TDD，否则应单独考虑 NR TDD 站址或将其他站址资源再利用。

③ 在对机房、电源、基站传输等进行改造时，尽可能重复利用已有的资源。

④ 基站的高度、下倾角等工程参数，主要取决于基站周围的无线环境。

7．小区划分原则

NR 支持 1008 个 PCI（物理小区标识），小区划分应遵循如下原则。

① 不冲突原则：相邻小区不能使用相同的 PCI。

② 不混淆原则：同一个小区的两个相邻小区不能使用相同的 PCI，否则 gNB 将不知道哪个是目标小区，从而导致切换失败。

③ 复用原则：需要保证使用相同 PCI 的小区之间具有足够的复用距离。

④ 最优分配原则：相邻小区间的 PCI 模 3 不相同，避免主同步信号使用相同的 M 序列，影响同步的成功率，并发挥干扰随机化算法性能；相邻小区间的 PCI 模 30 不相同，避免上行解调参考信号（DMRS）和 SRS 使用相同的 ZC 序列，保证上行信号的正确解调。

⑤ 可扩展原则：在初始规划时就需要为网络扩容做好准备，从而避免在后续规划过程中频繁调整前期规划结果。

8．RNA（RAN-Based 通知区）

RNA 是基于 RAN 寻呼的寻呼区，可用于 RRC_INACTIVE 态。

RNA 的配置方法有如下两种，其优缺点比较见表 2-3。

① 方法 1：基站告知 UE RNA 中具体的小区列表。

② 方法 2：基站告知 UE RNA ID，RNA 可以为跟踪区的子集或 RNA 大小与跟踪区的大小相同，RNA ID 在小区系统消息中广播。RNA ID = TAI（必选）＋ RNA Code（可选）。

表 2-3　RNA 配置方法优缺点比较

方法	优点	缺点
方法 1	可灵活配置	最多支持 32 个小区
方法 2	无数量限制，最大可与跟踪区一致	和跟踪区挂钩，配置不够灵活

对于 5G 网络来说，未来 5G 终端的业务模式，以及在网络中行为状态（如空闲态、RRC-INACTIVE 态）的占比，目前还不好评估，建议 RNA 的规划与跟踪区规则保持一致；具体的配置方法建议根据业务特征、移动性特征和需求进行选择。

2.3　5G 定制专网方案

针对企业对终端性能、安全、移动性等方面的需求，运营商可以选择建立专供企业物联网终端和企业员工终端使用的 5G 定制专网，5G 定制专网属于 ToB 网络的一个子集。根据企业性质、企业规模、企业对网络隔离的需求等，3 种 5G 定制专网方案（企业专网方案）具体如下。

① 企业虚拟专网：无独享网元，通过网络切片、独立 DNN（数据网络名称）、定制化 QoS、专线等技术来保障网络的 QoS 及数据的逻辑隔离。

② 独享数据面网元：对 5G 网络中的数据面进行硬隔离，也可下沉部署至企业园区内。

③ 独享轻量级 5G 核心网网元：独享数据面和部分或全部信令面网元，对数据面和信令面都进行硬隔离。

2.3.1 企业虚拟专网

在该方案中，企业专网网元与运营商 ToB 大网网元共享，企业无独享网元，核心网数据面网元与企业专网打通专线，如图 2-14 所示。ToB 大网 5G 核心网为企业提供 ToB 企业专用网络切片、独立 DNN 或定制化 QoS。用户终端附着时，终端向基站发送的附着请求可以携带网络切片标识，也可以不携带，如果不携带网络切片标识，在终端附着过程中由核心网下发签约的网络切片标识。企业终端向基站发送数据包，然后数据包经过运营商传输设备及核心网数据面网元，最后由专线发送至企业专网中。

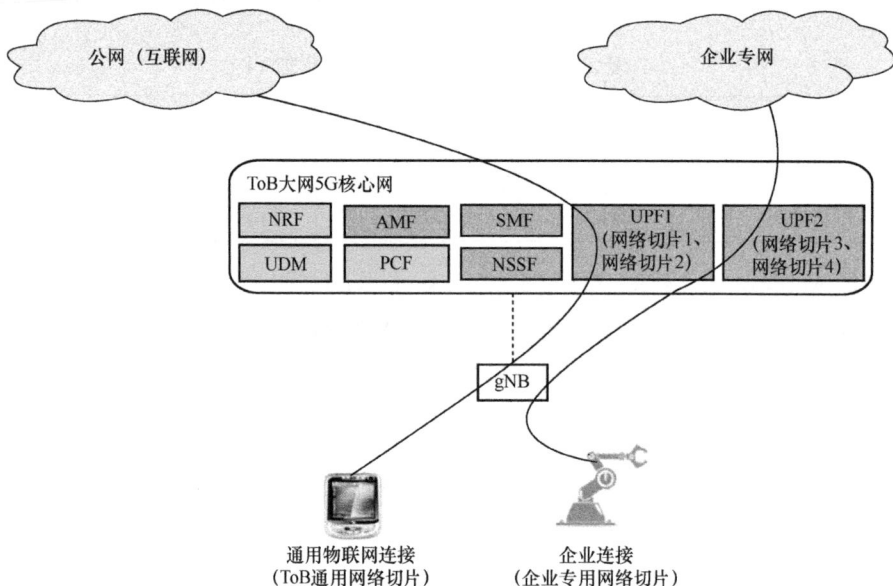

图 2-14 企业虚拟专网方案

该方案有以下几方面优势。

① 业务保障方面，根据企业专用的网络切片标识、独立 DNN 或定制化 QoS 参数，核心网、基站和传输设备通过资源分配、资源预留、优先级分配等方式进行端到端的业务保障。

② 网络高可用性方面，运营商的核心网建设本身采用多数据中心容灾、异地容灾、网元组 Pool 等方案进行网络保障，可满足企业对网络的高可用性需求。

③ 网络安全方面，移动网络的空口数据本身带有加密和完整性保护功能，核心网数据面

承载逻辑隔离，在数据转发过程中，数据只经过运营商设备，不经过互联网，同时数据面网元可采用 GRE、L2TP 等隧道协议与企业专网对接。

2.3.2　独享数据面网元

在该方案中，企业专网的信令面网元与运营商 ToB 大网共享，新建企业独享数据面网元UPF（简称企业独享 UPF），新建的企业独享 UPF 采取下沉至企业所在地市的运营商机房或企业园区内机房的部署方式，下沉 UPF 通过 N6 接口与企业专网对接，如图 2-15 所示。核心网为企业终端签约企业专用网络切片标识或者 DNN，企业终端接入网络时，信令面网元根据终端携带或签约的网络切片标识、DNN 及终端所处位置，将数据面承载建立在企业独享 UPF 上。企业终端向基站发送数据包，然后基站将数据包发送至企业独享 UPF 上，此时访问企业专网的数据转发至企业专网中。企业终端访问公网的数据则有两种可选访问路径。

第一种，由运营商的网络出口访问公网。企业独享 UPF 对接运营商网络出口，数据包发送至企业独享 UPF 之后，该 UPF 根据数据包访问的目的 IP 地址进行路由选择，或者将企业独享UPF 作为 ULCL（上行分类器），将数据包发送至企业独享 UPF 后，该 UPF 将上行数据进行分类，将非企业专网业务的数据分流至运营商公网（即 ToB 大网 5G 核心网）UPF 中，再由运营商公网 UPF 转发至运营商公网出口（见图 2-15 中①的访问路径）。

第二种，数据包发送至企业独享 UPF 之后转发至企业专网中，数据从企业公网出口访问公网（见图 2-15 中②的访问路径）。

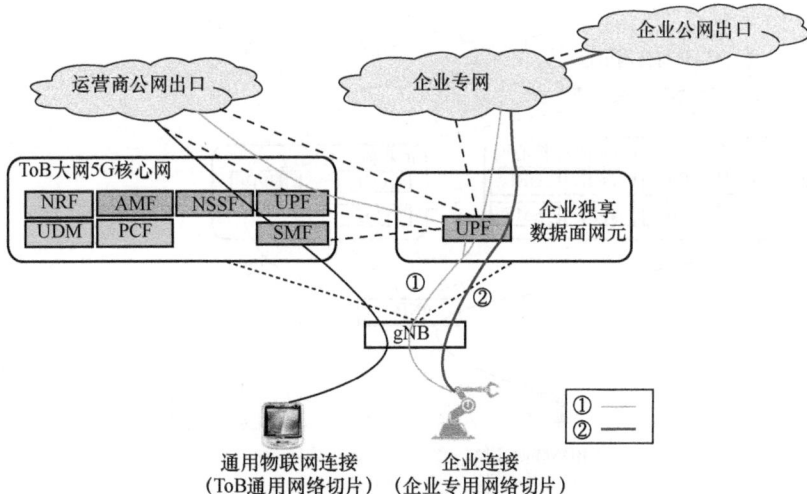

图 2-15　独享数据面网元方案

该方案有以下几方面优势。

① 业务保障方面，下沉 UPF 更靠近企业，减少由数据传输带来的时延。同时，根据给企业分配的网络切片标识、DNN 或 QoS 参数，进行资源分配、资源预留、优先级分配等，从而保障端到端业务。

② 网络高可用性方面，可根据企业需求选择不同的容灾备份方案，针对容灾备份需求低的企业使用单 UPF 下沉的部署方式，在部署 UPF 的资源池内利用虚拟化技术进行高可用性网络部署。针对容灾备份需求高的企业，可在不同机房内部署多套 UPF 实现跨机房容灾备份。

③ 网络安全方面，除具备企业虚拟专网中的安全能力外，数据面网元由企业独享，对企业用户面数据与运营商大网业务进行物理隔离，还可以为下沉 UPF 配置可定制的安全配套设施。

2.3.3 独享轻量级 5G 核心网网元

独享轻量级 5G 核心网网元可按需部署在靠近企业的地市运营商机房或企业园区。5G 核心网为企业终端签约专属网络切片标识和 DNN，在企业终端接入网络时，基站根据网络切片标识将信令发送至企业独享轻量级 5G 核心网信令面网元处，企业独享轻量级 5G 核心网信令面网元会根据签约的网络切片标识和 DNN，将数据面承载建立在企业独享轻量级 5G 核心网的 UPF 上，如图 2-16 和图 2-17 所示。

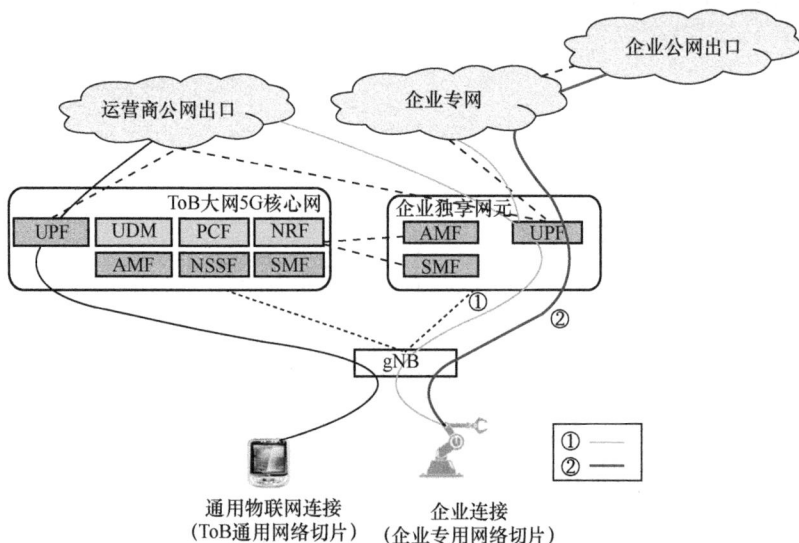

图 2-16 数据面与部分信令面网元独享方案

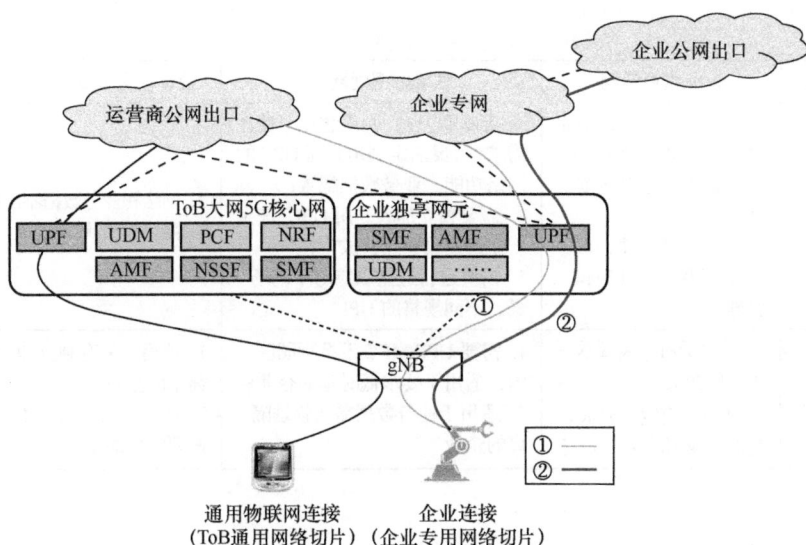

图 2-17 数据面与全部信令面网元独享方案

该方案有以下几方面优势。

① 业务保障方面，通过 UPF 下沉降低网络时延，根据不同的应用场景，为实现端到端的业务保障可以选择使用网络切片、5QI（5G 服务质量标识符）、ARP（分配和保留优先级）、RFSP（无线接入技术/频率选择优先级）等技术。

② 网络高可用性方面，同样可根据需求，采取单节点部署或者异机房容灾备份等方案。

③ 网络安全方面，除具备企业虚拟专网的安全能力，该方案中的数据面和信令面均与大网隔离。

2.3.4　3 种 5G 定制专网方案比较

3 种 5G 定制专网方案的比较及适用场景见表 2-4，实际部署时结合 ToB 客户需求，根据 5G 核心网网元的专用程度，为客户选择适用于企业专网业务场景的方案。

表 2-4　3 种 5G 定制专网方案的比较及适用场景

对比项	企业虚拟专网	独享数据面网元	独享轻量级 5G 核心网网元
特点	1. 灵活分配网络资源； 2. 数据逻辑隔离，保证一定程度的安全性；	1. 控制面采用企业虚拟专网，用户面被企业专用； 2. 将用户面与大网进行物理隔离，安全性较高；	1. 企业独享 5G 核心网网元，专网物理资源不受公网影响 2. 企业自主性强，网络完全隔离，安全性高；

对比项	企业虚拟专网	独享数据面网元	独享轻量级 5G 核心网网元
特点	3. ToC 企业和 ToB 企业之间可共享逻辑切片； 4. 开通 ToB 业务成本低； 5. 业务开通迅速； 6. 运营商统一维护和管理	3. 定制能力强，基于企业个性化需求，可灵活定制用户面 UPF 的网络功能、业务数据配置； 4. 需要独立部署专用 UPF，产生一定的建设和运营成本； 5. 需要进行选型以应对不同场景、不同规格的 UPF	3. 网络和业务数据不出园区； 4. 网络投资大、运营成本高
适用场景	1. 适用于对隔离要求不高的企业； 2. 适用于定制化要求不高的、通用的 ToB 业务	1. 需要 UPF/MEC 下沉到园区内，适用于要求低时延的企业； 2. 适用于业务数据需要物理隔离的企业	1. 适用于具有独立建设专网需求的企业； 2. 适用于控制面、用户面都需要隔离的企业

第③章

重构无线资源的覆盖增强

本章聚焦 5G SA 网络实现连续覆盖时面临的主要问题，从 5G 重要信道的技术特点入手，识别实现连续覆盖所需要解决的关键问题。基于所述关键问题，重点介绍了 3GPP 标准中的多种上行覆盖增强技术，如上行载波聚合、补充上行载波和超级上行技术。最后从终端设计和系统性能上对比和分析了这些上行覆盖增强技术。

对于 5G 商用频谱，产业链主要关注 Sub-6GHz 频段和毫米波频段。其中毫米波频段包含大量的连续带宽，具有频谱资源丰富、接入速率高等优点，但是考虑其高频段衰减较快，覆盖性能不足将是一个比较严重的短板，因此欧美运营商通常将毫米波频段用作固定网络的无线回传。相比之下，我国在 5G 网络部署初期主要聚焦于 Sub-6GHz 以下频段，包括 2.6GHz、3.5GHz、4.9GHz 等频段，并且考虑未来将部分低频频段（如 FDD 频段）重耕以用于 5G 网络。截至 2020 年 4 月，中国移动获得 2.6GHz 与 4.9GHz 频段，中国联通与中国电信分别获得 3.5GHz 频段中的各 100MHz 频谱资源；在室内频谱的分配上，中国电信、中国联通和中国广电 3 家共享 3300～3400MHz 频段共计 100MHz 的频谱资源。

和之前的几代无线技术一样，5G 终端的发射功率依然远低于网络侧，因此从覆盖性能来看，5G 网络上行覆盖依然受限。相对于 4G 网络的主流频点，如 800MHz/1.8GHz/2.1GHz 频段的频点，5G 的一些频段（如 3.5GHz 频段）频点较高，从而导致传播损耗相对较大。虽然可通过大规模天线等关键技术在一定程度上提升 5G 网络的上行覆盖能力，但是理论分析表明，3.5GHz 频段的上行覆盖能力依然弱于 4G 网络[1]。基于上述原因，在推进 5G SA 的过程中，整个 5G 产业链也在考虑通过使用更先进的技术来弥补 5G 网络上行覆盖能力的短板。

3.1 4G 网络和 5G 网络的覆盖能力分析

本节主要介绍影响 4G/5G 网络覆盖能力的主要因素，分析 5G 系统中不同信道的覆盖能力差异，得出在一定目标速率下的上行业务信道仍然是 5G 网络覆盖能力短板的结论，最后通过系统仿真和链路预算来评估 4G/5G 网络上行业务信道覆盖能力的差异。

3.1.1 影响 5G 网络覆盖能力的主要因素

影响 4G 网络和 5G 网络覆盖性能的因素，除了上面提到的频段外，还包括覆盖指标、多天线技术、帧结构等方面[2]。

（1）覆盖指标

考虑用户对新型数据业务体验要求激增的情况，现行的 4G 网络虽然可以满足多数移动通信业务对于覆盖性能的需求，但在面对高清视频等大带宽业务时仍然存在较大的短板，同时不同的边缘速率需求也导致了小区的覆盖半径差异。在 4G 时代，我国运营商在建网过程中，对于覆盖指标通常要求下行带宽达 4Mbit/s，上行带宽达 256kbit/s、512kbit/s。而在 5G 时代，ITU和 3GPP 考虑具有更高的数据传输速率需求的业务对于移动连续性的要求，以及基于 5G 技术对边缘速率的提升能力，定义了相较于 4G 时代更高的边缘速率指标要求。

（2）多天线技术

大规模天线是 5G 系统的重要特征之一，通过该技术可以提升小区的覆盖性能和容量，同时也可以部分缓解高频段所带来的覆盖范围缩小的问题。相较于 4G 系统 2~8 通道的天线结构，在 5G 系统中，图 3-1 所示的 16 通道和 64 通道的 192 天线阵子的大规模天线结构。在中频段成为主流。在 4G 系统中，已经对数据信道进行波束成形，可以增强其覆盖性能，但是由于需要兼顾存量终端，在 4G 系统中无法对初始接入信道进行波束成形。而在 5G 系统中，不仅业务信道可以基于大规模天线技术实现波束增益的提升和干扰的减少，而且控制信道可以通过波束扫描的方式实现覆盖性能的提升和干扰的减少。其中，波束扫描技术指基站在特定周期内，对波束通过预先设定的图谱进行发送和接收。为了保证获得一定的增益，单个波束成形时会采用增益大的定向天线来形成较窄的波束，而窄波束容易产生覆盖范围不足的问题，为了解决这个问题，通常会在时域采用多个窄波束对整个区域进行扫描，从而实现对小区的全面覆盖。

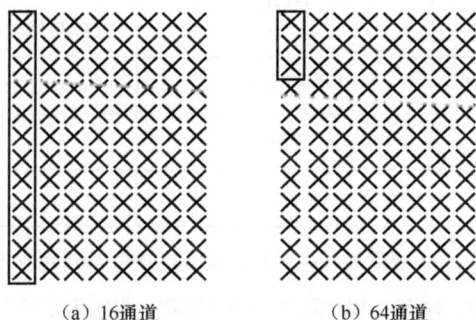

(a) 16通道   (b) 64通道

图 3-1   16 通道和 64 通道的 192 天线阵子的大规模天线结构

（3）帧结构

4G TD-LTE 系统的帧长度为 10ms，半帧长度为 5ms，子帧长度为 1ms，时隙长度为 0.5ms。在同一个载波频率上，上下行通过时间进行区分，即在每 10ms 周期内，上下行共有 10 个子帧可用，每个子帧或用于上行传输、或用于下行传输。每个上下行子帧均由 2 个 0.5ms 的时隙组成。特殊子帧由 3 个特殊时隙组成，即 DwPTS（下行导频时隙），以完成 UE 下行接入功能；GP 是信号发送转接收的缓冲，是不传输数据的，其值越大，浪费的空口资源也就越多；UpPTS（上行导频时隙）完成 UE 上行接入功能。4G TD-LTE 系统帧结构的特点如下。

① 上下行时隙配比中，支持 5ms 和 10ms 两种上下行切换周期。

② 在 5ms 的上下行切换周期内，每个 5ms 的半帧中均配置一个特殊子帧。

③ 在 10ms 的上下行切换周期内，只在第一个 5ms 半帧中配置特殊子帧。

④ 子帧 0、子帧 5 和 DwPTS 只能用于下行传输，特殊子帧的 UpPTS 及相连的第一个子帧只能用于上行传输。

5G 系统设计相比 4G 系统设计更加灵活。5G 系统采用与 4G 系统相同的设计，即帧长为 10ms、半帧长为 5ms、子帧长为 1ms，但引入了灵活符号长度、灵活时隙长度、灵活上下行时隙配置，以支持更低的空口时延等。表 3-1 给出了 4G 和 5G 的帧结构特点的对比。

表 3-1　4G 和 5G 帧结构特点对比

对比项	4G	5G
帧长度	10ms	10ms
子帧长度	1ms	1ms
时隙长度	0.5ms, 7 个符号	14 个符号
子载波间隔	15kHz	6GHz 频段以下：15kHz, 30kHz 6GHz 频段以上：120kHz, 240kHz
上下行时隙配比转换周期	5ms/10ms	0.5ms/0.625ms/1.25ms/2.5ms/5ms/10ms
帧结构配比	7 种	数量巨大
特殊时隙配比	9 种	62 种

3.5GHz 频段将采用 2.5ms 双周期的帧结构，其特点是每 5ms 包含 5 个全下行时隙、3 个全上行时隙和 2 个特殊时隙，时隙 3 和时隙 7 为特殊时隙，配比为 10:2:2（可调整）。该帧结构的上行时隙占比仅为 30%，上行采用 64QAM 时上行峰值速率约为 375Mbit/s。

3.1.2　5G 不同信道的覆盖能力差异

5G 系统中的主要上下行控制信道和接入信道包括 PDCCH、SSB、PUCCH（物理上行链路控制通道）、PRACH（物理随机接入信道）等，如 3.1.1 节所述，对于控制信道可以采用波束扫描和波束接收的方式实现控制信道的覆盖能力增强。其中 PDCCH、PUCCH 和 PRACH 的概念与 4G 系统基本一致。在进行相关分析前，本节首先简要地介绍不同接入信道的设计特点，这些特点将影响该信道的覆盖能力。

（1）PDCCH

NR 系统中，PDCCH 的基本承载单位为 CORESET（控制资源集），CORESET 包含的频域 RB（资源块）数和时域符号数由高层配置。NR 系统的 PDCCH 支持 CCE（控制信道元素）聚合度 1/2/4/8/16，其中一个 CCE 包含 6 个 REG（资源元素组），每个 REG 包含一个符号的 12 个连续子载波。NR 系统的 PDCCH CORESET 可以交织映射或非交织映射。非交织映射时，PDCCH 按连续 6 个 REG 进行资源映射。PDCCH 采用 QPSK（四相相移键控）调制方式。

（2）SSB

在 5G 系统中，同步信号 PSS/SSS 与 PBCH（物理广播信道）块通常称为 SSB。SSB 在 NR 系统中主要用于确定小区的覆盖边界及用户驻留波束，如空闲态重选和连接态切换，以及提供终端用于测量的 SS-RSRP。作为 NR 系统中重要的物理层信号，SSB 与多个上下行物理信号、物理信道（如 SIB1、寻呼信道及 PREACH 等）存在着关联关系，其配置方式对于小区覆盖能力、接入时延等都存在影响。NR 系统的同步信号 PSS（主同步信号）/SSS（辅同步信号）为 127 点序列，有 336 个 PSS（0～355）、3 个 SSS（0～2），可定义 1008 个 PCI。如前所述，NR 系统的同步信号 PSS/SSS 与 PBCH 块组成 SSB 来发送，SSB 在时域上占用 4 个连续的（正交频分复用）OFDM 符号，在频域上占用连续的 240 个子载波。相对于 4G 系统而言，5G 系统在 SSB 设计上有如下特点，如图 3-2 所示。

① 整合了 PBCH 块、同步信号 PSS/SSS 等，采用了波束成形技术提升小区的覆盖能力，对于 3.5GHz（n78）频段，最多支持 8 个 SSB，需要在 2ms 内全部发送完毕。

② 采用更长的发射周期降低系统开销，支持的最长发射周期为 160ms，终端默认 SSB 的发射周期是 20ms。而在 LTE 系统中，PBCH 块、同步信号 PSS/SSS 都采用 5ms 周期进行发送。

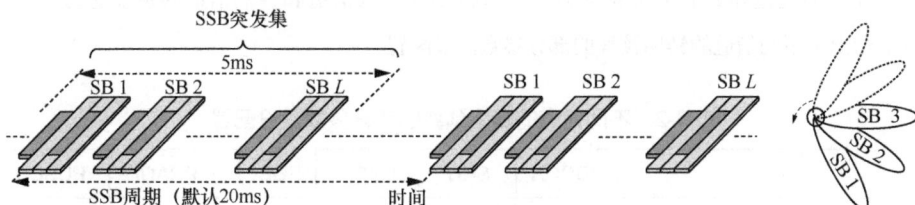

图 3-2 SSB 设计特点

（3）PUCCH

目前规范中支持 5 种 PUCCH 传输格式，分别是 Format（前导格式）0、Format1、Format2、Format3、Format4。PUCCH 主要用于传输 ACK/NACK、SR（调度请求）、CSI（信道状态信息）。其中 SR 可使用 Format0 和 Format1 传输，CSI 可使用 Format2、Format3、Format4 传输。其中 Format0、Format2 称为短 PUCCH 格式，而 Format1、Format3、Format4 称为长 PUCCH 格式。NR PUCCH

采用 BPSK（双相相移键控）、QPSK 调制方式，支持时隙内的跳频、时隙间的跳频。

（4）PRACH

PRACH 主要用于网络接入的初始化，为未得到上行同步或已经失去上行同步的用户实现上行定时同步。在 5G 系统，PRACH 具有如下特点。

① 序列长度：支持长序列（序列长度为 839 个符号）和短序列（序列长度为 139 个符号）。

② 前导格式：长序列支持 Format0、Format1、Format2、Format3，短序列支持 Format A1、Format A2、Format A3、Format B1、Format B2、Format B3、Format B4、Format C0、Format C2。

③ PRACH 子载波间隔：Format0、Format1、Format2 支持 1.25kHz 的子载波间隔，Format3 支持 5kHz 的子载波间隔，短序列前导格式支持 15kHz、30kHz、60kHz、120kHz 的子载波间隔。

④ 时域长度：长序列前导格式占用整数个时隙，短序列前导格式占用整数个符号。长序列前导格式 Format0、Format1、Format2、Format3 的时域长度分别为 1ms、3ms、3.5ms、1ms。短序列前导格式 Format A1、Format A2、Format A3、Format B1、Format B2、Format B3、Format B4、Format C0、Format C2 在不同子载波间隔下的时域长度分别为 2 个符号、4 个符号、6 个符号、2 个符号、4 个符号、6 个符号、12 个符号、2 个符号、6 个符号。

⑤ 频域 RB 数：前导序列在 PUSCH 上的频域 RB 数由前导序列长度、PRACH 子载波间隔、UL 子载波间隔联合确定。

（5）PUSCH

上行数据共享信道仅支持单个码字的传输，进行 UE 级或小区级加扰后可采用 Pi/2-BPSK、QPSK、16QAM、64QAM、256QAM 等调制方式，然后映射至最多 4 层，进行波束成形并映射至天线端口，并进行从 VRB 到物理 RB 的映射。

本节主要通过链路预算分析的方式，分析不同接入信道和控制信道的覆盖能力差异。表 3-2 给出了不同信道的链路预算的部分参数假设配置。

表 3-2　不同信道的链路预算的部分参数假设配置

参数	PDCCH	SIB1	PBCH	PUCCH	PRACH	PUSCH
下行发射功率/dBm	53	53	53	53	53	53
RB 数/个	273	273	273	273	273	273
天线增益/dBi	25	25	25	25	25	25
阴影衰落余量/dB	6	6	6	6	6	6
干扰余量/dB	8	8	8	8	8	8
穿透损耗/dB	20	20	20	20	20	20

续表

参数	PDCCH	SIB1	PBCH	PUCCH	PRACH	PUSCH
OTA/dB	4	4	4	4	4	4
人体损耗/dB	3	3	3	3	3	3
热噪声的功率谱密度/(dBm·Hz^{-1})	−174	−174	−174	−174	−174	−174
噪声系数/dB	7	7	7	2.5	2.5	2.5

需要说明的是，表 3-2 中给出的 PDCCH/SIB1/PBCH 的天线增益指采用 7 个扫描波束时每个波束的天线增益，对于波束配置数量较少的场景，天线增益的数值在计算过程中需要相应地减少。理论上，在同一覆盖水平面上，若扫描波束数量越多，则单个波束的宽度越窄，其波束增益越高。基于 3GPP TR 37.840 中的波束权值设计方式，图 3-3 通过仿真给出了 7 个窄波束天线阵列和单个宽波束天线阵列的增益对比。

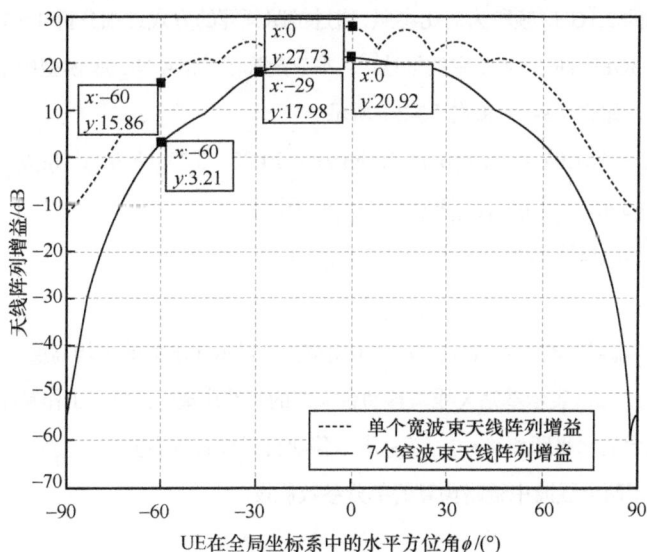

图 3-3　7 个窄波束天线阵列和单个宽波束天线阵列的增益对比

图 3-4 给出了不同信道的链路预算结果（MAPL（允许的最大路径损耗））。可以发现，与 4G 系统一样，上行 PUSCH 依然是覆盖能力的主要短板，在 2Mbit/s 的条件下 PUSCH 相对其他信道存在 10dB 以上的链路覆盖能力差距，因此，提升 5G 的上行业务信道的覆盖能力是 5G SA 发展面临的主要挑战。

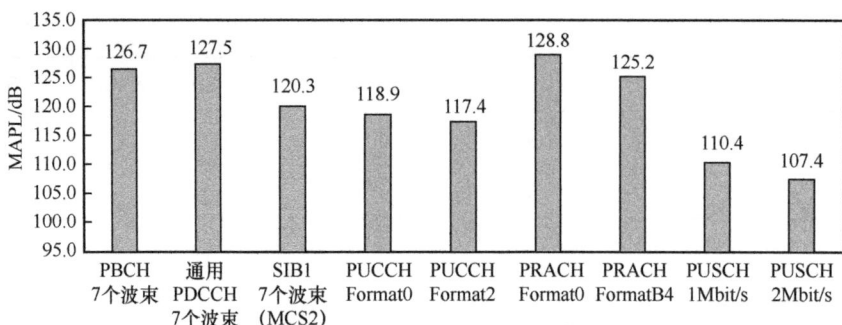

图 3-4　5G 不同信道的链路预算结果

3.1.3　4G 网络和 5G 网络的上行业务信道覆盖能力对比

本节通过链路预算分析不同上行目标速率下的小区覆盖半径，来评估 3.5GHz 频段的覆盖能力。为了与现网 4G 的覆盖能力进行对比，本节以现网 LTE FDD 的 2.1GHz 频段，以及仅配置 30%上行资源的 2.1GHz 频段为对比参照，通过链路预算的方式详细分析 3.5GHz 频段覆盖能力的短板。根据 3GPP TR 36.873 中的描述[3]，本节选择了 UMA NLOS 模型中小区的覆盖半径和路损的计算式，如式（3-1）和式（3-2）所示。

$$PL = 161.04 - 7.1\lg(W) + 7.5\lg(h) - \left[24.37 - 3.71\lg(h/h_{BS})^2\right]\lg(h_{BS})$$
$$+\left[43.42 - 3.1\lg(h_{BS})\right]\left[\lg(d_{3D}) - 3\right] + 20\lg(f_c) \qquad (3\text{-}1)$$
$$-\left[3.2(\lg17.625)^2 - 4.97\right] - 0.6(h_{UT} - 1.5)$$
$$d_{2D} = \sqrt{d_{3D}^2 - (h_{BS} - h_{UT})^2} \qquad (3\text{-}2)$$

其中，PL 表示终端到基站间的路损，W 表示街道，h 表示建筑物的平均高度，h_{BS} 表示基站天线有效高度（m），d_{3D} 表示基站天线与移动台天线的直线距离，f_c 表示工作频率（GHz），d_{2D} 表示基站与移动台的水平距离（m），h_{UT} 表示移动台天线有效高度。

表 3-3 给出了两个载波中链路预算的部分参数假设。

表 3-3　链路预算的部分参数假设

参数	2.1GHz LTE FDD	3.5GHz NR TDD
带宽/MHz	20	100
基站天线模式	2T4R	64T64R
UE 天线模式	1T2R	2T4R
基站发射功率/dBm	49	53

续表

参数	2.1GHz LTE FDD	3.5GHz NR TDD
基站噪声系数	3	2.5
阴影衰落标准差/dB	6	6
覆盖概率	95%	95%
穿透损耗/dB	室内：20 室外：9	室内：26 室外：10
上行干扰余量/dB	3	2
馈线损耗/dB	0.5	1
上行发射功率/dBm	23	26

根据上述仿真参数假设，图 3-5 和图 3-6 分别给出了目标速率为 512kbit/s ～ 5Mbit/s 时，室外覆盖场景和室外覆盖室内场景的基站覆盖距离。

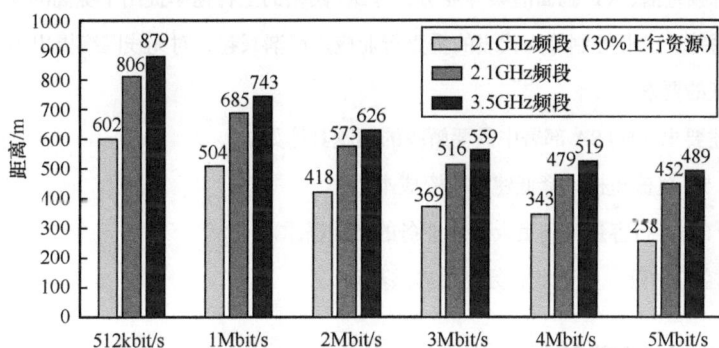

图 3-5　不同目标速率下的基站覆盖距离（室外覆盖场景）

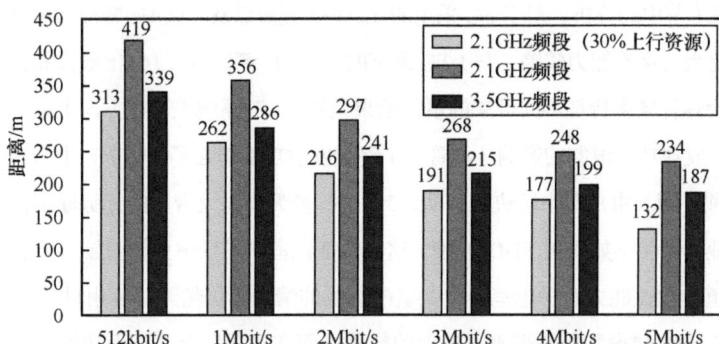

图 3-6　不同目标速率下的基站覆盖距离（室外覆盖室内场景）

上述链路预算结果分析如下。

① 在室外覆盖场景中，3.5GHz 频段和 2.1GHz 频段的路损差异相对较小，加之 3.5GHz 频段具有大带宽和多天线技术，因此其上行覆盖能力优于 2.1GHz 频段。

② 在室外覆盖室内场景中，3.5GHz 频段和 2.1GHz 频段的路损差异较大，相关先进接收技术无法弥补路损的差异，从而导致 3.5GHz 频段的上行覆盖能力比 2.1GHz 频段差。

③ 占空比相同时，3.5GHz 频段的覆盖能力要优于 2.1GHz 频段。

3.2　5G SA 面临的主要问题

当前全球 5G 网络商用部署中，5G 网络一般采用 TDD 高频段，在时隙配置上，以满足面向公网用户业务的需求为主，这类业务通常下行流量远大于上行流量。随着新兴应用的广泛发展，如高清视频直播、VR 画面渲染等业务，对 5G 网络的上行速率提出了更高的要求。另一方面，以远程医疗、工业控制等为代表的垂直行业应用逐渐兴起，对无线网络提出了上行速率更高和时延更低的要求。

基于上述要求，5G SA 部署中需要解决的问题具体如下。

① 弥补 5G 覆盖短板，降低建设投资成本。

② 提升 5G 上行容量，满足大带宽业务的传输需求。

③ 降低空口时延，为更多业务应用提供基础。

3.2.1　5G 上行覆盖

根据第 3.1 节中的分析，对于 5G 采用的 3.5GHz 频段以及 4.9GHz 频段等中高频段，其信号传播路损更大，穿透能力较差，与 LTE 系统的 1.8GHz 频段或 2.1GHz 频段相比，覆盖效果没有优势。为弥补频率特征不同带来的覆盖效果差异，5G 系统在下行方向上采用了大功率发送，但受终端发射功率限制的影响（尽管 5G 终端发射功率增强了一倍），上行覆盖能力仍然成为主要瓶颈，随着用户向小区边缘移动，5G 上行多天线和大带宽的优势逐渐消失，在小区边缘的用户业务体验不如采用 FDD 低频，这一特征在室内场景中更加明显。如前文所述，5G 上行业务信道的覆盖能力在考虑室外覆盖室内场景的情况下仍然无法复用目前 4G 的站址资源，这为 5G 网络建设和部署带来了较大的挑战。而在这些室分系统无法进入的区域中，传统的 4G 频段凭借较低的频段和较少的传播损耗在深度覆盖上仍然具有一定的优势。根据当前的测试结果，图 3-7 给出了在一定距离上，3.5GHz NR 和 1.8GHz LTE 在不同方向上的耦合损耗差值，其中，由于 LTE 和 NR 小区的天面存在不共天面的情况，因此终端与 LTE 和 NR 各自的天线法线上存在一定的角度差异。测试结果表明，在室外距离基站 180m 范围内，3.5GHz NR 的空口耦合损耗小于 1.8GHz LTE 的空口耦合损耗，超出 180m 范围后，3.5GHz NR 的空口耦合损耗明显超过了 1.8GHz LTE。

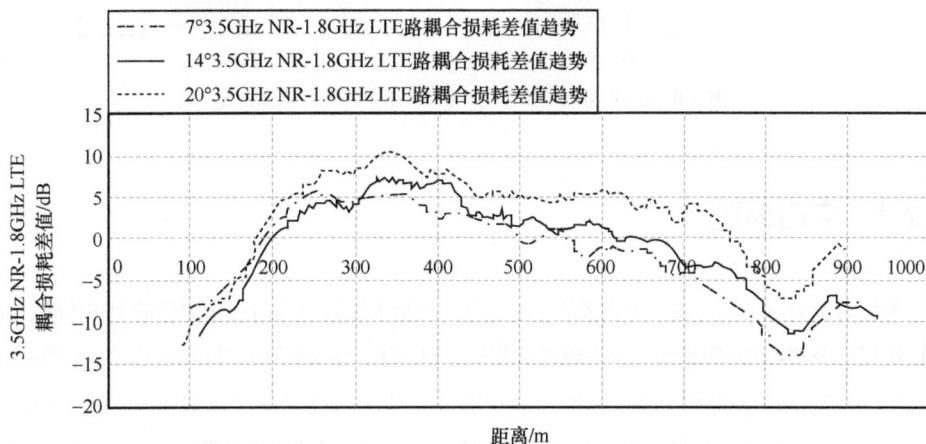

图 3-7　3.5GHz NR-1.8GHz LTE 在不同方向上的耦合损耗差值

注：7°、14°、20°指方向角差。

3.2.2　上行容量

本节通过系统级仿真分析在不同站间距（350m 和 500m）、不同用户分布（20%的室外用户和 100%的室外用户）条件下，以 50%的用户吞吐量为小区容量统计指标时，基于 3.5GHz 频段的 5G 网络的上行性能。

其中信道采用 3GPP UMa NLOS 传输模型，室内穿透损耗为 26dBm，业务源模型采用 FTP Model 1 模型及 2MB 的包大小，在 ISD（站间距）=350m 时包到达率采用 13.5%，在 ISD=500m 时包到达率采用 7.5%，从而构造系统负载在 50%~70%的干扰场景。如图 3-8 所示，仿真结果表明在室外覆盖室内场景下，小区上行容量在 ISD=350m 的场景中仅为 29Mbit/s 左右。因此，在进行 5G 网络部署的过程中，对于一些室分系统难以进入的区域，单纯采用 3.5GHz 频段进行组网可能难以满足室内用户对于上行高流量业务的需求。

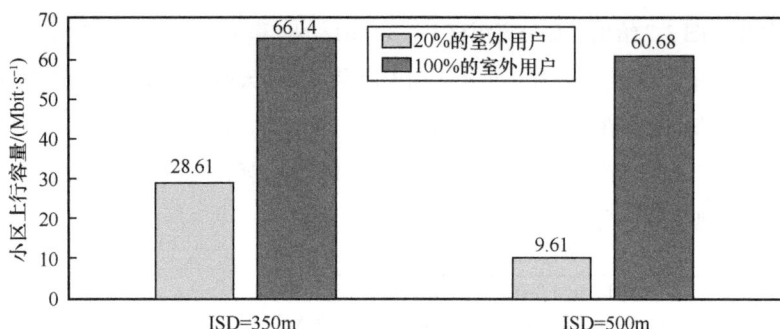

图 3-8　不同站间距和用户分布条件下小区上行容量对比

3.2.3　空口时延

网络时延对 5G 而言是一个重要的系统指标，更低的时延意味着提供更优的用户体验。在 ITU 提出的 IMT-2020 愿景的 8 个关键性能指标中提出了 1ms 的单向空口时延目标，主要针对 URLLC 业务，如工业操控、远程手术、车联网等。同时，1ms 的单向空口时延是针对用户面时延而言的，区别于控制面时延，用户面时延更能体现一代通信系统的空口设计的核心能力。3GPP 针对时延要求进一步明确场景，要求 URLLC 场景的单向空口时延低于 0.5ms，较 ITU 提出的目标缩短一半；要求 EMBB 场景的空口用户面环回时延低于 8ms（LTE 的空口用户面环回时延要求为 10ms）。相对而言，EMBB 场景对空口时延的改善不如 URLLC 的革命性优化。

然而，现实情况中，很多业务对网络性能指标的需求无法完全按业务场景区分，如 VR、高清视频直播和"远程视频+控制"等业务，既需要画面传输的高清晰度，也需要用户体验不受时延影响，提出了 EMBB+URLLC 的大容量、低时延的新要求。另一方面，历代网络演进始终聚焦峰值速率的提升，而容易被忽略的网络时延其实也会从侧面影响用户的速率提升，直到 2015 年 3 月，在 3GPP RAN 第 67 次全会上才首次提出针对 LTE 时延降低的 SI（研究项目）立项，相关技术成果也被 5G NR 标准所继承。目前，全球 5G 网络以面向 EMBB 场景为主，那么如何进一步降低 EMBB 网络时延，如何在满足大容量需求的同时降低网络空口时延，成为业界关注的焦点。

5G NR 的帧结构可以灵活配置（如图 3-9 上半部分），相对 LTE 固定的 15kHz 子载波间隔而言，NR 的子载波间隔可配置为 15kHz/30kHz/60kHz，子载波间隔成倍增加，而符号长度（子载波间隔的倒数）则呈比例缩短，NR 的调度周期缩短至 1ms/0.5ms/0.25ms（分别对应 15kHz/30kHz/60kHz 的子载波间隔），而 LTE 的调度周期 TTI（发送时间间隔）固定为 1ms。

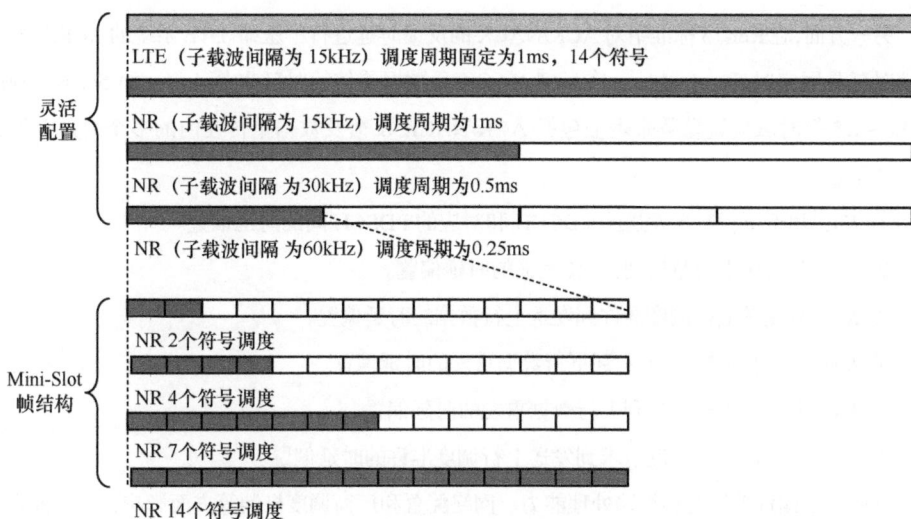

图 3-9　5G NR 帧结构和 Mini-Slot

　　EMBB 场景的典型子载波间隔配置为 30kHz，调度周期为 0.5ms，是 LTE 的一半；而 URLLC 场景的子载波间隔配置为 60kHz，调度周期进一步缩短为 LTE 的 1/4。

　　另一方面，5G NR 可以通过特殊的空口参数来进一步减少调度周期的符号数。引入 Mini-Slot 帧结构设计（如图 3-9 下半部分），能够将调度周期从一个时隙进一步缩短至符号级别，Mini-Slot 帧结构配置包括 2 个/4 个/7 个/14 个符号。调度周期最多可缩短至 0.036ms（ 60kHz 的子载波间隔，2 个符号的调度周期）。

　　数据包处理时延主要指数据包生成和解包的时延，信令处理时延指从高层向底层传递信令的处理时延。经研究，终端和基站的数据包处理时延跟数据包大小、处理器性能相关，随着芯片计算性能的提升，5G NR 基站和终端的数据包处理时延，即从单次发送到接收数据包的处理时延总和，较 LTE 有所增强。在 3GPP 自评估报告[4]中，对基站和终端发送和接收数据包的处理时延进行了详细的分析。

　　当有上行数据发送时，终端需向基站发起无线资源请求，基站根据当前网络状况向终端发送上行调度准许，这部分时延占网络时延的一大部分。在 Rel-14 标准以前，LTE 系统已经可以通过预调度功能来降低时延了，即通过在固定位置上周期性地提供上行资源用于上行数据的传输，不需要经过资源调度请求。在 2016 年 3 月，3GPP RAN71 次会议进一步提出半静态调度，引入了更短的半静态调度周期，为 1ms，大大缩短了发送资源请求调度的时间。5G 的上行免调度继承了半静态调度的思路并进一步增强，5G 可以将预留资源分配给一组终端用户，并且提出了在上行无线资源发生冲撞时的解决机制，在降低时延的同时提高了无线资源的利用率。

另一方面，在 Rel-15 标准中对 ACK/NACK 的反馈时延进行了压缩。LTE 系统的 ACK/NACK 反馈时延是固定时延，为 4ms，在反馈 NACK 后数据重传的时延也是 4ms。而 5G NR 则通过 $K0 \sim K5$ 等时域偏置参数来表征包括 ACK/NACK 反馈及数据重传在内的多个时延偏置，具体如下。

① $K0$：用于下行数据发送的 PDCCH 和对应的 PDSCH 间的时延偏置。

② $K1$：从发送下行数据到 ACK 反馈的时延偏置。

③ $K2$：从发送上行调度准许到发送上行数据的时延偏置。

④ $K3$：从下行数据 NACK 到下行数据重发的时延偏置。

⑤ $K4$：从发送上行数据到上行数据重发的时延偏置。

⑥ $K5$：从发送上行调度请求到发送上行调度准许的时延偏置。

这些时延偏置受设备和终端处理能力、网络配置和厂商调度机制等方面影响，一般而言，$K0 \sim K5$ 均有一个取值范围，其最小值可视为不超过设备处理能力且能得到最快的调度间隔，根据调研，目前业界典型的最小值为 $K0=0$，$K1=2$，$K2=2$，$K3=3$，$K4=3$，$K5=2$，单位为调度周期时隙。在这种情况下，NR 从一次下行数据发送到 ACK/NACK 反馈的 2 个时隙，再到数据重传的 3 个时隙，最快 2.5ms 完成一次调度，与 LTE 的 8ms 相比，大幅度降低。

等待与发送时延是指数据包生成后等待发送并最终被发送出去的时延，主要包含 3 个部分，即数据到达后等待本时隙结束的时延 $T_{\text{NR\_sym}}$，等待上下行调度机会的时延 $T_{\text{NR\_TDD}}$，以及需要一个时隙进行发送的等待时延 $T_{\text{NR\_tsm}}$。

如图 3-10 所示，当数据到达时，可能会在一个时隙中的任何时刻，而数据通常是按时隙颗粒度进行处理的，因此需要等待该时隙结束。$T_{\text{NR\_sym}}$ 的平均值为 1/2 个时隙长度，如子载波间隔为 30kHz 时，平均 $T_{\text{NR\_sym}} = 0.25\text{ms}$。

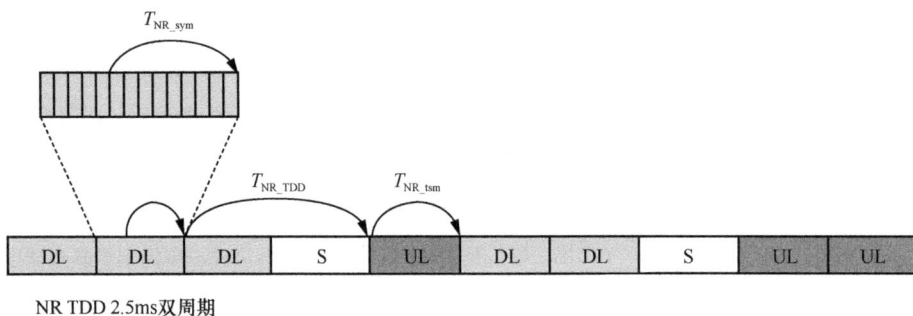

NR TDD 2.5ms双周期

图 3-10　等待与发送时延

$T_{\text{NR\_TDD}}$ 是 TDD（时分双工）特有的时延。由于 Massive MIMO（大规模多输）技术对 TDD

有一定的依赖性，采用 TDD 制式将成为 5G NR 的主流选择。相对 FDD 的上下行时隙保持连续而言，TDD 的上下行时隙分布离散，这与运营商的帧结构选择有关。上下行数据需要等待对应的上下行子帧到来才能被调度，FDD 在这点上有天然的优势。经分析，假设数据包随机到达，2.5ms 双周期帧结构等待上行时隙到来的平均时延为 $T_{NR\_TDD} = 0.75ms$，等待下行时隙到来的平均时延为 $T_{NR\_TDD} = 0.25ms$。

数据发送时延 T_{NR_tsm} 与 T_{NR_sym} 类似，数据发送也需要一个时隙进行处理，当子载波间隔为 30kHz 时，$T_{NR\_tsm} = 0.5ms$。

总体的，对于 30kHz 的子载波间隔、2.5ms 双周期系统的一次数据发送而言，即使因为 T_{NR_TDD} 落后了 0.5ms，但得益于更短的时隙长度和调度周期，5G NR 总体的等待与发送时延仍然有 0.25ms 的优势，但是对于一些对时延要求更高的业务，目前的 TDD 网络难以满足其需求，见表 3-4。

表 3-4 等待与发送时延对比

时延	5G NR	LTE	5G NR 增益
T_{NR_sym}	0.25ms	0.5ms	0.25ms
T_{NR_TDD}	上行为 0.75ms 下行为 0.25ms	0	−0.5ms
T_{NR_tsm}	0.5ms	1ms	0.5ms
合计			0.25ms

3.3 5G 覆盖增强技术

从上述解释和分析中可以发现，通过单纯的 TDD 频段（如 3.5GHz 频段）来实现 5G SA 的连续覆盖，受限于上行覆盖能力，该方法代价非常高。而在 4G 网络中，许多运营商拥有低频 FDD 模式的频谱资源。相比高频的 TDD 频段，低频 FDD 频段虽然在带宽和大规模天线支持能力上处于劣势，但在上行时隙占比、时延和传播能力上有着天然的优势，如图 3-11 所示。

根据统计，目前 LTE FDD 网络上行忙时的频谱资源利用率通常仅为下行的一半左右，上行的频谱资源利用率明显低于下行的频谱资源利用率，主要因为当前网络中的主流业务仍然以下行流量为主。但是随着以在线直播、视频电话等上行流量为主的业务在网络业务中的占比越来越高，及垂直行业应用对于上行大带宽的需求越来越多，在未来 5G 网络的建设和部署中需要保障的对上行覆盖和容量的较高要求越来越多。

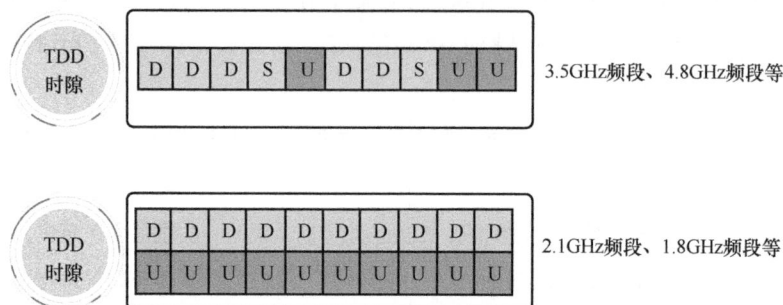

图 3-11　TDD 和 FDD 时隙结构示意图

基于上述需求，产业链形成了一个基本的共识，即充分发挥高频 TDD 和低频 FDD 各自的优势，形成一个综合的解决方案，实现覆盖性能、容量和时延等性能的全面优化，同时如何低成本实现网络和终端，也是产业链的一个重要探索方向。目前上行性能的提升方案有上行载波聚合、辅助上行载波和超级上行技术 3 种，其主要思想是通过聚合低频 FDD 的闲置频谱资源来提升 NR TDD 系统的上行性能。

3.3.1　上行载波聚合

载波聚合（CA）技术也是关键的 4G 增强技术之一，在 4G 网络中得到了广泛的应用，其中，下行载波聚合在 4G 产业化过程中积累了良好的产业化基础。5G 标准在设计过程中默认自然继承了 4G 技术在载波聚合上已有的功能。

在载波聚合系统中，在同一个网络节点上利用多个成员载波同时为用户提供数据传输功能，各成员载波在 MAC 层聚合，网络可根据终端 MAC 层对链路质量的反馈快速适配空口能力，其调度灵活性相对较高。从协议栈的角度来看，载波聚合终端只有一个 RRC（无线电资源控制）连接且由主小区（PCell）维护，主小区对应的载波称为主载波，被聚合的成员载波称为该载波聚合终端的辅载波，对应的小区则称为辅小区（SCell）[5]。

从载波聚合方式来看，载波聚合可以分为 3 种情况，即频带内连续载波聚合、频带内非连续载波聚合和频带间非连续载波聚合。各载波聚合方式的射频要求不同，但是在信令面和用户面都采用相同的解决方案。

载波聚合对上下行的载波数量有明确的约束，即上行载波数量需要小于或等于下行载波数量，因此当上行采用两载波聚合时，其下行载波数量需要大于或者等于两个载波。在载波聚合的技术框架中，标准支持不同频带间的载波聚合，包括支持两种不同制式间的 TDD+FDD CA。理论上只要在 3GPP 频率组合允许范围内，即可实现高低频载波在 TDD+FDD 双制式下的并发。

基于目前的 4G/5G 标准，在载波聚合终端设计中，上行载波聚合存在如下受限因素。

① 目前在 3.5GHz 频段与低频频段的载波聚合组合中，上行的发射功率受到一定的限制，其中两个上行载波最多能共享 23dBm 的功率来进行发射，并且每个载波仅能支持单天线发射。这限制了终端的上行性能。

② 当上行有两个或两个以上不连续的波束同时发送数据时，会产生谐波信号、交调信号等信号，落在其他频段上，对邻频造成干扰。为了解决这个问题，UE 需要降低发射功率，以保证对邻频的干扰在一定范围内，因此引入了 MPR（最大回退功率），允许 UE 最大输出功率回退。在载波聚合场景下，载波间距更大，当不同波束同时发送数据时，产生的谐波信号或交调信号等也会更多，如果一味地进行功率回退，会造成上行覆盖范围的严重缩减，影响通信质量。根据 3GPP 的标准定义，以 1.8GHz 频段和 3.5GHz 频段为例，3.5GHz 频段对 1.8GHz 频段的二阶互调 MSD（Maximum Sensitivity Degradation，最大灵敏度降级）的灵敏度高达 26dB，如此高的灵敏度回退会导致 UE 在 1.8GHz 频段的下行接收无法正常工作，为了解决该问题，3GPP 也提出了诸多解决方案，但无论是哪种方案，要么提升了终端的设计成本，要么降低了上行覆盖性能[6]。

NR 终端支持上行 2 个发射机的主流设计如图 3-12 所示，目前载波聚合发射机的上行发射实际只能采用 3.5GHz 频段和 2.1GHz 频段各 1T 双通道的发射模式，如图 3-13 所示，在这种设计中，两个频段的发射机同时工作，设计复杂度高，一些频段组合存在着一定的互调干扰及功率回退等问题，从而影响了上行性能。同时，在近点，无法在 3.5GHz 2T 发送实现上行 2 流，峰值速率受到明显的约束[7]。

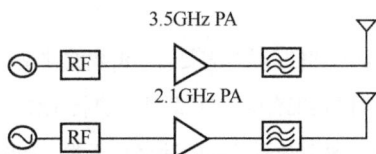

图 3-12 NR 终端支持上行载波聚合和 SUL（补充上行）发射机的主流设计

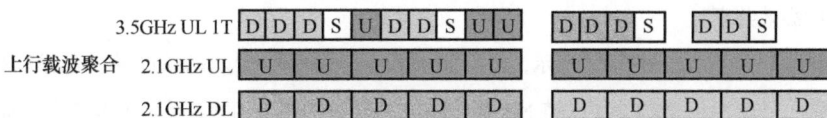

图 3-13 上行载波聚合发射机的上行发射方案示意图

3.3.2 补充上行载波

与 LTE 相比，5G 新频段频率较高、传播损耗较大，为终端侧上行传输带来更大挑战，为了弥补上行覆盖能力的短板，3GPP Rel-15 标准提出了 SUL 技术，主要思想是在下行仅采用单载波配置时，利用频率相对较低的 LTE 频段传输 NR 上行信号。相应的载波被称为 SUL 载波，SUL 载波不能独立使用，只能在与普通的 NR 载波聚合后使用。SUL 的一种上行时隙的调度方式如图 3-14 所示，在 SUL 链路中，SUL 载波和上行非 SUL 载波不会被同时调度发送，终端将 2.1GHz 载波作为 SUL 载波，仅在 3.5GHz 上行发射功率受限时（如远点）按 100% 时隙发送，或在近点与 3.5GHz 上行 TDM（时分复用）才会被调度发送。其具体组网示意图如图 3-15 所示。

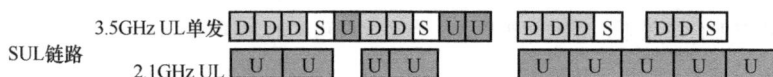

图 3-14　SUL 的一种上行时隙的调度方式

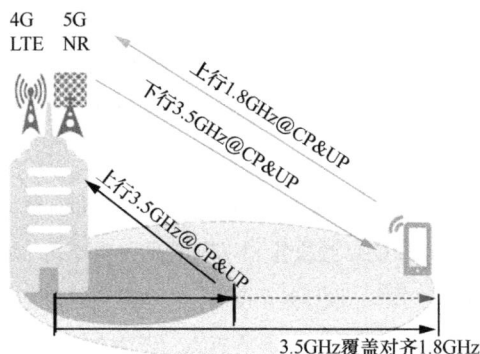

图 3-15　上下行解耦的组网示意图

注：3.5GHz 和 1.8GHz 的下行覆盖差不多，但上行 3.5GHz 比 1.8GHz 差很多。

在目前的 Rel-15 标准规范中，SUL 载波需要与 NR 载波共站部署，不支持跨站或者按不同 TAG 部署的场景。SUL 技术可以在现有的 LTE 载波上进行工作，LTE 和 NR 的上行信号可以通过频分调度和时分调度的方式来避免资源间的冲突和干扰，如图 3-16 所示，并且通过共享 MAC 层的资源和物理层的资源，通过 TTI 级的快速调度手段实现两个接入技术对同一上行物理资源的高效共享。

在硬件架构上，如图 3-12 所示，SUL 载波和上行载波聚合基本类似。在终端设计和网络部署方面，目前 SUL 载波为了支持 NR 和 LTE 上行载波的快速切换，受限于当前终端通道数，在 3GPP Rel-15 标准阶段 NR 载波仅支持单天线发射。

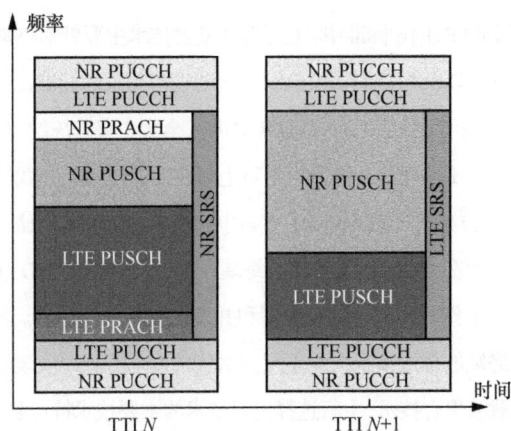

图 3-16　SUL 载波中 LTE 和 NR 上行资源共享方案

3.3.3　超级上行技术

中国电信在 2019 年上海世界移动通信大会（2019 MWC 上海）上提出了"超级上行"的概念，旨在进一步提升 5G 服务体验，更好地优化用户服务感知，提升差异化的市场竞争力，可实现 TDD/FDD 协同、高频/低频互补、时域/频域聚合，进一步提升数据的上行能力，降低时延，如图 3-17 所示[8]。在 3GPP Rel-16 标准中，该技术也被称为上行选择发射（UL Tx Switching）技术[6]。上行选择发射技术本质上是根据两个上行载波的信道情况，基站在两个上行载波上动态选择时分发射的方式或并行发射的方式进行上行发射。在使用过程中，下行方向可以采用单载波或者下行载波聚合的方式。当两个上行载波采用时分发射的方式进行上行发射时，上行选择发射可在 TDD 载波上采用两根天线进行发射，因此其理论性能优于 Rel-15 标准的上行载波聚合和 SUL 载波。

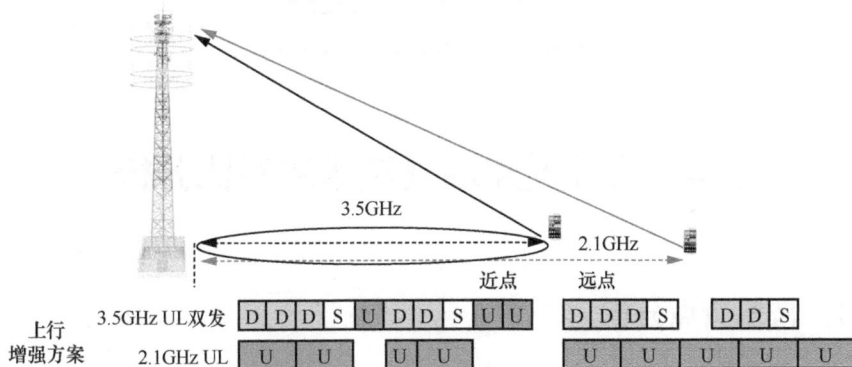

图 3-17　上行增强方案示意图

在中国电信牵头制定的 Rel-16 标准中，上行选择发射技术主要针对终端发射机在两个上行载波上动态切换的时延指标，以及相应的切换机制等问题进行相关的标准化工作。超级上行技术相关的标准化工作已于 2020 年 7 月的 3GPP TSG RAN#88 全会中宣告冻结。其中超级上行技术支持在 SUL 载波、载波聚合和 EN-DC 3 种架构中对上行性能的增强。在载波聚合架构中，还支持 Option1 和 Option2 两种子方案——在 Option1 方案中，终端可在 TDD 载波和 FDD 载波上仅以时分发射的方式进行工作；而在 Option2 方案中，终端在 TDD 载波和 FDD 载波上以时分发射的方式和并发发射的方式进行工作，并支持时分发射和并发发射的动态切换。理论上，基于 Option2 方案，网络侧可以根据终端的信道情况为终端配置最优的发射方式以实现最优的上行性能。

相较于传统的上行载波聚合技术，上行选择发射技术的主要技术特点是引入 TDM 的方式来使用两个上行载波，且同一时刻仅在一个载波上发送，下行可以采用单载波或者下行载波聚合的方式。一种典型的场景是终端在离基站很近的地方（近点），此时终端的下行数据传输被配置在 3.5GHz 频段，上行数据传输被配置在 2.1GHz 频段，在 3.5GHz 频段上行发射时刻终端仅配置使用 3.5GHz 频段进行上行 2T 发射，从而获得两流性能。在远点上或室内场景中，终端在 3.5GHz 频段上行发送，可把终端配置为以全部时隙在 2.1GHz 频段上进行数据发射。如图 3-18 所示，在超级上行终端的射频硬件架构中，超级上行终端的上行仍然最多只有两个最大发射通道同时工作，关键的射频通道器件基本可重用 4G/5G 双模终端设计中的已有器件，只需在 3.5GHz 频段的一个通道和 2.1GHz 频段通道之间增加一个开关以实现毫秒级的切换，因此终端器件成本并没有明显增加。

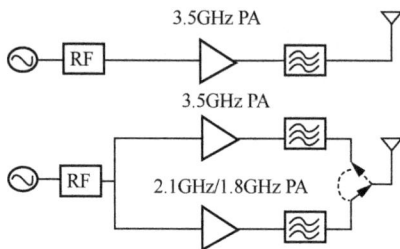

图 3-18　超级上行终端的射频硬件架构

3.4　几种覆盖增强技术的对比分析

3.4.1　技术特点分析

表 3-5 给出了基于 Rel-15 标准的上行载波聚合、基于 Rel-15 标准的上下行解耦（SUL 载波）

和超级上行（基于 Rel-16 标准的上行选择发射技术）在终端设计和系统性能上的初步分析。在
Rel-16 标准阶段的超级上行技术中，基于载波聚合架构的终端发射功率可以通过功率提升技术来
支持 26dBm 的最大发射功率。超级上行技术支持两载波时分工作的方式，并支持根据信道环境
切换到上行并发工作的模式。这种上行并发工作模式中，同一时刻终端在上行方向仅在一个载波
进行数据发送，而在下行方向可以通过单载波或者下行载波聚合方式进行数据传输。以 3.5GHz
单载波（带宽为 100MHz）+2.1GHz 单载波（带宽为 20MHz）的载波组合为例（不限于此载波组
合），理论上超级上行的上行峰值速率比 3.5GHz 单载波的上行峰值速率提升 21%，上行覆盖能
力增强，上行空口单向时延与 3.5GHz 单载波相比，最多可减少 0.5ms。终端配置与当前 NSA/SA
商用终端硬件配置基本一致，不增加成本和提升复杂度，支持在 3.5GHz 频段上的 2T 发射。

表3-5 3 种上行覆盖增强技术的比较

对比项	上行载波聚合	上下行解耦（SUL 载波）	超级上行
上行载波	TDD+FDD 上行并发	TDD/FDD TDM 发送或者 FDD 上行载波	TDD/FDD TDM 发送可根据信道条件切换到 TDD+FDD 并发工作
下行载波	TDD+FDD 双载波	TDD 载波	TDD+FDD 双载波或者 TDD 载波
终端上行发射通道	TDD 和 FDD 各 1T（1 根发射天线），仅能分时工作	TDD 和 FDD 各 1T，可同时工作	FDD 1T 和 TDD 2T 分时工作，并可切换到 TDD 和 FDD 各 1T 并发工作
终端发射功率	23dBm	双流 26dBm 单流 23dBm	23dBm/26dBm
上行峰值速率	低	高	高
优势	覆盖边缘可以采用 LTE 上行，覆盖性较好	可添加多个载波、提升上行峰值速率	容量最大、覆盖性能最优
劣势	未显著提升用户体验速率；组网场景受限，且仅支持单载波	3.5GHz 目前仅能支持单流 23dBm 发射，3.5GHz 频段上行性能受限	Rel-16 标准阶段完成第一阶段标准化工作

3.4.2　性能增益分析

超级上行技术优势主要体现在如下几个方面。

① 3.5GHz 频段上行双天线发射对于终端上下行性能均有提升。

② 通过 TDD 和 FDD 高低频协同，增强小区边缘覆盖，增加近、中位置用户的上行可用

资源，降低空口时延，提升用户体验。

其中，相对于上行单天线发射，理论上上行双天线发射不仅为上行方向带来性能增益，同时为下行方向也带来性能增益。本节将结合链路仿真，分别从下行和上行两个方向分析上行双天线发射对于单天线的性能增益。

（1）上行双天线发射为下行接收带来的增益

首先上行双天线发射有利于通过 SRS 获取终端下行 4 端口的信道条件，目前 NR 终端在 3.5GHz 频段都采用下行 4R（4 根天线接收），2T4R 终端通常采用 2 个 1T2R 组合而成，受限于终端的硬件设计架构，部分终端处于 1T4R 模式时（如配置为 NSA，基于 Rel-15 标准的 SUL 载波时），由于在其中 1T 与另外 2R（2 根接收天线）之间存在较大的插损，无法支持 4 端口的 SRS 轮发，因此现网中仅能支持基于 PMI（预编码矩阵指示）反馈的信道条件。外场测试结果显示，采用 2T4R 终端相对于采用 1T4R 终端，下行吞吐量有 26%~49% 的增益。

对于支持 1T4R 的 SRS 转发的终端，理论上在非理想信道估计条件下，下行性能依然低于 2T4R 终端，主要原因如下。

① 1T4R 终端与 2T4R 终端相比，完成 4 端口的 SRS 轮发的时间更长：在非理想信道估计条件下，误差随完整 SRS 轮发周期的变长而增加，从而导致终端接收侧的等效信噪比下降。

② 1T4R 相比 2T4R，在设计上可能存在插损，导致下行性能下降。

图 3-19～图 3-22 给出了在下行单流～下行 4 流的场景中，1T4R 和 2T4R 在不同 SNR 条件下的吞吐量对比，1T4R 的 SRS 周期是 2T4R 的两倍，在移动场景下不能及时反映信道的信息导致成形不准，影响下行吞吐量，而且随着流数的增加，这种表现越来越明显。

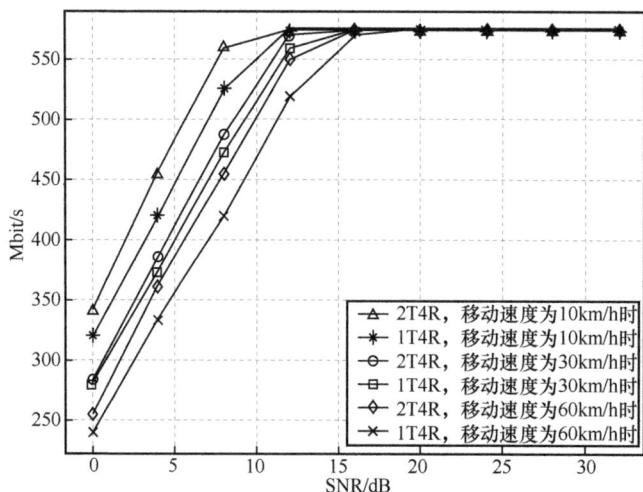

图 3-19　下行单流条件下 1T4R 和 2T4R 的性能对比

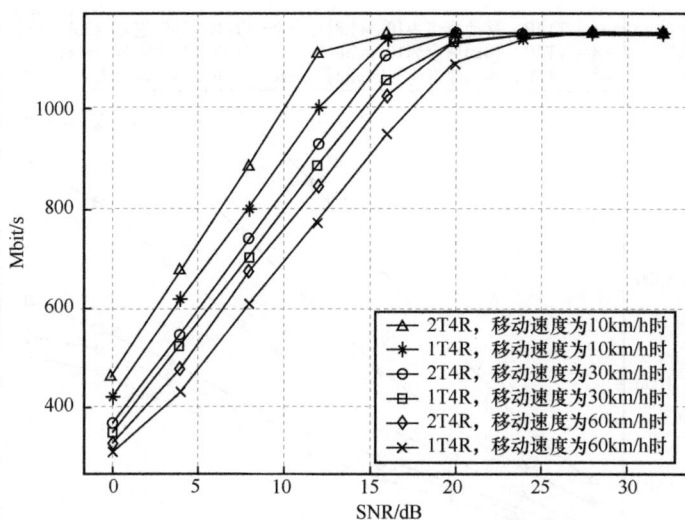

图 3-20　下行两流条件下 1T4R 和 2T4R 的性能对比

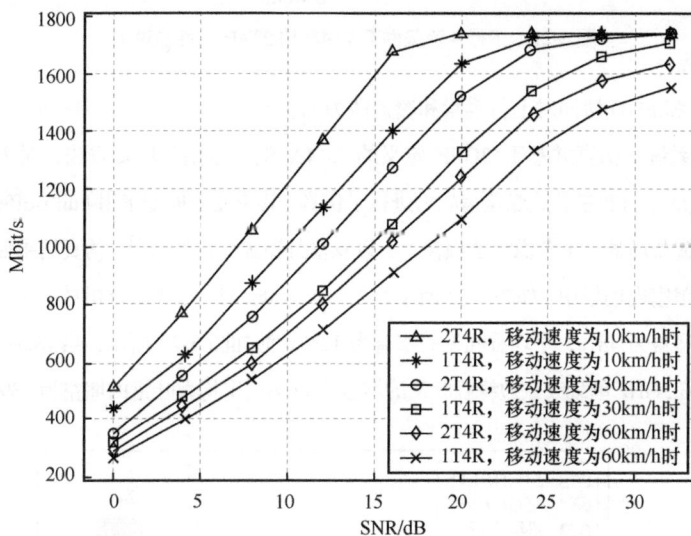

图 3-21　下行 3 流条件下 1T4R 和 2T4R 的性能对比

（2）上行双天线发射为上行发射带来的增益

2T4R 相对于 1T4R，在上行方向上有更大的发射功率和双天线增益，为了分析双天线增益，本节采用链路预算分析分别分析了在室外覆盖场景和室外覆盖室内场景中的不同目标速率条件下的小区覆盖距离，给出了仿真的结果。以 3Mbit/s 为目标边缘速率时，2T 相对于 1T 覆盖距离增加 19%。

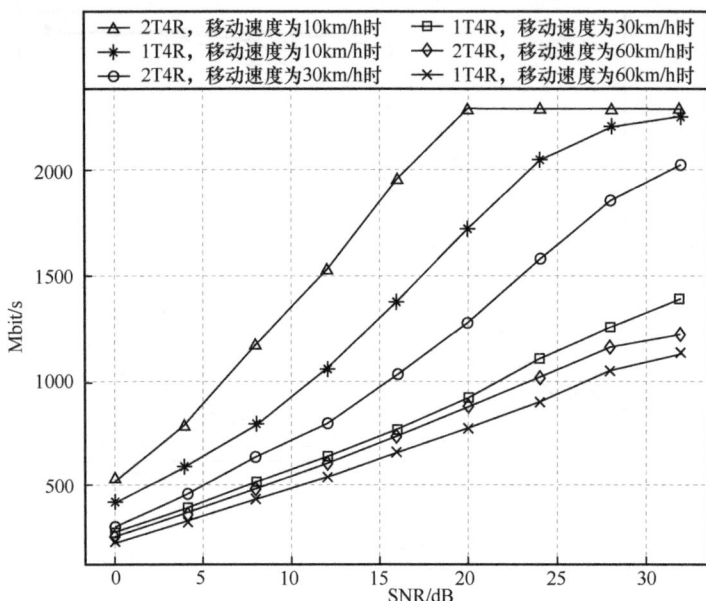

图 3-22 下行 4 流条件下 1T4R 和 2T4R 的性能对比

（3）TDD 和 FDD 协同对上行容量和覆盖能力的提升

本节利用系统级仿真并基于 3GPP 定义的 UMA 信道模型和仿真方法，对于超级上行和 3.5GHz 单载波的上行容量和边缘覆盖能力进行了仿真。其中业务模型采用 Full Buffer 模型，场景主要包括室外覆盖场景（不考虑穿透损耗），以及室外覆盖室内场景[6]。仿真结果如下。

在室外覆盖室内场景中，如图 3-23 所示，当 ISD=350m 时，超级上行相对于 3.5GHz 单载波，边缘吞吐量的增益为 48%，平均吞吐量的增益为 12%。而如图 3-24 所示，当 ISD=500m 时，超级上行相对于 3.5GHz 单载波，边缘吞吐量的增益为 60%，平均吞吐量的增益为 23%。

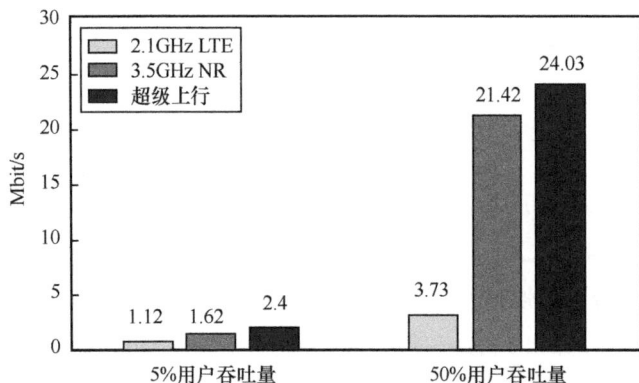

图 3-23 ISD=350m 时超级上行的增益（室外覆盖室内场景）

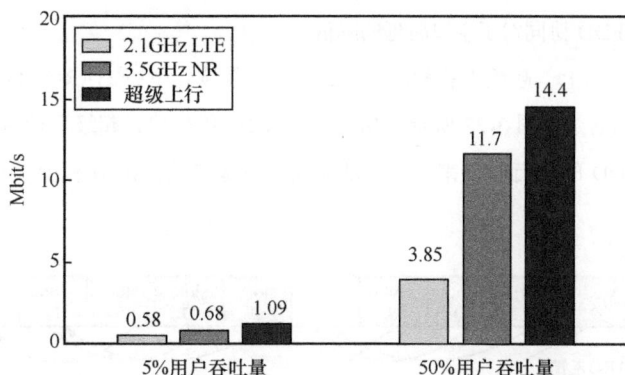

图 3-24   ISD=500m 时超级上行的增益（室外覆盖室内场景）

在室外覆盖场景中，如图 3-25 所示，当 ISD=350m 时，超级上行相对于 3.5GHz 单载波，小区边缘吞吐量的增益为 24%，小区平均吞吐量的增益为 12%。当 ISD=500m 时，如图 3-26 所示，超级上行相对于 3.5GHz 单载波，小区边缘吞吐量的增益为 58%，小区平均吞吐量的增益为 13%。

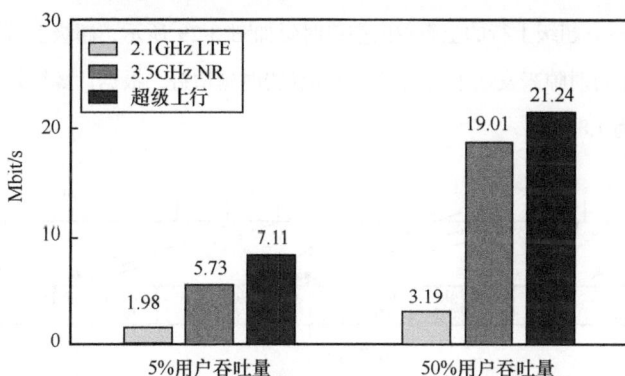

图 3-25   ISD=350m 时超级上行的增益（室外覆盖场景）

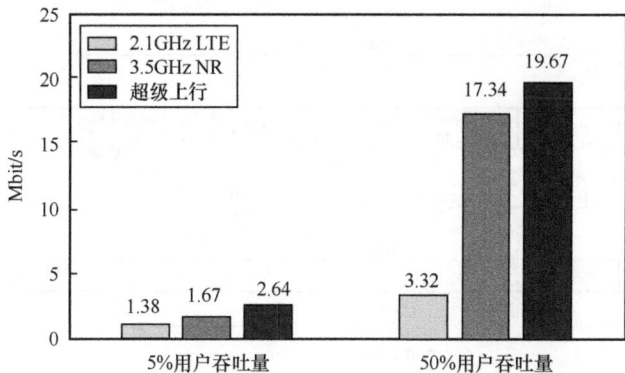

图 3-26   ISD=500m 时超级上行的增益（室外覆盖场景）

（4）TDD 和 FDD 协同对于空口时延的降低

首先在下行方向上，超级上行相对于 3.5GHz 单载波，下行 HARQ RTT（往返路程时间）可以缩短 0.3ms。如图 3-27 所示，相对于 3.5GHz 单载波，超级上行对于下行 slot0 和 slot3 可以利用 FDD 的上行时隙来反馈，从而获得时延增益，slot0 减少了 0.5ms，slot3 减少了 1.5ms。

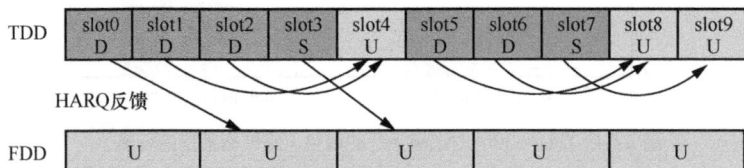

图 3-27　引入 FDD 载波对于 TDD 载波的下行 HARQ RTT 的缩短

而在上行方向上，超级上行相对于 3.5GHz 单载波，上行空口时延平均降低 0.35ms。3.5GHz 单载波的上行单向空口时延如图 3-28 所示，其中上行用户面时延最高为 3.6ms，最低为 0.89ms，平均时延为 2.15ms。超级上行的上行单向空口时延如图 3-29 所示，超级上行对于部分子帧可以利用 FDD 的上行时隙来发送上行数据，从而获得时延增益，根据计算结果，超级上行的平均上行单向时延为 1.8ms。

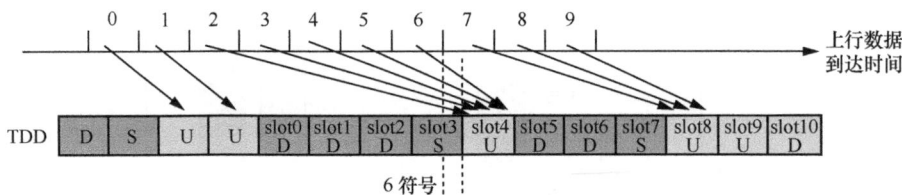

图 3-28　3.5GHz 单载波的上行单向空口时延

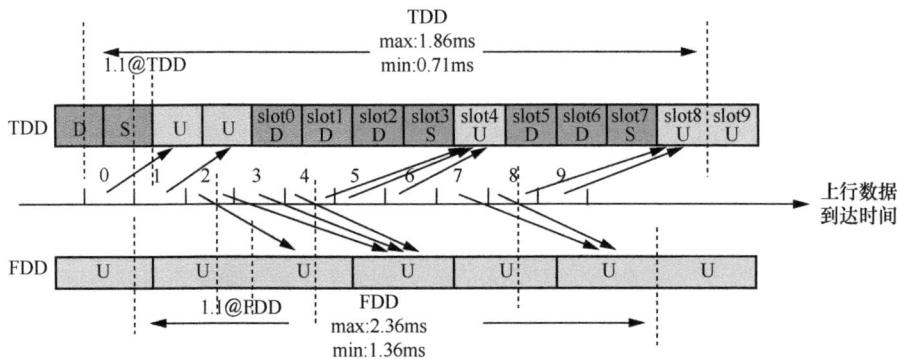

图 3-29　超级上行的上行单向空口时延

参考文献

[1] 许浩, 张儒申, 徐卸土. 3.5GHz 频段电波传播特性研究[J]. 电信科学, 2018(S2): 140-145.

[2] 曹磊, 赵晔, 熊尚坤, 等. 一种 5G 上行链路增强技术解决方案[J]. 移动通信, 2019, 43(9): 24-27.

[3] 3GPP. Study on 3D channel model for LTE: 3GPP TR 36.873 version 12.7.0[S]. 2018.

[4] 3GPP. Study on channel model for frequencies from 0.5 to 100GHz: 3GPP TR 38.901 version 15.0.0[S]. 2018.

[5] 肖清华. 载波聚合技术及系统影响研究[J]. 移动通信, 2016, 40(11): 17-20.

[6] 朱智俊, 岑曙炜, 徐杰. 5G NR 上下行解耦技术的应用[C]//5G 网络创新研讨会（2018）论文集. 2018: 165-170.

[7] 魏垚, 熊尚坤. 5G eMBB 空口时延分析与增强技术研究[J]. 移动通信, 2019, 43(9): 42-46.

[8] 孙震强, 许森, 魏垚. 基于 TDD/FDD 协同的 5G 上行增强方案分析[J]. 移动通信, 2019, 43(9): 2-6.

第❹章
面向固移融合的云边协同

本章首先从需求角度出发，介绍了 5G 边缘计算的典型应用场景及对网络的要求，然后从网络分流方案、云边协同多点业务调度及网络增强技术方案 3 个方面介绍了满足场景需求的主要关键技术，最后探讨了固移融合的 5G 边缘计算系统的系统架构和云边协同的计算系统部署方案。

5G SA 架构的引入，增强了对边缘计算的支持，可以在更靠近用户的位置上部署应用，支持更丰富的应用类型，提供更优的应用体验。

4.1 5G 边缘计算关键技术及解决方案

4.1.1 5G 边缘计算的典型应用场景及对网络的要求

智能连接和边缘计算是 MEC[1]的基础，边缘计算要求网络保障用户按需灵活地就近接入，要求边缘提供灵活有效的云部署环境，所以，边缘计算的应用场景通常具备应用本地化、计算边缘化、内容区域化等特点，如企业网、视频加速、数据采集分析、AR/VR、CDN、车联网、工业智能制造等应用。

1．按用户群体和 MEC 节点的部署特点分类

根据用户群体和 MEC 节点的部署特点，应用场景的分类具体如下。

（1）面向垂直行业（ToB）

在该场景中，MEC 节点通常是专用的；通过在网络边缘开放网络能力，部署计算和存储设施，有效助力运营商与第三方企业合作，以推进边缘计算在垂直行业中的应用，从而提升网络价值[2]。主要应用场景有企业园区组网、实时追踪终端位置、物联网及相关大数据处理、车联网业务等。

对于典型的园区应用场景，通常包含以下 3 类业务需求。

① 园区生产终端：通过边缘 UPF 接入 MEC 平台及内部网络，一般情况下不直接接入互联网。

② 园区工作人员：需要保证在园区中也能接入互联网，或需要同时接入 MEC 平台及内部网络。

③ 进入园区的普通大网用户：保证在园区内可正常接入互联网。

（2）面向终端用户（ToB、ToC）

在该场景中，MEC 节点通常是多客户共用的；第三方应用在一个或多个通用的 MEC 节点上部署应用实例，用户使用普通手机终端。该类应用可理解为提供公共服务的互联网类业务的边缘化，通过边缘计算提升业务性能和业务感知，如视频缓存/性能提升，AR/VR 应用/辅助感知，场景化的视频直播、点播业务。实现上，业务单点部署不涉及业务多点调度，可类比 ToB 场景；业务分布式部署或第三方强制要求业务部署涉及业务多点调度，则通常需要网络及平台提供位置相关信息，配合业务调度系统根据用户位置进行业务调度，实现就近提供服务。

在典型的 ToB、ToC 业务场景下，除了边缘原生应用，一般情况是现有云业务的进一步下沉，业务的服务端除了部署在传统的云节点上，还同时下沉到多个 MEC 节点上，5G MEC 需要配合实现业务调度、云边协同。此时存在两种情况，一种情况是 5G MEC 提供一种全新的业务调度方式；另一种情况是配合业务提供方，如为其提供用户接入位置信息，由业务提供方来实现业务调度。

2．按边缘 UPF 和 MEC 平台所属权分类

按边缘 UPF 和 MEC 平台所属权区分应用场景，应用场景的分类具体如下。

① 边缘 UPF 和 MEC 平台均为运营商自有，均部署在运营商机房中并由运营商纳管。

② 边缘 UPF 为运营商自有并部署在运营商机房中，MEC 平台为运营商自有并部署在客户机房中，MEC 平台纳入 MEC 业务管理平台并由其管理。

③ 边缘 UPF 为运营商自有并部署在运营商机房中，MEC 平台为客户自有并部署在运营商机房中（代维护）。

④ 边缘 UPF 为客户自购或租赁，部署在运营商机房中；MEC 平台为客户自有并部署在客户机房中。此场景下，边缘 UPF 必须在运营商的管控之下并由运营商维护。

⑤ 边缘 UPF 为客户自购或租赁，MEC 平台为客户自有，边缘 UPF 和 MEC 平台均部署在客户机房中。此场景下，边缘 UPF 必须在运营商的管控之下并由运营商维护，同时要求客户机房满足相关的维护环境要求和安全要求，原则上不推荐使用此模式。

4.1.2 网络分流方案

1．DNN 方案——专用 DNN

园区用户通过园区专用 DNN 发起会话建立请求，网络结合用户位置信息为会话选择特定边缘 UPF，即可接入与边缘 UPF 对接的 MEC 平台。在专用 DNN 方案中，用户可在 5G 网络中签约特定 DNN，在 SMF 选择 UPF 时，根据 5G 终端提供的特定 DNN 选择目的边缘 UPF，从而完成边缘 PDU 会话的建立。

专用 DNN 方案的前置条件为终端配置专用 DNN 并在 UDM 中签约专用 DNN。

专用 DNN 方案流量示意图如图 4-1 所示，流程如图 4-2 所示，具体说明如下。

① 5G 终端发起 PDU 会话建立请求（PDU Session Establishment Request），该消息携带专用 DNN 信息。

② AMF 向 SMF 发送创建 SM 上下文请求（PDU Session CreateSMContext Request），该消息包含用户位置信息、RAT 类型、DNN 等信息。

③ SMF 向 AMF 回复对创建 SM 上下文请求的响应。

④ SMF 继续执行用户 PDU 会话建立流程，依据配置，SMF 根据特定 DNN 为 5G 终端选择边缘 UPF。

⑤ SMF 向边缘 UPF 发送 N4 会话建立请求，并提供要在该 PDU 会话的边缘 UPF 上安装的包检测规则（PDR）等。

⑥ 边缘 UPF 向 SMF 回复对 N4 会话建立请求的响应。

⑦ SMF 发送 PDU 会话建立响应。

⑧ GTP（GPRS 隧道协议）隧道地址和 TEID（隧道端点标识）相互通知，PDU 会话建立成功。

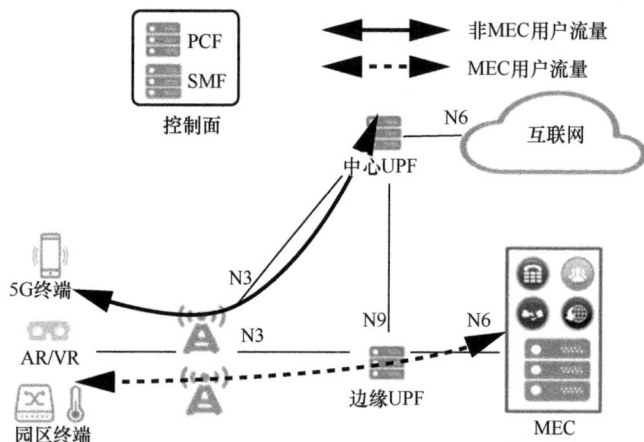

图 4-1　专用 DNN 方案流量示意图

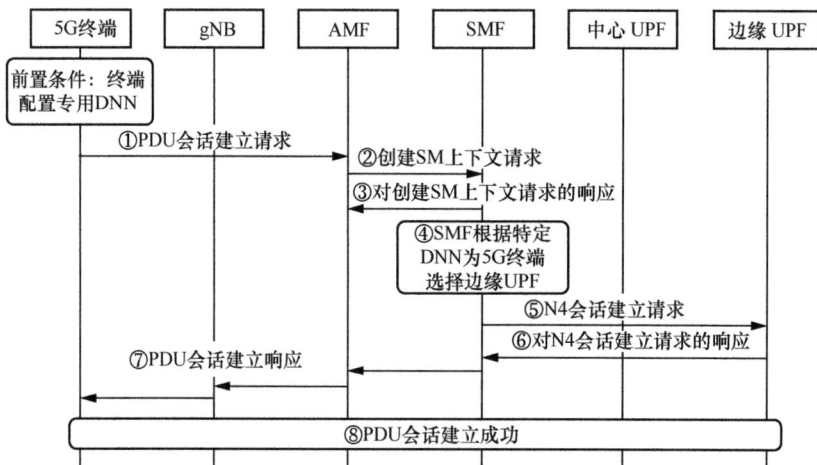

图 4-2　专用 DNN 方案流程

该方案对 5G 终端、5G 核心网的功能及配置的要求具体如下。

（1）5G 终端的功能及配置要求

建议支持存储多 DNN，并为每个 DNN 关联对应的业务应用，建议支持多 PDU 会话并发。

（2）5G 核心网的功能及配置要求

① SMF：支持根据终端签约的专用 DNN+TAI 选择边缘 UPF。

② UDM：用户签约专用 DNN。

2. DNN 方案——LADN

在 LADN 方案中，LADN 信息（如 LADN 服务区和 LADN DNN）由 AMF 在注册流程和 5G 终端配置更新流程中提供给 5G 终端，当 5G 终端移动到特定位置，将请求建立这个 LADN DNN 的 PDU 会话。

LADN 方案的前置条件为用户签约 LADN DNN，在 AMF 上配置 LADN 服务区（TA）与 LADN DNN 间的对应关系。

LADN 方案流程如图 4-3 所示，具体说明如下。

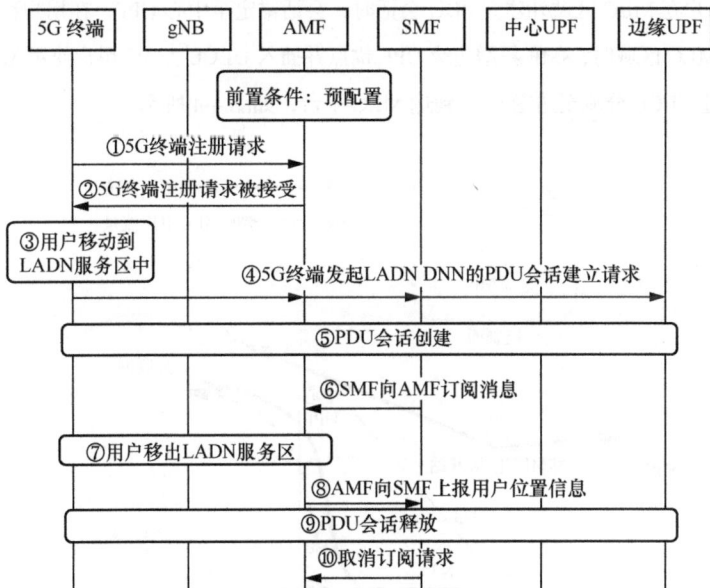

图 4-3 LADN 方案流程

① 发送 5G 终端注册请求，携带 LADN DNN 或 LADN 信息标识。

② 5G 终端注册请求被接受，AMF 向 5G 终端提供可用的 LADN 信息（LADN 服务区）。

③ 用户移动到 LADN 服务区中。

④ 5G 终端发起 LADN DNN 的 PDU 会话建立请求。

⑤ SMF 判断这个终端是否在 LADN 服务区内，如果该终端在 LADN 服务区内，SMF 继续完成 PDU 会话创建流程。

⑥ SMF 向 AMF 订阅"5G 终端位置变化通知"消息，AMF 跟踪处于连接态的终端的位置信息，并通知 SMF 终端位置和 LADN 服务区间的关系，即在 LADN 服务区内、不在 LADN 服务区内、不确定在不在 LADN 服务区内。

⑦ 用户移出 LADN 服务区。

⑧ AMF 向 SMF 上报用户位置信息，根据上报的用户位置信息，SMF 可能有两类操作：立刻释放 PDU 会话；或者保持 PDU 会话而激活 PDU 的用户面连接，去使能下行数据指示，如果一段时间内用户没有再次进入 LADN 服务区，则 SMF 可以释放 PDU 会话。

⑨ SMF 发起 PDU 会话释放请求，完成 PDU 会话释放流程。

⑩ SMF 向 AMF 取消订阅"5G 终端位置变化通知"请求。

3. ULCL（上行分类器）插入方案——特定位置触发

当 5G 用户在 MEC 区域外建立 PDU 会话时，会话锚定至中心 UPF；在用户移动过程中，当用户进入 MEC 区域时，SMF 新增边缘 UPF 锚点并插入 ULCL[3]。5G 用户使用 MEC 业务时，数据流将通过 ULCL 分流至边缘 UPF 到达 MEC 平台，如图 4-4 所示。

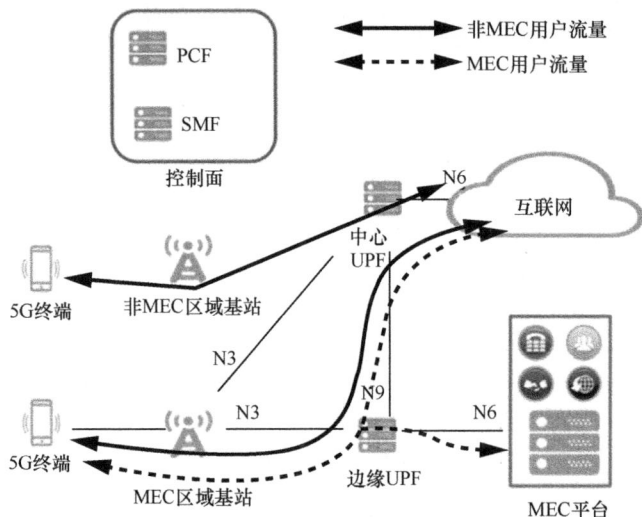

图 4-4　特定位置触发 ULCL 的插入流量示意图

该方案前置条件为基于 SMF 配置策略, 当用户移动到特定位置时, 将触发 ULCL 和边缘 UPF 锚点的插入。方案流程如图 4-5 所示, 具体说明如下。

① 5G 终端建立初始 PDU 会话, 会话锚点锚定至中心 UPF。

② 用户移动到 MEC 区域中。

③ AMF 向 SMF 上报用户位置信息。

④ SMF 根据用户位置信息(TA 颗粒度)触发 ULCL 插入流程: 根据 SMF 配置策略, SMF 与边缘 UPF 建立 N4 会话, 协商分配 GTP 隧道地址和 TEID, 然后 SMF 将边缘 UPF 与 ULCL 合设的 N9 隧道信息更新至中心 UPF, 以保证后续下行数据将从中心 UPF 经过 ULCL(边缘 UPF)然后发送到 RAN 中; SMF 再将边缘 UPF 与 ULCL 合设的 N3 隧道信息更新至 RAN 中, 以保证 RAN 能正确地将上行数据发送至指定的合设 ULCL(边缘 UPF)中。

⑤ ULCL 插入结束后, 上行用户 PDU 会话将经过边缘 UPF, 通过 ULCL 分流至 MEC 平台上。

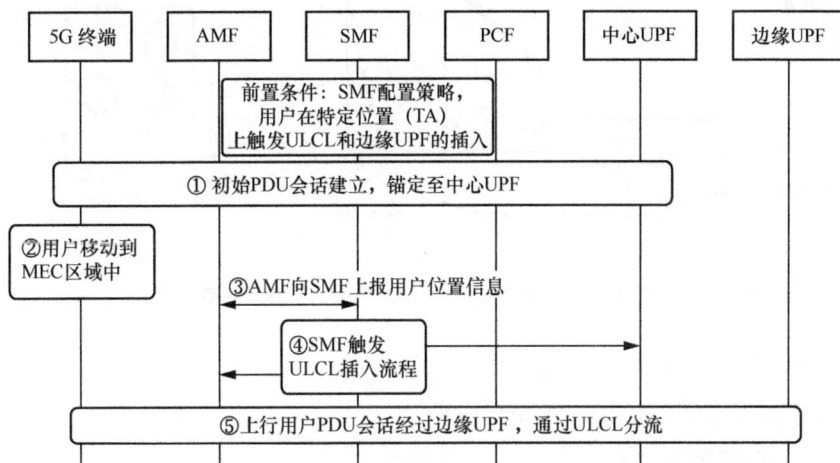

图 4-5 特定位置触发 ULCL 流程

该方案对 5G 终端无特殊要求, 对于网络的功能及配置要求具体如下。

① SMF: 根据 DNN 及用户位置选择将中心 UPF 作为锚点; 基于特定 TA 新增额外锚点(边缘 UPF), 同时插入 ULCL, 并能区分配置中心 UPF 和边缘 UPF(中心 UPF 覆盖区域包含了边缘 UPF 的覆盖区域。同时支持 MEC 区域外的 PDU 会话建立后, 移动用户进入 MEC 区域触发 ULCL 插入的场景, 以及 MEC 区域内的 PDU 会话建立后触发 ULCL 插入的场景); SMF 配置边缘 UPF 的 ULCL 分流规则, 并支持通过 N4 接口下发给边缘 UPF。

② UPF: 支持 SMF 通过 N4 接口下发的 ULCL 分流规则, 并进行分流。

4．ULCL 插入方案——签约及位置触发

如图 4-6 所示，该方案需要用户在 PCF 上签约支持使用 MEC 业务，在用户移动到 MEC 区域中时，PCF 根据用户位置信息及签约信息，新增边缘 UPF 锚点并插入 ULCL。

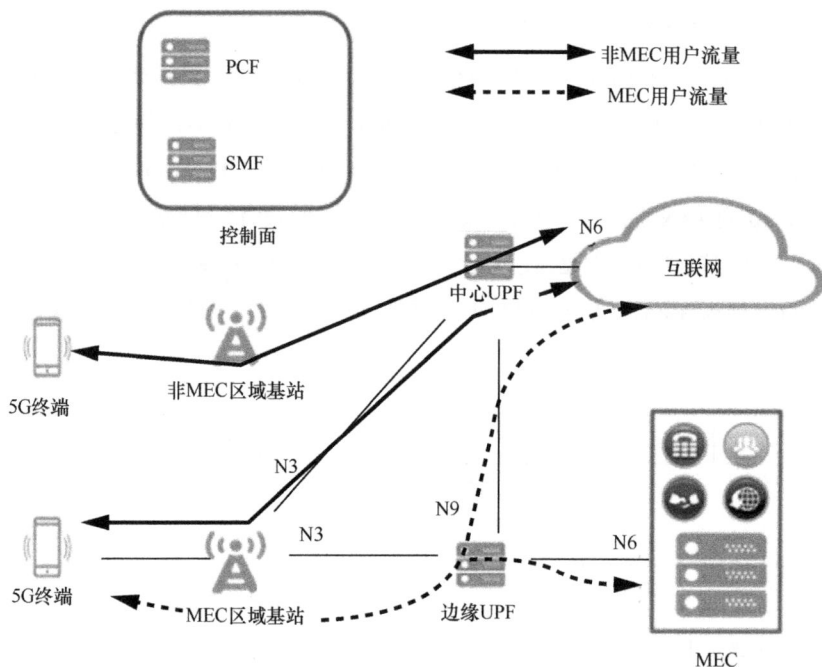

图 4-6　签约及位置触发 ULCL 的插入流量示意图

方案流程如图 4-7 所示，具体说明如下。

① 初始 PDU 会话建立，锚定至中心 UPF。

② 用户移动到特定位置上。

③ 由于前期用户签约订阅了用户位置信息，因此 AMF 通过 SMF 向 PCF 上报用户位置信息。

④ PCF 结合用户位置信息和签约关系，触发 ULCL 插入流程。

⑤ SMF 触发 ULCL 插入流程：SMF 与边缘 UPF 建立 N4 会话，协商分配 GTP 隧道地址和 TEID，然后 SMF 将边缘 UPF 与 ULCL 合设的 N9 隧道信息更新至中心 UPF，以保证后续用户下行数据从中心 UPF 经过 ULCL（边缘 UPF）并发送到 RAN 中；SMF 再将边缘 UPF 与 ULCL 合设的 N3 隧道信息更新至 RAN 中，以保证 RAN 能正确地将上行数据发送至指定的合设 ULCL（边缘 UPF 中）。

⑥ 用户 PDU 会话经过边缘 UPF，通过 ULCL 分流。

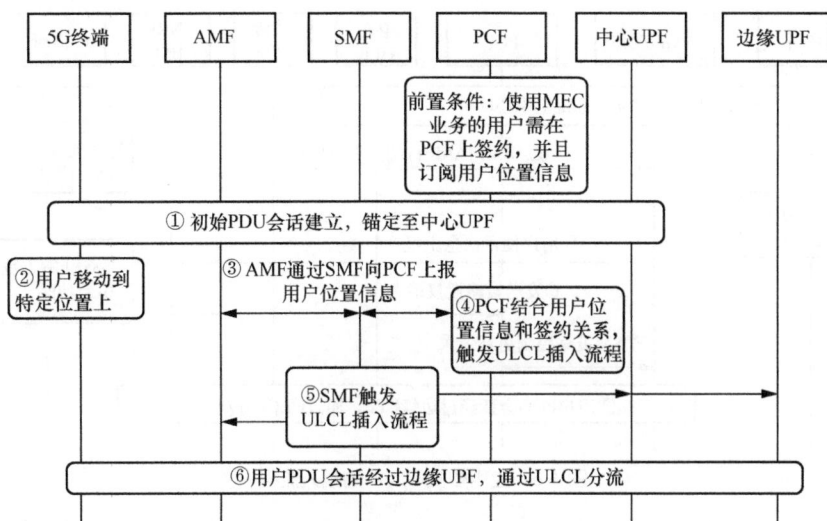

图 4-7 签约及位置触发 ULCL 插入方案流程

该方案对网络的功能及配置的要求如下。

① PCF：支持配置用户签约数据并支持签约用户使用 MEC 业务。

② SMF：根据 DNN 及用户位置选择中心 UPF 作为锚点；基于特定 TA 新增额外锚点（边缘 UPF），同时插入 ULCL，并能区分配置中心 UPF 和边缘 UPF（中心 UPF 覆盖区域包含边缘 UPF 的覆盖区域）；SMF 配置边缘 UPF 的 ULCL 分流规则，并支持通过 N4 接口将 ULCL 分流规则下发给边缘 UPF。

③ UPF：支持 SMF 通过 N4 接口下发的 ULCL 分流规则，并进行 ULCL 分流。

5．ULCL 插入方案——应用触发

该方案需要 MEC 平台/App 通过调用网络开放的流量引导功能触发 ULCL 插入策略，MEC 可以充当 "AF+NEF" 的角色，由 PCF 触发 ULCL 插入策略。

该方案的前置条件为 NEF 支持向应用方开放两个 API，包括流量引导功能（Traffic Influence）及用户位置功能（Monitoring Event）。

方案流程如图 4-8 所示，具体说明如下。

① 初始 PDU 会话建立，锚定至中心 UPF。

② 应用通过 NEF 开放的用户位置功能订阅 API，NEF 向 AMF 订阅用户位置信息。

③ 用户移动到特定位置上。

④ AMF 将用户位置信息上报给 NEF，NEF 转换用户位置信息后通知应用。

⑤ 应用通过 NEF 触发流量引导功能。

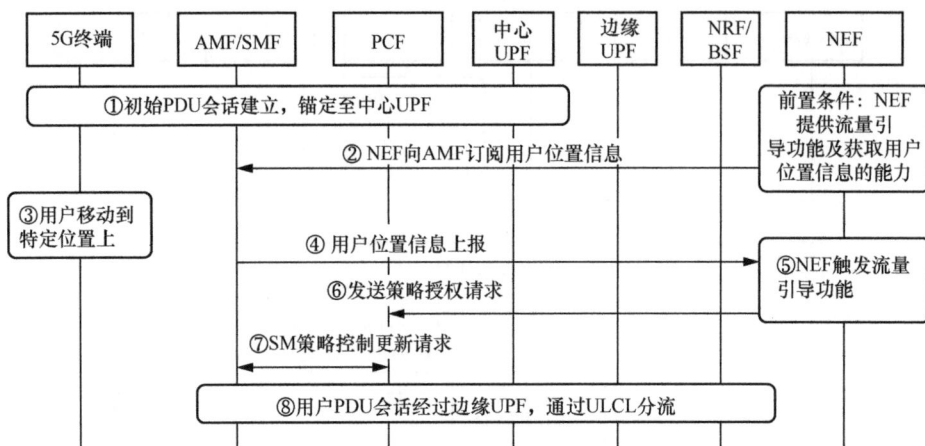

图 4-8　应用触发 ULCL 的插入流程

⑥ NEF 向 PCF 发送策略授权请求（Npcf_PolicyAuthorization_Create），其中包含用户源 IP 地址及业务目的 IP 地址。

⑦ PCF 向 SMF 发送 SM 策略控制更新请求（Npcf_SMPolicyControl_UpdateNotify），该消息包含该 PDU 会话的 PCC 规则，SMF 根据收到的 PCC 规则重新选择 UPF。

⑧ SMF 与边缘 UPF 建立 N4 会话，协商分配 GTP 隧道地址和 TEID，然后 SMF 将边缘 UPF 与 ULCL 合设的 N9 隧道信息更新至中心 UPF，以保证后续用户下行数据从中心 UPF 经过 ULCL（边缘 UPF）发送到 RAN 中；SMF 再将边缘 UPF 与 ULCL 合设的 N3 隧道信息更新至 RAN 中，以保证 RAN 能将上行数据正确发送到指定的合设 ULCL（边缘 UPF）中；用户 PDU 会话经过边缘 UPF，通过 ULCL 分流。

该方案对网络的功能及配置的要求如下。

① PCF：支持 AF 触发的流量引导功能（基于用户位置信息），向 SMF 下发流量引导策略（策略 ID，分流信息包括用户源 IP 地址、业务目的 IP 地址等）。

② MEC（作为 AF）：支持配置用户位置信息和边缘 UPF 间的对应关系，配置流量引导策略，包括 App ID、用户标识、应用流信息和数据网接入标识等；

③ NEF：支持向应用开放两个 API，包括流量引导功能及用户位置功能。

④ SMF：根据 DNN 及用户位置选择中心 UPF 作为锚点；基于特定 TA 新增额外锚点（边缘 UPF），同时插入 ULCL，并能区分配置中心 UPF 和边缘 UPF（中心 UPF 覆盖区域包含了边缘 UPF 的覆盖区域）；SMF 配置边缘 UPF 的 ULCL 分流规则，并支持通过 N4 接口将 ULCL 分流规则下发给边缘 UPF。

⑤ UPF：支持 SMF 通过 N4 接口下发的 ULCL 分流规则，并进行 ULCL 分流。

4.1.3 云边协同多点业务调度

当云端业务进一步下沉部署到一个或多个 MEC 节点上时，需要实现云边协同的多点业务调度，在用户使用业务时，调度合适的云端或 MEC 节点为用户提供服务，提升用户的业务体验。业务调度的核心，即用户移动到 MEC 业务覆盖的区域中时，能自动发现边缘业务的 IP 地址。

下文将基于现有 3GPP 及 MEC 标准（部分方案需要进行适当增强），对各种技术实现方案进行分析。涉及相关术语的定义具体如下。

① LDNS：本地 DNS，指边缘机房（典型指 MEC 平台上的边缘机房）设置的 DNS，只提供本地部署业务的域名解析。

② 大网 DNS：传统意义上的互联网 DNS 体系的第一跳 DNS，通常在客户端上设置或在用户注册网络时由 SMF 指派。下文提及的解决方案默认此 DNS 为运营商提供的 DNS。

③ eDNS：一种 DNS 消息的增强机制，在遵循已有的 DNS 消息格式的基础上，在 DNS 包的数据部分增加字段携带辅助信息，以支持更多的 DNS 请求业务。

1. LDNS 方案

LDNS 方案适用于调度系统采用 DNS 重定向调度方法的场景。LDNS 作为 DNS 代理，向调度系统转发 DNS 请求，业务调度系统根据 MEC LDNS 的地址判断用户位置，从而确定提供服务的边缘业务节点。

该方案对网络的要求如下。

① UPF 支持进行 FQDN（全限定域名）解析、URL（统一资源定位符）解析和 DNS 包检测。

② 在 MEC 节点上设置 LDNS，作为第三方 DNS（域名系统）的转发代理。

③ 边缘 UPF 支持地址替换功能（可通过配置和 N4 接口下发），能进行 DNS 地址替换。

④ MEC LDNS 支持与本地边缘业务相关的 DNS 解析。

⑤ 5G 核心网基于策略（如基于终端位置信息）实施边缘 ULCL 插入及 ULCL 分流策略部署。

方案流程如图 4-9 所示，具体说明如下。

前置条件：5G 终端已配置本地用户面的接入和策略参数，并已建立本地用户面，以边缘计算业务——CDN（内容分发网络）业务为例，假定用户需要访问某种 CDN 业务。

① 5G 终端欲访问该 CDN 业务，发起 CDN DNS 请求。

② 边缘 UPF 识别特定业务的 DNS 请求，准备进行 DNS 地址替换。

③ 边缘 UPF 实施地址替换，修改目标地址，保存源地址，并将 DNS 请求转发给 LDNS。

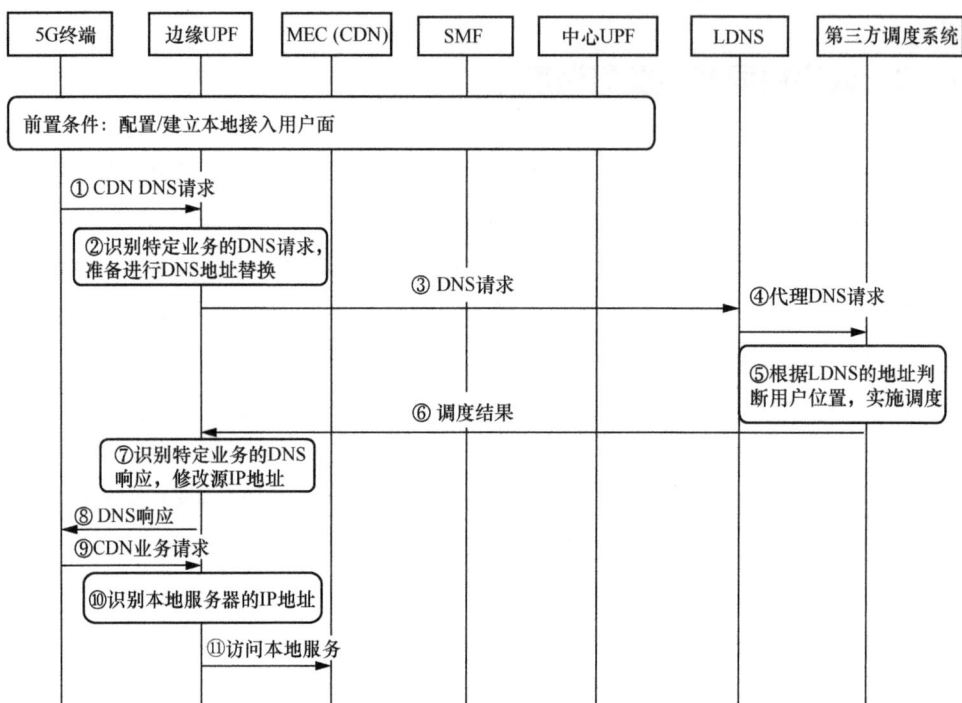

图 4-9　LDNS 解决方案流程

④ LDNS 作为代理，向第三方调度系统转发 DNS 请求。

⑤ 第三方调度系统根据 LDNS 的地址判断用户位置，实施调度，确定本地服务器的 IP 地址。

⑥ 第三方调度系统返回调度结果。

⑦ 边缘 UPF 识别特定业务的 DNS 响应，用原来保存的 IP 地址替代响应包的源 IP 地址。

⑧ 边缘 UPF 将 DNS 响应返回给 5G 终端，其中包含提供服务的本地服务器的 IP 地址。

⑨ 5G 终端发起访问该 CDN 业务的业务请求。

⑩ 边缘 UPF 识别本地服务器的 IP 地址，实施分流。

⑪ 5G 终端访问本地服务。

该方案对 5G 终端无特殊要求，对于网络配置的要求如下。

① PCF：配置基于设定策略（如基于终端位置信息）的 ULCL 插入策略和 PSA（分组数据单元会话锚点）插入策略（如初始不从边缘 UPF 接入）。

② SMF：配置基于 DNN 及 TAI 位置来选择中心 UPF 作为锚点的策略（如初始不从边缘 UPF 接入）。

③ 边缘 UPF：配置基于本地边缘应用 IP 地址的分流器，同时配置基于特定 DNS 包检测的分流器。

④ LDNS：分配本地地址段的 IP 地址。

2. eDNS 包增强方案

eDNS 包增强方案适用于第三方调度系统采用 DNS 重定向调度的场景。边缘 UPF 通过 N4 信令或自身配置获取边缘服务区域的标识信息。UPF 支持对 DNS 消息进行 eDNS 处理，将位置信息加入 DNS 消息的增强字段，发送到运营商的 DNS 并进一步发往第三方调度系统。第三方调度系统根据 eDNS 消息附带的位置信息判断用户位置，从而确定提供服务的边缘节点。

该方案对网络的要求如下。

① UPF 支持进行 FQDN 解析、URL 解析和 DNS 包检测。

② 边缘 UPF 增强支持 DNS 包增强处理功能，在 DNS 请求消息中插入特定信息。

③ DNS 支持 eDNS，能正常接收和转发 eDNS 消息。

④ 5G 核心网基于策略（如基于终端位置信息）实施边缘 ULCL 插入及 ULCL 分流策略部署。

⑤ 第三方调度系统预先配置协商好的插入信息和本地服务器间的调度关系。

方案流程如图 4-10 所示，具体说明如下。

前置条件：5G 终端已配置本地用户面的接入和策略参数，并已建立本地用户面。以边缘计算业务——CDN 业务为例，假定用户需要访问某种 CDN 业务。

① 5G 终端欲访问该 CDN 业务，发起对该 CDN 业务的 DNS 请求。

② 边缘 UPF 识别特定业务的 DNS 请求，进行 eDNS 包增强处理，消息增强字段附带位置信息（如边缘 UPF 的标识或对应的 DNAI（数据网接入标识））。

③ 边缘 UPF 进一步将处理后的 eDNS 请求消息转发给 DNS。

④ DNS 认为 eDNS 请求消息有效，并作为代理进一步将 eDNS 请求消息转发给第三方调度系统。

⑤ 第三方调度系统根据 eDNS 消息中的位置信息判断用户位置，实施调度，并确定本地服务器的 IP 地址。

⑥ 第三方调度系统将调度结果返回 5G 终端。

⑦ 5G 终端发起访问该 CDN 业务的业务请求。

⑧ 边缘 UPF 识别本地服务器的 IP 地址，实施分流。

⑨ 5G 终端访问本地服务。

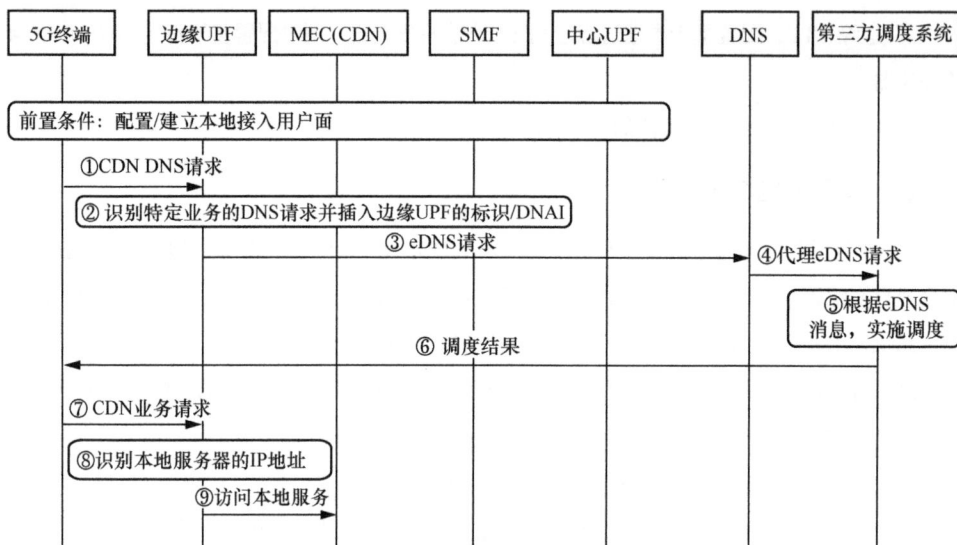

图 4-10　eDNS 包增强处理方案流程

该方案对 5G 终端无特殊要求，对于网络配置的要求如下。

① PCF：配置基于设定策略（如基于终端位置信息）的 ULCL 插入和 PSA 插入策略（如初始不从边缘 UPF 接入）。

② SMF：配置基于 DNN 及 TAI 位置来选择中心 UPF 作为锚点的策略（如初始不从边缘 UPF 接入）。

③ 边缘 UPF：配置基于本地边缘应用 IP 地址的分流器，同时配置基于特定 DNS 包检测的 eDNS 处理规则。

3．HTTP 头增强方案

HTTP 头增强方案适用于第三方调度系统采用 HTTP DNS 服务器调度的场景。边缘 UPF 解析 DNS 请求，识别特定的 FQDN/URL，插入边缘位置相关信息；HTTP DNS 服务器根据插入的边缘相关位置信息确定提供服务的边缘服务器。

该方案对网络的要求如下。

① UPF 支持 FQDN 解析、URL 解析功能。

② 边缘 UPF 支持 HTTP 头增强功能。

③ 5G 核心网基于策略（如基于终端位置信息）实施边缘 ULCL 插入及 ULCL 分流策略部署。

④ 第三方调度系统预先配置协商好的插入信息和本地服务器之间的调度关系。

方案流程如图 4-11 所示，具体说明如下。

前置条件：配置/建立本地接入用户面。

① 5G 终端发起 CDN DNS 请求。

② 运营商 DNS 返回第三方 HTTP DNS 地址。

③ 5G 终端发起 HTTP DNS 请求。

④ 边缘 UPF 识别特定的 CDN 请求，实施 HTTP 头增强，插入 UPF ID/MEC ID/TAI 或其他自定义位置信息（只需指定一种）。

⑤ 边缘 UPF 转发请求给第三方 HTTP DNS。

⑥ 第三方 HTTP DNS 根据增强头信息判断用户位置，实施调度，确定提供服务的本地服务器 IP 地址。

⑦ 第三方 HTTP DNS 将本地服务器的 IP 地址通过 DNS 响应返回给 5G 终端。

⑧ 5G 终端发起访问 CDN 业务请求。

⑨ 边缘 UPF 识别本地服务器的 IP 地址，实施分流。

⑩ 5G 终端访问本地服务。

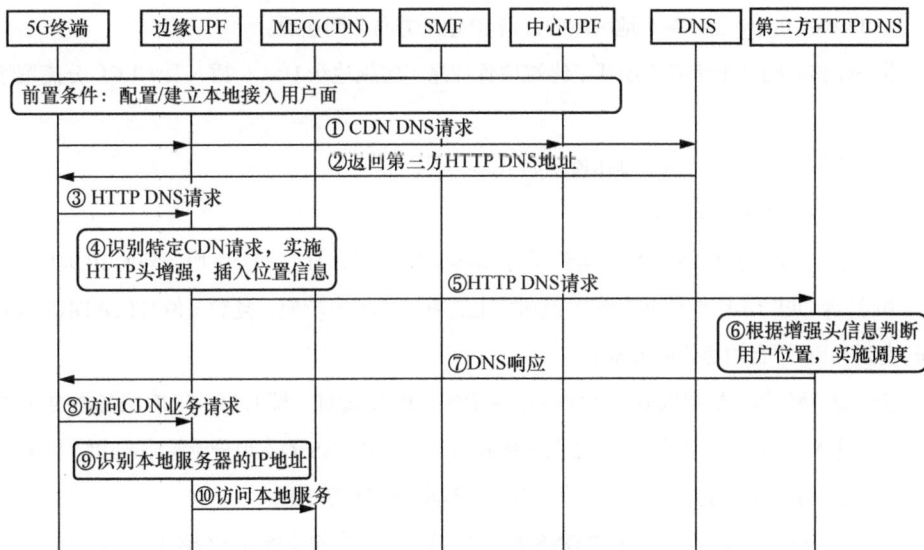

图 4-11　HTTP 头增强方案流程

该方案对 5G 终端无特殊要求，对于网络功能及配置的要求如下。

① PCF：配置基于设定策略（如基于终端位置信息）的 ULCL 和 PSA 插入策略（如初始不从边缘 UPF 接入）。

② SMF：配置基于 DNN 及 TAI 位置来选择中心 UPF 作为锚点的策略（如初始不从边缘 UPF 接入）。

③ 边缘 UPF：配置基于本地边缘应用 IP 地址的分流器，配置特定业务的 HTTP DNS 的 HTTP 头增强策略。

4．MEC 平台辅助方案

在 MEC 平台上定制协议解析器和 In-Path Proxy（连接代理）功能。协议解析器对 DNS 响应包的副本进行解析，提取 HTTP DNS 地址配置分流规则；In-Path Proxy 作为 HTTP DNS 服务器的访问代理，修改报文地址，其自身地址归属于 MEC 地址所在边缘网段地址，包含位置信息；In-Path Proxy 同时可作为 AF 适时删除协议解析器所配置的网络分流规则。HTTP DNS 服务器根据 In-Path Proxy 的 IP 地址确定提供服务的边缘服务器。

该方案对网络的要求如下。

① 边缘 UPF 支持包复制功能。

② 5G 核心网的网络能力开放支持复制包增强规则的下发。

③ 协议解析器和 In-Path Proxy 可以通过 AF 流量引导功能配置分流规则。

④ In-Path Proxy 需分配本地区域的公网 IP 地址并与公网连通。

⑤ 5G 核心网基于策略（如基于终端位置信息）实施边缘 ULCL 插入及 ULCL 分流策略部署。

方案流程如图 4-12 所示，具体说明如下。

①～③ 5G 终端发起 DNS 请求。

④～⑤ 遵循传统 DNS 流程，运营商的 DNS 返回第三方 HTTP DNS 服务器的 IP 地址。

⑥ 边缘 UPF（I-UPF 中间 UPF）识别特定的 HTTP DNS 响应，复制一份 HTTP DNS 响应并转发到 MEC 平台的协议解析器上。

⑦～⑩ 协议解析器提取 HTTP DNS 响应中的目标 IP 地址（即 HTTP DNS 服务器的 IP 地址），通过 AF 流量引导请求 5G 核心网实施针对该 HTTP DNS 的本地分流策略。边缘 UPF 收到 5G 核心网控制面下发的转发策略后，向 5G 终端返回 DNS 响应。

⑪～⑮ 5G 终端发起访问 HTTP DNS 服务器的请求，对应的业务流被分流到 MEC 的 In-Path Proxy 上，In-Path Proxy 在请求数据包包头加上 MEC 平台标识，并向 HTTP DNS 服务器转发携带 MEC 平台标识的访问请求。

⑯ HTTP DNS 服务器根据 MEC 平台标识将 DNS 请求解析为边缘的视频服务器地址。

⑰～㉑ 在 HTTP（S）交互过程中，In-Path Proxy 通过 AF 流量引导请求 5G 核心网去删除

协议解析器请求的针对本次 HTTP DNS 的分流策略。

㉒ 5G 终端发起边缘视频业务访问请求，边缘 UPF 识别本地服务器的 IP 地址，实施分流。

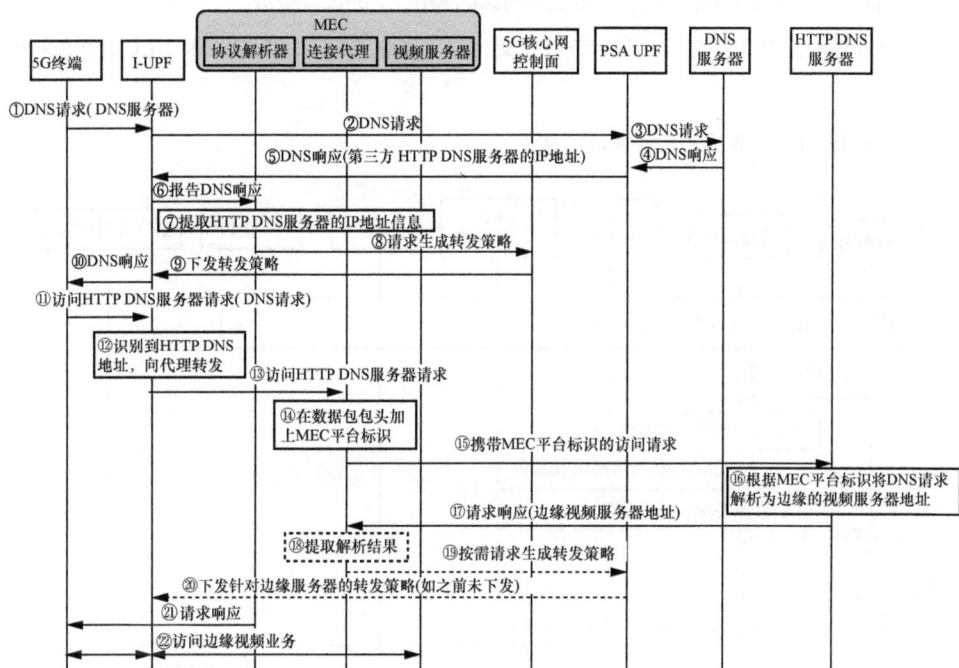

图 4-12 MEC 平台辅助方案流程

该方案对 5G 终端无特殊要求，对网络配置的要求如下。

① PCF：配置基于设定策略（如基于终端位置信息）的 ULCL 和 PSA 插入策略（如初始不从边缘 UPF 接入）；配置复制包增强策略。

② SMF：配置基于 DNN 及 TAI 位置来选择中心 UPF 作为锚点的策略（如初始不从边缘 UPF 接入）；配置复制包增强策略的相应规则和触发条件。

③ 边缘 UPF：本地配置或通过 N4 接口接收指示，以对特定的数据包进行复制，并将复制后的数据包发送到指定 IP 地址上（对应 MEC 上的协议解析器的 IP 地址）。

④ In-Path Proxy：配置 MEC 所在边缘网段地址。

5. 客户端查询位置方案

客户端（本方案中为 5G 终端）查询位置方案既适用于 DNS 重定向调度，也适用于 HTTP DNS 服务器调度。客户端在发起到第三方调度系统的调度请求前，首先访问边缘位置服务，获取相应的位置信息，并在下一步发往第三方调度系统的调度请求中附带位置信息；第三方调度系统获得位置信息后，结合自身的调度策略确定提供服务的边缘节点。

该方案对应用客户端及网络的要求如下。

① 客户端以设定的私网 IP 地址通过专网访问 MEC 上的位置服务。

② 5G 核心网基于策略（如基于终端位置信息）实施边缘 ULCL 插入及 ULCL 分流策略部署。

方案流程如图 4-13 所示，具体说明如下。

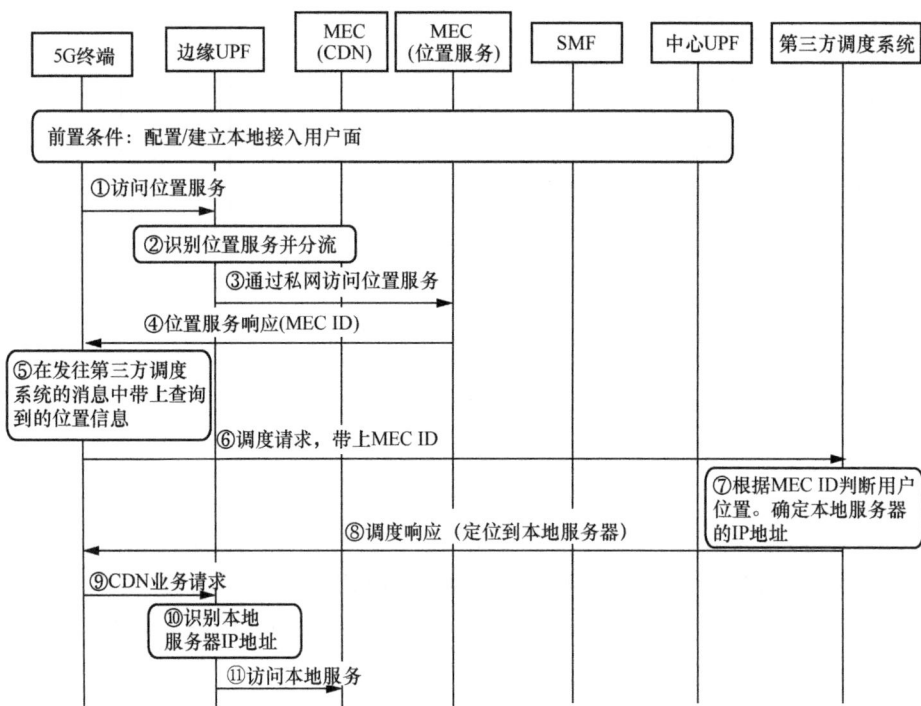

图 4-13　客户端查询位置方案流程

前置条件：配置/建立本地接入用户面。

① 5G 终端发送业务请求之前首先访问位置服务。

② 边缘 UPF 识别位置服务制定的私网 IP 地址，实施本地分流。

③ 访问请求通过私网访问 MEC 上的位置服务。

④ 位置服务响应返回本地的 MEC ID。

⑤～⑥ 5G 终端发起 DNS 调度请求，在发往第三方调度系统的消息中带上查询到的位置信息。

⑦ 第三方调度系统根据消息中附带的位置信息判断用户位置，实施调度，确定本地服务

器的 IP 地址。

⑧ 第三方调度系统将调度结果返回给 5G 终端。

⑨ 5G 终端发起访问业务请求。

⑩ 边缘 UPF 识别本地服务器的 IP 地址，实施分流。

⑪ 5G 终端访问本地服务。

该方案对网络及配置的要求如下。

① PCF：配置基于设定策略（如基于终端位置信息）的 ULCL 和 PSA 插入策略（如初始不从边缘 UPF 接入）。

② SMF：配置基于 DNN 及 TAI 位置来选择中心 UPF 作为锚点的策略（如初始不从边缘 UPF 接入）。

③ 边缘 UPF：配置基于位置服务和本地边缘应用 IP 地址的分流策略。

6．客户端二次调度请求方案

该方案适用于基于 DNS 重定向调度的场景。边缘 UPF 识别特定的调度响应并以 URL 的形式在域名字段后面加上位置信息，客户端（本方案中为 5G 终端）匹配响应消息与请求消息时发现响应消息与请求消息中的域名不一致，于是再次通过加了 URL 的域名字段信息发起调度请求，第三方调度系统提取出 URL 中的位置信息，结合自身的调度策略确定提供服务的边缘节点。

该方案对应用客户端及网络的要求如下。

① 客户端支持对不匹配的响应消息通过修改后的域名字段发起二次调度请求。

② 服务器端支持从二次调度请求中提取位置信息。

③ 边缘 UPF 已配置对应的位置信息（如 DNAI、UPF 标识等）。

④ 5G 核心网基于策略（如基于终端位置信息）实施边缘 ULCL 插入及 ULCL 分流策略部署。

方案流程如图 4-14 所示，具体说明如下。

前置条件：配置/建立本地接入用户面。

① 5G 终端请求业务调度（传统 CDN DNS）。

② 第三方调度系统无位置信息，返回响应消息携带默认的任何一个服务器 IP 地址。

③ 边缘 UPF 识别特定的 DNS 响应消息，在域名字段后以 URL 的形式加入位置信息。

④ 将修改后的 DNS 响应消息返回给 5G 终端。

⑤ 5G 终端匹配响应消息与请求消息时，发现响应消息与请求消息的域名字段不一致，判

断本次结果无效。

⑥ 5G 终端以响应消息中的域名字段信息（带上附加的 URL）重新发起调度请求。

⑦ 第三方调度系统收到二次调度请求，提取出 URL 中的位置信息并实施调度。

⑧ 第三方调度系统将调度结果返回给 5G 终端；边缘 UPF 识别到响应消息的域名为二次调度请求的域名，不再作插入处理。

⑨ 5G 终端发起访问 CDN 业务请求。

⑩ 边缘 UPF 识别本地服务器的 IP 地址，实施分流。

⑪ 5G 终端访问本地服务。

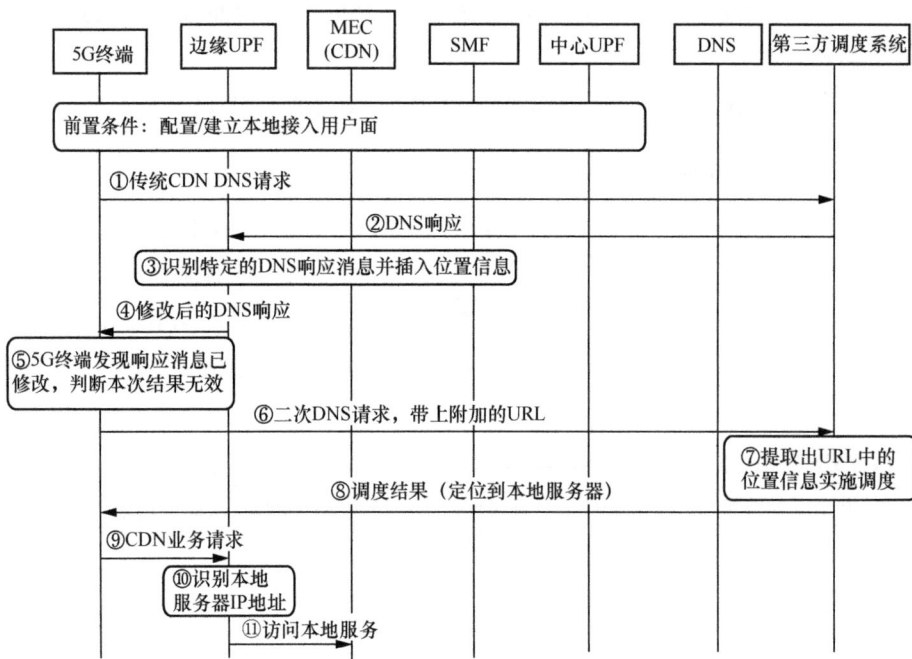

图 4-14　客户端二次调度方案流程

该方案对网络配置的要求如下。

① PCF：配置基于设定策略（如基于终端位置信息）的 ULCL 和 PSA 插入策略（如初始不从边缘 UPF 接入）。

② SMF：配置基于 DNN 及 TAI 位置来选择中心 UPF 作为锚点的策略（如初始不从边缘 UPF 接入）。

③ 边缘 UPF：配置基于本地边缘应用 IP 地址的分流策略；配置特定业务的 DNS 响应消息的识别规则和处理策略（插入附带位置信息的 URL）。

7．能力开放端到端方案

在该方案中，中心 UPF 识别到特定的调度请求，将位置信息和会话的网络分配的 5G 终端 IP 地址通过包增强的方案插入调度请求（若为 DNS 重定向调度，则采用 eDNS 包增强方案；若为 HTTP DNS 调度，则采用 HTTP 头增强方案）。调度系统根据包增强信息，获取终端位置并确定提供服务的节点，并进一步调用流量引导功能对该会话（根据 5G 终端 IP 绑定）实施用户面定制，插入边缘 PSA 和 ULCL 并部署分流策略。

该方案对 5G 核心网、DNS、调度系统的要求类似于 DNS 重定向调度方案或 HTTP DNS 调度方案，但在用户面策略上采用了网络能力开放的动态策略方式。UPF 实施包增强插入的信息除了位置信息，还需包括网络为 5G 终端分配的私网 IP 地址，以定位特定的会话。

方案流程如图 4-15 所示，具体说明如下。

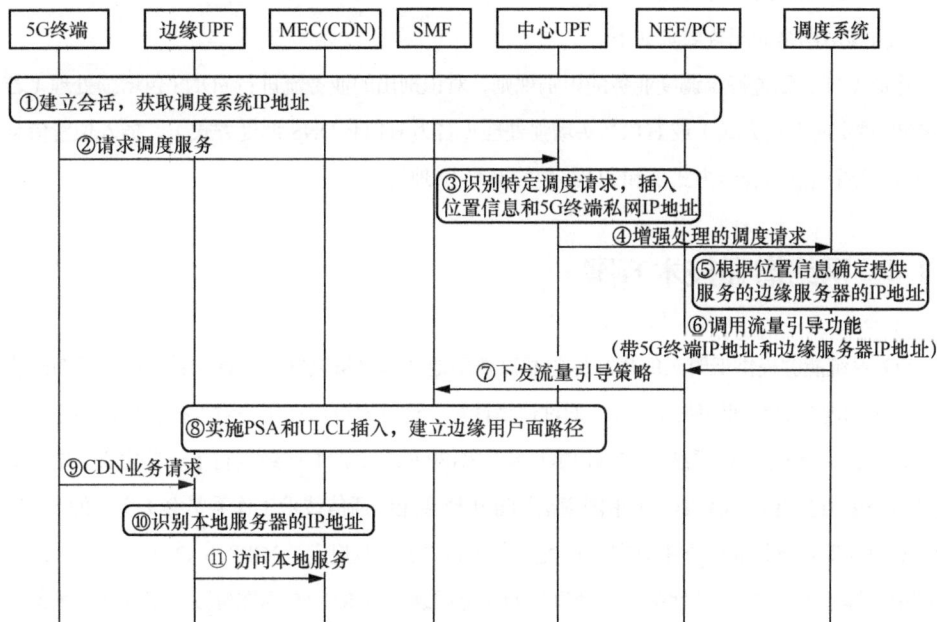

图 4-15 能力开放端到端方案流程

① 5G 终端已建立会话，初始会话锚定至中心 UPF。有业务请求时，5G 终端首先获取调度系统的 IP 地址（如通过 DNS 请求）。

② 5G 终端向调度系统发起调度请求，请求为其服务的服务器 IP 地址；

③ 中心 UPF 识别特定的调度消息（特定的 DNS 请求或 HTTP DNS 请求），将位置信息和会话的 5G 终端私网 IP 地址通过包增强的方式插入调度请求包（若为 DNS 重定向调度，则

采用 eDNS 包增强方案；若为 HTTP DNS 调度，则采用 HTTP 头增强方案）。

④ 将处理后的调度请求发往调度系统。

⑤ 调度系统提取位置信息和 5G 终端 IP 地址，根据位置信息确定提供服务的边缘服务器的 IP 地址。

⑥ 调度系统发起流量引导功能调用，其中，包含 5G 终端 IP 地址（用于绑定会话）和边缘服务器 IP 地址（作为分流识别参数）。

⑦ NEF/PCF 下发流量引导策略给 SMF。

⑧ SMF 执行流量引导策略，插入边缘 PSA 和 ULCL。

⑨ 5G 终端发起访问 CDN 业务请求。

⑩ 边缘 UPF 识别本地服务器的 IP 地址，实施分流。

⑪ 5G 终端访问本地服务。

该方案对网络的配置要求如下。

中心 UPF：配置特定调度业务的识别规则，对识别出的业务流进行 eDNS 包增强处理（若为 DNS 重定向调度方式）或 HTTP 头增强处理（若为 HTTP DNS 调度方式），插入位置信息（可指定位置信息的表示方式）和 5G 终端的网络 IP 地址。

4.1.4　网络增强技术方案

5G 系统能够提供低时延的用户体验和高效率地处理海量数据，这意味着支持以分布式将许多应用和内容部署到网络边缘处。通过边缘计算，运营商可以在用户附近托管自己的第三方应用和内容。为了在 5G 系统中支持边缘计算，3GPP Rel-15 标准已经进行了一些定义。中国电信等多个公司在由 CCSA TC5（中国通信标准化协会无线通信技术工作委员会）主导的 5G 边缘计算研究课题及行业标准中研究了相关方案并制定了一些规定。3GPP SA2 工作组在 Rel-17 标准中也提出了"5G 支持增强边缘计算"的研究课题，对 Rel-15 标准阶段遗留的几个关键问题进行了研究，并基于研究结果在 Rel-17 标准中对 3GPP 标准进行增强[4]。下文对 3GPP Rel-17 标准中的几个增强问题进行简要介绍。

1．EAS 发现和重新发现

在边缘计算部署过程中，一个应用程序服务可能由部署在不同站点上的多个边缘应用服务器提供。当 UE 启动相关应用或 UE 移动之后，找到合适的 EAS（边缘应用服务器）非常重要，这样业务时延、用户路径及用户服务体验都可以得到优化。3GPP Rel-17 标准针对该问题引入了 EASDF（边缘应用服务器发现功能）和 EDC（边缘 DNS 客户端）来解决 3 种连接模型（即分布式锚点（Distributed Anchor Point）模型、会话分流（Session Breakout）模型及多个 PDU 会话（Multiple PDU Session）模型）下的 EAS 发现和重新发现问题，EASDF 可作为 DNS 代理，根据 SMF 的指令处理 DNS 消息。在 EASDF 与 PSA UPF 间有直接的用户面连接（即没有任何 NAT（网络地址转换）），用于与 UE 传输交换 DNS 消息。EDC 是 UE 中的一个 3GPP 功能，确保将应用程序的 DNS 请求发送到从 SMF 接收到的策略配置消息指定的 DNS 服务器（如 EASDF/DNS 解析器）上。

2．边缘迁移/重定位

迁移/重定位涉及支持 EAS 改变和/或 PSA UPF 重定位，可以由 AF 请求触发（如在 EAS 的负载超过设置门限时可以以 AF 的角色发出重定位请求）或者由网络触发（如由 UE 移动触发）。3GPP Rel-17 标准针对涉及 AF 更改的边缘重定位、使用 EAS IP 地址替换的边缘重定位、AF 请求通过源和目标 PSA 同时连接的边缘重定位、低丢包率下的数据包缓存重定位、考虑用户面时延要求的边缘重定位及 AF 触发的边缘重定位等几种场景分别进行了描述及流程说明。

3．向边缘服务器的能力开放

一些实时网络信息，如用户路径时延，对应用层有非常大的价值，这些信息的高效开放，将极大限度地提升边缘服务器的服务能力，满足更多业务的需求。本地 AF 也可以直接通过 PCF 订阅针对某个 UE、某个会话的监控服务。在这种情况下，由 UPF 直接向当地 AF 报告或通过本地 NEF 向当地 AF 报告，从而实现快速响应。

4．AF 如何影响 PCF 的 URSP 规则

PCF 可以使用从不同 AF 接收到的 AF 指示、UE 签约数据和本地运营商策略等来确定要发送给 UE 的 URSP（终端路由选择策略）规则，从而引导用户执行流量路由选择。如果接收到的指示信息与 UE 签约数据不一致，或者本地运营商政策不允许使用 AF 指示提供的特定切片信息和数据网，则相应的 AF 指示不被应用于确定 URSP 规则，因此基于 AF 指示的 URSP 规则不应该被设置为可以"匹配所有流量描述符的 URSP 规则"。

基于上述 3GPP Rel-17 标准研究和标准化的内容，3GPP Rel-18 标准进一步对漫游场景下的边缘接入、快速高效的网络开放的增强，以及 GSMA OPG（运营商平台组）提出的边缘共享场景下的终端接入和网络解决方案等问题进行了进一步的研究。

4.2 面向固移融合的边缘计算系统

4.2.1 系统架构

为了更好地支持 5G 业务应用的本地化部署、缓存加速、网络边缘信息的感知与开放及边缘计算/存储能力，满足 5G 业务在大带宽、低时延、大并发等方面的需求，同时发挥 5G 业务在网络、接入、边缘云等方面的优势，固移融合的 5G MEC 系统架构如图 4-16 所示。

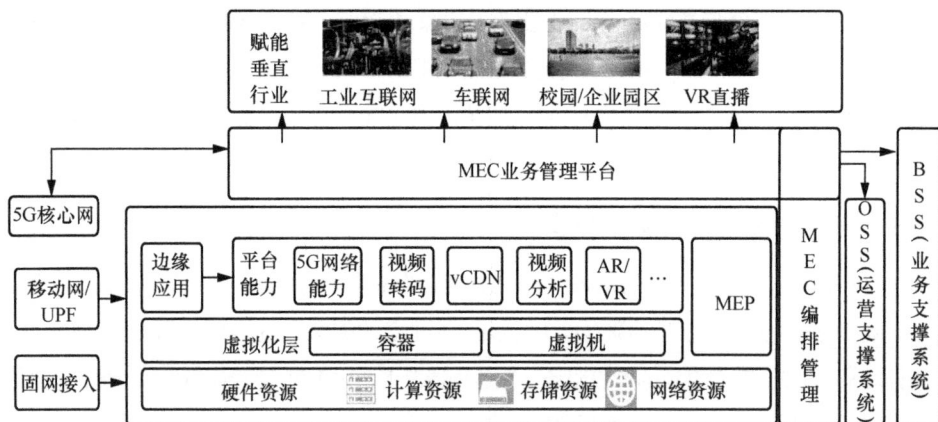

图 4-16　固移融合的 5G MEC 系统架构

固移融合的 5G MEC 系统架构可以同时兼容 ETSI MEC 架构及 3GPP 5G 网络架构，是一个端、边、网、云结合的端到端系统。MEC 业务管理平台基于运营管理需求，考虑了云边协同、运营管理、运维管理、云网协同、安全管理、能力开放等多方面的管理需求，同时与现有的管理体系和云资源管控体系协同；在边缘节点上，基于 MEP（移动边缘平台）的开放环境，构建了业务能力级和网络能力级两大能力级；MEP 通过 Mp1 接口实现 MEC 网络能力/业务能力服务对 MEC 应用的开放，实现网络与业务的深度融合。MEC 系统相对于 5G 核心网是"AF（应用功能）+DN（数据网络）"的角色——作为 AF 时，MEC 系统可与 5G 核心网控制面（PCF/NEF 等网元）对接，调用 5G 网络提供的能力；作为 DN 时，边缘计算主机通过 N6 接口对接边缘 UPF，网络侧的本地分流功能由边缘 UPF 实现。

　　边缘 UPF 和 MEC 系统是独立的逻辑实体，原则上边缘 UPF 与 MEC 系统应采用松耦合的方式进行相对独立的部署；实际部署时，边缘 UPF 和 MEC 系统尽可能部署在相同的 DC 机房中，也可按需部署在不同的边缘 DC 中。

4.2.2　云边协同的计算系统部署方案

　　MEC 系统总体包括集团级 MEC 业务管理平台、省级汇聚层和边缘 MEC 平台，其中集团级 MEC 业务管理平台/省级汇聚层支撑 MEC 系统的正常运营和运维，与 IT 支撑系统、OSS、云管系统、5G 网络对接实现计费结算、服务开通、运维管理、边缘资源管理、网络能力调用等功能。MEC 系统除了和 5G 核心网有直接的互联互通关系，还需要与周边支撑系统实现互通，包括 IT 支撑系统、OSS 和边缘云资源池的云管系统；MEC 系统与这几类系统之间的互通点均在集团级 MEC 业务管理平台和省级汇聚层上。IT 支撑系统、OSS 和云管系统均存在集团级和省级等层面，层次架构上与集团级 MEC 业务管理平台/省级汇聚层保持一致，互通点设置在同一层面上，即集团级 MEC 业务管理平台与集团级 IT 支撑系统、集团级 OSS、集团级云管系统实现互通，省级汇聚层与省级 IT 支撑系统、省级 OSS、省级云管系统实现互通。

　　5G MEC 系统部署架构如图 4-17 所示。

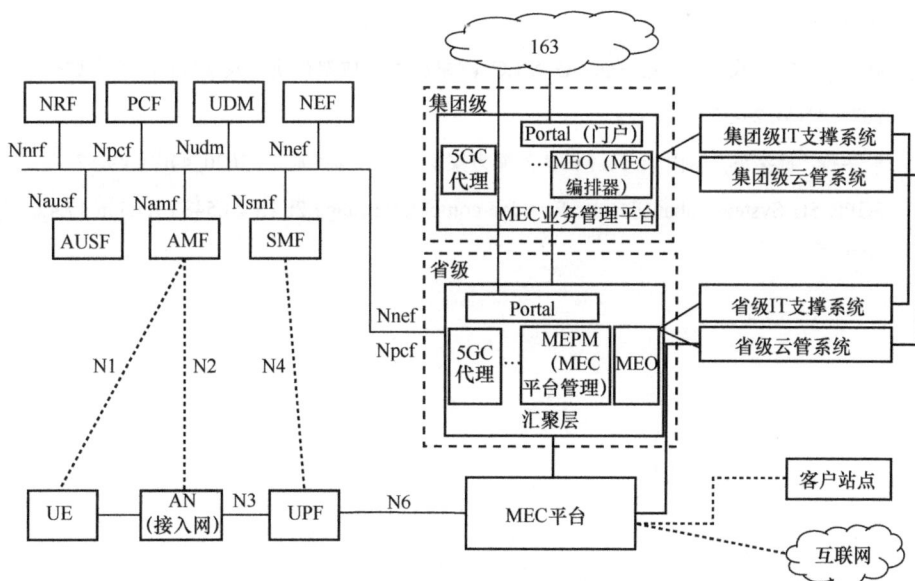

图 4-17　5G MEC 系统部署架构

　　MEC 平台基于边缘云资源池提供边缘应用/业务能力的部署环境和边缘能力/网络能力的开放环境，按需部署。基于园区类场景下 MEC 业务对网络性能的要求，MEC 平台尽可能部署在靠近客户的位置上，实际部署时根据客户的服务区域，可以部署在不同层面的电信机房或客户侧。

　　MEC 系统与 5G 核心网应属于不同的域，实际部署时可根据实际条件部署在同一个机房或不同机房内。集团级 MEC 业务管理平台/省级汇聚层作为自营平台对于 5G 核心网控制面而言，是可信任角色，能力调用交互时可经过 NEF，或直接对接 PCF。集团级 MEC 业务管理平台/省级汇聚层宜部署在内部资源池中。

　　移动网络用户通过用户面访问在 MEC 节点上部署的应用时，需经过 NAT/防火墙。对于多客户或多应用共用的 MEC 节点，应部署在运营商 MEC 云资源池中。客户专用的 MEC 平台可部署在客户机房内，并接入运营商的边缘 UPF。

　　若具备条件，集团级 MEC 业务管理平台/省级汇聚层通过相对隔离的网络与周边支撑系统实现对接，满足 MEC 系统的运营要求。

参考文献

[1]　中华人民共和国工业和信息化部. 5G 核心网边缘计算总体技术要求: YD/T 3962-2021[S]. 2021.

[2]　林奕琳, 单雨威, 刘龙龙, 等. 5G MEC 网络能力开放架构研究及实践[J]. 广东通信技术, 2021, 41(5): 29-37.

[3]　何宇锋, 林奕琳, 单雨威. 5G MEC 分流方案探讨[J]. 移动通信, 2020, 44(9): 49-57.

[4]　3GPP. 5G System enhancements for edge computing; Stage 2: TS 23.548 (Version 17.4.0)[S]. 2022.

第 **5** 章

基于客户定制化需求的网络切片

网络切片是 5G 网络的基础特性和关键技术，不同的网络切片支持不同的网络功能和特性，使得为不同行业提供个性化、差异化的服务成为可能。

本章从网络切片的需求出发，介绍了 5G 网络切片的应用场景，然后从网络切片的业务域和管理域两个层面介绍了端到端网络切片的实现机制，包括核心网切片子网、无线接入网切片子网和承载网切片子网的相关实现技术，以及与此相对应的网络切片管理架构如何对切片进行管理。最后介绍了基于客户定制如何生成和部署网络切片，以及网络切片安全的相关内容。

5.1 网络切片的行业需求和应用场景

5.1.1 网络切片的行业需求

网络切片是 5G 网络的关键技术，也是实现 5G 定制网的重要基础，不同的网络切片支持不同的网络功能和特性，从而为不同的行业提供个性化、差异化的服务。

网络切片将物理网络划分为多个虚拟网络，根据时延、带宽、安全性和可靠性等不同的服务需求进行划分，以灵活应对不同的网络应用场景。业界普遍认为，网络切片是实现 5G 多场景、多样化应用的核心技术之一。

5G 技术应用广泛，单一的网络很难满足各种需求。不同行业业务对 5G 网络的上行/下行吞吐率、时延、移动性、覆盖率、可靠性、速率、连接密度、连接成本等特性的需求差异较大，这些需求可以归结为以下 3 类，即网络性能需求、安全可靠性需求、网络自运维需求[1]。

① 网络性能需求：网络的上行/下行吞吐率、时延、移动性、覆盖率。

② 安全可靠性需求：可用性、可快速恢复能力、安全性、可隔离性。

③ 网络自运维需求：用户 ID 管理、鉴权认证、位置、话单生成、计费、会话、业务感知。

综上所述，网络切片作为 5G 网络关键技术，能灵活调度及合理分配 5G 网络资源，满足不同行业客户的差异化需求，如图 5-1 所示。

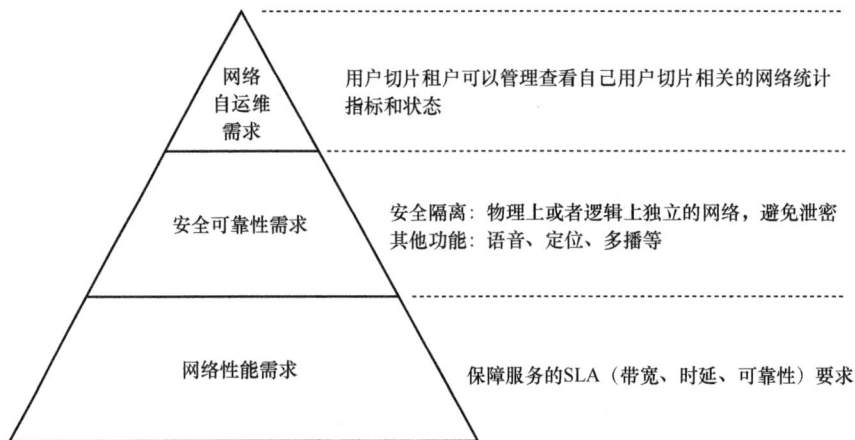

图 5-1　不同行业客户 5G 网络切片分层次需求

按具体行业场景进行划分，主要从速率、端到端时延、移动性 3 个维度区分业务 SLA 要求，如图 5-2 所示。

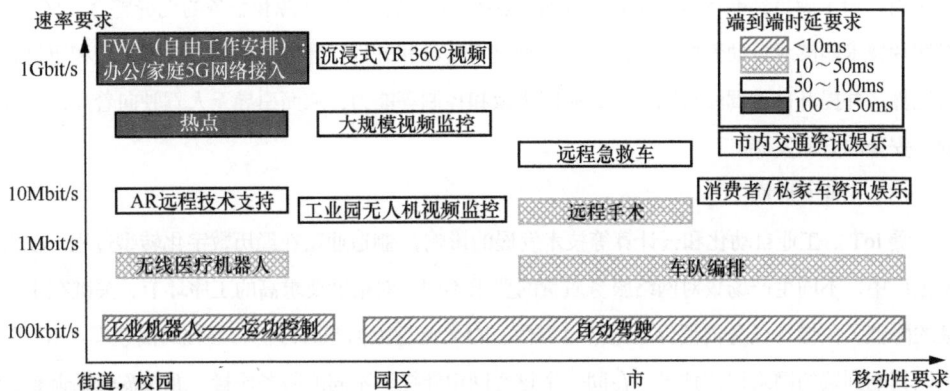

图 5-2　行业场景业务 SLA 要求

5.1.2　网络切片的应用场景

网络切片赋能垂直行业，提供定制化网络，让很多曾经不可能实现的应用变成可能。对于网络切片技术，中国电信早在几年前就进行了探索，目前已经针对重点行业进行了应用推进，这些行业包括能源（电力）、自动驾驶、工业互联网、医疗等。其中，电力行业行动较快，已经进行了不同阶段的网络切片技术应用验证；自动驾驶、工业互联网、医疗等行业也在分阶段进行网络切片技术的应用。

（1）电力

智能电网的业务需求广泛，包含 EMBB、URLLC 和 MMTC 三大场景需求，同时对网络安全性、可靠性要求较高，采用不同的网络切片服务，可以根据不同业务特点更有针对性地解决智能电网的数据采集、数据传递等通信传输问题。5G 网络切片技术可实现超大带宽、端到端低时延、海量连接、广域覆盖和非视距传输，充分满足智能电网对通信网络的需求[2]。虽然智能电网的应用还处在验证阶段，但是电力行业对 5G 网络高度关注，未来将有更多面向电力通信的 5G 网络切片应用研究[3-4]。

（2）自动驾驶

业界对车辆通信的研究远早于对 5G 的相关研究。利用车辆内传感器（如照相机（图像传感器）、雷达和激光雷达）可以实现自动驾驶，但是 5G 提供的超低时延、高可靠性传输可以将自动驾驶带入更高的等级，如从辅助驾驶到协作自动驾驶。车辆通信依赖于一张广泛覆盖的移动通信网络，包括对远郊和乡野的覆盖。因此，对自动驾驶行业的生态发展来说，运营商扮演着至关重要的角色。出于安全考虑，自动驾驶公司可能会发展其私有的云环境来加载自动驾驶应用。为了满足性能需求，垂直行业客户必须与运营商实现资源和服务的无缝整合。5G 网络切片技术能够对自动驾驶产生的庞大数据进行传输和处理，提供更精准的地图定位和更复杂的运算，并提升自动驾驶协同感知、协同决策和控制等能力，从而引导无人驾驶向着高速、稳健、安全的方向发展。

（3）工业互联网

受 IoT、工业自动化和云计算等技术发展的影响，制造业正在经历数字化转型过程。在大型工厂中，不同生产场景对网络服务质量的要求不同。对精度要求高的工序环节，关键在于时延的降低，关键性任务需要保证网络可靠性、对大流量数据即时分析和处理的高速率。5G 网络以其端到端的网络切片技术，在同一个核心网中能提供不同的服务质量，并按需灵活调整，如将某关键设备状态信息的上报设为最高的业务等级。

对于涉及企业核心机密的工业生产流程，利用 5G 网络切片技术能为企业提供一个独立的网络通道，保障企业的安全生产。此外，对于需要优先保障的工业生产环节，利用 5G 网络切片技术能提供优先级控制策略，从而提供具备高可靠性的网络服务。

（4）医疗

5G 医疗专网的网络切片可促进跨地域、跨机构的就诊信息共享，利用信息化手段促进医疗资源纵向流动，促进二级、三级医院为基层医疗卫生机构提供远程会诊、远程病理诊断、远程影像诊断、远程心电图诊断、远程手术、远程培训等服务，有利于提高基层医疗水平和实现医疗精准扶贫，以助力优质医疗资源下沉，提高和医疗服务的整体效率。

5.2　5G 网络切片整体架构和实现方式

5.2.1　概述

5G 网络切片的实现分为两个层面，一个层面是网络层面，能够为行业客户提供从无线网、承载网到核心网的端到端网络服务，即网络切片的业务域；另外一个层面是网络管理层面，通过网络切片管理系统，可以在一定程度上实现网络切片的自动化管理，即网络切片的管理域[5]，网络切片总体视图如图 5-3 所示。

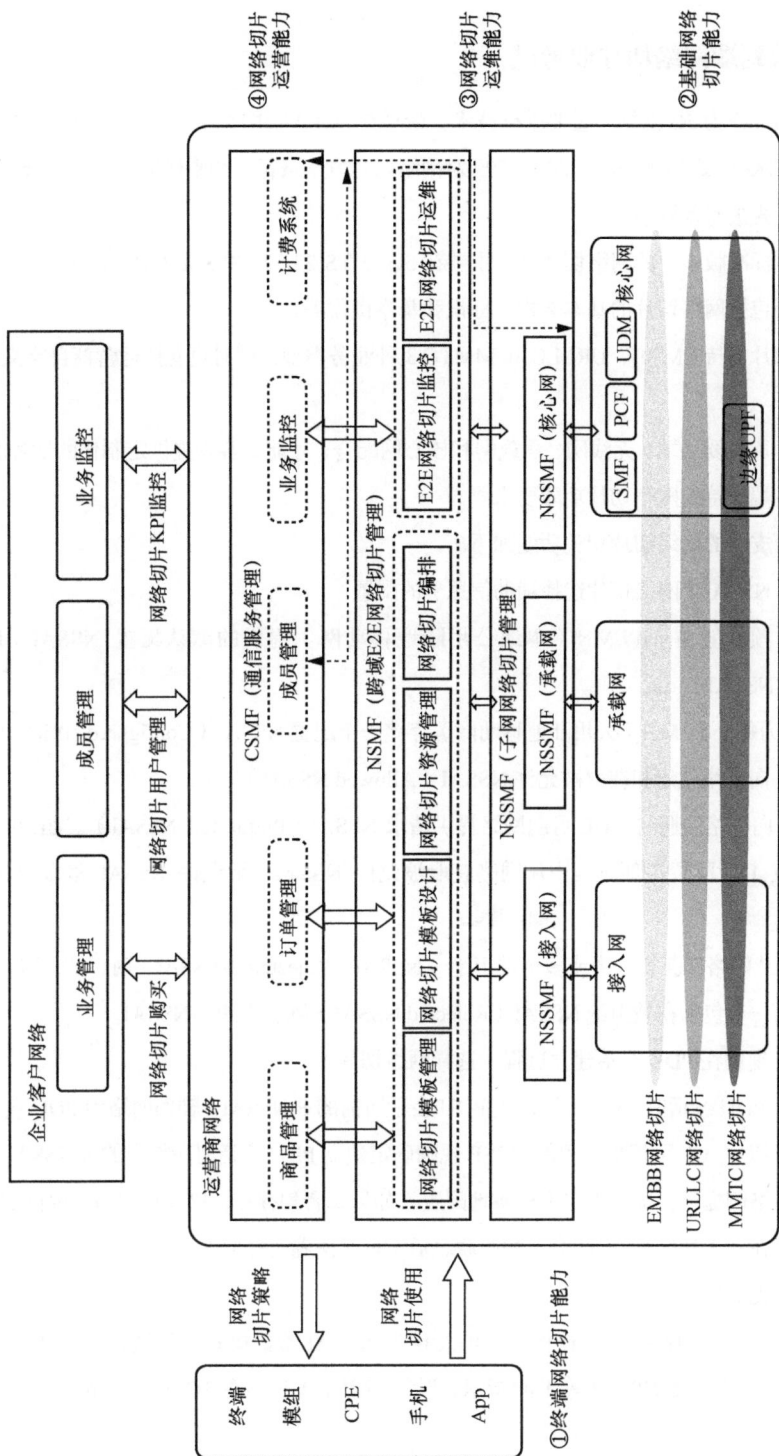

图 5-3 网络切片总体视图

1．端到端网络切片业务域

网络切片作为 5G 网络的重要基础技术，最早在 3GPP Rel-14 标准中由 3GPP TR 22.864 提出了具体需求[5]。之后由 3GPP TR 23.799 对网络切片方案进行了初步研究[6]，并在 Rel-15 标准制定阶段正式被写入标准[7]。

Rel-15 标准版本中的网络切片标准主要在 3GPP TS 23.501 和 3GPP TS 23.502 两个规范中定义，主要包括网络切片的基本架构、标识和基本操作等。

网络切片支持 EMBB、URLLC 和 MMTC 3 种业务类型，同时也支持运营商自定义的网络切片类型[8]。

网络切片需要终端、无线网、承载网和核心网配合，才能为客户提供定制化的切片服务[9]。

（1）终端支持的网络切片功能要求

终端可支持的网络切片相关功能如下。

① UE NSSAI（网络切片选择辅助信息）的配置

UE 可预配置由 HPLMN（本地公用陆地移动网）提供的默认配置 NSSAI（Default Configured NSSAI）。

UE 可为每个 PLMN（公用陆地移动网）存储一个配置 NSSAI（Configured NSSAI）。

② UE 向网络注册和获取被允许 NSSAI（Allowed NSSAI）

当 UE 向网络注册时，UE 可向网络提供请求 NSSAI（Requested NSSAI）。UE 可在网络注册过程或 UE 配置更新过程中从网络获取被允许 NSSAI，被允许 NSSAI 最多包含 8 个 S-NSSAI。

当 UE 从网络侧获得一个或多个被拒绝 S-NSSAI（Rejected S-NSSAI）时，UE 不应重新尝试注册任何一个包括在被拒绝 NSSAI（Rejected NSSAI）列表中的 S-NSSAI。

③ UE 辅助在 PDU 会话建立过程中选择网络切片

在建立 PDU 会话时，UE 可携带该 PDU 会话所需的 S-NSSAI，辅助网络为 PDU 会话选择适当的网络切片。UE 可根据配置的 URSP 规则确定建立 PDU 会话时所携带的 S-NSSAI。URSP 规则可由网络侧提供，也可以在 UE 本地配置，如果二者均存在，则使用网络侧提供的 URSP 规则。如果在应用程序与 PDU 会话相关联之后 UE 无法确定任何 S-NSSAI，则 UE 不在 PDU 会话建立过程中指示任何 S-NSSAI。

除非 UE 接收到在接入层连接建立消息携带 NSSAI 参数模式（如被允许 NSSAI、被拒绝 NSSAI、默认配置 NSSAI 等）的指示，默认情况下 UE 不在 3GPP 接入的接入层中提供 NSSAI。

④ 单个 UE 支持多个网络切片

UE 可同时支持当前接入类型和注册区域被允许的多个网络切片。

（2）无线网支持的网络切片功能要求

无线网支持的网络切片功能如下。

① 核心网网元选择

无线网基于 UE 提供请求的 NSSAI 或 5G GUTI（5G 全球唯一临时标识）选择 AMF。

② 网络切片子网内的数据流感知

无线网感知到不同的 PDU 会话对应的 S-NSSAI。

③ 网络切片子网内的会话资源管理

在无线网切片子网可用的资源范围内，支持按照 DRB（数据无线承载）的粒度差异化处理来进行无线资源调配。

④ 网络切片间的资源共享与隔离

一个无线网逻辑节点（gNodeB）支持被多个网络切片引用。

在网络切片资源隔离模式下，无线网按需进行资源保障。

⑤ 单个 UE 同时关联多个网络切片

单个 UE 同时接入多个 S-NSSAI，无线空口只维持一个控制面连接，允许多个用户面连接。

⑥ 网络切片局域化部署的可用性管理

无线网切片子网在网络中进行局域化部署，gNodeB 支持配置不同的 S-NSSAI 信息，并在邻近节点中感知彼此的配置。

⑦ 承载对接功能

无线网与承载网对接，无线网切片子网与承载网切片子网根据切片对接标识进行映射。

（3）承载网支持的网络切片功能要求

承载网支持的网络切片功能如下。

① 为特定的用户或者业务提供专用的网络切片资源，为不同的业务提供差异化的连接和质量保证。

② 基于不同物理网络资源或者逻辑网络资源提供硬隔离切片或者软隔离切片支持。

③ 在端到端网络中，承载网用于连接无线网和核心网，支持按照切片对接标识进行对接。

（4）核心网支持的网络切片功能要求

核心网支持的网络切片功能如下。

① 支持标准的 EMBB/URLLC/MIoT（移动物联网）/V2X 切片类型，支持运营商自定义网络切片类型，支持根据 SD（切片区分参数）字段区分相同网络切片类型的不同网络切片。

② 支持网络切片的配置及配置更新，如配置 NSSAI、被允许 NSSAI、被拒绝 S-NSSAI、URSP 规则等。

③ 支持网络切片注册流程、PDU 会话建立流程。

④ 支持修改 UE 所允许接入的网络切片。

⑤ 支持网络切片漫游。

⑥ 支持 5G 核心网切片与 EPC 互通。

⑦ 支持 PLMN 内网络切片的可用性配置。

核心网与承载网对接，核心网切片子网与承载网切片子网根据切片对接标识进行映射。

2．端到端网络切片管理域

3GPP 定义的端到端网络切片管理系统架构如图 5-4 所示。

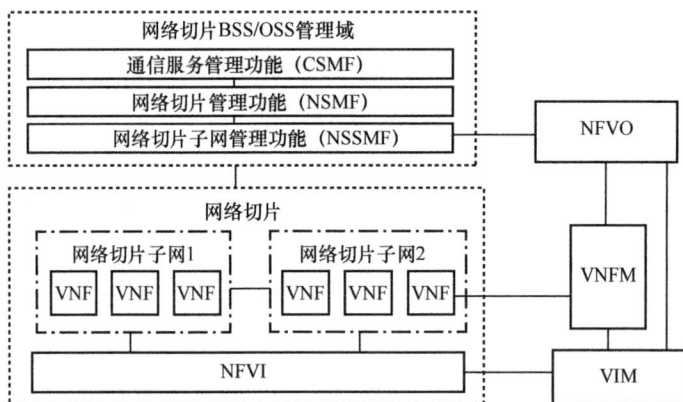

图 5-4　3GPP 定义的端到端网络切片管理系统架构

3GPP 定义的端到端网络切片管理功能包括 CSMF、NSMF、NSSMF。其中 CSMF 实现业务需求到网络切片需求的映射；NSMF 实现网络切片的编排管理，并将整个网络切片的 SLA 分解为网络切片子网的 SLA；NSSMF 将 SLA 映射为网络服务实例和配置要求，并将指令下达给 MANO，通过 MANO 进行网络编排。

CSMF 作为网络切片等通信服务的管理功能，提供面向客户侧的功能与服务及面向资源侧的功能与服务。面向客户侧的功能与服务，即网络切片商品设计、网络切片商品目录制定、网络切片 SLA 输入及翻译，以及网络切片能力开放等；面向资源侧的功能与服务，即网络切片商品资源调查管理、网络切片服务全生命周期管理及网络切片性能保障等。

NSMF 主要负责网络切片的管理，包括网络切片的全生命周期管理、性能管理、故障监控等，具体包括网络切片创建、网络切片更新、网络切片终止、网络切片查询、网络切片性能管理、网络切片故障监控，以及网络切片相关标识与资源管理等。

3 个子网的 NSSMF 包括无线网切片子网管理功能、承载网切片子网管理功能和核心网切片子网管理功能 3 部分，以无线网切片子网的全生命周期管理、性能管理、故障监控等为例，主要功能包括无线网切片子网创建、无线网切片子网更新、无线网切片子网终止、无线网切片子网性能管理和无线网切片子网故障监控。

5.2.2　核心网切片技术

核心网切片子网定义在一个 PLMN 内部，包括核心网控制面网络功能和用户面网络功能。不同网络切片支持的网络特性和网络功能优化可能不同。无论 UE 当前注册使用的接入技术是什么，单个 UE 均可以同时连接一个或多个 NSI（网络切片实例）。在 PLMN 内部，PDU 会话仅属于一个特定 NSI。不同 NSI 不共享 PDU 会话，尽管不同的网络切片可以使用相同的 DNN 来建立该网络切片特定的 PDU 会话。

在逻辑上，服务于 UE 的 AMF 实例属于为 UE 服务的每个 NSI，即该 AMF 实例对于服务于 UE 的网络切片实例是公共的。UE 的 NSI 集合的选择流程，通常在注册过程中由为 UE 提供初始服务的 AMF 触发，该 AMF 通过与 NSSF 交互可能会导致 AMF 改变的方法，从而重新选择可以为 UE 的 NSI 集合服务的 AMF。在切换过程中，源 AMF 通过与 NRF 交互来选择目标 AMF。

在 3GPP 规范的 5G 网络中，用 S-NSSAI 标识一个网络切片。不同的网络 SST（切片/服务类型）的网络切片有不同的 S-NSSAI。基于运营商的操作或部署需求，NSI 可以与一个或多个 S-NSSAI 关联，并且 S-NSSAI 可以与一个或多个 NSI 关联。与相同 S-NSSAI 关联的多个 NSI 可以部署在相同或不同的跟踪区中。当在相同跟踪区中部署与相同 S-NSSAI 关联的多个 NSI 时，服务于 UE 的 AMF 实例可以在逻辑上属于与该 S-NSSAI 关联的一个以上数量的 NSI。

在 PLMN 中，当 S-NSSAI 与多个 NSI 相关时，作为选择 NSI 的结果，这些 NSI 之一服务于 UE，则该 UE 允许使用这个 S-NSSAI。对于任意 S-NSSAI，无论何时，网络仅使用一个与该 S-NSSAI 关联的 NSI 来为 UE 服务，直到该 NSI 在给定的注册区域中不再有效，或 UE 的被允许 NSSAI 发生更改等。

1．网络切片相关标识

NSI 是网络切片在资源层面的具体实现。以 S-NSSAI 为标识的网络切片与以 NSI ID 为标识的 NSI 之间是一对多或者多对一的关系，一个网络切片可以由多个 NSI 来承载，多个网络切片也可以由同一个 NSI 来承载。在网络切片中，实际资源的选择和查询需要通过 S-NSSAI 映射到对应的 NSI 上。NSI ID 是由 NSMF 逻辑实体分配的。对于核心网，核心网切片子网实例的标识 CN-NSSI ID 是由 CN-NSSMF 逻辑实体分配的。

S-NSSAI 是网络切片的标识，在一个 PLMN 内部有效。S-NSSAI 包括以下两个部分。

① SST，指特征和业务方面的预期网络切片行为。

② SD，是补充 SST 的可选信息，用以区分同一 SST 的多个网络切片。

一个 S-NSSAI 可以具有标准值（取值为标准值的 S-NSSAI 只包含 SST、不包含 SD，且 SST 也是标准值）或者非标准值（取值为非标准值的 S-NSSAI 可同时包含 SST 和 SD，或者只包含 SST、不包含 SD，且 SST 也是非标准值）。取值为非标准值的 S-NSSAI 识别 PLMN 内关联的单个网络切片。

标准化的 SST 值提供了一种建立切片全局互操作性的方法，以便 PLMN 可以更有效地支持常见 SST 漫游使用的标准 SST 值。目前 3GPP 已经支持的标准 SST 值见表 5-1。

表 5-1　标准 SST 值

SST 类型	SST 值	特征
EMBB	1	网络切片适用于处理 5G 增强移动宽带
URLLC	2	网络切片适用于处理高可靠、低时延通信
MIoT	3	网络可更高效、更经济地支持大量高密度的物联网设备
V2X	4	网络切片专用于车联网

针对不同的用户组，运营商可能会部署多个提供相同特征的 NSI。例如，因为它们提供不同的承诺服务和/或因为它们专用于某些客户，在这种情况下，这样的网络切片可以具有不同的 S-NSSAI，这些不同的 S-NSSAI 具有相同的 SST 但具有不同的 SD。

NSSAI 是一组 S-NSSAI 的集合。将 NSSAI 应用到网络中，根据不同应用场景有如下不同的定义。

① 配置 NSSAI：网络切片配置信息包含一个或多个配置 NSSAI。配置 NSSAI 可以由服务 PLMN 配置并应用于服务 PLMN，或者是由 HPLMN 配置的默认配置 NSSAI，默认配置 NSSAI 适用于没有向 UE 提供特定配置 NSSAI 的任意 PLMN。每个 PLMN 最多有一个配置 NSSAI。如果在 UE 中配置了默认配置 NSSAI，则仅当 UE 没有用于服务 PLMN 的配置 NSSAI 时，UE 才在服务 PLMN 中使用默认配置 NSSAI。

② 请求 NSSAI：在注册流程中，UE 将请求 NSSAI 供给 AMF，用于请求接入的切片网络。UE 根据保存的配置 NSSAI、被允许 NSSAI、所在的服务 PLMN、TAI 位置及网络切片优先级

来确定请求列表。

③ 被允许 NSSAI：指在注册流程中，UE 注册成功时，AMF 向 UE 下发的允许其使用的 NSSAI。AMF 对 UE 签约的签约 S-NSSAI（Subscribed S-NSSAI）和 UE 请求的请求 NSSAI 取交集下发给 UE。

④ 被拒绝 NSSAI：指在注册流程中，UE 注册成功但部分网络切片拒绝接入时，AMF 向 UE 下发的拒绝接入的 NSSAI。同时下发原因值表明是 PLMN 拒绝接入，或者是当前注册区域拒绝接入。

在 UE 和网络之间传递的信令消息的被允许 NSSAI 和请求 NSSAI 中最多可以有 8 个 S-NSSAI。UE 发送给网络的请求 NSSAI 允许网络根据请求 NSSAI 为该 UE 选择 AMF、网络切片和 NSI。基于请求的 NSSAI 和签约信息，5G 核心网负责为 UE 选择服务该 UE 的核心网，包括与该 NSI 对应的 5G 核心网控制面网络功能和用户面网络功能。

2．用户的网络切片签约信息

用户的网络切片签约信息存储在 UDM 中，可能包含一个或者多个签约 S-NSSAI。基于运营商的策略，一个或多个签约 S-NSSAI 可以被标记为默认 S-NSSAI（Default S-NSSAI）。如果一个 S-NSSAI 被标记为默认值，则当在 UE 向网络发送的注册请求消息中没有任何有效的 S-NSSAI 时，网络将通过默认 S-NSSAI 对应的网络切片服务 UE。具体而言，每个 S-NSSAI 的签约信息均可能包含多个 DNN 和一个默认 DNN。

5G 核心网针对用户的签约数据可以验证 UE 在注册请求消息中提供的 NSSAI。在漫游情况下，UDM 应仅向 V-PLMN（拜访网络 PLMN）提供 HPLMN 允许 UE 在 V-PLMN 中使用的签约 S-NSSAI。当 UDM 通知 AMF 签约 S-NSSAI 更新时，基于该 AMF 的配置，AMF 本身或 NSSF 确定服务 PLMN 的配置 NSSAI 和/或被允许 NSSAI 与签约 S-NSSAI 间的映射关系。然后，服务 AMF 用上述信息更新 UE。

3．UE 中的网络切片信息

在 UE 上可以预先配置默认配置 NSSAI，HPLMN 的 UDM 可以通过控制面信令消息向 UE 配置/更新默认配置 NSSAI。如果在 UE 中配置了默认配置 NSSAI，则仅当 UE 没有用于服务 PLMN 的配置 NSSAI 时，UE 才在服务 PLMN 中使用默认配置 NSSAI 来请求，如 UE 来到漫游的 PLMN 进行初始注册时。在注册时，UE 发送给 5G 核心网 AMF 的消息包含请求 NSSAI；UE 发送给 RAN 的消息可携带或者不携带请求 NSSAI。

在通过特定接入类型成功完成 UE 的注册之后，UE 从 AMF 获得该接入类型对应的被允许 NSSAI，被允许 NSSAI 包括一个或多个 S-NSSAI，并且如果需要，UE 还会从 AMF 获得被允许 NSSAI 与 HPLMN S-NSSAI 间的映射关系。被允许 NSSAI 包含的这些 S-NSSAI 对 AMF 提供的当前注册区域和接入类型有效，并且可以由 UE 同时使用（可同时使用的 S-NSSAI 最多不超过同时接入的网络切片或 PDU 会话的最大数量）。UE 还可以从 AMF 获得具有拒绝原因和有效性的一个或多个被拒绝 S-NSSAI。S-NSSAI 可能被拒绝的原因包含被整个 PLMN 拒绝，或者被当前的注册区域拒绝。

在任何时候，AMF 都可以向 UE 提供用于服务 PLMN 的新的配置 NSSAI，以及配置 NSSAI 与 HPLMN S-NSSAI 间的映射关系。用于服务 PLMN 的配置 NSSAI 和映射信息在 AMF 中确定（如果基于配置，则允许 AMF 确定整个 PLMN 的网络切片配置）或者由 NSSF 确定。AMF 通过 UE 配置更新流程向 UE 提供更新的配置 NSSAI。当签约 S-NSSAI 发生改变时，在 HPLMN 中设置 UDR 标志，以确保 UDM 通知当前 PLMN 用于网络切片的签约数据发生改变。AMF 在接收到来自 UDM 签约信息已经改变的指示时，指示 UE 签约信息发生了改变，并且使用来自 UDM 的任意更新签约信息来更新 UE。一旦 AMF 更新 UE 并从 UE 获得确认，AMF 就会通知 UDM 配置成功，并且 UDM 会清除 UDR 标志。如果 UE 处于 CM-Idle（连接管理–空闲）状态中，则 AMF 可以触发网络发起服务请求或者等待直到 UE 处于 CM-Connected（连接管理–已连接）状态中。

在网络切片中建立 UE 到数据网络的 PDU 会话，允许在网络切片中进行数据传输，数据网络与 S-NSSAI 和 DNN 关联。UE 通过特定接入类型在 PLMN 中注册并且获得相应的被允许 NSSAI 后，UE 应在 PDU 会话建立过程中根据 URSP 规则中的 NSSP 规则指示对应的 S-NSSAI。NSSP 规则将应用程序与配置的 NSSAI 中的一个或多个 S-NSSAI 关联以用于 UE 的 HPLMN。HPLMN 可以为 UE 提供 NSSP 规则，NSSP 规则是 URSP 规则的一部分。当 UE 的签约信息包括一个或者多个 S-NSSAI，并且网络想控制/修改 S-NSSAI 在 UE 中的应用，那么网络可向 UE 提供/更新 NSSP。如果 URSP 规则（包括 NSSP 规则）在 UE 中不可用，则 UE 不应在 PDU 会话建立过程中指示任何 S-NSSAI。

UE 向 AMF 发送 PDU 会话建立请求时，结合 NSSP 规则，UE 从被允许 NSSAI 中选择 S-NSSAI，如果在之前的流程中 UE 获得了允许 NSSAI 的映射，则 UE 需要从被允许 NSSAI 选择拜访网络的 S-NSSAI，以及在被允许 NSSAI 的映射中包含对应的归属网络的 HPLMN S-NSSAI。如果 UE 发送的 PDU 会话建立请求没有包含 S-NSSAI，AMF 可以根据签约选择默认的 S-NSSAI，或者在 LBO 的情况下根据运营商配置选择与归属域 S-NSSAI 匹配的服务 PLMN 的 S-NSSAI。

4．网络切片的漫游

为了支持网络切片在不同 PLMN 之间漫游，V-PLMN 和 HPLMN 各自的网络切片标识

S-NSSAI 需要根据情况进行映射，并提供给 UE，具体如下。

① 如果 UE 仅使用标准 S-NSSAI 值，则 UE 在 V-PLMN 中使用的 S-NSSAI 值和在 HPLMN 中使用的 S-NSSAI 值是相同的。

② 如果在 V-PLMN 中使用非标准 S-NSSAI 值，则 V-PLMN 的 NSSF 将 UE 在归属网络中签约的 S-NSSAI 映射到在 V-PLMN 中使用的 S-NSSAI 值。在 V-PLMN 中，S-NSSAI 值可以由 V-PLMN 使用的 NSSF 值确定。不需要通知 HPLMN 在 V-PLMN 中使用哪个 NSSF 值。

③ 基于运营商的策略与配置，AMF 也可以决定 V-PLMN 使用的 S-NSSAI 值，并且映射到 UE 签约的 S-NSSAI 中。

④ UE 构建请求 NSSAI 并且提供请求 NSSAI 的 S-NSSAI 值到 HPLMN 使用的 S-NSSAI 值的映射。

⑤ 由在 V-PLMN 中的 NSSF 决定被允许 NSSAI，不需要与 HPLMN 交互。

⑥ 注册接收消息中的被允许 NSSAI 包括在 V-PLMN 中使用的 S-NASSI 值。上述描述的映射信息也与被允许 NASSI 一起提供给 UE。

⑦ 在 PDU 会话建立过程中，UE 同时包括 V-PLMN 使用的 S-NSSAI 值，该值属于被允许 NSSAI，使用被允许 NSSAI 与 HPLMN S-NSSAI 间的映射关系；HPLMN 使用的 S-NSSAI 值被匹配到 URSP 规则中的 NSSP 信息中的应用（建立的 PDU 会话承载的应用）。

⑧ 对于 Home-Routed 场景，V-SMF（拜访网络 SMF）将 PDU 会话建立请求消息发送到 H-SMF（归属网络 SMF）处，消息包含 S-NSSAI，该值用于 HPLMN。HPLMN 的网络切片特定功能由 HPLMN 中的 NRF 将 V-PLMN 使用的 S-NSSAI 映射为 HPLMN 中使用的值。

5. 5G 网络切片与 EPC 互通

5G 网络切片，可能需要与 PLMN 内的 EPS（演进分组系统）或其他 PLMN 中的 EPS（包含 EPC 和 4G 无线网）互通。当 EPC 可以支持 DCN（数据中心网络）时，在一些部署中，MME 的选择可以由 UE 提供给 RAN 的 DCN-ID 来辅助实现。

在 EPC 中的 PDN 连接建立过程中，UE 分配 PDU 会话 ID 并通过 PCO（协议配置选项）将其发送到 PGW-C+SMF。与 PDN 连接关联的 S-NSSAI 是由 PGW-C+SMF 基于运营商策略确定的，如基于 PGW-C+SMF 地址和 APN（接入点名称）的组合，并且在 PCO 中将 S-NSSAI 与其所关联的 PLMN ID 一起发送至 UE 处。如果 PGW-C+SMF 支持多个 S-NSSAI 并且 APN 对多个 S-NSSAI 有效，则 PGW-C+SMF 应该只选择映射到 UE 的签约 S-NSSAI 中。UE 存储该 S-NSSAI 和与 PDN 连接关联的 PLMN ID。UE 通过所接收的 PLMN ID 来导出请求 NSSAI。如果 UE 是非漫游的 UE 或者在漫游情况下 UE 已经为 V-PLMN 配置了 NSSAI，则当 UE 在 5G 核心网中注册时，在 NAS 注册请求消息和携带该注册请求的 RRC 消息中包含请求 NSSAI。

对于 CM-Idle 状态，当 UE 从 5GS 移动到 EPS 时，AMF 向 MME 发送的 UE 上下文信息可以包括 UE 使用类型，UE 使用类型是 AMF 从 UDM 中获取的签约数据的一部分。

对于 CM-Idle 状态，当 UE 从 EPS 移动到 5GS 时，UE 将与 PDN 连接相关的 S-NSSAI 包含在请求 NSSAI 中，请求 NSSAI 包含在 RRC 消息中和 NAS 消息中。UE 还在注册请求消息中为 AMF 提供映射信息。UE 通过使用在 5GS 中接收的信息和/或在 EPS 中和在 PCO 中接收的信息来推导出服务 PLMN 的 S-NSSAI 值。在归属路由漫游的情况下，AMF 选择默认的 V-SMF。PGW-C + SMF 将 PDU 会话 ID 和相关的 S-NSSAI 发送给 AMF。

当 UE 在 5G 核心网中处于 CM-Connected 状态并且执行到 EPS 的切换时，AMF 基于源 AMF 区域 ID、AMF 集 ID 和目标位置信息来选择目标 MME。AMF 通过 N26 接口将 UE 上下文信息转发到所选择的 MME 中。如果 AMF 从签约数据中获取了 UE 的使用类型，则 UE 上下文信息还包括 UE 使用类型。切换程序按照 3GPP TS 23.502 中的说明执行，当切换成功完成时，UE 执行跟踪区更新，完成了 UE 在目标 EPS 中的注册。在跟踪区更新过程中，如果目标 EPS 部署了 DCN，则 UE 在该过程中获得 DCN-ID。

当 UE 在 EPC 中处于 ECM 连接状态（4G 中 UE 与核心网的连接状态）并且执行到 5GS 的切换时，MME 基于目标位置信息（如 TAI）和任意其他可用的本地信息（如果 UE 的签约信息包含 UE 使用类型，则本地信息包括 UE 使用类型）来选择目标 AMF，通过 N26 接口将 UE 上下文信息转发到所选择的 AMF 中。在归属路由漫游的情况下，AMF 选择默认的 V-SMF。切换程序按照 3GPP TS 23.502 中的说明执行。PGW-C + SMF 将 PDU 会话 ID 和相关的 S-NSSAI 发送给 AMF。当切换成功完成时，UE 执行注册过程，完成了 UE 在目标 5GS 中的注册，并且在注册过程中，UE 获得被允许 NSSAI。

6. PLMN 中的网络切片配置

网络切片可以在整个 PLMN 中可用，或在 PLMN 内的一个或多个跟踪区中可用。NSSF 中的策略可以进一步限制在特定跟踪区中使用某些网络切片。运营商通过使用 OAM（操作、管理和维护）和网络功能之间的信令组合，可以端到端地建立跟踪区中的网络切片的可用性；可以通过配置 NG-RAN（下一代无线接入网）的每个跟踪区支持的 S-NSSAI、AMF 支持的 S-NSSAI 和 NSSF 中每个跟踪区的运营商策略来实现。

当 NG-RAN 节点建立或更新与 AMF 的 N2 连接时，AMF 学习 NG-RAN 的每个跟踪区支持的 S-NSSAI。每个 AMF 集合的一个或所有 AMF 为 NSSF 提供和更新每个跟踪区下该 AMF 支持的 S-NSSAI。当 NG-RAN 节点与 AMF 建立 N2 连接或 AMF 更新与 NG-RAN 的 N2 连接时，NG-RAN 学习其连接的 AMF 在每个 PLMN ID 下的 S-NSSAI 能力。

可以在 NSSF 上配置运营商策略，该运营商策略指定在什么条件下可以针对每个跟踪区限制 S-NSSAI 的可用性和针对每个 UE 的 HPLMN 限制 S-NSSAI 的可用性。AMF 可以配置其支持的 S-NSSAI 的运营商策略，指定每个跟踪区限制 S-NSSAI 的可用性和针对每个 UE 的 HPLMN 限制 S-NSSAI 的可用性。

7．网络切片的增强能力

本节所讲述的网络切片使用原则及核心网对网络切片的支持主要针对 3GPP Rel-15 标准，目前已经逐步开始具备商用能力。3GPP 在 Rel-16 标准和 Rel-17 标准阶段对网络切片持续进行了增强能力研究。下面介绍 Rel-16 标准的网络切片增强能力。

（1）网络切片特定鉴权与授权功能

对于某些特殊的网络切片，如车联网切片、智慧医疗专网切片、工业制造专网切片等场景，可能在 UE 主鉴权完成后仍需网络切片特定鉴权与授权才能使用。基于 SUPI 的 UE 主鉴权与授权获得成功是网络切片特定鉴权与授权的基础，如果 SUPI 授权被撤回，网络切片特有的授权也将被撤回。Rel-16 标准定义了该场景下 UE 和网络如何获知网络切片需要额外的鉴权与授权，以及如何触发和执行网络切片特定鉴权与授权。网络切片特定鉴权与授权功能需要 UE 和网络配合实现，对 UE 和网络均有新增的功能要求。UE 在注册消息中会携带 UE 支持的网络能力，增加了是否支持网络切片特定鉴权与授权功能的指示。同时 UE 需具备提供网络切片特定鉴权与授权功能使用的用户 ID 和证书。AMF 保存 UE 在注册消息中携带的 UE 支持的网络能力，并根据这个能力执行网络切片特定鉴权与授权流程。UDM 在签约数据中还支持 S-NSSAI 标识的网络切片是否需要进行额外的网络切片特定鉴权与授权的标识。UE 和网络功能具备网络切片特定鉴权与授权功能后，需要在注册流程中对该功能进行相应的增强和使能，由 AMF 发起基于 EAP（可扩展认证协议）的网络切片特有鉴权与授权流程，通过网络切片特有的 AAA 服务器实现针对 S-NSSAI 的 UE 重鉴权和重认证[10]。UE 重鉴权和重认证成功后，AMF 将该 S-NSSAI 加入被允许 NSSAI。如果被允许 NSSAI 中的某些 S-NSSAI 的网络切片特定鉴权与授权不成功，AMF 应通过 UE Configuration Update 流程更新每种接入类型的被允许 NSSAI。网络切片特有的 AAA 服务器可以随时撤回授权或发起鉴权与授权流程。当在某种无线网中，针对当前被允许 NSSAI 中的一个 S-NSSAI 撤销鉴权时，AMF 应为 UE 提供新的被允许 NSSAI，并释放该无线网类型中和该 S-NSSAI 关联的所有 PDU 会话。

（2）用户从 4G 网络切换到 5G 网络时的切片增强能力

基于 Rel-15 标准的网络切片能力，用户从 4G 网络切换到 5G 网络时不一定能选择正确的

AMF 来服务 UE 的 PDU 会话，需要在 Rel-16 标准中进一步增强网络切片。当处于 CM-Idle 状态的 UE 移动时，PGW-C+SMF 在注册过程中向 AMF 发送 PDU 会话 ID 和关联的 S-NSSAI。AMF 生成用于服务 PLMN 的 S-NSSAI，并判断当前的 AMF 是否可以为 UE 服务；如果不能，则 AMF 可以触发 AMF 重选。对于每个 PDU 会话，AMF 均基于关联的 S-NSSAI 确定是否需要重选 V-SMF，如果需要重选则 AMF 触发 V-SMF 重选。当处于 CM-Connected 状态的 UE 移动时，PGW-C+SMF 向 AMF 发送 PDU 会话 ID 和关联的 S-NSSAI。目标 AMF 生成用于服务 PLMN 的 S-NSSAI，在必要情况下还可重选一个最终的 AMF，并将切换请求发给这个最终 AMF。当切换完成后，对于每个 S-NSSAI 关联的 PDU 会话，如果还需要重选 V-SMF，最终的 AMF 将触发 V-SMF 重选。最终的 AMF 向 V-SMF 发送服务 PLMN 的 S-NSSAI 以更新会话管理上下文信息，V-SMF 向 NG-RAN 更新服务 PLMN 的 S-NSSAI。

5.2.3　无线网切片技术

网络切片是 5G 网络的关键技术之一，能够为 5G 网络中的不同用户提供差异化的服务。为了实现端到端网络切片，无线接入侧网络切片的实现在网络切片技术的应用中起着至关重要的作用。本节研究了无线网切片子网在标准化工作中的进展，对无线网切片子网相关的关键技术进行了分析，同时结合当前的标准化工作分析了无线网切片子网的发展趋势。

1．无线网切片技术研究现状

与核心网相对应，无线网切片技术在无线网切片标识、QoS 保障、无线网切片选择等方面进行了标准化工作。

根据 3GPP TS 38.300 的规定，一个网络切片由 S-NSSAI 唯一标识，NSSAI 包含一个或多个 S-NSSAI（最多不超过 8 个）[11]。

一个 S-NSSAI 由以下两部分组成。

① SST，指在功能和服务方面的预期网络切片行为，长度为 8bit。

② SD，即切片区分参数，为可选信息，对 SST 进行补充，以区分相同 SST 下的多个网络切片，长度为 24bit。

UE 在 RRC Setup Complete 消息中提供 NSSAI 信息，以告知无线网切片选择的结果。尽管网络中可以支持数百个网络切片，但是一个用户在同一接入方式下支持的网络切片数目不超过 8 个。

NG-RAN 基于 UE 提供的 Temp ID（5G GUTI）或 NSSAI 来选择 AMF。AMF 选择机制见表 5-2。

表 5-2　基于 Temp ID 或 NSSAI 的 AMF 选择机制

Temp ID	NSSAI	NG-RAN 选择 AMF
不存在或无效	不存在	选择一个默认的 AMF（默认 AMF 集合由 OAM 配置）
不存在或无效	存在	选择一个支持 UE 所选切片的 AMF
有效	不可用或存在	根据选择 Temp ID 选择 AMF

从表 5-2 可以看出，在 AMF 的选择过程中，Temp ID 的优先级高于 NSSAI 的优先级，只有当 UE 不提供 Temp ID 时，才根据 NSSAI 选择 AMF，或者选择默认的 AMF。

在 3GPP TS 23.501 中给出了关于网络切片在 AMF 选择、UE 上下文处理、PDU 会话建立过程中的信令流程。

AMF 选择流程如图 5-5 所示，UE 在 RRC 建立完成后会将 Temp ID 或 NSSAI 发送给无线网，无线网基于表 5-2 中所给出的优先级机制来选择 AMF。当前网络要求在相同跟踪区中的 gNB 必须支持相同的网络切片，因此 gNB 向 AMF 发送 NG Setup Request 消息是基于跟踪区粒度上报的 S-NSSAI 支持情况。

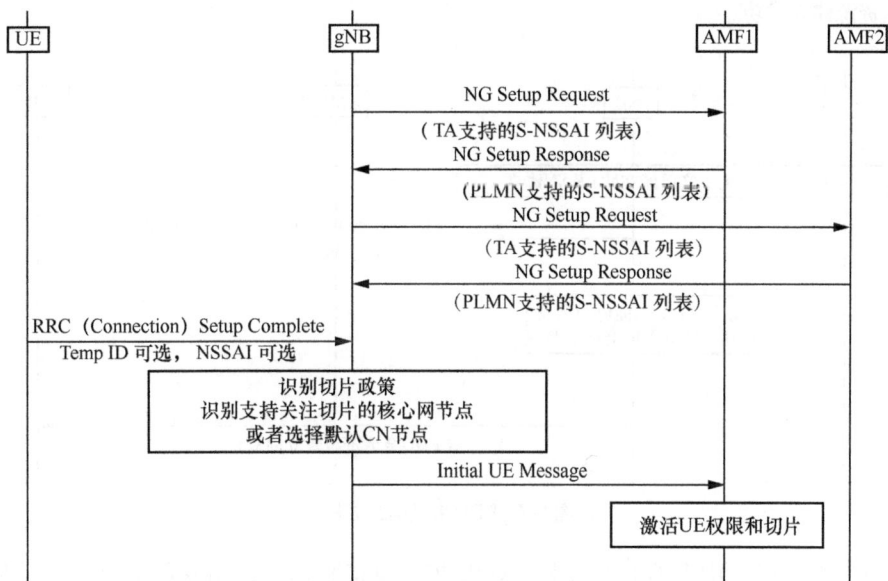

图 5-5　AMF 选择流程

UE 上下文建立流程如图 5-6 所示。AMF 通过 NG-C 接口向 gNB 发送 Initial Context Setup Request 信息，该信息中包含被允许 NSSAI，还可以额外地包含与 S-NSSAI 一一对应的 PDU 会话资源描述。

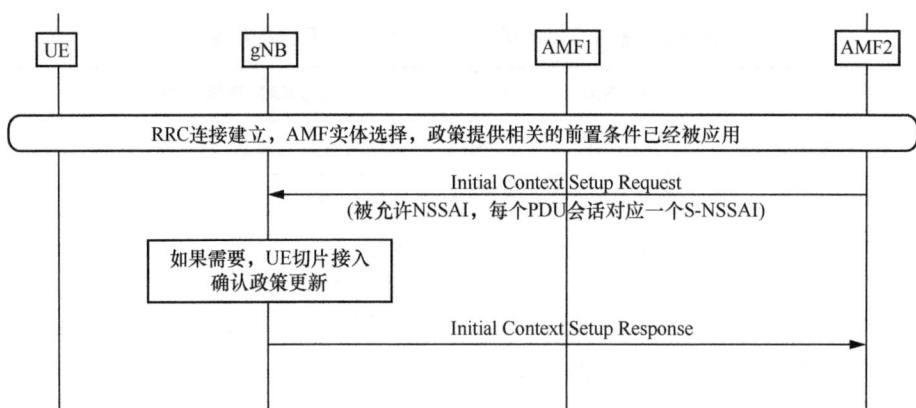

图 5-6　UE 上下文建立流程

图 5-7 所示为 PDU 会话建立流程。AMF 通过 NG-C 接口向 gNB 发送 PDU Session Resource Setup Request 消息，每个 PDU 会话由一个 S-NSSAI 标识，以便保证无线网能够在 PDU 会话级别实现网络切片的 SLA 策略，同时能够在网络切片内区分不同的 QoS。

NG-RAN 通过 NG-C 接口向 AMF 发送 PDU Session Resource Setup Response 消息确认 PDU 会话资源建立成功。

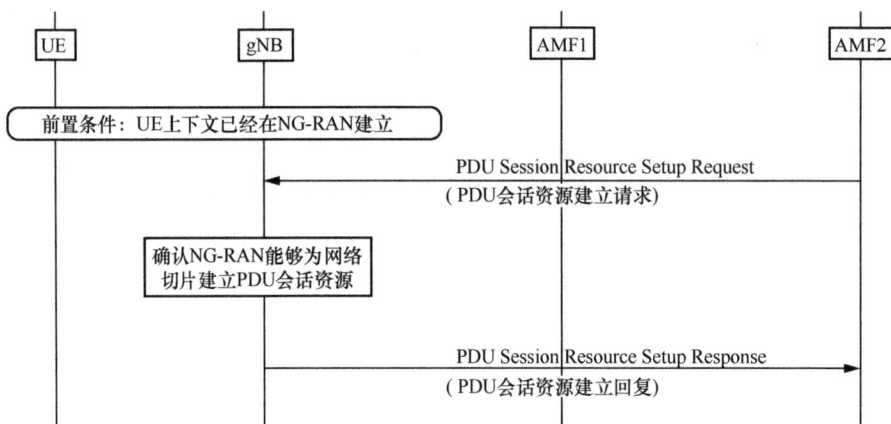

图 5-7　PDU 会话建立流程

为了满足无线网切片的 QoS 要求，5G 比 4G 更加精细化，在承载概念的基础上进一步细分为更细粒度的 QoS 流，5G 的 QoS 架构如图 5-8 所示。一个 PDU 会话对应一个网络切片，在无线网侧被进一步细分为不同 QoS 指标的 QoS 流。相同或相近 QoS 需求的 QoS 流映射到同一个 DRB 中，为此 5G 特意引入了新的 SDAP（服务数据适配协议）层来实现该映射功能。综上所述，5G 的 QoS 架构能为无线网切片提供更加灵活高效的 QoS 保障。

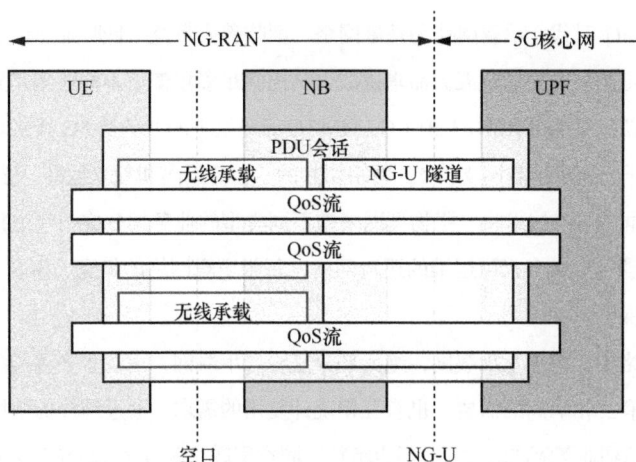

图 5-8　5G 的 QoS 架构

2．无线网切片技术发展趋势

网络切片技术经历了 Rel-14 标准和 Rel-15 标准两个版本的完善，已初步具备可使用的基础能力，包括网络切片选择、网络切片接入、网络切片内 PDU 会话建立等操作流程，同时对网络切片管理进行了初步的标准化。3GPP 在 Rel-16 标准及 Rel-17 标准阶段，重点完善无线网侧的网络切片技术增强，以实现真正意义上的端到端网络切片[12]。

在 3GPP Rel-17 立项中，"Study on enhancement of RAN slicing"提出了无线网侧网络切片技术增强的相关内容[13]，主要的研究内容如下。

（1）研究 UE 对网络切片的感知，实现网络切片的快速接入

① 在网络控制下基于网络切片的小区重选。

② 基于网络切片的 RACH（随机接入信道）配置或访问限制。

（2）研究服务连续性相关策略

对于 RAT 间切换服务中断，如目标 gNB 不支持 UE 正在进行的网络切片工作，研究网络切片重新映射、回退和数据转发机制。

（3）研究网络切片的灵活部署策略

① 支持比跟踪区更细粒度的网络切片部署。

② 实现动态、可定制化的网络切片部署。

5.2.4　承载网切片技术

5G 承载网是衔接 5G 无线网与 5G 核心网的重要承载通道，是 5G 端到端业务开通不可或

缺的一部分。在 5G 时代，承载网作为基础网络，面临着大带宽、低时延、灵活连接、高精度时间同步及客户定制化网络切片五大需求挑战，从而满足多场景下不同业务差异化服务需求，特别是需要满足新定义的 EMBB、URLLC、MMTC 等场景下的业务及 5G 新兴垂直行业的业务需求。在此场景下，要求承载网支持 5G 网络切片的"业务隔离和独立运维"思想被业界提出，其目的是采用不同的 IP 技术将一张物理网络按不同类型的业务切分成一个个独立逻辑的承载通道，即一张物理网形成多张可运维的逻辑网络，每张逻辑网络的带宽、QoS、安全性等专属资源应得到充分保证。

在运营商网络中，特别是承载网，绝大部分是综合承载网，承载了多种类型的客户业务。这些业务之间既有互相隔离的需要，也有互相统计复用的需求。通过纯粹的刚性管道对客户业务进行隔离可以达到业务隔离的效果，但也牺牲了同类型客户业务之间的统计复用能力，降低了网络的利用率。因此，可通过网络切片技术根据不同业务进行切片网络划分，每个切片网络均具备独立逻辑的网络资源，从而隔离不同业务，同时为每个切片网络提供独立的管理维护能力[14]。

1. 承载网切片子网关键技术

一张物理网络的物理资源包括节点设备、计算存储资源、光纤链路等。物理网络资源首先被逻辑抽象为不同的互相隔离的虚拟资源，每个虚拟资源都有自己的管理接口、控制接口和数据接口，每个虚拟资源可以具有不依赖共同物理资源的特征，如一个路由器可以虚拟出多个虚拟路由设备，每个虚拟设备均可以基于网元、单板和接口来划分资源；链路资源也以物理接口、子接口、FlexE 接口的带宽进行资源虚拟抽象；这些网络的虚拟资源以物理站址为基础，形成虚拟网络资源池。网络切片管理系统根据网络切片的需求选取和组织相应的虚拟资源，在一张共同的物理网络上形成多个可独立管理、独立控制、独立转发的虚拟网络[14]。

承载网切片的关键之一是网络资源的隔离，网络资源的隔离可以从转发面、控制面和管理面 3 个方面来考虑，具体如图 5-9 所示。

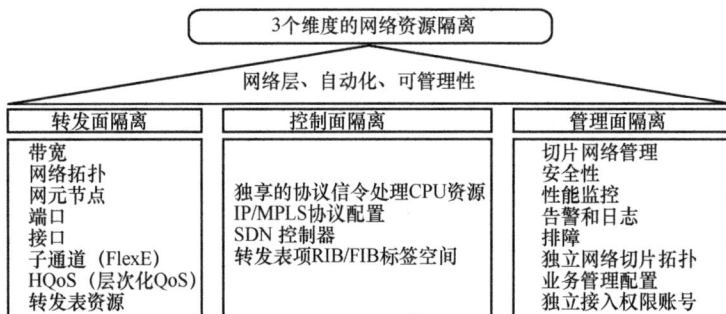

图 5-9 承载网切片模型

（1）转发面隔离

转发面隔离是网络切片的基本特性，网络切片之间及网络切片内的业务隔离是转发面隔离需要满足的关键需求，转发面隔离主要包括如下内容。

① 带宽：链路的带宽隔离，基于物理接口、逻辑子接口、FlexE 接口等的带宽保证。

② 网络拓扑：每个网络切片都应该有自己的节点、链路视图，网络切片也能感知如链路故障和转发环路等事件，网络切片应能创建与物理拓扑解耦的客户化的网络切片逻辑拓扑。

③ 网元节点：节点资源是包含管理、控制、数据资源的整体，从硬件资源的角度可以分为单板、端口组、端口、子接口等资源形式。

④ 转发表资源：NP 资源、TM 资源、转发表空间是有限的，存在互相挤占的情况。

（2）控制面隔离

控制面的性能会影响转发面的性能，因此也需要隔离。例如，CPU 资源会影响包转发、信令处理、转发表下发速度，存储资源会影响转发表的存储空间，控制面链路/路径的网络资源也需要得到保证和隔离，性能提升、客户定制化优化等也潜在驱动着控制面独立。控制面隔离包括独享的协议信令处理 CPU 资源、IP/MPLS 协议配置、SDN 控制器、转发表项 RIB（选路信息库）/FIB（转发信息库）标签空间等。

（3）管理面隔离

独立隔离的管理是 MVNO（移动虚拟网络运营商）和企业方案的诉求，对 M2M（机器间通信）等未来 5G 业务也存在独立管理的诉求，对于网络安全的考虑也将驱动网络切片的独立管理。管理面隔离包括切片网络管理、安全性、性能监控、告警和日志、排障、独立网络切片拓扑、业务管理配置以及独立接入权限账号等。

总体来说，网络切片最理想的状态就是采用转发切片 + 控制切片 + 管理切片，承载网切片架构如图 5-10 所示。

利用一些单点技术可以对特定的网络资源进行隔离，如利用 WDM 技术可以在物理层上进行网络资源隔离，利用 VLAN 可以在链路层上进行网络资源隔离，利用 MPLS 可以在转发层上进行网络资源隔离。相对而言，网络切片寻求的是从网络整体进行切片，形成贯穿所有网络协议层的虚拟网络。一个网络切片应该有独立的资源，包括独立的网络切片拓扑，独立的链路带宽和 QoS 保证、独立业务性能告警、独立的控制协议，甚至独立节点的 CPU 资源切片、独立的转发表等。

为了实现网络切片转发面、管理面和控制面的隔离，需要使用以下各种隔离技术，以及这几种隔离技术的组合，最终达到网络切片的端到端隔离。下面将重点介绍几种常用的网络隔离技术。

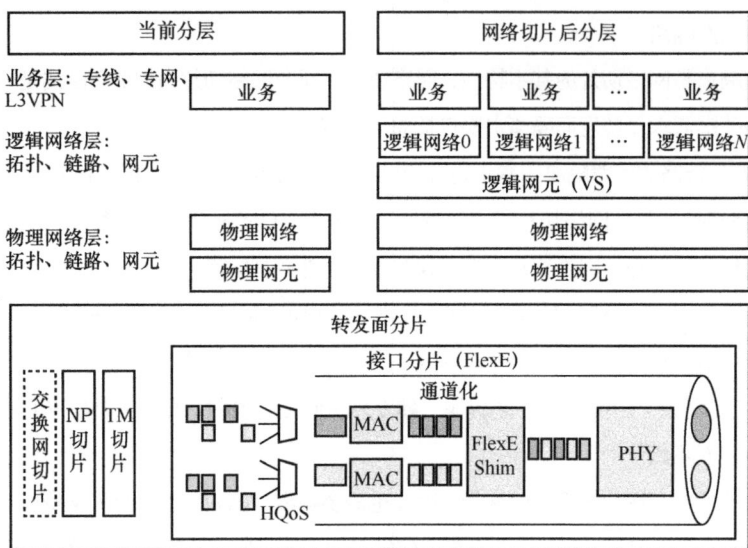

图 5-10　承载网切片架构

（1）VPN 隔离技术

当前的 MPLS VPN 获得了广泛的应用，集中在两个方面。

① 企业互联，即企业总部、分支机构和出差员工通过 VPN 技术进行安全、可靠的通信。

② 业务隔离，在一个物理基础网络上承载多种业务，为了保证每个业务的独立运营，采用 VPN 实现相互隔离。

现有的 VPN 技术是一个典型的用来隔离网络的技术，在业务隔离、安全性、可靠性、可扩展性和灵活部署方面有着很多优点，但是相对于网络切片的目标诉求存在一些不足。例如，在控制面隔离方面，所有 VPN 共享同一个分布式 IGP（内部网关协议）/BGP（边界网关协议）等 IP 控制面，对于未来垂直业务（如 M2M、超低时延业务），或者面对有特定要求的 MVNO，都存在控制面操作互相影响的问题。例如，特定网络切片需要依据自身拓扑特点定制满足自身要求的 IGP/BGP 规划，或者特定网络切片要求进行网络的 IGP/BGP 策略配置，策略改变或者误操作等会影响其他网络切片控制面。同时，目前网络通过 MPLS VPN 区分不同客户，并绑定 MPLS 隧道，结合 QoS 队列调度，充分保证各类业务 VPN 的专有带宽。

（2）HQoS 隔离技术

传统的 QoS 队列调度采用一级调度机制，单个端口只能区分业务优先级，无法区分用户。同一优先级的流量，使用同一个端口队列，不同用户的流量竞争同一个队列资源，无法对端口上单个用户的单个流量进行区分服务。

HQoS 是一种通过多级队列调度机制，解决 DiffServ 模型下多用户、多业务带宽保证的技术。

HQoS 采用多级队列调度的方式,可以精细区分不同用户和不同业务的流量,提供具有区分度的带宽管理。为了实现分层调度,HQoS 采用树状结构的层次化调度模型和应用,如图 5-11 所示。

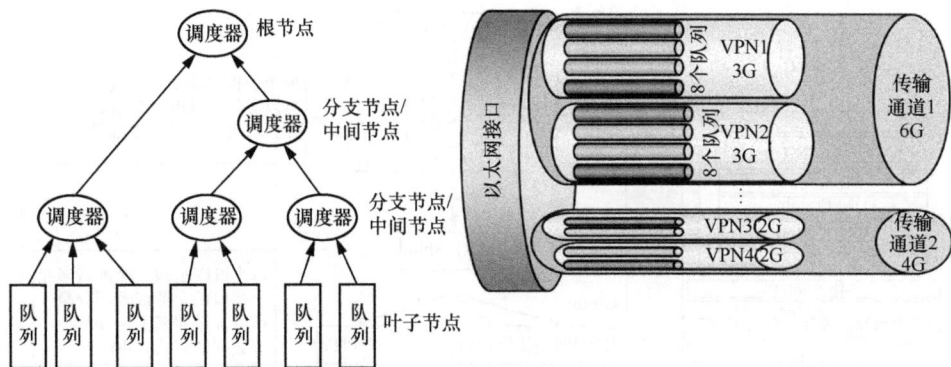

图 5-11 HQoS 层次化调度模型和应用

调度器可以对多个队列进行调度,也可以对多个调度器进行调度。其中,可以将调度器看成父节点,将被调度的队列/调度器看成子节点,父节点是多个子节点的流量汇聚点。每个节点均可以指定分类规则和控制参数,对流量进行一次分类和控制。不同层次的节点,其分类规则可以面向不同的分类需求(如按照用户、业务类型等进行分类),并且在不同的节点上可以对流量进行不同的控制动作,从而实现对流量进行多层次、多用户、多业务的管理。根节点处于最高层,代表最高级别的调度器,通常被赋予 PIR(峰值信息速率)属性,用于限制输出总带宽。

(3)FlexE 接口隔离技术

光互联论坛(OIF)定义了灵活以太网子通道端口(FlexE 接口)技术,FlexE 在 MAC 层和 PCS 层(物理编码子层)之间定义了一个时隙 FlexE Shim 层,将 100Gbit/s PHY 划分为 20 个时隙,每个时隙带宽均为 5Gbit/s,按照 5G 颗粒倍数进行带宽分配;一个 FlexE 接口按时隙最多可以被切分成 20 个子通道,每个子通道在转发上独占 5G 带宽,互不影响,子通道具备自己独有的转发队列和缓存,具有传统以太网端口的转发特征。

FlexE 技术可以用于链路和端口的硬隔离切分,网络切片应用该技术可以实现在硬件资源上共享同一个端口、同一根光纤链路,但在转发面上实现硬件隔离互不影响,FlexE 基本原理如图 5-12 所示。

FlexE 应用场景如图 5-13 所示,在大管道物理端口上通过 FlexE 的时隙复用划分出若干个子通道端口,把这些子通道端口划分给不同网络切片,通过硬件的时隙复用来实现各个网络切片之间的业务在转发层上完全隔离。FlexE 接口的隔离主要是基于 MAC 层和 PHY 之间的时隙隔离，基于时隙复用由独立 MAC 层处理，各个 FlexE 接口处理帧时不受其他 FlexE 接口影响。FlexE 接口在保证时延和时延抖动指标上具有更好的效果[3,14]。

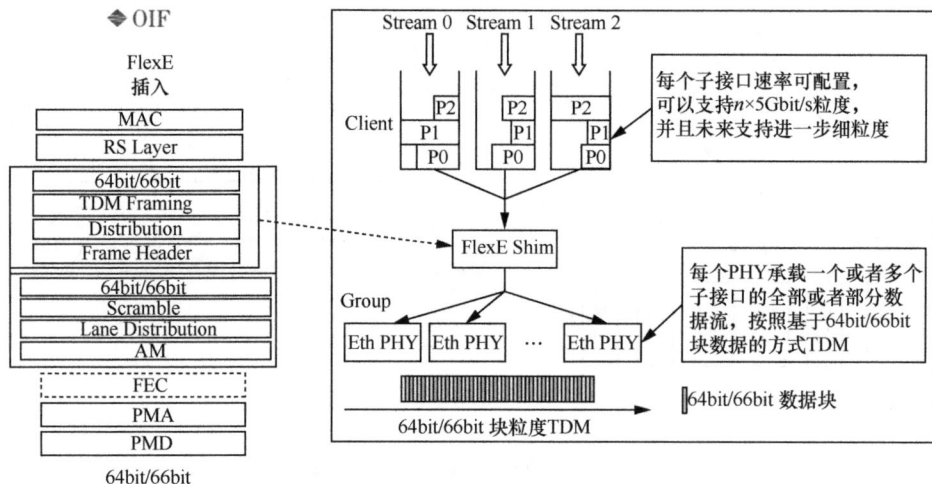

图 5-12　FlexE 基本原理

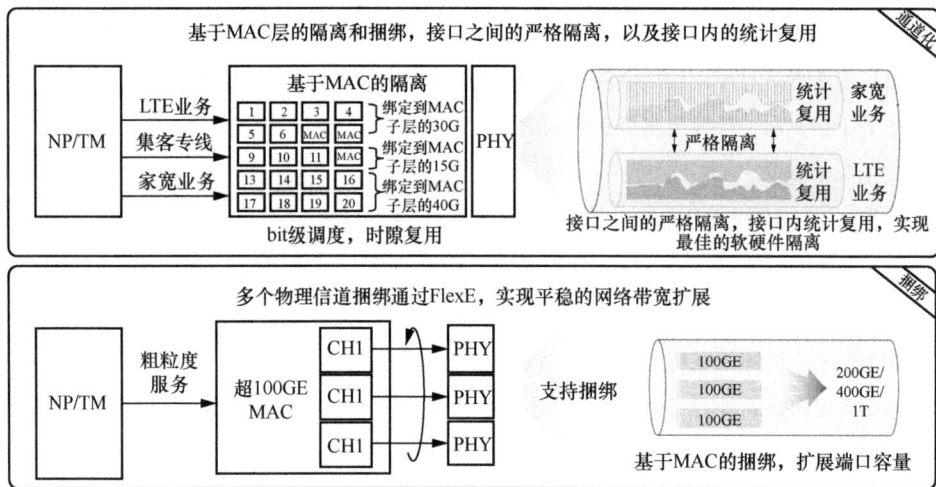

图 5-13　FlexE 应用场景

（4）虚拟路由器系统隔离技术

随着容器技术的逐步成熟和普遍商用，其节省资源、效率高、创建速度快的特点很适合传统 IP 设备计算资源和存储资源较局促的场景，这也为传统 IP 设备在操作系统上进行功能和服务虚拟化提供了更好的技术条件，结合硬件资源（单板、端口、FlexE 接口、NP 资源、TM 资源等）

的弹性隔离能力,可以达到一定程度的节点软件化和虚拟化,典型的节点虚拟抽象是在传统路由器上创建出多个虚拟路由器节点,每个虚拟路由器节点对外呈现为一个路由器设备,有独立的转发面、控制面、管理面。但是此方式目前还处于实验室阶段和小型化网络试验阶段,因为虚拟化后,原本大容量、高转发的设备的处理性能严重下降,网络的稳定性与可靠性很难得到保障。

以上提到的各种网络切片隔离技术各不相同,它们所应用的层次也各不相同,所起到的隔离效果也是有区别的,各种网络切片隔离技术对比见表 5-3。

表 5-3 网络切片隔离技术对比分析

隔离技术	对应网络切片层次	效果
VPN 隔离技术	管理面和转发面隔离	业务在管理面和转发面上进行隔离,不同 VPN 的业务不互相影响和互相访问,可作为网络切片应用单独使用。VPN 本身无法保证业务的 QoS,一般需要叠加使用其他 QoS 保证技术
HQoS 隔离技术	转发面隔离	提供精细化的业务带宽保证技术,可以为每个具体业务的 SLA 要求提供 QoS 保证,不能独立使用,需要和业务管理实体绑定使用。网络端到端使用时可以形成全网转发面的完全隔离
FlexE 接口隔离技术	转发面隔离	接口层面的 QoS 隔离保障技术,基于物理子接口保证带宽,可用于保证某一类业务的带宽隔离和时延,不能独立使用,需要和业务管理实体绑定使用。网络端到端使用时可以形成全网转发面的完全隔离。目前国际标准组织 OIF(光互联论坛)对 FlexE 还是以 5G 颗粒度带宽来划分,因此需要结合网络重点考虑部署位置
虚拟路由器系统隔离技术	管理面、转发面和控制面隔离	业务在管理面、转发面和控制面上进行隔离,不同虚拟路由器的业务互不影响、控制协议互相隔离。一般叠加 VPN 来标识具体客户业务,并叠加 QoS 保证技术使用。此方式有损路由器转发性能

2. 承载网切片子网管理系统架构设计

3GPP 对 5G 网络切片管理定义了标准的三级架构,但是对于承载网切片子网管理功能(TN-NSSMF),目前国际上没有成熟的标准可参考。中国电信 5G STN(智能传送网)是一张以城市为单位,在 4G IPRAN 技术的基础上发展起来的增强综合业务接入与承载网,依托 CN2(多业务的承载网)骨干层,提供端到端的 4G/5G 基站回传、云/以太专线等业务统一融合承载,STN 由接入层、汇聚层、城域核心层及 CE(用户边缘设备)层组成,是连接 5G 无线网与 5G 核心网的关键桥梁。

TN-NSSMF 主要负责 5G 承载网切片子网实例(NSSI)的管理和编排,系统架构如图 5-14所示。

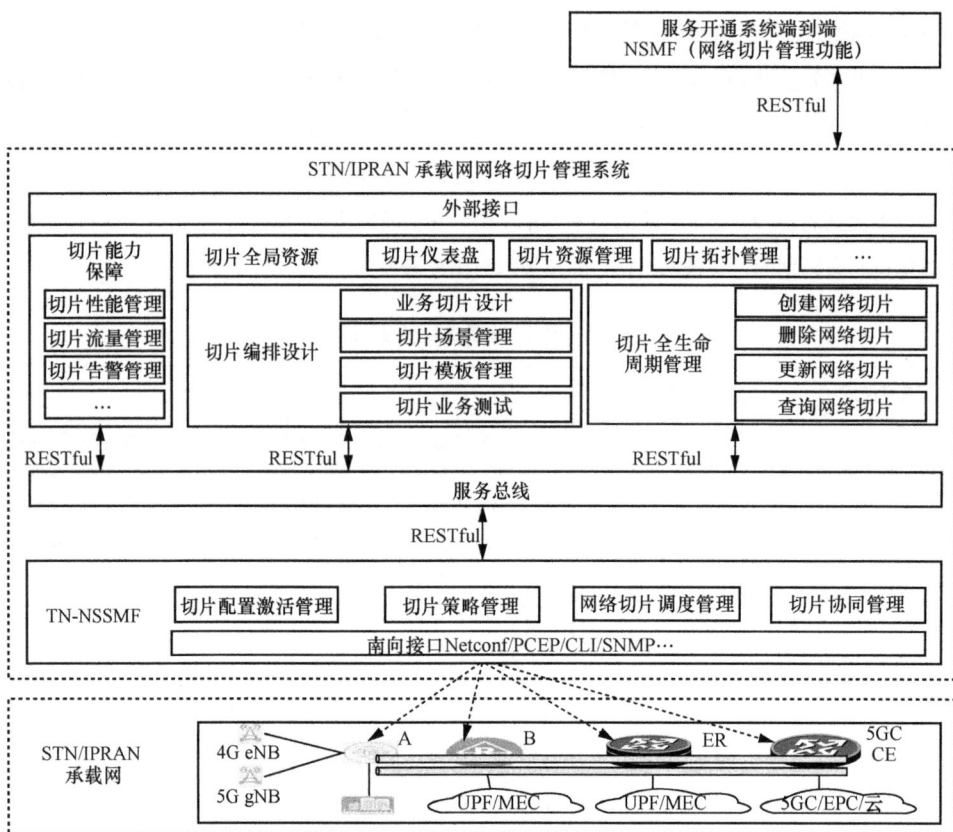

图 5-14　承载网切片子网管理系统架构

承载网网络切片管理系统采用微服务架构设计模式，各功能模块可独立部署，内部接口基于微服务总线实现模块功能注册与调用，对外基于标准 RestFul 接口提供 NSMF（由若干原子功能组合而成的逻辑管理单元）调用原子能力，便于快速将各种能力封装组合支撑业务需求，具体功能模块定义如下。

① 切片编排设计

切片管理系统通过切片应用场景管理及切片全生命周期管理，构建灵活的切片信息管理模型，将切片网络服务能力封装成模块化图形模块、拖放编排模式，提升切片编排设计水平，实现网络切片应用层可视化模型的快速生成。承载网网络切片管理系统的切片编排设计模块主要分为业务切片设计、切片场景管理、切片模板管理、切片业务测试。

结合网络实际情况，管理员可以创建承载网的切片子网模板（NSST），NSST 管理的具体功能包括新建 NSST、导入/导出 NSST、修改 NSST 基本参数、删除 NSST、NSST 启用/停用、NSST 查询等。管理员在系统中还可以创建承载网网络切片业务场景，包括低时延业务切片、

EMBB 业务切片、垂直行业业务切片、政企专线切片等，并可以根据要求进行 NSST 的修改、删除、启用、停用，并为 NSMF 提供已经启用的 NSST 规格数据。

② 切片全生命周期管理

TN-NSSMF 接收到 NSMF 的承载网子业务创建需求后，进行分析，根据需求确定场景模板和网络形态，并配置 NSSI，启动网络切片创建流程；网络切片创建好后，通过切片管理控制功能进行设备激活，完成子网切片激活。当 NSSI 与 NSI 其他部分之间的连接已经预先配置好，在激活 NSSI 之前，NSSI 是不能提供通信服务的。NSSI 激活后，NSSMF 将 NSSI 状态更改为已激活，并通知 NSMF 已激活 NSSI，NSSI 进入运行阶段，开始提供通信业务。切片全生命周期管理包括网络切片的创建、删除、更新、查询等操作。

③ 切片全局资源

主要负责全网统一的资源和资产管理，提供全局、实时的网络切片拓扑和状态监控，包括切片仪表盘、切片资源管理以及切片拓扑管理等。

④ 切片能力保障

该功能重点针对承载网切片能力保障，能够根据业务需求进行网络及业务测试、性能指标采集、处理子网切片运行产生的性能数据并分析网络切片运行状态，实现网络切片的监控，可以设定性能指标阈值，要求超过范围时生成性能告警。切片能力保障的主要功能模块可分为切片性能管理、切片流量管理、切片告警管理。

⑤ TN-NSSMF

TN-NSSMF 在创建承载网切片子网时，根据 NSMF 的要求调用承载网网络切片资源，进行网络切片路径计算、确定部署位置，并为 NSSI 操作和管理配置合适的策略，满足多切片调度管理的切片协同管理，最后完成切片端到端配置激活管理。

3．承载网切片子网应用部署

5G 承载网切片子网主要采用一张物理网络，通过网络切片技术手段，构建多张逻辑隔离的业务网络，助力运营商快速、低成本支撑未来业务类型丰富、承载要求差异化的多业务场景，是提高网络灵活性和业务适应性的关键技术。中国电信 5G STN 将是全球第一张应用 FlexE 接口技术、SRv6 技术的全新 5G 承载网。在汇聚层及以上核心设备全面开启引入 FlexE 接口技术。结合 5G 业务，承载网进行多省切片试点，积极推动 FlexE 接口技术、SRv6 技术在切片网络应用，丰富网络的可编程能力，并结合 VPN+QoS 技术，为 5G 客户提供业务隔离、宽带保障、时延抖动可确定的承载通道。推进 STN 具备敏捷扩展、智能化的能力，可使网络在用户大流量并发的极端情况下不影响用户体验。承载网切片子网应用部署如图 5-15 所示。

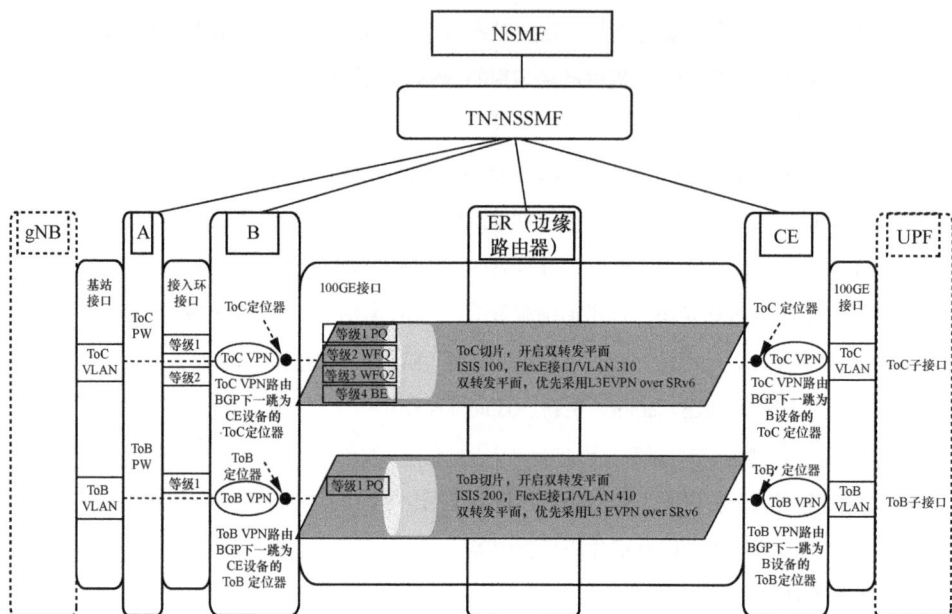

图 5-15　承载网切片子网应用部署

5G STN 默认开启 5G ToC 硬切片与 5G ToB 硬切片，并在不同切片中均开启了 ISIS（中间系统到中间系统）多路由进程，形成两张逻辑隔离且物理隔离的网络。此外，ToB 与 ToC 切片业务均叠加了 SRv6 隧道，并在 FlexE 硬切片中叠加了 VPN+QoS 等级调度。

针对切片业务端到端自动部署，TN-NSSMF 系统实现了上述切片部署方案，并与 NSMF 进行对接，负责承载网端到端切片设计，生命周期管理，网络切片端到端配置、激活，并根据客户需求，按需为上层系统提供承载网切片业务的可视化能力及运维保障能力。

4. IP 承载网切片研究扩展

IP 承载网切片是网络运营的新需求、新特征，其关键技术具体如下。

① 网络资源隔离。网络控制面和转发面隔离技术是网络切片的核心能力，转发面隔离的发展包括 NP、TM、FlexE 等技术的发展成熟，控制面隔离的发展包括静态配置管道平面，虚拟路由器技术的发展。

② 网络切片管理架构。网络切片管理架构应面向未来，适应 SDN/NFV 的网络演进，同时还能包容演进，随着网络单点技术的发展，不断成熟。

③ 网络切片自动化。网络切片会提升网络管理和运维的复杂性，因此自动化网络切片是承载网切片的关键要求，承载网切片自动化的难点在于不仅有资源切片还有拓扑切片，拓扑切片要面对客户的复杂约束要求，因此抽象和简化是承载网切片自动化的难点。

5.3 基于客户定制生成网络切片

5.3.1 网络切片 SLA 参数的选择

运营商作为通信服务的提供者，早已发现传统移动通信技术已经不能满足客户日益增长的个性化需求。传统模式更多是为客户提供几个不同的等级进行选择，依托于固定的业务模板，在一张网中"死板"地为客户提供服务。如果运营商提供的网络能力无法满足客户的需求，那么客户的用户体验一定很差，随之而来的是客户的投诉。反之，如果运营商提供的网络能力远超过客户的需求，的确保证了用户体验，但既浪费了网络资源，对于客户而言又意味着较低的投资回报率，并不是一个完美的解决方案。在 5G 网络切片技术中，网络切片的 SLA 参数就是这样一组紧密贴合用户需求的参数集合，而如何选择这些参数为客户"量体裁衣"，以提供更优质可靠的移动通信服务，便是运营商智慧的结晶。

网络切片的 SLA 参数描述了网络切片的能力，是网络切片模板的核心内容，而网络切片模板是生成 NSI 的重要依据，同时也间接地影响了 3 个子网乃至网元部署时的参数选择与赋值。合理地选择网络切片的 SLA 参数以满足客户的需求，不仅可以为客户提供理想的网络服务，也能为运营商减少网络建设的成本，从而节约网络资源。

尽管 GSMA 和 3GPP 都提出了几十个网络切片的 SLA 参数，但通过调研发现，一方面，根据目前的市场需求，有些 SLA 参数并不是必选的；另一方面，客户的关注重点并不是这些晦涩难懂的参数，而是自己的业务是否能够正常地运行。另外，在 5G 建设初期，某些 SLA 参数无法得到合理保障。所以，根据实际情况梳理了如下 17 个网络切片的 SLA 参数。

（1）使用区域

使用区域描述了网络切片的实际服务范围，这个范围可能是全球、全国、某省、某市乃至某些特定区域。对于全球和全国的服务范围，目前只能提供公众性的服务。对于省级以下的服务范围，可以提供差异化的服务，优先保障订购这些网络切片的企业和用户。特别地，对于一定范围内的企业园区，具备将小区和跟踪区映射成实际地理区域的能力，以实现精确覆盖。

（2）上行速率

这里说的上行速率指单个终端的上行速率，对于一般的上网业务，并不需要较高的上行带宽。而对于高清直播业务和视频采集业务，4K 分辨率的视频，甚至更高清的视频流，意味着需要超高的带宽，所以订购高上行速率的网络切片可以有效地保障这些业务。

另外，整个网络切片也会有一个总体的上行带宽，这个值一般是由单终端带宽、终端数量和激活比决定的。对于 EMBB 业务，激活比通常接近 1；而对于 MMTC 业务，激活比可能是 1/4 或者更低。由于激活比更多地取决于实际的业务，不确定性较高，所以在订购网络切片时并不推荐使用总上行带宽这个 SLA 参数，如果激活比的计算没有达到一定精度，它将毫无意义。

（3）下行速率

与上行速率相同，一定的下行速率是终端上网的基本需求。对于一般的上网业务，并不需要较高的下行带宽。而对于 AR/VR 影片、游戏等业务，100Gbit/s 甚至 1000Gbit/s 级别的数据流如果没有网络切片提供特定的网络路径和服务保障，在高峰期势必会造成拥塞，导致很差的用户体验。所以，对于 EMBB 业务，作为差异化服务的一种体现，下行速率可以划分为多个等级供客户选择。

（4）终端数量

终端数量是描述网络切片规模的 SLA 参数之一，它表示可以接入特定网络切片的终端数量。对于 EMBB 业务，通过终端数量和每个终端需要的网络资源与服务，可以大致估算出整个网络切片所需要的网络资源，从而更好地生成满足客户需求的网络切片。

事实上，终端连接数量也是估算网络切片规模的 SLA 参数之一，它表示同时接入特定网络切片的终端连接数量。对于某些 EMBB 业务，终端可能发起多个会话，建立多条连接，从而导致终端连接数量可能是终端数量的几倍。对于 MMTC 业务，虽然终端数量是百万级甚至千万级，但在激活比较小的情况下，终端连接数量可能是终端数量的 1/4 甚至更低，从而导致单纯地利用终端数量去估算网络切片，需要的资源可能出现严重的资源浪费现象。然而，在 5G 商用初期，多连接的 EMBB 业务与 MMTC 业务并不普及，所以更倾向于使用终端数量去描述网络切片规模。

（5）通话功能

通话功能是描述网络切片是否支持 IMS 的 SLA 参数。在面向公众的 EMBB 业务中，5G 手机的通话功能是不可或缺的。然而，一些特定的 EMBB 业务、MMTC 业务、URLLC 业务的终端可能根本就不支持 VoLTE 通话与 VoNR 通话，所以承载其业务的网络切片也没有必要消耗资源、进行多余配置去支持通话功能。

（6）用户数据接入

用户数据接入描述了 5G 终端数据流从移动网出口流出的去向。一般而言，用 DNN 进行标识。根据实际业务分类，又可分为如下几种。

① 互联网：一般 5G 终端访问互联网的数据业务，这是最普遍的、面向公众的。

② VPDN（虚拟专有拨号网络）：采用 GRE、L2TP 等技术，使企业在公共网络上构建一条虚拟的、不受外界干扰的专用通道，从而安全访问企业内网的内部数据资源的业务。

③ 本地接入：数据流从移动网出口直接流向企业内网，但不能访问互联网。这种业务通常采用 MEC 等技术方案，减少路由迂回与时延。

此 SLA 参数指导了网络切片生成网元的位置，同时也指示了相关的网络配置。

（7）端到端时延

端到端时延是衡量网络切片质量的一个重要 SLA 参数。本质上，它是将一个报文或分组从终端发送到服务器上、直到被服务器接收所需要的时间，包括从终端到基站的空口时延、基站处理时延、从基站到核心网中承载网的回传时延、核心网处理时延，以及从核心网到服务器的时延。普通 EMBB 业务对时延的要求并不高，而一些时延敏感的 EMBB 业务、V2X 业务、URLLC 业务都要求较低的时延。根据 3GPP 定义，普通 EMBB 业务的时延要求是 100ms，普通视频流的时延要求是 300ms。但对于一些时延敏感的 EMBB 业务，如 AR 业务，时延要求是 10ms，因为只有如此低的时延才能保证用户体验。而对于时延敏感的 GBR（保障比特速率）业务，例如，电力系统的 URLLC 业务时延要求是 5ms，其中从基站到核心网出口的时延甚至低至 2ms，这要求承载网中的回传时延足够低。所以，端到端时延的 SLA 保障不仅是对网络切片性能的挑战，还是对网络规划的挑战。

（8）可用性

可用性是描述网络切片稳定性的重要 SLA 参数。从定义上来看，它是按照签约 QoS 的端到端通信服务实际完成次数与期望完成次数的比值来判断的。它的取值随着可用性要求的高低基本可以分为 99.9%、99.99%、99.999% 3 档。实际上，在网络切片创建时很难通过配置的方式去确定整个系统的可用性。可用性的保障是通过实时观测和预测通信业务的质量、动态优化网络切片来完成的。

相似地，可靠性也是描述网络切片稳定性的参数。然而，它更关注网络本身，统计的是从一端发送的网络层报文或分组到达另一端的个数与总发送个数间的比值。客户对此并不敏感，对它的要求应该由运营商隐式确立，从而保障客户业务。所以，可用性比可靠性更适合作为面向客户的 SLA 参数。

（9）用户密度

用户密度代表单位面积内的 5G 终端数量。以面向公众用户的普通 EMBB 业务为例，在城市的一般区域内，由于人们的移动是随机的，所以用户密度相对较低；而在机场、火车站等区域中人流密集，高用户密度导致小面积区域内的无线资源抢占严重，用户体验很差。白天的办公区、夜晚的住宅区、周末的商业区，都是高用户密度的区域，而在 MMTC 业务中，一个面积不大的企业园区中可能运行着成千上万个 5G 终端。所以，用户密度决定了网络切片中无线网络如何建设、网络资源如何合理配置。

（10）隔离级别

隔离级别描述了网络切片的私有程度。客户订购的网络切片根据隔离级别的不同，可能部署在不同数据中心中，或者部署在同一数据中心的不同物理机中，也可能部署在同一物理机的不同虚拟机中。隔离级别越高，运行在同一区域中的其他业务导致的网络问题对网络切片承载业务的潜在影响越小。隔离级别指导了创建网络切片时的网络资源分配。

（11）服务优先级

设立服务优先级是实现服务质量差异化的一种方法。在网络资源充足时，服务优先级的设置并不会起到明显的作用。但是当网络资源受限、发生拥塞时，如果不设立服务优先级，用户之间可能会发生频繁的资源抢占，从而导致业务受损。而如果设立服务优先级，网络将优先保障高服务优先级网络切片中的业务不会被低服务优先级网络切片中的业务影响。高服务优先级既体现了客户对优质网络的追求，也隐含了较高的客户价值。

（12）计费类型

网络切片的计费类型分为简单计费与复杂计费。大型企业可以采用月租或年租的方式独享网络切片，而中、小型企业可能共享一个网络切片，所以采用流量、带宽、连接数等指标的多量纲计费更加贴合不同企业的多样化运营模式。

（13）扩缩容策略

扩缩容策略主要描述网络切片是否支持动态扩缩容。对于流量稳定的业务，网元基本不会发生扩缩容。而对于一些潮汐业务，动态扩缩容可以在保证网络切片业务的同时，合理地最大化资源利用率，从而使得按使用资源结算的企业得以节省开销。对于一些流量激增的业务，如网络直播业务，网络动态扩缩容也可以有效缓解网络压力。

（14）移动性（可选）

移动性描述了 5G 终端在网络切片覆盖区域内的移动速度。速度由低到高可以分为静止（0 km/h）、行人移动速度（0～10 km/h）、汽车移动速度（10～120 km/h）、火车移动速度（120～500 km/h）几类。终端高速移动导致的多普勒效应要求网络切片中的无线切片子网有更优秀的抗频偏性能。

（15）终端类型（可选）

终端类型可分为手机、CPE（用户驻地设备）、车载终端及其他类型的终端。终端类型在一定意义上隐含了业务类型，运营商可以据此创建更适合其话务模型的网络切片，从而更合理地分配网络资源。

（16）能力开放等级（可选）

能力开放等级是描述网络切片可控性和私有程度的 SLA 参数，运营商根据能力开放等级向订购者开放不同的权限。一般而言，企业客户不仅可以看到自己订购的网络切片的运行状态，还可以观测到网络切片内用户的行为。随着网络切片能力开放等级的提升，客户可以从中获取更多的数据，甚至获得部分用户管理权限和网络管理权限。网络切片需要对外提供服务接口以供客户调用，这样客户可以获得更高的参与感和认同感。

（17）高度（可选）

高度是网络切片对其覆盖区域内终端位置的一种感知。在某些业务场景下，不仅需要确定终端的二维位置，还需要确定终端的高度。例如，高楼中手机的定位、无人机飞行时的定位都与高度密切相关。

5.3.2　网络切片管理系统

1.5G 网络切片管理系统需求

5G 网络切片管理系统的主要需求如下。

（1）网络切片按需定制

5G 网络切片管理支持根据不同行业的用户需求，进行定制化的网络切片设计，快速满足多种应用场景需求和多样化的客户需求。通过模板修改、可视化拖曳式设计，实现"所见即所得"的切片设计。

（2）网络切片自动部署

5G 网络切片管理可根据用户的业务和订购及 SLA 要求，自动完成网络切片的部署，实现用户业务的快速交付。根据预置模板拆分无线网、承载网、核心网的时延、带宽和用户容量等要求，按照拆分的 SLA 要求，部署网络切片的网络功能，并进行网络切片的部署开通。

（3）网络切片全生命周期管理

5G 网络切片管理系统允许运营商创建、激活、去激活、修改和删除网络切片，允许运营商定义和更新网络切片支持的一组服务和功能。

（4）SLA 的监控与保障

端到端的网络切片集成了多个切片子网，在网络切片的运行过程中，需采集并监控网络切片的 SLA，以确保网络切片的性能。端到端网络切片 SLA 监控和策略闭环控制是一个复杂的闭环反馈控制系统，涉及网络切片 SLA 数据的收集、决策、策略执行和反馈等关键过程。

2．5G 网络切片管理架构

3GPP 将 5G 网络切片管理模式分为 3 个层次，上层是 CSMF（通信服务管理功能），与 NSMF 连接，主要负责将用户的需求转换成对网络切片的需求；中间层是 NSMF，主要负责 NSI 的管理和编排，接收 CSMF 对网络切片的需求，将其转换成对切片子网的需求，并下发给 NSSMF；下层是 NSSMF，包括 CN-NSSMF（核心网切片子网管理）、TN-NSSMF 和 RAN-NSSMF（无线网切片子网管理），主要负责 NSSI 的管理和编排，接收 NSMF 对各切片子网的需求，将其转换为对 NF 的需求。5G 网络切片管理架构如图 5-16 所示。

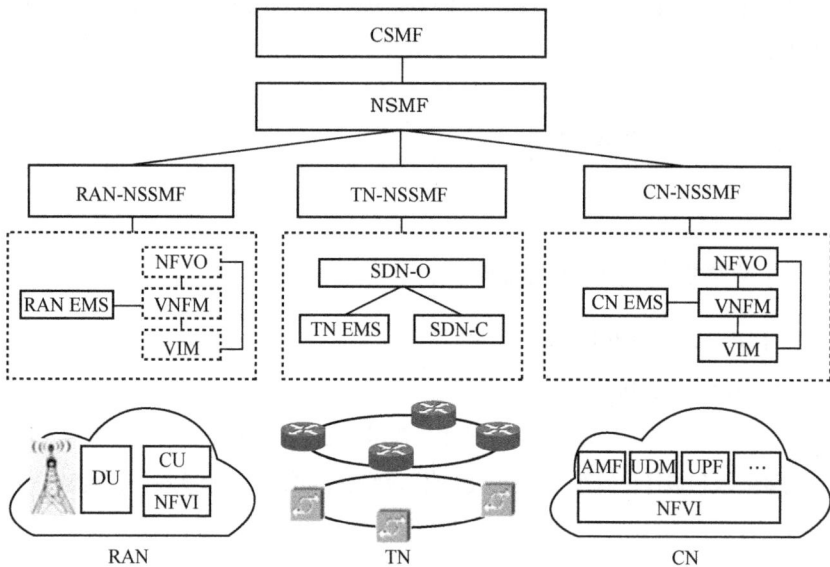

图 5-16　5G 网络切片管理架构

（1）CSMF

CSMF 接收客户的通信服务相关需求，并管理网络运营商提供的通信服务。CSMF 将客户的通信服务相关需求转换为网络切片相关需求（如网络类型、网络容量、QoS 需求等）。CSMF 向 NSMF 提供网络切片相应的指标要求，NSMF 根据 CSMF 的网络切片指标要求和模板进行网络切片部署和配置。

（2）NSMF

NSMF 负责端到端 NSI 的管理和编排，负责 NSI 全生命周期的管理和运营管理，主要功能包括网络切片模板管理和创建、激活、修改、停用、终止 NSI。NSMF 还负责网络切片运营管理，包括故障管理、性能管理、配置管理、策略管理、协同管理等功能。NSMF 向上与 CSMF

对接，获取通信服务管理对网络切片的相关要求，并向 CSMF 发送网络切片变化通知，向下与 NSSMF 对接，下发对各切片子网的编排和管理要求，并接收切片子网功能和配置的变化通知。

（3）NSSMF

NSSMF 主要负责对切片子网实例的管理和编排，包括 5G 网络的 CN-NSSMF、TN-NSSMF 和 RAN-NSSMF。

① CN-NSSMF

CN-NSSMF 主要负责 5G 核心网切片子网实例的管理和编排，它承接了 NSMF 对切片子网的管理和编排要求，调用虚拟化核心网的 NFVO（网络功能虚拟化编排器）进行切片子网管理和编排，调用核心网 EMS/NF 进行切片子网参数配置。

② TN-NSSMF

5G 承载网包括接入承载网（如 IP-RAN）和骨干承载网（如 CN2），承载网设备基本上还是物理网元，目前还不能虚拟化，切片子网要基于物理资源建立逻辑通道来实现。TN-NSSMF 实现对承载网切片子网实例的管理和编排，包括切片子网的全生命周期管理和切片子网实例的运营管理。

③ RAN-NSSMF

截至 2024 年 9 月，3GPP 还在讨论 RAN-NSSMF 的标准化，对于基站和空口如何进行切片还没有确定，短期内不进行切片管理。在将来明确无线网的切片之后，RAN-NSSMF 与 CN-NSSMF 类似，对于能够虚拟化部署的网元，可以按核心网 MANO 的模式进行管理和编排。

3．NSMF 要求

NSMF 主要负责端到端 NSI 的管理和编排，架构如图 5-17 所示。

图 5-17　NSMF 架构

（1）网络切片设计

网络切片设计指根据常见行业应用需求，结合网络实际情况，通过简便方式设计能满足业务需求的网络切片实现方案，形成网络切片模板。NSMF 根据通信业务需求或行业应用规则等，结合实际已经创建的 NSST 和规格进行端到端网络切片实现方案设计。一个 NST 是由多个 NSST 组成的，一个 NSST 也可以用于不同的 NST。

（2）网络切片模板管理

网络切片模板管理主要实现网络切片模板增加、修改、删除，以及上线、下线和停用等功能。网络切片模板管理主要对网络切片设计生成的模板进行管理，同时也要能够通过文件导入/导出网络切片模板，并为 CSMF 提供已经启用的网络切片模板的规格数据。网络切片模板基本信息（如标识、网络切片类型、优先级等）、网络切片 QoS 参数（如覆盖区域、时延、容量、移动性、可靠性等）模型可参考 3GPP TS 28.541 中的 NSI NRM（网络资源模型）定义；网络切片包含无线网、传输网和核心网的切片子网模型 NSST 信息，以及网络切片策略信息（如 QoS 闭环控制策略、自愈策略等）。

（3）网络切片子网模板规格管理

网络切片子网模板规格管理主要负责对各个切片子网模板规格进行查看。在进行网络切片模板的设计时，需要使用 NSSMF 提供的 NSST 的规格数据，可以通过接口提供，也可以通过规定格式的文件导入/导出。NSST 规格的主要信息包括 NSST 的名称、类型、版本号、使用区域等信息。

（4）网络切片全生命周期管理

网络切片全生命周期管理主要实现 NSI 的创建、激活、停用、修改、终止等功能。NSI 管理包含以下 4 个阶段。

① 准备

准备阶段包括网络切片模板设计、网络切片容量规划、网络切片需求评估、网络准备环境和在创建 NSI 之前需要完成的其他必要准备。

② 部署

部署阶段的配置包括创建 NSI。在 NSI 创建期间，分配和配置所有需要的资源以满足网络切片需求。NSI 的创建可以包括 NSI 组件的创建和/或修改。

③ 运营

运营阶段包括激活、监控、性能报告（如 KPI 监视）、资源容量规划、修改和 NSI 的去激活。在运营阶段的服务供给涉及 NSI 的激活、修改和去激活等。

④ 退网

NSI 退网时，对于非共享组件可以进行 NSI 删除，对于共享组件，需要从共享组件中移除 NSI 的特定配置数据。NSI 退网后，也要对 NSI 占用的资源进行释放。

（5）QoS 管理

QoS 管理功能主要负责管理从 CSMF 接收到的 QoS 数据，并根据网络切片模板进行子网切片分解。网络切片 QoS 管理主要是对 CSMF 根据客户业务需求发送给 NSMF 的 QoS 参数进行管理，以用于 NSI 的创建，并根据需要向 NSSMF 中的切片子网实例进行 QoS 参数分解或传送。

（6）网络切片故障管理

网络切片故障管理功能自动识别网络切片及其切片子网、网络功能的隐患，进行告警呈现和派单处理，并对网络切片运行情况进行预警。NSMF 通过接收的告警通知来监督 NSI，以了解并解决 NSI 的问题或潜在问题。如前所述，NSI 由 NSSI 组成，NSSI 能与一个 NSI 或多个 NSI 关联，要先建立 NSSI 与每个 NSI 间的关联，从而可以通过 NSSI 的告警了解 NSI 的告警。当 NSI 所包括的 NSSI、NF 资源等发生告警时，都应上报给所关联的 NSI，通过对告警信息的分析和关联，进行故障定位和故障派单，形成闭环的故障处理流程。

（7）网络切片性能管理

网络切片性能管理功能能够根据业务需求来测试、收集、处理网络切片运行生产的性能指标数据，并对其进行监控，可以设定指标阈值并在其超过范围时生成性能告警。NSMF 需建立 NSI 与 NSSI 间的关联，通过直接采集 NSI 的性能数据或通过采集 NSSI 的性能数据来合成 NSI 的性能数据。性能数据的采集可能通过管理采集任务的方式来选择合适的性能指标。性能数据采集任务采集与 NSSI 关联的 NSI 的性能数据，包括流量、负载、QoS 等。

（8）策略管理

策略管理功能能够配置与网络切片相关的操作和管理策略。策略管理功能可以根据服务要求和可用网络资源为 NSI 操作和管理配置适当的策略，此外，还可以配置违反相关策略时需要执行的有关操作。配置和实施适当的策略可以确保 NSI 的正确操作和管理。

4. NSMF 接口服务要求

（1）NSMF 与 CSMF 之间的接口服务

NSMF 应支持给 CSMF 提供以下接口服务。

① 网络切片模板规格查询。

② 网络切片全生命周期管理。

③ 网络切片故障信息查询。

④ 网络切片性能信息查询。

（2）NSMF 与 NSSMF 之间的接口服务

NSMF 需要访问调用 CN-NSSMF 提供的以下接口服务。

① 切片子网模板规格查询。

② 切片子网全生命周期管理。

③ 切片子网故障管理。

④ 切片子网性能管理。

5.4　网络切片的部署

根据运营商支撑体系的规划需要，网络切片管理系统可以采用一级部署或两级部署，一级部署指 CSMF、NSMF 及部分 NSSMF 都采用集中部署的方案，集中部署在一点上或分布部署在多点上，在分布部署的情况下，各个部署节点的地位相同；两级部署指 CSMF、NSMF 分两级部署，即分为集团级和省级两级，而 NSSMF 只部署在省级，如图 5-18 所示。不同的部署方案中，网络切片的开通受理流程有所不同。

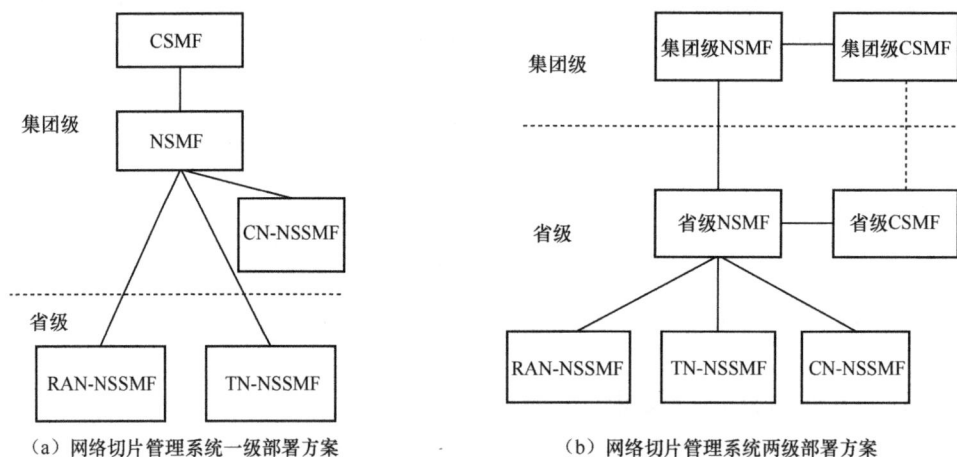

（a）网络切片管理系统一级部署方案　　　（b）网络切片管理系统两级部署方案

图 5-18　网络切片管理系统部署方案

5.4.1　网络切片的受理

网络切片的受理通过 CSMF 逻辑功能实现，一般情况下，CSMF 会与运营商的 CRM 系统整合或互通，重用运营商的客户管理功能、产品管理功能和订单管理功能等，实现网络切片的受理和订单生成。在网络切片对外销售之前，首先需要对网络切片产品进行设计和规划，明确产品规格、产品计费方式、网络切片产品与其他产品间的关系等。产品的规格主要与网络切片的模板相关联，网络切片产品上线前需要定义几类网络切片模板，并确定网络切片关键 SLA 的取值范围，然后对网络切片产品进行上架发布，发布后客户可以根据业务需求选择合适的网络切片产品[15]。

如果 CSMF 系统逻辑上采用一级部署方案，那么网络切片业务将统一管理、统一呈现、统一受理。不同省份可以通过分权分域的方式接入统一的 CSMF 系统，在这种部署模式下，不论是省内的网络切片业务还是跨省的网络切片业务，甚至是全国的网络切片业务，都要在集团级管理系统处统一受理。采用这种方式，便于对全网的网络切片业务统一管理，实行统一策略，也便于集团级管理系统掌握各省网络切片业务的开展情况、进行统筹规划。

如果 CSMF 系统逻辑上采用两级部署方案，网络切片业务可以分两级管理，集团级 CSMF 系统管理和受理跨省甚至全国的网络切片业务，省级 CSMF 系统管理和受理省内网络切片业务；如果打通两级 CSMF 体系实现联动，省级也可以代理受理跨省和全国网络切片业务，并将需求转给集团级 CSMF 系统处理。基于这种架构，省级 CSMF 系统只负责省内网络切片业务的管理，各省可以根据省内网络情况和业务需求开展省内特色网络切片业务，有利于各省差异化产品的推出，有利于省公司自主拓展与企业客户的合作。

不论基于哪种架构，在逻辑上 CSMF 系统受理了网络切片业务后，即明确了客户对网络切片的关键 SLA 要求，CSMF 系统进一步将网络切片的业务需求转换为网络需求，并传递给 NSMF 进行网络切片的编排和开通。

5.4.2　网络切片的开通

在运营商系统中分为 B（业务）域和 O（运营）域两大领域，CSMF（可以与 CRM 集成）属于 B 域；NSMF 与 NSSMF 属于 O 域，逻辑上的 NSMF 也可以与运营商现有的服务开通系统、服务设计与编排系统等 O 域支撑系统进行集成，可以通过对 O 域系统进行升级改造来支持网络切片业务的开通。

当 CSMF 受理了客户的网络切片业务需求后，将客户需求转换为网络需求（匹配网络切片模板）并传递给 NSMF，NSMF 根据 CSMF 提供的用户 SLA 要求和 NSSMF 提供的模板进行 NSI 的设计，包括网络拓扑设计、网络路由设计及网络容量设计等。目前，网络切片设计功能还不能实现完全自动化，还需要人工参与并借助一些工具来完成。网络切片设计完成之后，在网络切片业务开通之前，还需要通过运营商的资源管理系统进行资源核查，包括核查云资源、基站部署情况、传输资源等，当资源可以保证满足网络切片业务需求时，再进行后续的业务开通流程，否则要等资源准备充足再进行业务开通，或者向 CSMF 反馈该网络切片业务不能开通。然后 NSMF 需要将客户提出的端到端 SLA 要求按域分解，发送给 RAN-NSSMF、CN-NSSMF 和 TN-NSSMF。类似 UE 上下行速率的指标，需要在各个子域中进行保障，因此可以将之直接转给各个子域执行。类似端到端时延的指标，则需要在各个子域中进行指标分解，分解率可以基于经验值进行预配置，也可以基于传输距离、节点处理时延等通过动态计算得出。

RAN-NSSMF、CN-NSSMF 和 TN-NSSMF 接收到 NSMF 指令后，各自进行子域的编排和配置，对于无线域和承载域主要进行网络切片参数配置，无线网主要配置支持的 PLMNIDList、S-NSSAIList、QoS 参数等。承载网采用的切片技术不同（VPN 或 FlexE），进行的配置也不相同。核心网子域的操作根据切片的共享特性不同而不同，如果需要独享网元，CN-NSSMF 需要通过 NFVO 生成网元，然后再进行网络切片相关参数和数据的配置；如果是共享网元，直接配置网络切片相关参数及所需的数据就可以了，核心网配置的参数包括 PLMNIDList、S-NSSAIList、设备域名等。3 个子域配置完成后，网络切片就生成了，此时网络切片成功开通。

以上是网络切片开通的逻辑流程，根据网络切片部署情况的不同，开通的流程略有差别[16]。如果采用一级部署架构，对于跨省的部分网元共享、部分网元独享的网络切片的开通流程如下。

① 接收到 CSMF 的网络切片开通请求后，开通系统调用运营商资源核查系统，核查所涉及省份是否具备虚拟机资源、端口资源等；如果具备足够的资源，按域执行资源配置和预留等。

② 调用跨省承载网管理系统，配置涉及的各省间的承载网切片；各省 TN-NSSMF 实现承载网设备的切片配置。

③ 集团级 CN-NSSMF 调用省公司核心网 NFVO，实现独享网元的拉起。

④ 集团级 CN-NSSMF 实现各省核心网独享网元和共享网元的切片配置。

⑤ 集团级 RAN-NSSMF，实现各省无线设备的切片配置。

网络切片激活后，在 UE 使用网络切片服务之前，还必须进行网络切片服务的签约。UDM 的签约过程是将 UIM 卡中的 SUPI（即 IMSI）信息和 UDM 中的 S-NSSAI 绑定，PCF 的签约过程则是将 SUPI 与相应的业务策略绑定，成功签约后，UE 就可以使用网络切片服务了。

5.5 网络切片安全

网络切片的引入提升了 5G 网络的灵活性，但其实现机制和底层技术带来了新的安全威胁。网络切片的安全诉求主要聚焦网络切片隔离、网络切片认证、网络切片管理等网络切片自身安全，作为基础技术的虚拟化安全，以及面向垂直行业的应用安全等方面[17]。

5.5.1 网络切片面临的安全挑战和需求

（1）网络切片面临的安全挑战

网络切片面临的安全挑战分为网络切片内部和网络切片外部面临的安全挑战，网络切片内部面临的安全挑战主要来自网络切片管理面安全、网络切片自身安全防护、数据安全方面；网络切片外部面临的安全挑战主要来自与 UE 的交互。网络切片面临的安全挑战如图 5-19 所示。

① 网络切片管理面安全：攻击者可能会通过多种途径非法获取网络切片的管理授权，针对 NSI 执行非法创建、修改、删除等操作，影响网络切片服务的可用性。

② 网络切片自身安全防护：网络切片自身安全防护措施不到位的情况，可能导致网络切片间的资源挤占，被攻击的网络切片或出现故障的网络切片影响其他网络切片，以及网络切片间的接口被非法操纵等安全问题。

③ 数据安全：在网络切片运行时，攻击者可以通过多种途径窃取用户凭证、NSI ID 等敏感数据；或在网络切片下线后，攻击者会利用尚未清除干净的配置信息和部分数据，提取敏感信息，导致信息泄露等安全问题。

④ 与 UE 的交互：攻击者能够利用认证授权流程中的漏洞，非授权地接入网络切片，进一步地，若此时 UE 同时接入多个网络切片，攻击者有可能进行横向移动，破坏其他网络切片数据的机密性和完整性[18]。

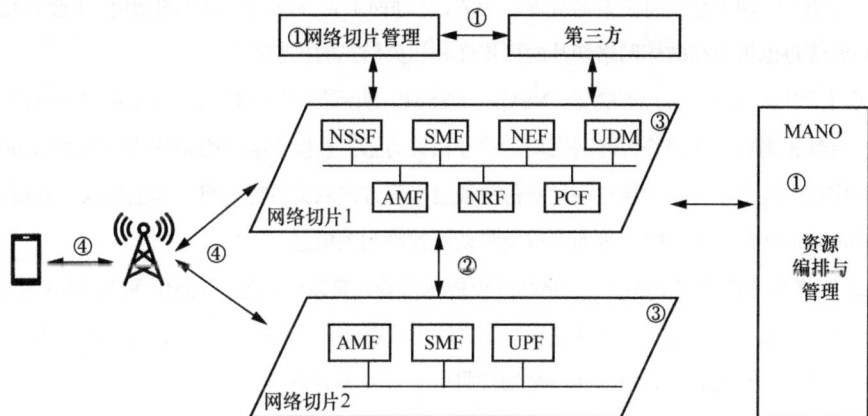

图 5-19　网络切片面临的安全挑战

（2）网络切片安全需求

运营商根据不同的应用场景（EMBB、URLLC、MMTC）将物理网络切分为多个虚拟的端到端网络，根据配置为每个网络切片提供相应的资源。综合考虑网络切片架构体系带来的风险及行业业务特征，网络切片的安全需求具体如下。

① 网络切片的认证和授权：网络切片需要提供必要的认证和授权机制，防止未经授权的 UE 接入网络切片获得网络切片服务，对 UE 接入进行认证并保证各类接入链路的通信安全。另外，网络切片管理平面和 API，以及第三方 API 的访问，均需要获取授权并验证。

② 网络切片的隔离：网络切片应能有效隔离内部的资源，当遭受攻击时不会影响其他网

络切片的正常运行,将潜在的网络攻击限定在单个网络切片内,当 UE 通过多个网络切片访问服务时,应能保障各网络切片的数据不会泄露。

③ 灵活的安全机制:单一的安全防护策略难以应对 5G 网络多场景下的安全需求,需要根据不同行业应用,采用灵活的安全机制并提供定制化的安全防护措施。

④ 数据安全防护:网络切片的认证数据和重要的业务数据传输时应注重保护数据的机密性和完整性。

5.5.2 网络切片面临的安全威胁识别

网络切片面临的安全威胁可分为网络切片管理安全威胁、网络切片自身安全威胁、网络虚拟化安全威胁 3 部分[19]。

(1)网络切片管理安全威胁

网络切片管理安全威胁主要与管理面相关,管理面主要涉及网络切片的创建、更改和删除,所面临的威胁也集中在破坏网络切片的可用性和相关信息的机密性上。

① 管理接口安全威胁:CSMF、NSMF、NSSMF 等网络切片管理相关网元负责网络切片的创建、更改和删除,存储并传递网络切片管理相关消息,直接影响网络切片的可用性和相关信息的机密性。攻击者可能会通过绕过身份验证流程等方式欺骗目标主机,非法提权,利用管理接口获取网络切片管理权限,进而窃取网络切片管理相关信息。

② 网络切片模板安全威胁:网络切片模板包含着大量敏感信息,NSMF 和 NSSMF 依据网络切片模板生成 NSI。当网络切片模板以明文的形式存储和传输时,会面临信息泄露和被篡改的风险,可能导致敏感信息外泄和网络切片服务不可用等后果。

③ 密钥安全威胁:密钥与网络切片自身安全息息相关,需要针对不同的应用场景设计不同的密钥管理分发流程,并加强对密钥的管理和保护,否则可能面临密钥信息泄露、密钥管理结构复杂而导致攻击面扩大等安全威胁。

④ 能力协商安全威胁:能力协商模块保障网络切片能按照客户的需求提供服务。如果缺少标准化的协商过程、协议和接口,则将暴露更多的攻击面,攻击者可以利用流程中的漏洞,窃取、篡改协商信息,进而影响网络切片的可用性。

⑤ 监督报告文件安全威胁:监督报告文件由网络切片监控程序生成并提交给网络切片管理网元,其中包含网络切片运行情况等敏感数据,可能引发网络切片管理网元对 NSI 的修改,如停止该网络切片服务、增加或减少该网络切片的资源等。监督报告文件面临着敏感信息暴露、信息被篡改导致的 NSI 非授权修改等安全威胁。

（2）网络切片自身安全威胁

网络切片自身安全威胁可分为网络切片全生命周期各阶段面临的安全威胁，以及相关敏感数据面临的安全威胁两大部分。

① 网络切片全生命周期各阶段面临的安全威胁：在准备阶段，主要关注网络切片模板面临的信息泄露和模板被篡改等安全威胁。在实例化阶段，应关注管理接口的非授权访问等安全威胁。在运行阶段，首先应关注 UE 接入网络切片和网络切片间通信面临的安全威胁，如多种身份验证机制带来的攻击面扩大、正常认证授权流程被绕过、非授权接入网络切片的威胁；篡改或伪造用于进行网络切片选择的数据，导致网络切片选择结果不正确的威胁；访问控制粒度过粗导致的越权访问威胁；通过网络切片间接口攻击管理面和用户面的威胁。其次，还应注意网络切片间的资源挤占导致的网络切片服务不可用的威胁。在网络切片运行终止阶段，应关注网络切片资源未彻底收回、配置和敏感信息未得到及时的妥善处理导致的资源浪费、信息泄露等安全威胁。

② 敏感数据面临的安全威胁：需关注网络切片接入、网络切片选择、网络切片漫游等场景下敏感数据的外泄风险，以及敏感数据泄露带来的数据被篡改和假冒的威胁。如网络切片接入和选择时的用户凭证、NSI ID 等敏感数据的泄露，网络切片漫游场景中外发 NSSAI 时发生的数据泄露等。

（3）网络虚拟化安全威胁

网络虚拟化安全威胁主要指虚拟化资源层、管理层，以及 SDN 架构面临的安全威胁。

① 虚拟化资源层面临的安全威胁：首先需关注 VNF（虚拟网络功能）全生命周期面临的安全威胁，如模板篡改、非法执行 VNF 实例、资源挤占、敏感信息外泄等，其次应注意虚拟机自身面临的安全威胁，如 Hypervisor 软件漏洞、虚拟机逃逸等。

② 虚拟化管理层面临的安全威胁：虚拟化管理层特有的安全威胁包括 MANO 敏感数据外泄、MANO 管理权限滥用、管理相关消息被篡改等。

③ SDN 架构面临的安全威胁：分层的 SDN 架构引入新的安全威胁，如南向接口协议不规范导致的流程复杂、攻击面扩大等风险；数控（数据控制）分离导致控制器安全风险增加，面临 DoS 攻击、伪造主控制器或者网络设备实施身份欺骗等威胁；北向接口缺乏认证将导致越权访问等威胁。

5.5.3 网络切片安全防护措施

网络切片既有云时代业务定制化的特点，又有传统资源型产品专有属性的特征。针对网络切片技术的引入带来的新攻击面和安全威胁，运营商需要结合不同客户对网络切片提出的差异化安全需求，秉承攻击面最小化、隐私保护、业务隔离等安全设计原则，通过多层次安全措施和安全服务协同，保障 5G 网络切片安全。

（1）多维度协议安全

网络切片可利用 5G 系统自身安全机制提供的多维度协议安全，包括接入的认证鉴权、信令面数据和用户面数据的加密传输、隐私数据保护等，规避越权运维、数据泄露等风险。

网络切片在 5G 系统提供的基础鉴权能力的基础上，还可采用网络切片认证和二次认证机制，提供企业应用会话级鉴权，灵活地支持各种应用场景的身份认证和授权。在网络切片管理方面，当 CSMF 位于运营商的信任域之外时，CSMF 和 NSMF 之间使用 TLS（传送层安全协议）基于客户端和服务器证书相互进行身份验证，或者基于 TLS-PSK（预共享密钥）进行身份验证，用于为管理公开接口提供机密性和完整性保护，防止重放攻击。运营商对第三方网络切片管理的授权可以采用 OAuth 框架，或者自定义的管理策略。

数据防护措施还包括通过使用差异化的密钥加密传输来防止密钥泄露引发的网络切片攻击，采用空口 NSSAI 加密进而保护敏感用户隐私，实施网络切片级防火墙防护，采用 IPSec 端到端加密等手段杜绝数据泄露。

（2）端到端安全隔离

从整体架构来看，每个网络切片均由不同层面的切片子网组合而成，为确保网络切片的资源和不同网络切片的管理互相不影响，将潜在的网络攻击限制在单个网络切片上，需考虑接入侧、转发面、管理/控制面、网元/资源和数据方面的端到端安全隔离机制。

① 接入侧：需要通过适当的认证手段确保签约用户才能接入指定的网络切片，并通过授权机制防止用户非法访问未授权的网络切片。

② 转发面：核心网可通过防火墙实现物理隔离，可基于虚拟防火墙、VLAN/VxLAN 实现逻辑隔离。承载网可通过专线、刚性管道，以及利用 FlexE/FlexO（灵活光传送网）、ODUflex（灵活速率光数字单元）等技术实现物理隔离，可基于 VPN+QoS 实现逻辑隔离。

③ 管理/控制面：可通过独立的管理系统实现不同网络切片管理的物理隔离。可通过 OSS/SDN 控制器实现分权分域的逻辑隔离。例如，为租户分配不同的账号和权限，每个租户仅能对属于自己的网络切片进行管理维护，而无权对其他租户的网络切片进行管理。

④ 网元/资源：物理隔离可通过使用专用的物理主机实现。逻辑隔离可通过虚拟机、容器技术实现。网络切片在基础资源层上使用基于 NFV 技术的资源隔离技术。例如，为不同的网络切片分配不同的虚拟机/容器承载网络切片的网络功能，通过虚拟机/容器隔离机制实现网络切片在基础资源层上的隔离，使承载的每个网络功能实体都无法突破虚拟机/容器管理器给出的资源限制。

⑤ 数据：考虑通过独立的物理存储资源进行数据的物理隔离，通过虚拟存储、不同级别的访问控制和加密机制实现逻辑隔离。

（3）网络切片安全服务按需定制

不同的垂直行业、多样化的应用和网络切片类型对安全能力要求不同，如 EMBB 场景要求严格的安全认证机制和强大的加解密能力，MMTC 场景需要轻量级的安全算法和简单高效的安全协议，而 URLLC 场景需要快速认证和安全级别更高的安全防护措施，因此，5G 网络需要为不同应用配置差异化的安全功能和安全保护机制。

① 网络切片安全基线：基于不同网络切片类型为不同的客户和差异化应用建立相应的网络切片安全基线，提供达到基础技术标准及要求的认证、隔离等通用安全能力，配备网络切片安全基线检测系统，对不同等级网络切片涉及的网络、主机和数据进行风险点识别和配置核查。

② 网络切片差异化安全能力增强：以网络切片为单位构建 5G 网络安全的监测预警与管控机制，多渠道实现安全态势感知信息的收集，结合预警知识库、预案知识库给予辅助决策，适时调整网络节点的安全防护策略，在提升集中式运维管理效率和能力的同时，通过网络切片的特有安全服务定制，满足不同行业和应用的安全需求并达到安全标准。

参考文献

[1] 黄钟明. 5G 网络架构设计与标准化进展[J]. 信息通信, 2018, 31(4): 270-271.

[2] 中国电信, 国家电网, 华为. 5G 网络切开使能智能电网[R]. 2018.

[3] OIF. Flex Ethernet implementation agreement 1.0[R]. 2018.

[4] OIF. Flex Ethernet implementation agreement 2.1[R]. 2018.

[5] 3GPP. Feasibility study on new services and markets technology enablers for network operation; stage 1: 3GPP TR 22.864[S]. 2016.

[6] 3GPP. Study on architecture for next generation system: 3GPP TR 23.799[S]. 2016.

[7] 3GPP. Management and orchestration; provisioning: 3GPP TS 28.531 version 16.6.0[S]. 2020.

[8] 魏垚, 谢沛荣. 网络切片标准分析与发展现状[J]. 移动通信, 2019, 43(4): 25-30.

[9] 3GPP. System architecture for the 5G system: 3GPP TS 23.501[S]. 2018.

[10] 3GPP. Security architecture and procedures for 5G system: 3GPP TS 33.501[S]. 2020.

[11] 3GPP. NR; ovcrall description; stage-2: 3GPP TS 38.300[S]. 2019.

[12] 杨立, 李大鹏. 网络切片在 5G 无线接入侧的动态实现和发展趋势[J]. 中兴通讯技术, 2019, 25(6): 8-18.

[13] 3GPP. Study on enhancement of RAN slicing: 3GPP TS RP-193254[S]. 2019.

[14] 尹远阳, 林贵东, 杨广铭, 等. 面向 5G STN 承载网络 FlexE 切片技术[J]. 电信科学, 2021, 37(7): 126-133.

[15] CCSA. 5G 移动通信网络能力开放研究[R]. 2018.

[16] IMT-2020(5G)推进组. 基于 AI 的智能切片管理和协同白皮书[R]. 2019.

[17] AFOLABI I, TALEB T, SAMDANIS K, et al. Network slicing and softwarization: a survey on principles, enabling technologies, and solutions[J]. IEEE Communications Surveys & Tutorials, 2018, 20(3): 2429-2453.

[18] 3GPP. Study on securily aspects of 5G network slicing management: 3GPP TR 33.811[S]. 2018.

[19] 3GPP. Study on security aspects of network slicing enhancement: 3GPP TR 33.813[S]. 2020.

第 6 章

能力开放赋能 5G 网络

本章首先介绍 3GPP 标准关于 5G 网络的能力开放，包括详细的功能及可能的能力开放架构方案；然后阐述中国电信在 5G 网络能力开放方面的探索和实践，探讨 5G 网络典型能力开放端到端解决方案，甄选 MEC 业务、CDN 调度类业务、多方音视频会话业务等典型能力开放业务，并以此业务需求为基础，研究提出能力开放的网络和平台架构及详细的业务流程；最后对全国范围的 5G 网络能力开放部署架构进行简要的描述。

相比 4G 网络主要服务公众用户，5G 网络更加聚焦垂直行业、互联网企业、政务等场景，相应地，5G 网络的能力开放除了继承 4G 网络能力，也增加了一些 AF（应用功能）影响路由、网络数据分析上报等更注重用户体验、ToB 的能力。

6.1 5G 网络支持的能力开放

5G 网络通过 5G 能力开放网元 NEF（网络开放功能）支持以下网络能力的对外开放[1]。

① 监控能力：在 5G 系统中，监控 UE 的特定事件并将能力开放给应用方，支持配置、检测并上报监控事件等，监控的内容包括 UE 位置、UE 可达性、漫游状态、连接丢失等。

② 配置能力：允许 AF 配置终端、业务等信息向 5G 网元开放，包括应用方授权认证，接收外部的配置信息、存储信息并发送给相关网元。其中提供的信息包括终端预期行为（用于 UE 移动性管理或会话管理等）、5G-VN（虚拟网络）组信息、业务特定信息等。

③ 策略/计费能力：根据应用方请求为 UE 实施 QoS 和执行计费策略，其中包括用于 UE 会话的 QoS/优先级处理、设置合适的计费方或费率等。

④ 分析上报能力：允许应用方获取或订阅来自 5G 网络的分析数据，其分析数据来自 NWDAF（网络数据分析功能）的获取数据。

其中 5G-VN 组信息配置和业务特定信息配置、分析上报能力等是 Rel-16 标准阶段的新增能力，也是 5G 相对于 4G 的特色能力。

① 5G-VN 组信息：5G 网络支持 5G-VN 业务，一个 5G-VN 组包含一组使用 5G-VN 业务的终端，通过 5G 能力开放，应用方可动态进行 5G-VN 组的管理，包括对 5G-VN 标识、5G-VN 组成员、5G-VN 组数据（如 PDU 会话类型、DNN、S-NSSAI、应用描述）等进行管理。

② 业务特定信息：应用方可为网络配置业务特定信息，并通过网络将业务特定信息传递给终端，业务相关信息包括用于识别业务的业务描述信息（DNN、S-NSSAI、应用 ID 等）、其他需要传递给网络和终端的业务特定信息等。

③ 分析上报能力：应用方可从 NWDAF 获取分析报告，NWDAF 也可从应用方获取业务数据，通过 NEF 进行映射、翻译等相关处理，用于 NWDAF 进行网络切片等业务体验数据分析、网络性能分析、UE 移动性分析等。

除以上开放能力，在 3GPP 标准中提出了 AF 影响路由的新能力，此能力是支持 MEC 实现边缘分流、灵活路由的重要辅助手段。

AF 影响路由指 AF 可请求影响 SMF 对于 PDU 会话数据流的路由决策，AF 请求可影响 UPF

的选择或重选，并允许将用户数据流通过本地路由到外部数据网中。AF 影响路由适用于非漫游和 LBO 模式，不支持 HR（归属路由）模式，即 AF、PCF、SMF、UPF 归属于当前的服务 PLMN，或归属于第三方的 AF 与当前服务 PLMN 签有漫游协议。

AF 请求可直接发送给 PCF 或通过 NEF 发送给 PCF，其中对于单个终端的请求，面向正在进行的 PDU 会话，可直接发送给 PCF 或通过 NEF 发送给 PCF；对于多个或任意终端的请求，面向正在进行或将来建立的 PDU 会话，可通过 NEF 发送给 PCF。AF 还可订阅用户面路径管理事件通知，即当用户面路由发生改变时，SMF 可上报相关信息，用于 AF 下一步的路由决策。

其中 AF 请求中主要包含几类信息。

① 数据流标识信息：需要影响或订阅通知的数据流描述信息（DNN、网络切片标识、数据流 IP 地址、应用标识等）、目标终端标识（IP 地址、手机号、5G-VN 组 ID 等匹配的任意终端等）。

② 路由信息：应用所处位置及相关路由信息（如 VPN 或隧道信息等）。

③ 时间、地点等条件：AF 可对处于设定区域范围内的终端激活路由策略或在设定时间内激活路由策略等。

④ 应用相关要求：AF 可根据应用的业务特性、服务器部署位置、服务器负载情况等提出一些要求，如选定应用服务器部署位置后，由于位置改变等是否重新选择服务器、终端 IP 地址是否保持不变等。

⑤ 用户面路径管理事件的订阅：指示 AF 是否订阅 PDU 会话的用户面路径改变通知及订阅参数等。

PCF 根据从 AF 接收到的信息、运营商策略等对 AF 进行授权认证、确定相应的 PCC 规则，然后发送给 SMF；SMF 根据 PCC 规则选择用户面路径，在 UPF 上配置检测和转发规则等，并且应 AF 订阅要求，及时上报用户面路径改变通知。

6.2 5G 网络能力开放平台架构

6.2.1 NEF 功能架构

NEF 作为 5G 网络中的能力开放关键网元，北向提供 N33 接口通过 API 将 5G 网络能力开放给 AF，南向连接 5G 网络内的 PCF、SMF、UDM 等各种网络功能实体，通过 3GPP 接口获取策略、会话、位置等，如图 6-1 所示[1]。

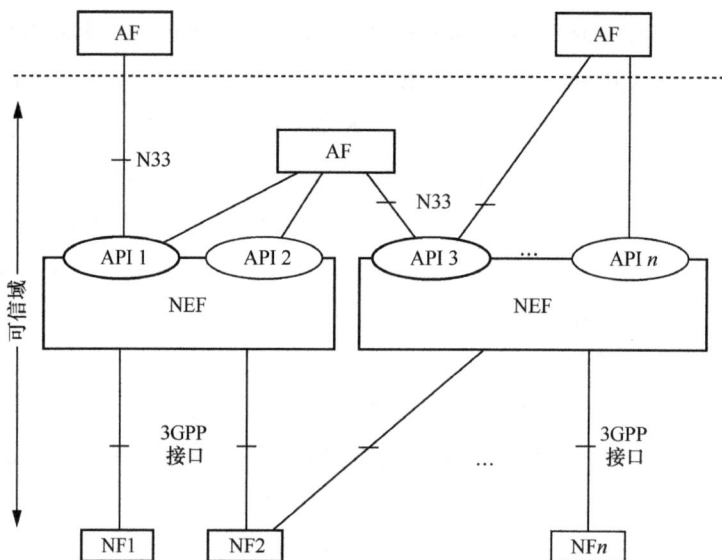

图 6-1　NEF 架构模型

NEF 主要支持以下能力。

① 能力和事件的对外开放：5G 网络能力和事件通过 NEF 安全开放给第三方、AF、边缘计算等。

② 外部应用安全地为 5G 网络提供信息：提供的信息包括 UE 预期行为、5G-VN 组信息、业务特定信息等；在安全方面，NEF 提供鉴权机制、认证机制及协助控制 AF 流量等。

③ 内外部信息的转换：包括 AF 信息和内部网络信息的翻译，如将 AF ID（AF 服务标识符）映射为 DNN 和 S-NSSAI；NEF 还支持根据网络策略，向外部 AF 屏蔽网络和用户相关的敏感信息。

④ 网元信息的获取及开放：从 5G 网络中的各网元获取网络能力开放信息，并开放给其他网元、AF，或用于分析等其他目的。

6.2.2　CAPIF 功能架构

1．CAPIF 功能模型

CAPIF（通用 API 框架）[2]提供支持业务 API 的机制，包括业务 API 的发布和发现、安全、计费、操作管理及维护、业务 API 调用监控、记录日志、审计业务 API 调用、API 调用者上线、策略配置、协议设计、统一 ID、API 提供者域间交互、业务 API 调用的动态路由、API 提供者域功能注册等。

　　CAPIF 功能模型用于描述支持 API 调用者接入和调用业务 API 的功能模型架构，CAPIF 功能模型可用于任意提供业务 API 的 3GPP 功能。

　　图 6-2 描述了基于参考点的 CAPIF 功能模型。

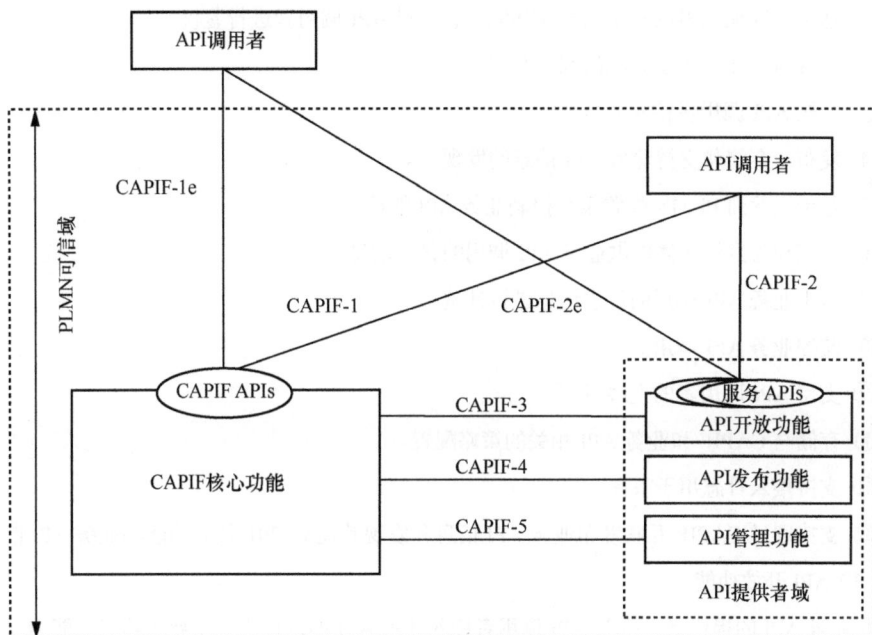

图 6-2　CAPIF 功能模型

　　CAPIF 位于运营商 PLMN 网络内。API 调用者主要由与运营商合作的第三方应用提供，API 调用者可能处于与运营商网络相同的可信域内。

　　处于 PLMN 可信域内的 API 调用者与 CAPIF 通过 CAPIF-1 和 CAPIF-2 接口交互；处于 PLMN 可信域外的 API 调用者与 CAPIF 通过 CAPIF-1e 和 CAPIF-2e 接口交互；API 提供者域包含 API 开放功能、API 发布功能和 API 管理功能，在 PLMN 可信域内分别通过 CAPIF-3、CAPIF-4、CAPIF-5 接口与 CAPIE 核心功能交互。

2．CAPIF 功能实体描述

（1）API 调用者包括的主要能力

① 触发 API 调用者的上线/下线。

② 支持通过提供 API 调用者身份及其他相关信息进行 API 调用者鉴权。

③ 支持与 CAPIF 之间的双向鉴权。

④ 在接入业务 API 之前获取 CAPIF 核心功能的授权。

⑤ 发现业务 API 信息。

⑥ 调用业务 API。

（2）CAPIF 核心功能包括的主要能力

① 基于 API 调用者的身份信息和其他信息，对 API 调用者进行鉴权。

② 支持与 API 调用者之间的双向鉴权。

③ 授权 API 调用者接入业务 API。

④ 发布、存储和支持业务 API 信息的发现。

⑤ 基于运营商 PLMN 配置策略控制业务 API 的接入。

⑥ 存储和为授权实体提供业务 API 调用的日志信息。

⑦ 基于业务 API 调用的日志信息进行计费。

⑧ 监控业务 API 调用。

⑨ 支持 API 调用者的上线/下线。

⑩ 存储与 CAPIF 和业务 API 相关的策略配置。

⑪ 支持接入日志用于审计。

⑫ 支持通过 CAPIF 互联发布业务 API 信息和发现其他 CAPIF 核心功能的业务 API 信息。

（3）API 开放功能

是业务 API 的提供者，也是 API 调用者接入业务 API 的入口点，主要包括以下能力。

① 基于 API 调用者的身份信息和其他信息，对 API 调用者进行鉴权。

② 对 CAPIF 核心功能提供的授权进行验证。

③ 记录 CAPIF 核心功能的业务 API 调用。

（4）API 发布功能

API 提供者发布业务 API 信息，用于发现 API 调用者，主要包括以下能力。

将 API 提供者的业务 API 信息发布给 CAPIF 核心功能。

（5）API 管理功能

由 API 提供者进行业务 API 的管理，主要包括以下能力。

① 对从 CAPIF 核心功能接收到的业务 API 调用日志进行审计。

② 监控 CAPIF 核心功能报告的事件。

③ 为 CAPIF 核心功能配置 API 提供者策略。

④ 监控业务 API 状态。

⑤ 支持 API 调用者的上线/下线。

⑥ 在 CAPIF 核心功能上注册和保持 API 提供者域功能的注册信息。

3．CAPIF 参考点

① CAPIF-1/CAPIF-1e：分别用于在 PLMN 可信域内或域外的 API 调用者发现业务 API，鉴权并获得授权，包括 API 调用者的上线/下线、API 调用者的鉴权、AIP 调用者和 CAPIF 核心功能间的双向鉴权、接入业务 API 前的授权、业务 API 信息的发现。

② CAPIF-2/CAPIF-2e：分别用于在 PLMN 可信域内或域外的 API 调用者与业务 API 间的通信，包括 API 调用者的鉴权、授权确认及业务 API 的调用。

③ CAPIF-3：用于由 API 调用者发起的业务 API 通信的接入和策略相关的控制，包括 API 调用者的鉴权、接入业务 API 前的授权、接入业务 API 的授权确认、基于运营商策略的业务 API 的接入控制、业务 API 调用的记录和计费。

④ CAPIF-4：用于发布业务 API 信息。

⑤ CAPIF-5：用于业务 API、API 调用者和 API 提供者域功能信息的管理，包括接入业务调用日志、监控 API 调用的事件报告、API 调用者的上线/下线、配置策略、监控业务 API 状态、CAPIF 核心功能注册或更新 API 提供者域功能。

6.2.3 CAPIF 与 5G 网络能力开放的关系

CAPIF 与 5G 网络能力开放的关系见表 6-1。

表 6-1 CAPIF 与 5G 网络能力开放的关系

项目	CAPIF	5G 网络能力开放
提供 API 给外部或第三方应用的实体	API 开放功能	NEF
为应用提供框架相关服务的实体（用于发现、鉴权、身份认证等）	CAPIF 核心功能	NEF（目前未规范）
代表外部或第三方应用的实体	API 调用者	AF
支持 API 操作和管理框架相关服务的实体（用于发布、策略执行、计费）	CAPIF 核心功能	NEF（目前未规范）
网络能力开放的接口/参考点	CAPIF-2 和 CAPIF-2e	Nnef
为应用开放框架服务的接口/参考点	CAPIF-1 和 CAPIF-1e	Nnef（目前未规范）
支持 API 操作和管理的框架服务的接口/参考点	CAPIF-3 、CAPIF-4 和 CAPIF-5	NEF 内部

根据 CAPIF 与 5G 网络能力开放的关系，有两种 CAPIF 部署模型支持 5G 网络能力开放。

① NEF 支持 CAPIF 架构：NEF 提供 CAPIF 核心功能、API 开放功能、API 发布功能和 API 管理功能，如图 6-3 所示。

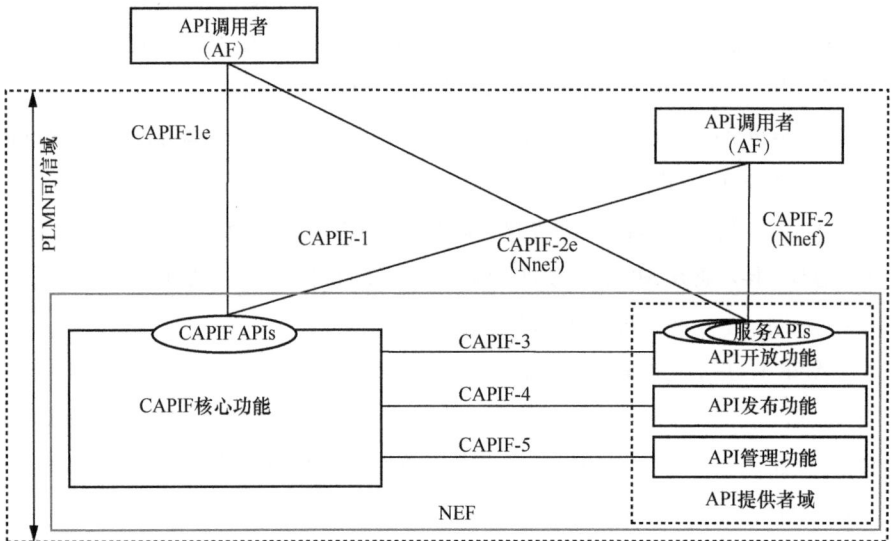

图 6-3　NEF 支持 CAPIF 架构

② NEF 支持 CAPIF 架构的业务能力部分：5G 网络可部署 CAPIF 核心功能和 NEF，NEF 提供 API 提供者域功能，如图 6-4 所示。

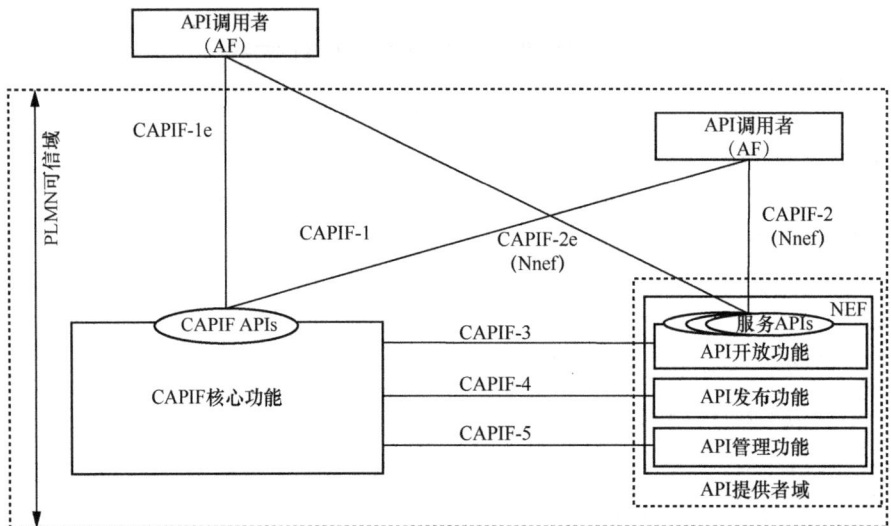

图 6-4　NEF 支持 CAPIF 架构的业务能力部分

从目前标准来看，CAPIF 重点实现能力开放框架服务，能力开放平台/NEF 聚焦 5G 网络业务功能的开放；从 CAPIF 与 5G 网络能力开放的关系来看，NEF 目前功能规范并未完全达到 CAPIF 标准，很多能力有待完善，3GPP TS 23.501 标准中提到当 NEF 用于外部能力开放时，可以支持 CAPIF 的 API 提供者域功能，即 NEF 不强制要求支持 CAPIF。

因此，现阶段 5G 网络能力开放应更加聚焦 5G 网络能够开放的功能，立足支持实际的业务场景；后续随着 NEF 和 CAPIF 标准的逐步成熟，为满足能力开放架构的灵活性、规模化、复杂组网等需求，能力开放平台在架构上可参照 CAPIF 标准按需优化完善。

6.3　5G 网络典型能力开放端到端解决方案

6.3.1　业务需求探讨

从政企、互联网等应用的实际需求出发，结合 5G 网络开放的能力、以往能力开放应用的情况等因素，主要在以下场景中对能力开放的需求进行探讨和研究。

（1）MEC 业务（ToB 或 ToC 类业务等）

MEC 使运营商业务和第三方业务可部署在靠近终端接入点的位置上，如工业园区服务、互联网业务等，因而可减少端到端时延、降低传输网络负载、提升业务能力等。5G 能力开放通过 AF 影响路由、QoS 定制等支持 MEC 提供更灵活、更优质的服务。典型场景具体如下。

① 根据应用需求，将指定用户或 MEC 部署范围内的业务数据流从本地路由，使用边缘应用服务器提供的能力，降低业务时延、减少网络拥塞等。

② 为使用边缘服务的用户提供 QoS 策略控制能力，提高专属带宽等。

③ 获取用户的位置信息，在进行隐私信息保护处理后，作为独立能力提供，或作为路由或 QoS 策略的判断条件，如根据用户的位置和 MEC 业务的部署位置选择合适的路由。

（2）CDN 调度类业务（ToB 或 ToC 类业务等）

在省、地级市等层面部署云游戏、超高清视频、AR/VR 等应用，借助 5G 网络能力开放，CDN 可结合应用部署情况、运行状态负载情况、用户等级、业务需求等，预先或实时调度用户业务数据流的路由策略，提供低时延、高带宽的游戏、超高清视频、AR/VR 等应用的体验。典型场景具体如下。

① 对于使用超高清视频、游戏、AR/VR 等应用的用户，可将其相关业务数据流路由至本地，降低应用的端到端时延，提升体验等。

② 指定将处于某个区域范围内或在某个时间段内的所有用户的业务数据流路由至本地，如对于在区域范围内部署服务的场景，基于区域路由可提升业务体验，在高峰时期，利用基于时间段的路由，可将业务数据流路由至轻载的服务器上。

③ 针对用户设置 QoS 保障策略，达到游戏、超高清视频、AR/VR 等应用所需的带宽要求等。

④ 获取用户的位置信息，在进行隐私信息保护处理后，作为路由或 QoS 策略的判断条件，如对处于服务区域内的用户，可提供基于区域的路由等。

（3）多方音视频会话业务（ToB、ToC 类业务等）

在边缘节点上部署媒体服务器，在建立会话时，部署在中心节点上的会话控制服务器根据媒体服务器的部署位置、运行情况、会话质量要求、用户等级等，为用户选择合适的媒体服务器，以提供高清/超高清音视频能力。典型场景具体如下。

① 在用户进行音视频会话时，可将其媒体数据流通过本地路由，降低时延、提高通信质量。

② 指定将处于某个区域范围内或在某个时间段内的所有用户的媒体数据流从本地分流，提升热点区域或高峰时期等场景的用户通信体验。

③ 针对用户设置 QoS 保障策略，达到各种高清/超高清音视频会话的带宽要求。

6.3.2　应用技术架构

为满足 5G 网络能力开放的业务场景需求，5G 网络应用能力开放部署架构如图 6-5 所示。

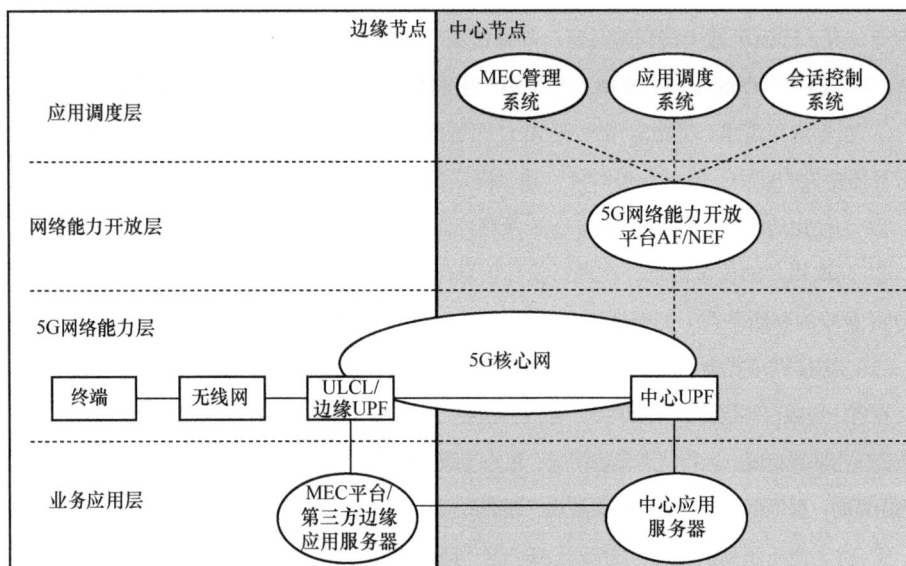

图 6-5　5G 网络应用能力开放部署架构

在 5G 网络能力层上，中心节点如省级层面部署 5G 核心网控制面网元（包括 PCF、SMF、UDM、AMF 等）及部署用户面网元，如中心 UPF 等；地级市或区县层面按需部署边缘用户面网元，如 ULCL/边缘 UPF 等。

在网络能力开放层上，部署 5G 网络能力开放平台，包含 AF/NEF，用于向外开放 5G 的路由策略定制、QoS 保障策略配置、位置订阅等各种能力。

在应用调度层上，根据不同的应用场景，可在中心节点上部署 MEC 管理系统、应用调度系统（如 CDN）、会话控制系统等。

在业务应用层上，地级市或区县层面等可按需就近部署 MEC 平台、第三方边缘应用服务器等，可在中心节点上部署中心应用服务器等。

其中 5G 网络能力开放平台架构如图 6-6 所示。

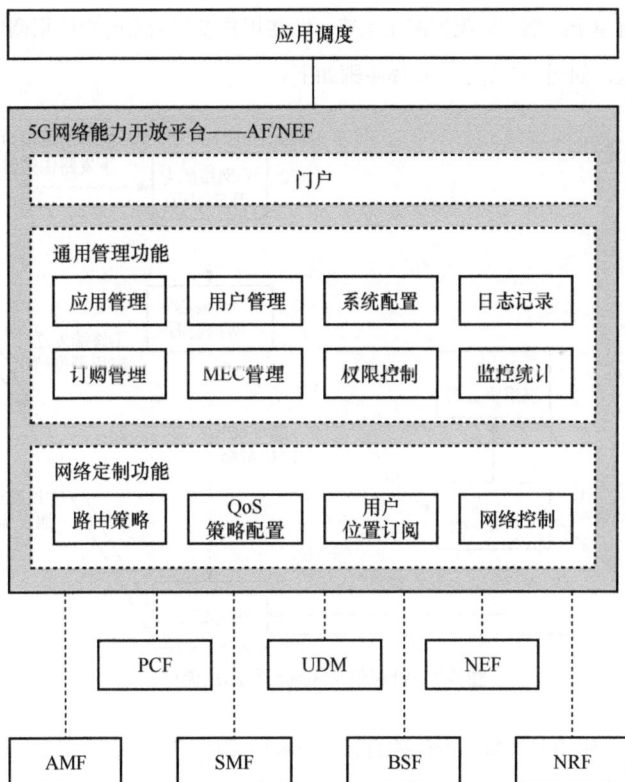

图 6-6 5G 网络能力开放平台架构

5G 网络能力开放平台通过北向接口为各种应用调度系统等提供 API 能力；通过南向接口连接 5G 核心网的相关网元（PCF、UDM、AMF、SMF 等），进行定制策略的下发、网元发现、

订阅通知等，提供应用数据路由策略、QoS 策略配置、用户位置订阅、网络控制等能力。5G
网络能力开放平台的网络定制功能部分将随着 5G 网络能力开放的完善，逐步增加相应的调用
能力。除此之外，5G 网络能力开放平台提供应用管理、用户管理、系统配置、日志记录、订
购管理、MEC 管理、权限控制、监控统计等通用管理功能。

6.3.3　应用流程举例

基于 5G 网络应用能力开放部署架构、基本流程和 NEF API 能力[1,3,4,5]，针对前面提到的业
务需求，对相关的业务流程进行举例说明。

1．针对单个终端定制路由

应用方可针对单个终端实时配置路由策略，即在用户发起请求时由应用调度服务器进行动
态路由策略的发送，如图 6-7 所示，具体步骤如下。

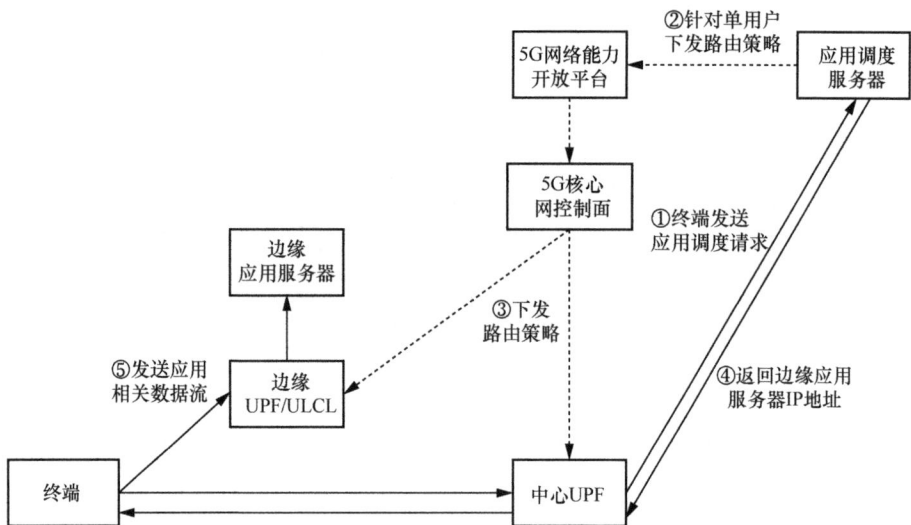

图 6-7　针对单个终端定制路由流程

①　当用户打开应用时，如单击视频链接，终端向 CDN 等应用调度服务器发送应用调度
请求。

②　应用调度服务器根据终端所在位置、边缘应用服务器部署位置，以及其他调度相关的
信息，决定将此用户的数据流分流至边缘应用服务器上；应用调度服务器向 5G 网络能力开放
平台针对单用户下发路由策略，提供终端 IP 地址和希望分流的边缘应用服务器 IP 地址等信息。

③ 5G 网络能力开放平台将路由策略下发给 5G 核心网控制面，5G 网络根据策略，插入边缘 UPF 用于分流。

④ 应用调度服务器向终端返回边缘应用服务器 IP 地址。

⑤ 终端发送应用相关数据流，如游戏交互，经边缘 UPF 路由，使用边缘应用服务器资源。

2. 针对特定区域或某时间段内所有终端定制路由

应用方可预先对特定区域或某时间段内任意终端的数据流配置路由策略，如图 6-8 所示，具体步骤如下。

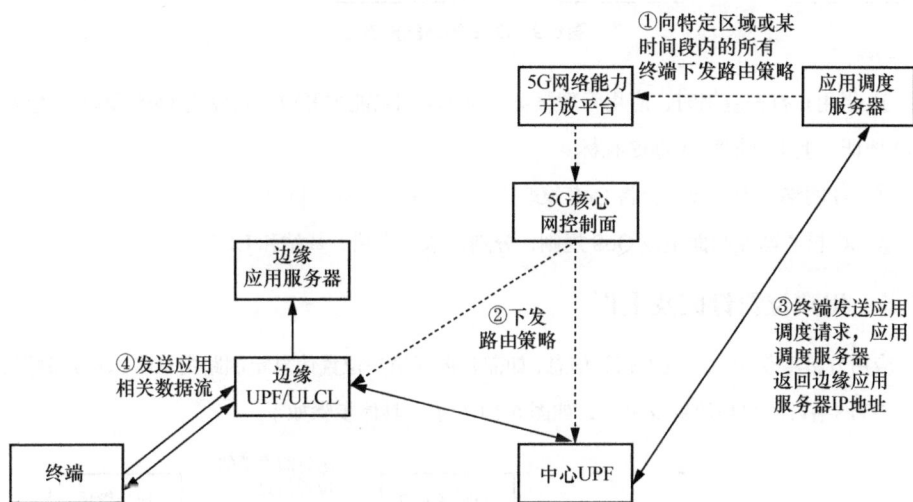

图 6-8　针对特定区域或某时间段内所有终端定制路由流程

① 应用调度服务器发送策略给 5G 网络能力开放平台，针对某个特定区域或某时间段内的所有终端下发路由策略，将其应用相关的数据流路由至边缘应用服务器。

② 5G 网络能力开放平台下发路由策略给 5G 核心网控制面，当终端进入特定区域内或到达设定时间时，插入边缘 UPF 用于分流。

③ 当用户打开应用时，终端发送应用调度请求给应用调度服务器；应用调度服务器基于 DNS 等配置信息，返回边缘应用服务器 IP 地址。

④ 终端发送应用相关数据流，如音视频流，经边缘 UPF 路由，使用边缘应用服务器资源。

3. QoS 策略配置

应用方可配置终端的 QoS 策略，设置特定数据流的带宽等，如图 6-9 所示，具体步骤如下。

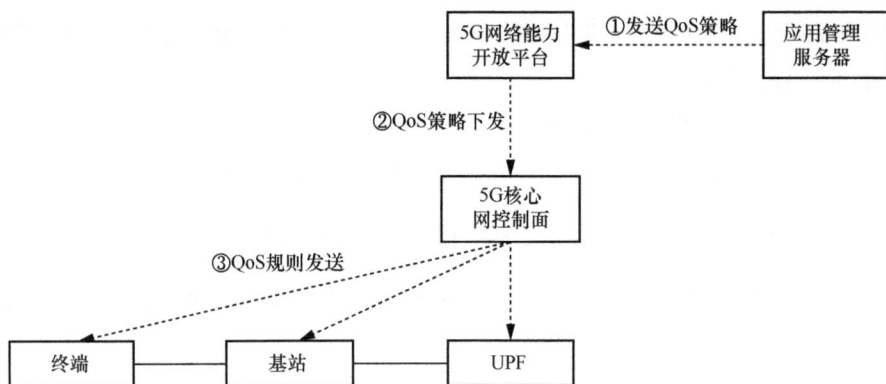

图 6-9　QoS 策略配置流程

① 当用户打开应用时，应用管理服务器向 5G 网络能力开放平台发送 QoS 策略，提供终端 IP 地址、上下行带宽等 QoS 指标。

② 5G 网络能力开放平台将 QoS 策略下发给 5G 核心网控制面。

③ 5G 核心网控制面生成 QoS 规则，分别发送给终端、基站和 UPF。

4. 用户位置订阅及上报

应用方希望获知用户位置相关信息，如需要根据用户位置信息定制路由策略、QoS 策略等，可向 5G 网络订阅用户位置及上报，如图 6-10 所示，具体步骤如下。

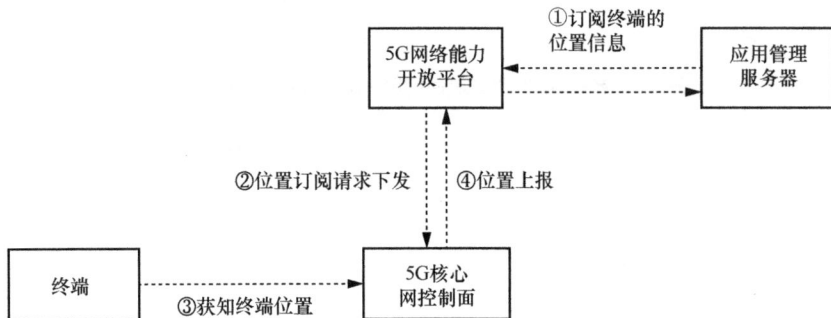

图 6-10　用户位置订阅及上报流程

① 应用管理服务器向 5G 网络能力开放平台订阅终端的位置信息。

② 5G 网络能力开放平台向 5G 核心网控制面下发位置订阅请求。

③ 5G 核心网控制面获知终端位置。

④ 5G 核心网控制面上报终端位置信息给 5G 网络能力开放平台，5G 网络能力开放平台根据应用调度等需求，对位置信息进行隐私保护处理后，通知应用管理服务器。

6.4 5G 网络能力开放部署相关考虑

为承接全国范围内的应用，如互联网应用、大型政企类业务等，5G 网络能力开放平台应支持全国一点接入。在能力开放应用尚处于逐步摸索、日趋成熟的阶段，可考虑全国部署一级平台；随着能力开放用户规模的扩大、省定制类业务需求的出现，考虑能力开放的灵活性和扩展性要求等因素，可在省级层面增加二级平台。

5G 网络能力开放全国部署架构如图 6-11 所示，5G 网络能力开放平台与各省 5G 核心网相连，包括与归属地 PCF 对接发送定制路由策略、配置 QoS 策略等，与归属地 UDM 对接订阅用户位置，与拜访地 BSF 对接获取当前会话绑定的 PCF 等。

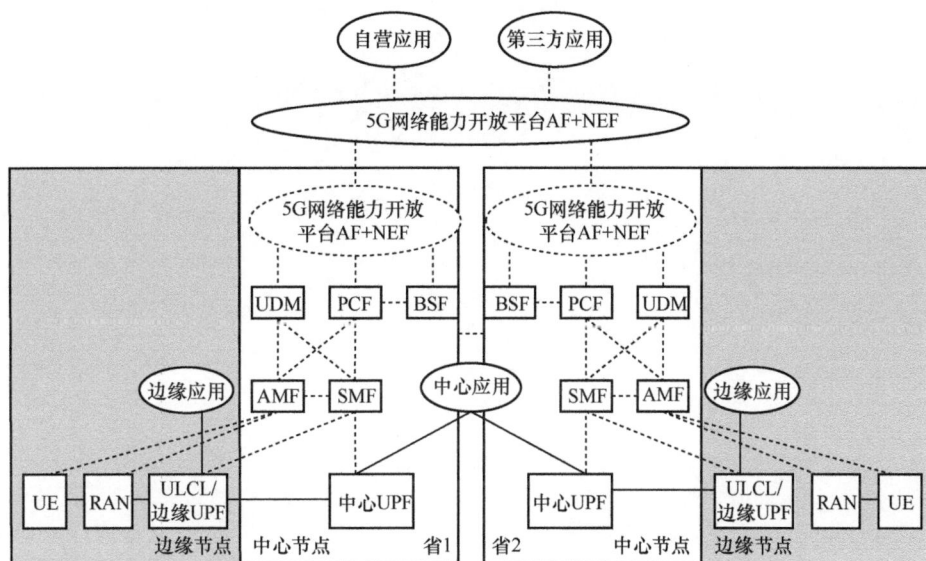

图 6-11 5G 网络能力开放全国部署架构

参考文献

[1] 3GPP. System architecture for the 5G system (5GS): 3GPP TS 23.501[S]. 2023.

[2] 3GPP. Common API framework for 3GPP northbound APIs: 3GPP TS 23.222[S]. 2023.

[3]   3GPP. Procedures for the 5G System (5GS): 3GPP TS 23.502[S]. 2023.

[4]   3GPP. Policy and charging control framework for the 5G system; stage 2: 3GPP TS 23.503[S]. 2023.

[5]   3GPP. Network exposure function northbound APIs; stage 3: 3GPP TS 29.522[S]. 2023.

第 7 章

基于云网融合的5G网络云化部署与演进

中国电信基于 ETSI NFV 推动 5G 网络云化，践行云网融合的新发展理念。本章总结了中国电信在 5G 网络云化方面的实践经验，首先概述了 5G 网络云化架构，描述了 5G 核心网的云化部署体系框架、部署需求、部署架构。其次描述了 5G 核心网云网融合基础设施层部署的总体部署架构、资源池布局、资源池部署架构、资源池网络、资源管理、灾备、安全等方面的内容。最后针对 5G 网络的云原生化，总结了云原生技术、面向云原生的网络云，并基于 5G 网络的云原生化发展概况展望了未来发展思路。

5G 网络是运营商践行新发展理念、深度推进云网融合的最佳实践。运营商将构建云网融合基础设施，推进 5G 云化部署。5G 核心网将基于云化、服务化架构，5G 核心网控制面的功能集中部署，用户面按需下沉，对用户面转发资源进行全局调度，实现分布式灵活部署，支持边缘计算，以结合行业应用实现业务创新。

7.1　5G 网络云化架构

5G 网络是中国电信云网融合战略的重要组成部分。5G 网络设计融入了云计算核心思想，采用云化、服务化架构，将通过与 ICT 的深度融合，推动移动网络架构的巨大变革与创新。

7.1.1　体系框架

5G 核心网云化体系框架如图 7-1 所示，参照 ETSI NFV 架构，总体上可分为 3 层，即基础设施层、网络功能层和运营支撑层。

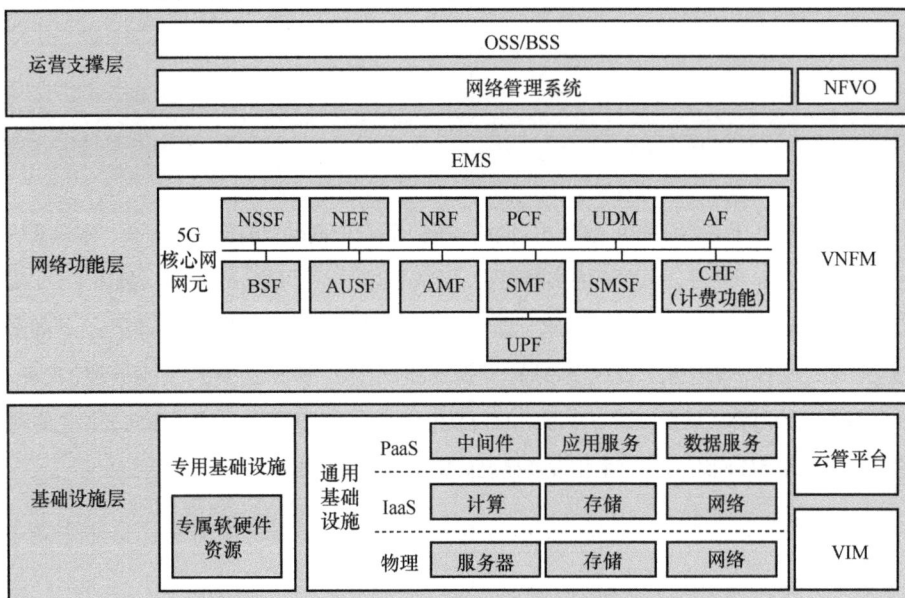

图 7-1　5G 核心网云化体系框架

（1）基础设施层

是面向网络云的云网融合专用基础设施，为 5G 核心网网元提供部署、管理和执行环境，并实现对各类基础设施资源的管理和监控，主要组件包括专用基础设施、通用基础设施（包括网络功能虚拟化基础设施（NFVI））、云管平台/VIM 等，具体介绍如下。

① 专用基础设施：提供专属软硬件资源，主要用于承载有特殊需求的网元，如 5G 核心网 UPF 等。

② 通用基础设施：提供底层物理硬件资源及 IaaS（基础设施即服务）、PaaS（平台即服务）虚拟资源，用于承载各类虚拟网络功能，如 5G 核心网控制面和管理面等的大部分网元。

③ 云管平台/VIM：提供对基础设施层资源的统一管理和运营，承接上层网元管理和运营支撑系统的编排调度和运营要求。其中，涵盖了 PIM（物理基础设施管理）功能，未来还将引入 CIM（容器基础设施管理）等功能。

（2）网络功能层

基于底层基础设施实现网络业务能力，提供 5G 核心网云化网元及相关管理能力，主要组件包括 5G 核心网网元、EMS（网元管理系统）及 VNFM（VNF 管理器）等，具体介绍如下。

• 5G 核心网网元：是基于网络云基础设施部署的业务网元，采用服务化架构。

• EMS：提供 5G 核心网网元管理功能。

• VNFM：负责 5G 核心网 VNF 全生命周期管理。

（3）运营支撑层

实现对业务的编排、运营与管理，主要包括 OSS（运营支撑系统）/BSS（业务支撑系统）、网络管理系统、NFVO（网络功能虚拟化编排器），具体介绍如下。

① OSS/BSS：基于与 5G 核心网管理系统和 NFVO 的交互，共同完成 5G 核心网业务的运营与管理，具体包括业务管理、服务保障、端到端网络切片管理、综合网管等功能。

② 网络管理系统：提供对 5G 核心网的统一管理和运营，具体包括 5G 核心网子网切片管理、网络层管理、网元层管理等功能。

③ NFVO：提供 5G 核心网资源编排及网络业务全生命周期管理和编排。

7.1.2 部署需求

5G 核心网云化部署，旨在实现上述 5G 核心网云化体系框架的落地应用，主要考虑如下需求。

（1）垂直承载

包括 5G 核心网 VNF 及其 EMS 对 NFVI 和 VIM 的承载需求，以及 OSS、5G 核心网网管系统与 MANO 域中的 NFVO/VNFM 及 VIM 的协同。

（2）水平集成

包括 5G 核心网 VNF 网元之间及 5G 核心网 VNF 网元与 4G EPC 等其他网元之间在网络、信令、管理等层面的互通，并考虑整个 5G 核心网系统特别是 NFVI 和 VNF 的故障及冗余倒换，以实现 5G 核心网的高可用和高可靠性。

具体到 5G 核心网云化体系框架的各个层次，5G 核心网云化部署需重点考虑如下各层部署需求。

1. 基础设施层

（1）5G 核心网 VNF 网元虚拟化功能要求

主要包括实例化、扩缩容、保障业务连续性、监测和监控、冗余保护、故障处理、异地容灾备份、虚拟化管理等功能要求，以实现 5G 核心网切片、无状态化网元设计、控制面板与用户面分离等。

（2）混合组网要求

主要体现在 5G 核心网 VNF 网元与 4G EPC、MEC 等混合组网对 NFVI 的相关接口、配置管理的要求。

（3）层次化部署要求

满足 5G 核心网分省部署的要求，其中，骨干层网元主要包括骨干 NRF 与全国 NEF；省层面网元主要包括 AMF、SMF、AUSF、UDM、NSSF、PCF、UPF、BSF、省 NRF、省 NEF 等。

（4）可靠性要求

满足 5G 核心网网元的差异化设置原则与容灾备份要求，如不同 5G 核心网网元所采取的不同主备备份方式、组 Pool 与组 SET、同 DC 或跨 DC、独立或融合设置等；要求 NFVI 物理资源层和虚拟资源层提供冗余设计，支持硬件、VNF 实例及 VM（虚拟机）不同级别的冗余备份和负载均衡；要求虚拟化层支持反亲和性部署、负载分担、备份，并支持对 NFVI 软硬件资源的监控告警和故障切换。

（5）性能要求

要求支持硬件加速、虚拟机端口限速等功能，满足 5G 核心网网元处理的要求。

（6）安全要求

主要包括计算资源安全、存储资源安全、网络资源安全、VIM 安全等的要求，其中，计算资源安全要求 VMM（虚拟机监视器）将各虚拟机隔离，具备虚拟机全生命周期安全检测机制等；存储资源安全要求虚拟化存储设置数据分层分级访问控制策略、提供安全数据传输与空间安全保障能力、进行镜像文件完整性保护等；网络资源安全要求划分安全域等；VIM 安全要求支持管理通道双向认证、组件间通信加密等。

2．网络功能层

具体需考虑以下要求。

（1）5G 核心网分阶段部署

初期部署产品成熟、场景明确的必要网元，如 AMF、SMF、UDM、AUSF、UPF、PCF、NRF、NSSF、BSF、SCP、CG，其他 5G 核心网的网元后期按需部署。

（2）5G 核心网云化部署

控制面设备均采用 NFV 虚拟化、云化部署方式，用户面初期不限制设备形态，远期根据产品成熟度适时采用云化部署方式。

（3）5G 核心网分层部署

控制面采用分省集中部署的方式，用户面按需下沉。

（4）4G/5G 融合方式部署

即部署融合的 SMF/GW-C、UPF/GW-U、PCF/PCRF、UDM/HSS。

在业务提供方面，5G 网络可以提供 ITU 建议的 EMBB、MMTC、URLLC 三大典型场景的所有业务应用。

（1）初期在具备全面能力前，5G 网络主要在 eMBB 场景的基础上，提供更高体验速率和更大宽带接入能力（含上下行），全面支持当前 4G 网络下的各类电信业务。其中 5G 用户的语音业务采用 EPS Fallback 机制回落到 4G 网络上，利用 IMS 提供语音业务。

（2）中远期，按需升级支持 URLLC 和 MMTC 两种场景的业务类型。

3．运营支撑层

重构后的新一代基于云网融合的 5G 网络通过全面提升和改造网络架构，能够满足未来 VR、超高清视频、智能制造、自动驾驶等行业的各类应用的需求。与此同时，网络架构的全面升级和改造，从网络、运营、业务 3 个层面为 OSS 带来挑战。运营支撑层的部署需考虑以下方面。

（1）在业务运营支撑方面，初期以 5G 及云网融合业务为切入点，实现新业务、重点业务的全网一体化产品动态加载、业务自动开通编排、服务综合化保障和融合计费等；中远期要实现 2G/3G/4G/5G 网络、有线和无线网的全业务融合化运营支撑，推动云网融合后从

"运营商定义业务"到"用户定义业务"的转型，丰富用户服务与特性，实现用户意图驱动网络。

（2）在网络运营支撑方面，初期以 5G 核心网的网络编排、快速部署及运营管理，网络切片端到端管理，5G 核心/无线网等的专业能力调度子系统建设为主；中远期要实现跨专业和跨网络层级的融合网管、端到端网络切片全生命周期的管理、5G 无线网/承载网/核心网/MEC 边缘云等虚拟化资源的动态编排部署等功能，推动网络云化后从传统垂直化运营向分层水平运营+垂直运营相结合的混合运营模式转型。

（3）在架构设计方面，借鉴 ONAP（开放网络自动化平台）架构的设计思路形成设计态、运行态分离的新一代云网运营系统架构。拉通 IT 与 CT，打通多个烟囱式 IT 系统及突破网络分段管理模式，构建产品、业务、网络能力的一点设计，全网动态加载，自动编排调度运行的体系；构建分布式云化系统实现网络能力的 OpenAPI（开放 API）封装、分层解耦、水平集成；构建云网统一的控制和采集平台，实现网络数据实时采集和控制指令适配的统一收口；构建全网生产运营数据的统一采集、汇聚、共享和分发平台；构建网资融合数据能力中心，支持 MBO（管理、业务、运营支撑系统）跨域关联，大数据/AI 赋能智慧运营。

（4）在部署实施方面，初期采用 1+N 部署架构，按照网络维护职能、业务归属、分专业实现 IT 运营支撑系统集团级和省级部署运营，既能实现跨管理域、跨网络层级、跨专业的端到端融合运营，又能满足省级个性化运营的需求；中远期以一级分布式架构为目标，集团级 IT 运营支撑系统集中部署，集团级、省级 IT 运营支撑系统集中运行和管理，实现全网、全专业一体化运营。

7.1.3　部署架构

1．总体部署架构

5G 核心网云网融合部署总体架构如图 7-2 所示。

5G 核心网云网融合部署总体架构对应 5G 核心网云化体系框架，将基础设施层、网络功能层和运营支撑层 3 个逻辑功能层次，层次化部署到以 DC 为中心的分布式网络云基础设施上，实现云网资源统一规划和管理，5G 核心网网元分省集中承载，云网业务和资源统一编排和运营管理，从而构建一个完整的 5G 核心网云化系统，实现 5G 核心网业务能力开放，具体如下。

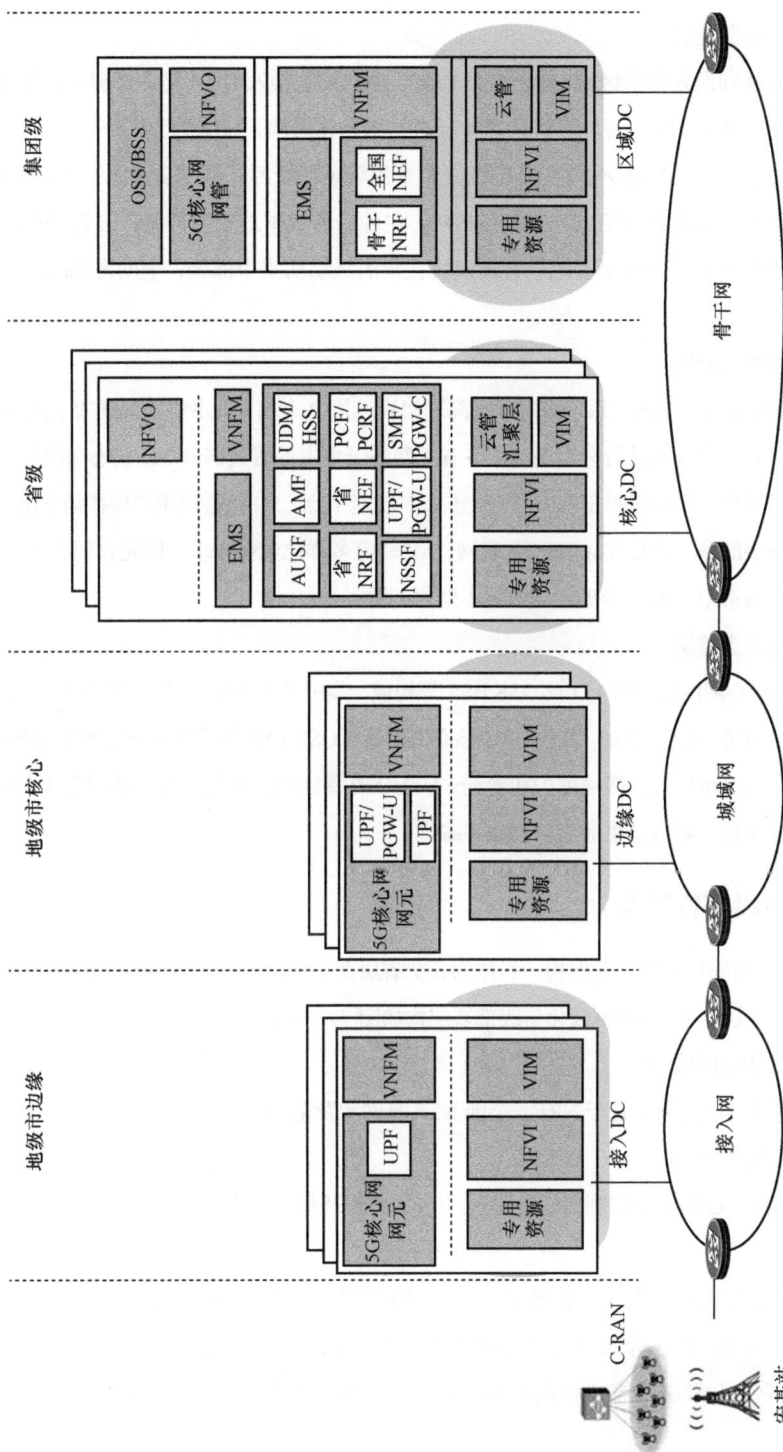

图 7-2 5G 核心网云网融合部署总体架构

（1）基础设施层

网络云基础设施包括区域 DC、核心 DC、边缘 DC、接入 DC 4 类，分别覆盖集团级（大区）、省级、地级市核心与地级市边缘 4 层次网络云化需求，云网融合统一规划，与 IT 云基础设施物理隔离，按需部署 NFV 基础设施和专用软硬件资源。网络云资源管理采用集团级、省级、地级市层次化部署方式，VIM（PIM）在各资源池本地就近部署，云管平台汇聚层在省级层面集中部署，云管平台统一管理模块在集团级层面集中部署，全网资源统一调度和运营管理。

（2）网络功能层

与 4G 网络部署模式一致，采用分省部署架构。其中，5G 核心网控制面在集团级和省级部署，对用户面转发资源进行全局调度，各省级网络云集中部署大部分 5G 核心网控制面网元，集团级大区网络云仅部署骨干 NRF 和全国 NEF 功能节点；5G 核心网用户面按需下沉，在省级和地级市分层部署，满足 VoLTE、互联网、MEC 等多样化业务需求。网元管理方面，EMS 在集团级和省级集中部署，VNFM 随网元本地化部署。

（3）运营支撑层

由 5G 核心网网管、NFVO 及 OSS/BSS 等构成，集中部署在集团级、省级层面，实现对 5G 核心网业务的统一运营管理。其中，5G 核心网网管、OSS/BSS 等系统在集团级层面集中部署，由集团、省二级单位开展区域维护和管理；NFVO 在集团级、省级部署，协同实现全网 5G 核心网的资源编排、业务全生命周期管理和编排。

2. 省级部署架构

5G 核心网采用分省部署架构，具体到各个省层面，5G 核心网采用控制面省级集中部署、用户面按需下沉，5G 核心网云化省级部署架构如图 7-3 所示。

（1）集团级区域 DC

用于承载 5G 控制面骨干 NRF、全国 NEF 等网元及全国级运营管理系统。

（2）省级核心 DC

用于承载 5G 核心网控制面云化网元、中心 UPF 及相关运营管理系统，双 DC 异局址容灾部署。

① 基础设施层：双 DC 各部署一套 NFVI 资源、UPF 专用资源及配套的 VIM，资源冗余规划。VIM 等管理系统北向对接省级云管平台汇聚层或集团云管平台。省级资源池部署云管平台汇聚层，可选择在单 DC 上部署，也可在双 DC 上各部署一套，实现跨 DC 容灾。

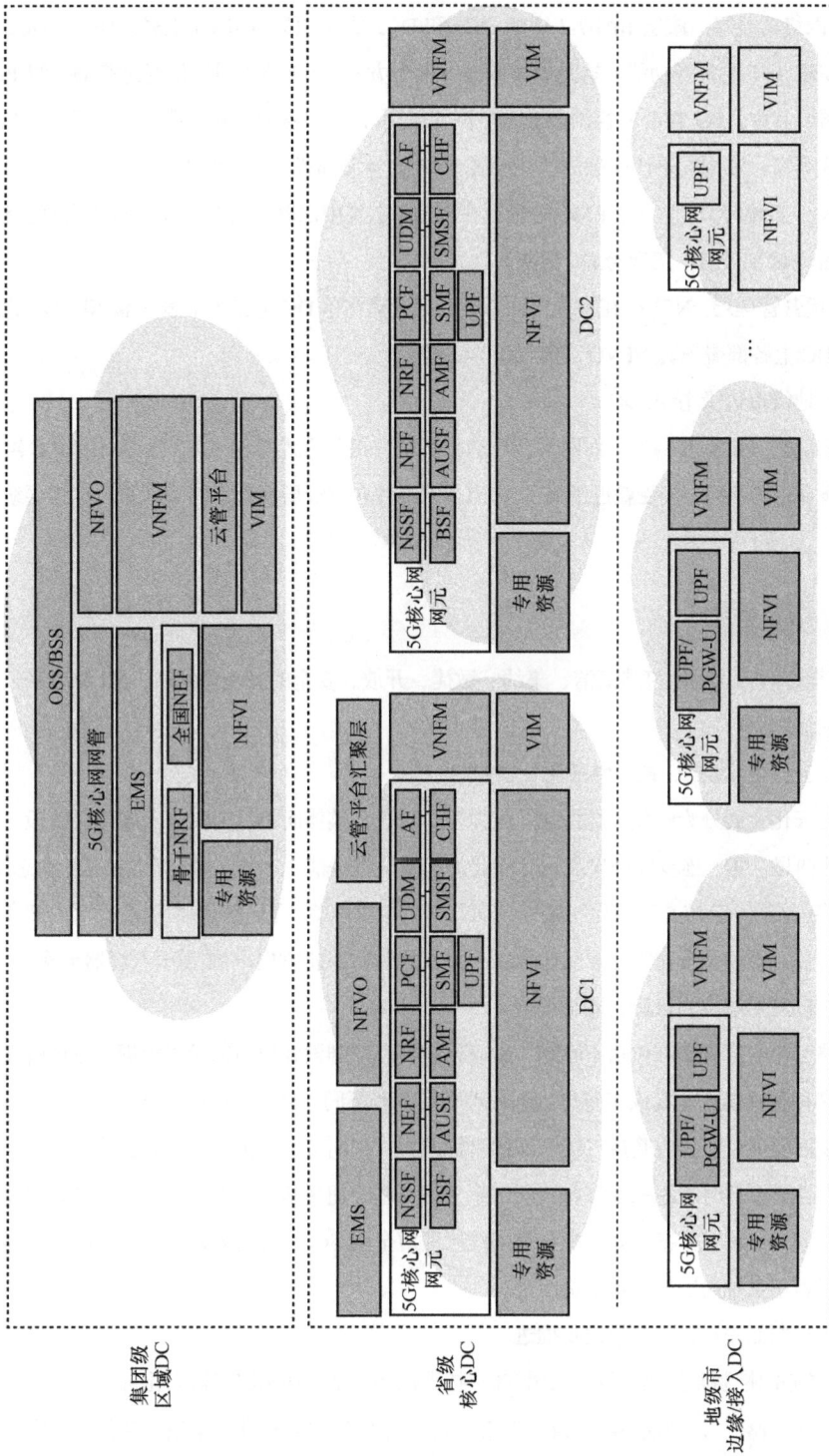

图 7-3　5G 核心网云化省级部署架构

② 网络功能层：该层由图 7-3 中的 DC1 和 DC2 的 5G 核心网网元组成，DC1、DC2 的相同网元实现 1+1 主备等功能。这是典型的网元部署方式。5G 核心网云化网元跨 DC 组 Pool，容灾部署。其中，5G 核心网控制面数据域网元采用 1+1 主备的方式，信令域网元采用负载分担的方式容灾；5G 核心网用户面采用负载分担方式容灾部署。网元管理方面，双 DC 各部署一套 VNFM，实现跨 DC 容灾；EMS 可选择在单 DC 上集中部署一套 VNFM，也可选择在双 DC 上各部署一套 VNFM，实现跨 DC 容灾。

③ 运营管理层：NFVO 在省级层面部署，可选择在单 DC 上集中部署一套 NFVO，也可选择在双 DC 上各部署一套 NFVO，实现跨 DC 容灾。

（3）地级市边缘/接入 DC

按需部署 5G 核心网用户面网元，可选择负载分担的方式实现 UPF 容灾。用于承载 UPF 的基础设施形态不限，接受就近部署的 VIM 管理，并在省级层面部署的云管平台汇聚层统一纳管理。

3．指导原则

5G 核心网云化旨在打造简洁、集约、敏捷、开放、安全的智能化网络，5G 核心网云网融合部署的演进原则如下。

（1）云原生化是 5G 核心网云化发展方向

网络云化发展分为解耦、虚拟化、云原生 3 阶段，整体而言目前仍处于虚拟化阶段，正在向云原生阶段演进，逐步推进实现网元功能与基础设施解耦、分解重构、智能推送、动态运营，加速网络创新。5G 核心网云化初期控制面基于虚拟机承载，包含纯虚拟机及厂商内部实现的虚拟机容器（容器管理功能由 VNFM 集成），后续随成熟度的不同按需引入容器承载。

（2）以三层解耦为目标，逐步推进

网络云化的部署实施包括不解耦、软硬件解耦、基础设施层与网元层解耦、三层解耦、全解耦等多种解耦模式，集成实施与运维管理难度各有不同。5G 核心网控制面云化三层解耦架构已经现网验证可行，应坚持三层解耦的目标架构；初期考虑到工程进度的紧迫性、端到端集成的复杂性，可暂时考虑采用符合三层解耦架构、基于通用基础设施承载的 5G 核心网控制面软硬件解耦云化解决方案，并实现在集团级层面对全网 5G 核心网云资源的统一纳管；同时，积极推进新增系统向三层解耦架构演进。

（3）控制面先行，用户面逐步推进

5G 核心网控制面云化先行，采用 NFV 技术框架、基于通用服务器云化部署；用户面要求"强转发、强计算"，初期不限制设备形态，其中，中心 UPF 初期可采用厂商集成方案，边缘

UPF 积极推进基于通用硬件的方案部署，并推动 UPF N4 接口标准化及异厂商互操作测试；为契合网络安全要求，UPF 考虑与 MEC 平台松耦合，实现相对独立部署。

（4）深度贯彻"云网融合"理念

5G 核心网云化是运营商网络"基因"改造的关键切入点。在 5G 核心网云化实施全流程中，需全面贯彻云网融合理念，网是基础、云为核心，实现云、网在技术、基础设施、网络功能、运营管理等方面的全方位深度融合。引入软件定义、云原生、DevOps（研发运营一体化）等云计算技术，充分考虑业务场景需求，实现云网基础设施的统一规划和建设部署，云化网元集约承载，云网业务与流程标准化、能力开放化、端到端打通、协同编排、统一运营，打破业务、区域、组织限制，实现研发、规划、采购、建设、运维等全流程统筹、高效协同，打造全新的云网实施方式和运营模式，支持新型商业模式和生态体系，内外并举、集成创新，将 5G 核心网云化打造成云网融合最佳实践。

（5）安全是至关重要的一环

5G 核心网需要符合国家相关政策和标准规定，参考《信息安全技术 网络安全等级保护基本要求》（GB/T 22239-2019），按照等保（信息安全等级保护）三级标准规划和建设 5G 网络，形成终端-网络-业务与数据信息一体化安全检测与防御体系，满足 5G 网络 EMBB、URLLC 和 MMTC 三大业务场景及增强 V2X 的安全需求，提升中国电信安全运营与管理能力。

7.2 5G 核心网云网融合基础设施层部署

7.2.1 总体部署架构

5G 核心网云网融合基础设施层为 5G 核心网网络功能层和运营支撑层提供资源承载环境，并提供对各类基础设施资源的统一管理，主要包括专属软硬件资源、通用基础设施（包括 NFVI、VIM 及云管平台）等，5G 核心网云网融合基础设施层总体部署架构如图 7-4 所示。

（1）5G 核心网云化基础设施资源

分布式、层次化、按需部署在集团级、省级、地级市核心及边缘网络云资源池，具体如下。

① 用于承载 5G 核心网控制面网元及相关运营管理系统的 NFVI 资源，主要部署在集团级、省级网络资源池中，可按需采用双 DC 异局址容灾部署。

② 用于承载 5G 核心网用户面及相关管理系统的基础设施，其形态可按需灵活选择。初期，

在省级资源池部署专用设备用于承载 5G 核心网中心 UPF 网元，在地级市核心、边缘资源池按需部署专用基础设施资源或 NFV 基础设施资源，用于承载 5G 核心网边缘 UPF 网元。

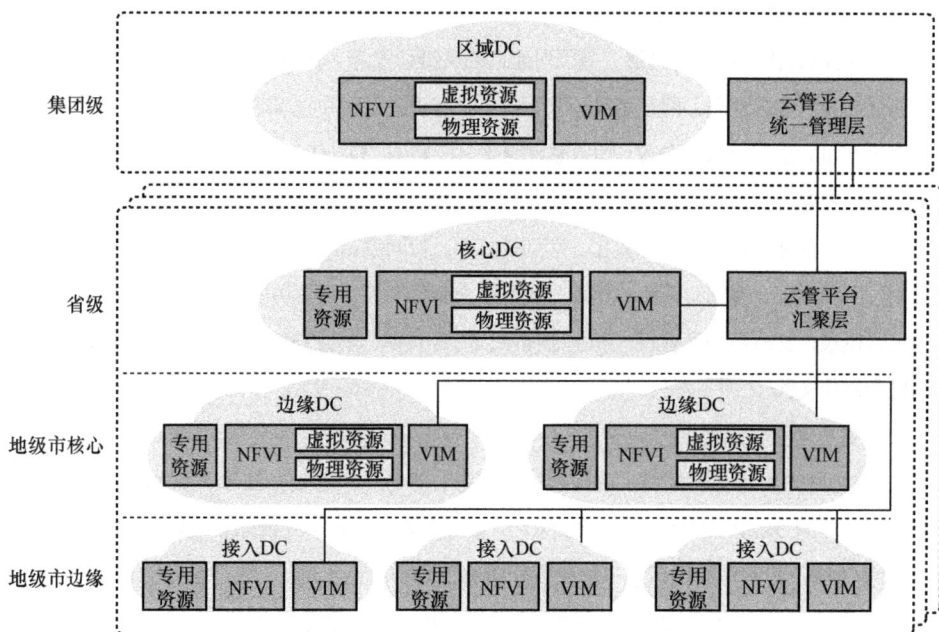

图 7-4　5G 核心网云网融合基础设施层总体部署架构

（2）5G 核心网云化基础设施管理

构建"分层多级、统一管理、节点自治、协同调度"的网络云资源管理体系，5G 核心网云化基础设施统一纳管，具体如下。

① 集团级、省级、地级市等各级 5G 核心网云资源池就近部署 VIM，涵盖 PIM 功能，纳管本地基础设施资源，包括专用设备资源。

② 省级网络云资源池部署云管平台汇聚层，提供分权分域资源管理能力，南向对接省级、地级市 VIM，实现省内网络云基础设施资源的统一纳管，北向开放 VIM 网关，统一对接省级 NFVO/VNFM 及 OSS/BSS 等系统。

③ 集团级云资源池部署云管平台统一管理层，南向对接各省的云管平台汇聚层，实现对全网 5G 核心网云化基础设施资源的统一管理，北向对接集团级 NFVO/VNFM 及 OSS/BSS 等系统。

7.2.2　资源池布局

传统通信网络的组网模式以设备为核心，按地域分省组网分散管理。运营商网络重构将颠覆传统组网模式，推动构建以 DC 为中心、层次化的云网融合基础设施，满足核心、接入等各类网络功能和业务应用的层次化部署需求和运营管理需求。

考虑网元特性和业务需求，兼顾 IP/传输承载网及专用设备承载，基于云网融合的网络云基础设施层级规划与现有通信局所的层级架构将保持一定对应和继承关系，总体上分为 4 层，即区域 DC、核心 DC、边缘 DC、接入 DC，分别对应集团级、省级、地级市核心、地级市边缘网络云资源池，如图 7-5 所示。

网络云基础设施的建设部署是一个逐步演进的过程，可跟随网络业务云化节奏，初期优先考虑区域 DC、核心 DC 建设，并积极探索边缘 DC、接入 DC 的部署。计划覆盖集团级、省级到地级市各级网络云资源池，具备网络各专业网元统一承载能力的网络云基础设施，满足网络云化需求。

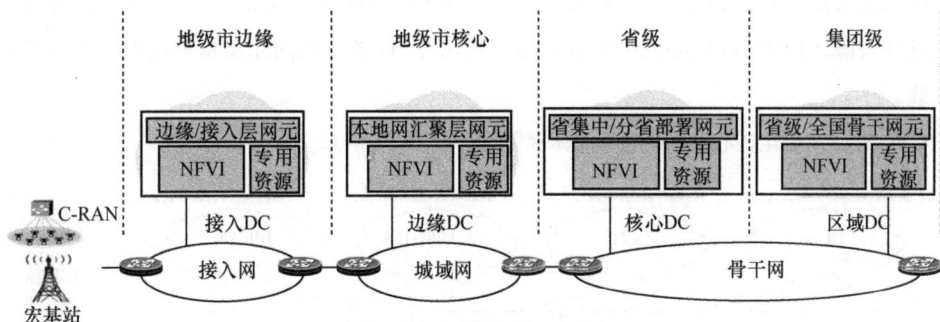

图 7-5　网络云资源池布局

网络云 DC 具体布局如下。

（1）集团级网络云/区域 DC

区域 DC 按大区进行规划部署，定位于布放省级骨干网、全国骨干网的各专业目标网元设备和运维管控系统，如 vIMS、集团 vCDN（虚拟内容分发网络）等集团级网元。5G 核心网骨干 NRF、全国 NEF 功能节点部署在区域 DC 中。

（2）省级网络云/核心 DC

核心 DC 以省为单位进行规划部署，定位于布放本地网核心层的各专业目标网元设备，及部分控制器/管理功能等，如 vCDN、vBRAS（虚拟宽带远程接入服务器）控制面网元、vLNS（虚拟 LZTP 网络服务器）等省内集中网元和需分省部署的集团级网元。5G 核心网控制面大部分网元部署在核心 DC 中，用户面中心 UPF 也可按需部署在核心 DC 中。

（3）地级市核心网络云/边缘 DC

边缘 DC 纳入省公司统一规划部署，主要定位于放置本地网汇聚层的各专业网元，如 vCPE

（虚拟客户终端设备）、vBRAS 用户面网元、vCDN、vFW（虚拟防火墙）等网元。5G 核心网用户面可按需下沉，部署在边缘 DC 中。

（4）地级市边缘网络云/接入 DC

接入 DC 纳入省公司统一规划部署，主要定位于放置覆盖地级市部分区域的各类网络边缘网元，满足低时延、就近服务需求，如边缘 vCDN、vBRAS 用户面网元、MEC 等网元。5G 核心网用户面可按需下沉，部署在接入 DC 中。

7.2.3　资源池部署架构

5G 核心网云网融合基础设施涵盖区域 DC、核心 DC、边缘 DC、接入 DC，初期省级层面重点聚焦 5G 核心网核心基础设施建设，基于计算资源、存储资源、网络资源等各类软硬件资源，构建 5G 核心网云化资源池，实现对 5G 核心网网元及相关各类管理系统的承载。

5G 核心网云化核心 DC 资源池总体部署架构如图 7-6 所示。

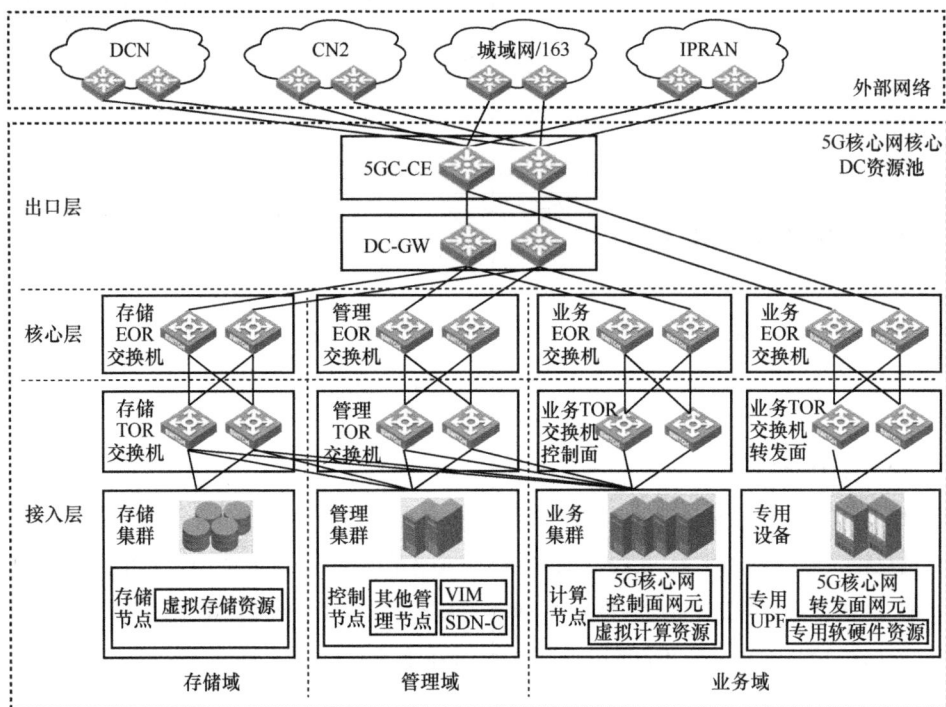

图 7-6　5G 核心网云化核心 DC 资源池总体部署架构

5G 核心网省级核心 DC 资源池纵向可分为接入层、核心层、出口层 3 个网络层次，横向可分为存储域、管理域、业务域 3 个功能平面，各个域的资源和网络相互隔离，具体介绍如下。

（1）接入层

部署各类 TOR 交换机、存储集群、服务器及专用设备。其中服务器分为管理集群和业务集群。

① TOR 交换机：接入层 TOR 交换机负责集群内流量互通及跨集群流量到 EOR 的汇聚。5G 核心网资源池为存储集群、管理集群、业务集群分别部署相互独立的存储 TOR 交换机、管理 TOR 交换机、业务 TOR 交换机，成对配置。其中，用于 5G 核心网转发面的 TOR 可根据专用设备的配置情况，按需部署。此外，还可按需部署 IPMI（智能平台管理接口）管理交换机，用于 PXE（预启动执行环境）设备安装部署和硬件管理。

② 存储集群：主要部署存储服务器或者磁阵，用于提供共享存储资源。

③ 管理集群：主要部署计算型服务器，用于承载 VIM 控制节点、SDN 控制器等基础设施云化系统，5G 核心网核心 DC 还需部署云管平台汇聚层节点，此外，管理集群可按需部署 EMS、VNFM、NFVO 等网元层和运营支撑层管理系统。

④ 业务集群：主要部署 NFV 服务器，提供虚拟计算资源，承载 5G 核心网控制面网元。5G 核心网核心 DC 建设初期还需部署专用设备，承载 5G 核心网中心 UPF 网元。

（2）核心层

部署 EOR 交换机。

EOR 交换机：设置高性能、端口可扩展的三层核心 EOR 交换机，向上对接 DC-GW 以接入 CN2、163、IPRAN 等网络；向下汇聚交换网络内的所有接入层交换设备，机房内不同接入层交换机的数据流通核心 EOR 交换机进行汇聚转发。5G 核心网资源池为存储域、管理域、业务域分别部署相互独立的存储 EOR 交换机、管理 EOR 交换机、业务 EOR 交换机，成对配置。

（3）出口层

部署 DC-GW、5GC-CE 设备，作为 5G 核心网资源池内外部网络互联互通的纽带。

① DC-GW：出口层部署一对 DC-GW，及一对侧挂的防火墙。DC-GW 向下接入 EOR 交换机的三层流量，汇聚网络内部三层路由，对外屏蔽 DC 内网络拓扑；向上与 5GC-CE 互联，同步动态路由信息，接入 CN2、城域网/163、IPRAN 等外部网络；通过侧挂的防火墙接入 DCN。

② 5GC-CE：5G 核心网省级核心 DC、地级市核心 DC 新建 5GC-CE，接入 EPC、RAN 及 5G 核心网业务和管理等 VPN，实现 5G 核心网控制面网元、转发面网元之间的互联互通，及与 CN2、城域网/163、IPRAN 等网络的互联互通。

7.2.4 资源池网络

1．DC 内网络

5G 核心网云化资源池网络总体可分为 Underlay 网络（物理网络）、Overlay 网络（逻辑网络）、云网络（虚拟网络）、VNF 网络（应用网络）4 个层次，如图 7-7 所示。

① Underlay 网络（物理网络）：采用 Spine-Leaf 网络结构，实现服务器/vSwitch（虚拟交换机）、TOR 交换机、EOR 交换机、GW 等之间的 IP 互通和路由承载，物理网络拓扑参见 5G 核心网核心 DC 资源池参考部署架构。

② Overlay 网络（逻辑网络）：基于 VLAN、VxLAN 等技术在物理网络上叠加逻辑网络，实现与云网络、Underlay 网络路由的隔离。

③ 云网络（虚拟网络）：将多个逻辑网络平面映射为 VPC（虚拟私有云）模型的虚拟网络对象，以实现上层所承载的 VNF 组件的内外部通信。

④ VNF 网络（应用网络）：5G 核心网网元通信模型包括内部通信、外部管理口通信、外部业务口通信 3 类通信平面，基于云网络，实现组件内外部通信。

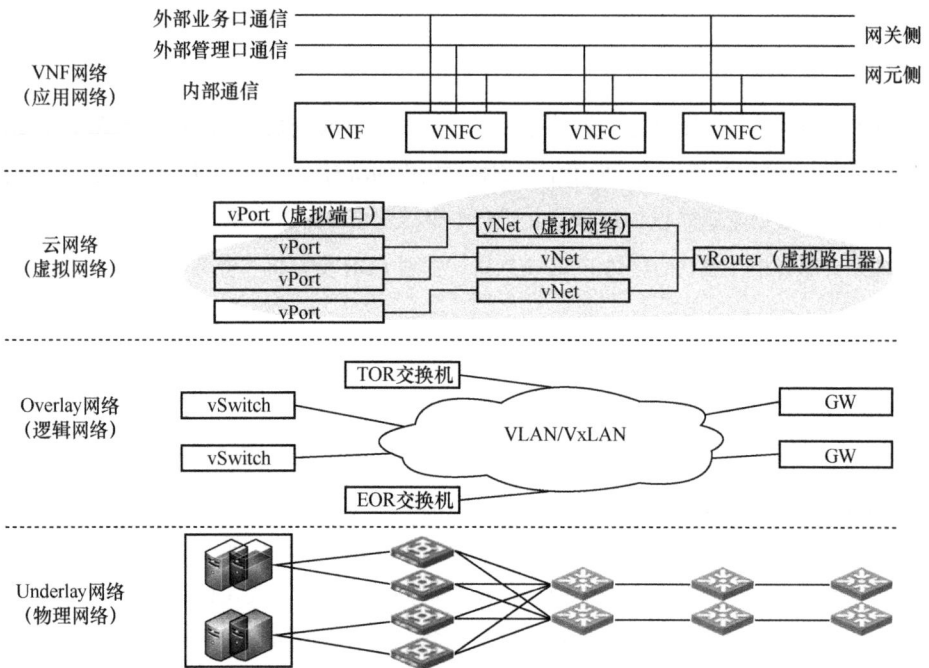

图 7-7　5G 核心网云化资源池 DC 内网络逻辑分层

5G 核心网云化资源池网络可按需引入 SDN 方案，新增 SDN 控制器，NFVO 负责网络编排，通过 VIM 将业务网络需求传递给 SDN 控制器，由 SDN 控制器实现基于 VxLAN 的 Overlay 网络的自动化配置和运维。在 SDN 的具体实现层面上，存在硬件方案、混合方案、软件方案 3 种选择，初期根据 5G 核心网基础设施层方案情况部署硬件 SDN 方案，后续可逐步试点部署混合 SDN 方案。

2．DCI 网络

5G 网络建设将依托 CN2 骨干网，以省为单位搭建面向 5G 的 STN，提供面向 4G 网络/5G 网络业务的统一承载，满足 5G 网络的大带宽、低时延等业务需求及 5G 核心网云化分布式部署需求。面向 5G 的 STN 架构总体与 4G 网络保持一致，由接入层、汇聚层、城域核心层、5GC-CE 组成，其中，在省级核心 DC、地级市核心 DC 上新建 5GC-CE，统一接入 5G 核心网网元与下沉到本地的用户面网元；地级市边缘/接入 DC 通过汇聚 STN-B，接入下沉的用户面网元，如图 7-8 所示。

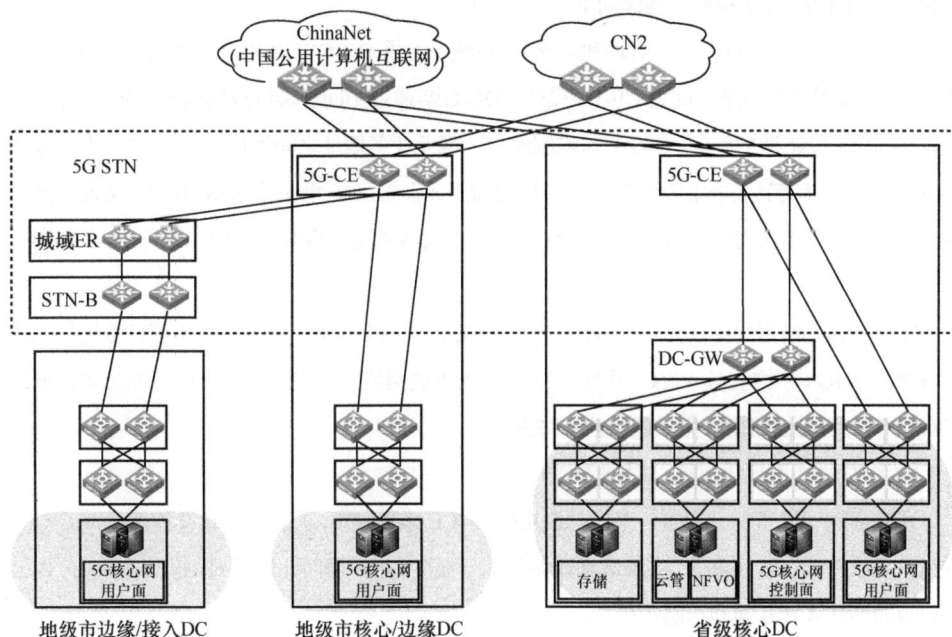

图 7-8　5G 核心网云化资源池 DCI 网络部署

5G 核心网云化资源池分省部署，DCI 网络需求主要包括 5G 核心网控制面信令流量、用户面转发流量及管理和存储节点流量带来的省内、省际互联互通需求，需保证安全性、隔离性、可靠性，具体如下。

① 省际互通连接省级 5G 核心网云化资源池，连接各省的省级 5G 核心网云化资源池主要承载 5G 核心网控制面信令流量与集团云管平台、网管系统等的管理流量。

② 省内互通采用 STN、CN2 等网络，主要承载 5G 核心网控制面网元与用户面网元之间的流量及云管/VIM、NFVO、网管系统等的流量。

③ 互联网访问：转发面 UPF 上连 ChinaNet。

为满足 DCI 需求，新建 5GC-CE，成对部署在 5G 核心网省级核心 DC、地级市核心 DC 内，作为 STN 与 DC 的边界设备，与 DC-GW、EOR 交换机等互联，用于 5G 核心网及云业务的综合接入与汇聚。其中，省级核心 DC 5GC-CE 采用 STN-ER（核心）设备，地级市核心 DC 5GC-CE 采用 STN-B 设备，地级市边缘 DC 可通过 TOR 交换机就近接入 STN-B（汇聚）设备，各级 5G 核心网 DC 节点通过承载网互联互通，具体如下。

（1）5G 核心网省级核心 DC

包括 5G 核心网控制面网元、用户面网元，以及管理和存储节点，实现物理分区隔离，部署独立的 TOR/EOR 交换机，具体如下。

① 5G 核心网控制面网元、管理和存储节点：统一部署 DC-GW 网关，在 DC-GW 与 5GC-CE 之间采用"口字型"互联，配置 CE-PE 模式。DC-GW 通过不同子接口分别接入 5GC-CE 的 N4（EPC VPN）与管理 VPN。DC-GW 与控制面信令网元业务地址之间运行 eBGP+BFD 发布业务路由。管理和存储节点采用传统 VLAN；控制面网元业务网络可采用 SDN 方案，实现云网协同，由控制器将业务网元网络信息下发到 VTEP（VxLAN 隧道端点）和 DC-GW 上，实现网络自动化配置。

② 5G 核心网用户面网元：与 5GC-CE 之间配置 CE-PE 模式，通过不同子接口分别接入成对部署的 5GC-CE 的业务 VPN、管理 VPN，纳入承载网统一组网调度部署；与 5GC-CE 通过 eBGP、BFD、静态路由等方式通告业务路由。

（2）5G 核心网地级市核心/边缘 DC

用户面网元比照 Multi-VRF（多虚拟路由转发）CE 部署方式，通过 STN-B 设备接入 5GC-CE，并纳入承载网统一组网部署，实现端到端流量统一调度。用户面网元通过 eBGP 静态路由、BFD 等协议与 5GC-CE 互通和组网。

（3）5G 核心网地级市边缘/接入 DC

用户面网元通过 TOR/EOR 合设设备就近接入 STN-B 设备，采用 eBGP、静态路由+BFD 方式与 STN-B 设备传递业务路由。

7.2.5 资源管理

1．管理体系功能架构

面向分布式部署的 5G 核心网云网融合基础设施，构建"节点自治、分层多级、按需适配、边云协同、统一管理"的资源管理体系。

（1）节点自治

区域节点、核心节点、边缘节点、接入节点等各节点具备自治管理能力，以应对网络中断、统一管理节点故障等突发情况。

（2）分层多级

对集团级、省级、地级市核心和边缘等分布式云网融合基础设施资源的多层级、分权分域管理，构建完善的层次化管理体系。

（3）按需适配

根据节点部署位置和资源规模，就近按需部署标准化、轻量化本地资源管理系统，并按需配置异构资源管理能力。

（4）边云协同

资源层面协同编排与调度，统一监控运营。

（5）统一管理

基于统一云管，实现全网资源统一呈现、鉴权认证、编排管理；规范化业务模型和接口，推进多层级管理的融合。

5G 核心网云化资源管理体系主要包括云管平台统一管理层、云管平台汇聚层、VIM 3 个功能层次，其逻辑功能架构如图 7-9 所示。

① 云管平台统一管理层：提供认证鉴权、服务管理、资产管理、资源管理、编排管理、运维管理等管理功能，对外开放统一的门户和接口网关，实现对全网云资源的统一呈现和管理。

② 云管平台汇聚层：是统一管理层的精简版，提供接口网关，并按需提供认证鉴权、资源管理、运维管理、服务管理等管理功能，实现面向特定资源和管理域的资源汇聚和管理，北向对接同一资源和管理域的 NFVO/VNFM 及云管平台统一管理层等。

③ VIM：面向特定资源池的本地化网络云基础设施资源管理平台，提供对网络云资源池中计算、存储、网络等资源的管理，还提供镜像、认证、编排、监控告警等管理功能。

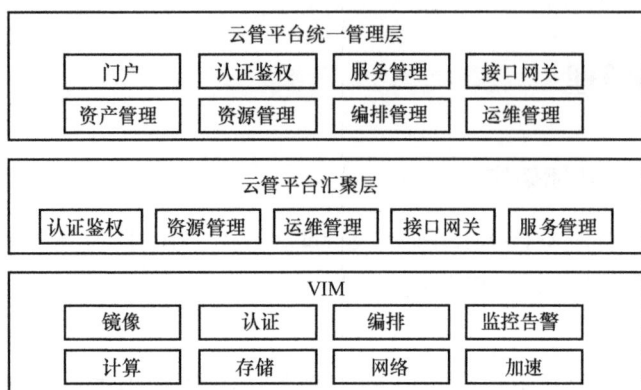

图 7-9　5G 核心网云化资源管理体系逻辑功能架构

2. 管理体系部署架构

5G 核心网云化资源管理体系采用"集团级统一、省级汇聚、资源池就近部署"的三级部署架构，如图 7-10 所示。

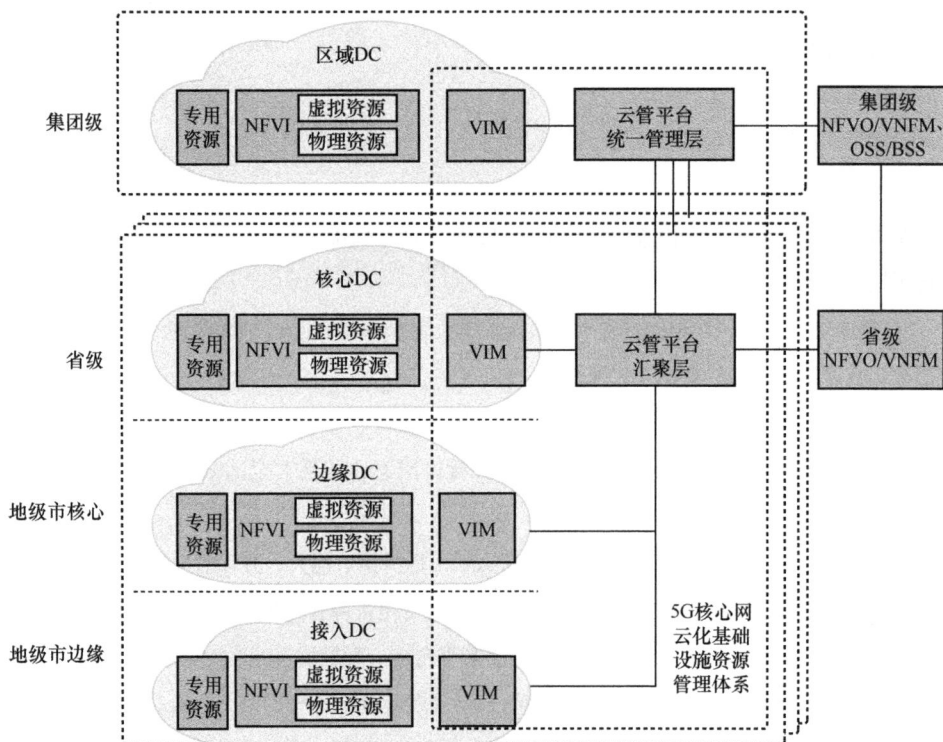

图 7-10　5G 核心网云化资源管理体系部署架构

① 集团级统一：在集团级资源池中集中部署云管平台统一管理层，实现对分布在集团级层面、省级层面的 5G 核心网云化基础设施的全网统一纳管，形成统一视图，北向按需对接 NFVO/VNFM、OSS/BSS 等系统。

② 省级汇聚：在省级核心资源池中部署云管平台汇聚层，实现对省内 5G 核心网云化基础设施的统一纳管，北向统一对接省级层面部署的 NFVO/VNFM。接口网关是汇聚层核心模块，采用容器化微服务架构部署，由统一管理节点、容器平台服务节点、数据库节点等节点构成。

③ 资源池就近部署：在集团级、省级核心、地级市核心、地级市边缘资源池就近部署本地网络 VIM，实现对本地资源的调度和管理，省级、地级市 VIM 北向对接省级云管平台汇聚层，集团级 VIM 北向对接集团云管平台统一管理层。

3．OpenStack 资源管理

5G 核心网云化集团级、省级、地级市核心 DC 资源池目前均采用基于 OpenStack 的 VIM，整体资源池部署由控制节点、计算节点、存储节点构成，如图 7-11 所示。

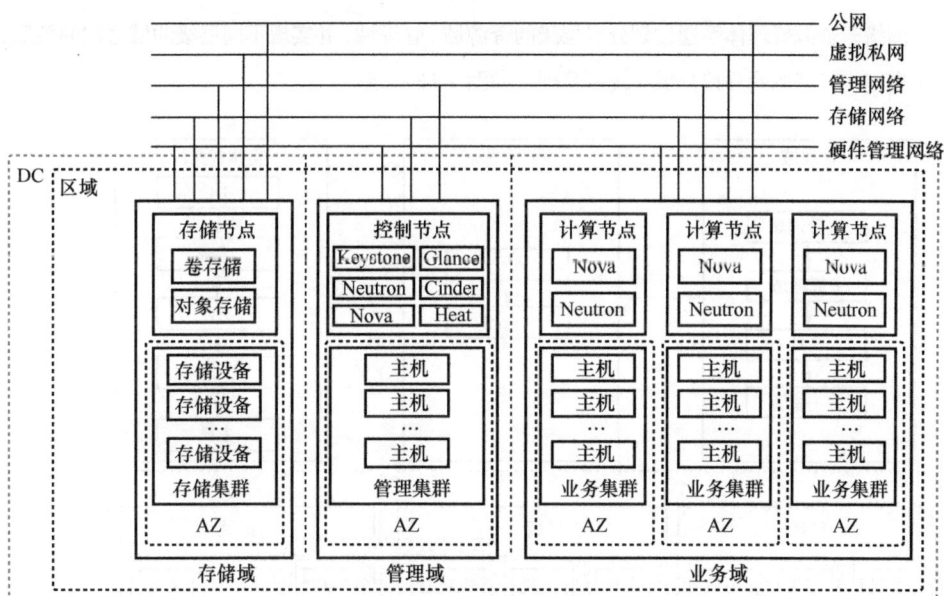

图 7-11　基于 OpenStack 的 5G 核心网 VIM 部署

基于 OpenStack 的 5G 核心网 VIM 部署与资源池总体部署架构相对应，具体内容如下。

（1）控制节点

OpenStack 控制节点部署在管理域集群中，一般采取三节点管理集群部署，安装 Keystone、Nova、Cinder、Neutron、Glance、Heat 等控制面功能模块，提供对计算、网络、存储、镜像、认证等的管理服务。

（2）计算节点

OpenStack 计算节点部署在业务域集群中，安装计算、网络等计算节点功能模块，实现对虚拟资源的操作和基础网络功能，以承载 5G 核心网控制面网元。

（3）存储节点

OpenStack 存储节点部署在存储域集群中，按需部署卷存储、对象存储等功能模块，提供镜像存储、数据存储等存储能力。

如图 7-11 所示，OpenStack 环境主要包括如下 5 类网络。

① 公网：主要用于内外部业务流量、管理流量互访的网络。

② 虚拟私网：主要用于虚拟机内部通信的网络。

③ 管理网络：用于 OpenStack 各功能组件之间管理流量的通信网络。

④ 存储网络：存储通信流量使用的网络。

⑤ 硬件管理网络：用于自动化部署工具的部署网络。

网络云资源管理体系通过划分多层级的资源域、管理域，并实现不同层级的域之间的关联，来实现网络云资源的分权分域和统一管理。如图 7-12 所示。

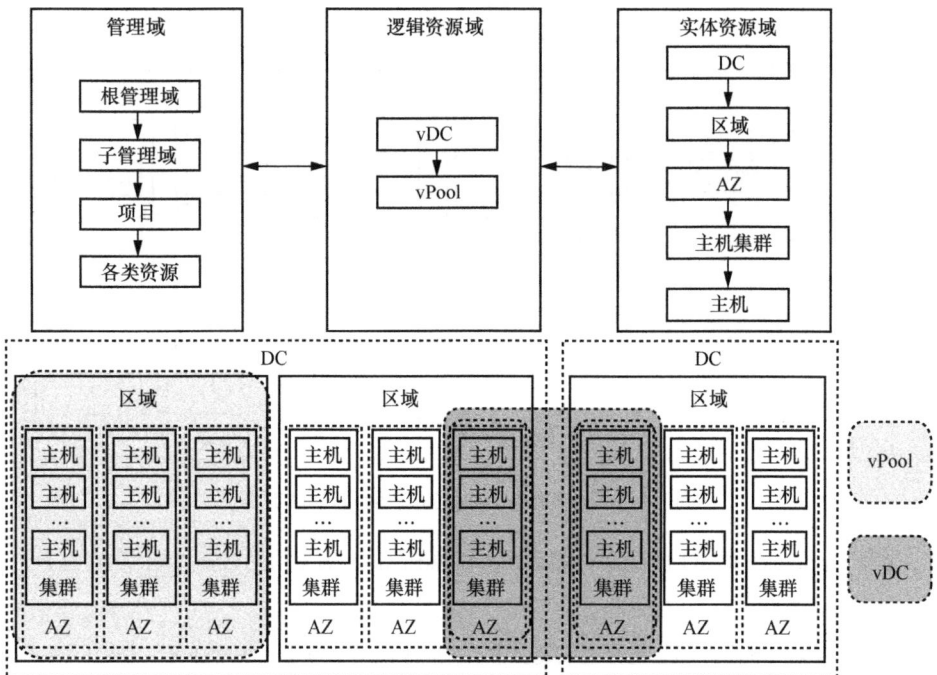

图 7-12　网络云资源管理体系

（1）管理域

管理域是连接客户、物理资源、虚拟资源等的核心。网络云资源管理体系的管理域可划分为根管理域、子管理域、项目等至少三级管理域层次，对客户可见，并可按需拓展。

① 根管理域：具备全局资源管理权限。具体可对应集团各部门或跨省部署的网络云厂商等。

② 子管理域：根管理域的子域，具备本级资源管理权限，可根据组织机构层级按需拓展。具体可对应各省级和地级市单位或在省级层面部署的网络云厂商等。

③ 项目：对应 OpenStack 的 Project（项目）/Tenant（租户），是客户/租户可直接使用的一系列资源集合。具体可对应某个业务平台、业务网元。

（2）资源域

在资源划分方面，形成实体概念和逻辑概念两个维度。

① OpenStack 实体资源域的划分与管理参照 OpenStack 原生资源模型，分为 DC、区域、可用域（AZ）、主机集群（Cluster）、主机（Host）5 个级别，相互之间形成 $1:N$（$N \geqslant 1$）包含关系，具体如下。

a. DC：指数据中心机楼（或 DC 机房）。单个 DC 内可部署 1 个或多个区域。当资源池规模较大或需要跨机房/DC 统一进行资源管理时，可采用多区域部署方式，多个区域之间可共享 Keystone 和 Horizon 功能模块，实现统一认证和统一界面，其他组件各自独立。

b. 区域：指 OpenStack 资源节点，1 个区域部署 1 套独立的 OpenStack，最大主机总数一般为 500，区域之间完全隔离。单区域可根据业务特性需求划分为管理 AZ、业务 AZ、存储 AZ、DMZ（隔离区）、试验 AZ 等多个 AZ。

c. AZ：指独立的故障域（如独立的"风火水电"）。1 个 AZ 可包含 1 个或多个主机集群，不同 AZ 间主机物理隔离，并按管理、业务、存储接入逻辑隔离或物理隔离的独立网络设备。其中，管理 AZ 可部署 VIM 及其他管理类网元，业务 AZ 部署不能被公网访问的网元，DMZ 部署可直接被公网访问的网元，存储 AZ 部署存储资源。

d. 主机集群：指若干台物理服务器的集合，是网络云资源池的最小建设单位。1 个主机集群内可部署多台主机。为支持主机集群内的负载均衡、故障保护等的高可用性，同一主机集群内主机物理配置一般保持一致。

e. 主机：通常指 x86 服务器。网络云主机按需开启 DPDK（数据平面开发套件）、大内存页、NUMA 绑定、SR-IOV（单根输入/输出虚拟化）等功能，以提升虚拟化性能。

② 逻辑资源域的资源划分包括 vDC、vPool 两级。

a. vDC：虚拟数据中心，是 1 个或多个 vPool 的组合，支持跨物理 DC 的 vPool 组合。

b. vPool：指一个资源节点下的一组可供租户使用的资源池，可以是 DC 级、集群级、主机组等多种类型。对应 OpenStack 资源模型，vPool 相当于 1 组主机、1 个 AZ 或整个区域。

7.2.6 灾备

5G 核心网网元存在较高的安全性和可靠性需求，要提供网元级冗余容灾备份。结合 5G 核心网分省部署架构及 5G 核心网网元设置要求，5G 核心网云化采用双 DC 异局址容灾部署，如图 7-13 所示。

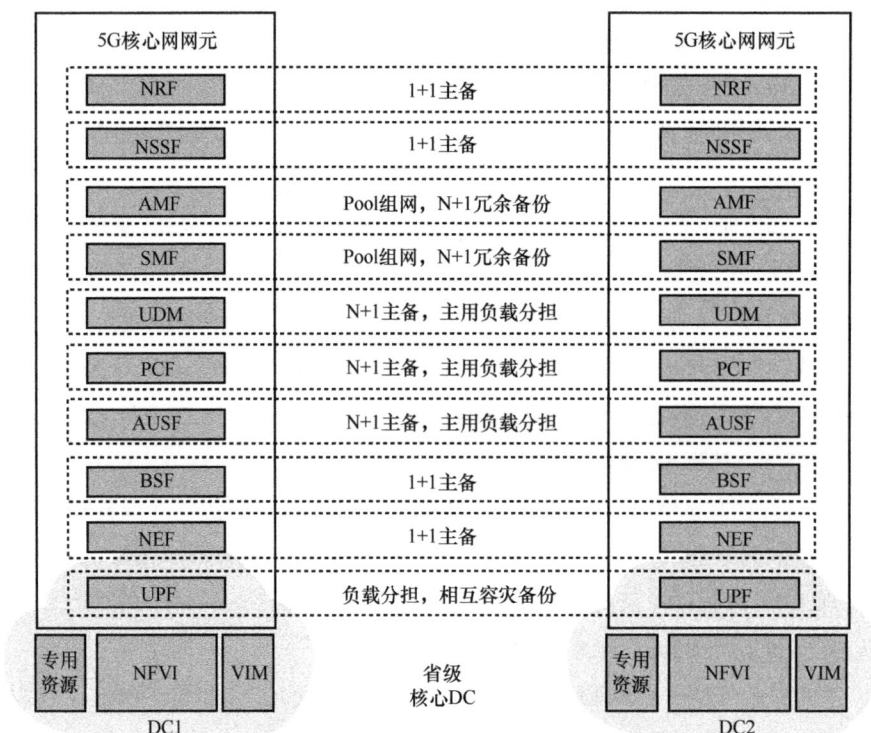

图 7-13 5G 核心网双 DC 异局址容灾部署

主要采取如下容灾备份举措保证可靠性。

（1）双 DC 异局址容灾部署

双 DC 建议采用相同的软硬件资源配置，各部署一套独立的 5G 核心网核心 DC 基础设施环境，互为备份，支持 DC 容灾备份和网元容灾备份。

（2）DC 内资源隔离

基础设施域分为相互独立的业务域、存储域、管理域，分别部署独立的业务主机集群、存储设备集群、管理主机集群；主机集群可按需分为多个 AZ，实现相互独立的故障域。

（3）DC 内资源冗余配置

综合考虑 5G 核心网云化网元业务需求、虚拟层性能消耗、冗余备份与容灾备份等要求，进行计算、存储、网络等资源规划与配置。

（4）DC 内网络隔离

为业务主机集群、存储设备集群、管理主机集群分别配套独立的业务 TOR 交换机和 EOR 交换机、存储 TOR 交换机和 EOR 交换机、管理 TOR 交换机和 EOR 交换机；TOR 交换机、EOR 交换机、DC-GW、5GC-CE 等设备均成对配置；基于 VLAN、VxLAN 等技术组成不同的逻辑网络，实现逻辑网络隔离业务网络与 Underlay 底层物理网络的路由隔离。

（5）管理系统高可用性

双 DC 各自部署独立的 VIM，互为备份；DC 内 OpenStack VIM 一般采用三节点部署，构建多主、双活、负载均衡集群；云管平台汇聚层可考虑在双 DC 中各部署一套，互为主备。

（6）资源部署策略

支持亲和性、反亲和性部署等 NFV 部署特性；同一网元的不同实例尽量部署到不同物理主机上。

（7）资源高可用性

具备软硬件资源实时监控，故障告警与恢复能力；具备在发生物理机故障、网络故障等情况下的虚拟机重启；具备虚拟机看门狗功能，保证虚拟机出现故障时对虚拟机进行快速检测等。

7.2.7 安全

参照国家相关政策和标准规定，5G 网络建设总体安全要求具体如下。

① 5G 网络建设时，要按照网络安全法的信息安全等级保护和关键信息基础设施保护的要求同步规划，建设网络安全设施，具体要求请参考《信息安全技术 网络安全等级保护基本要求》（GB/T 22239-2019），建议按照等保三级标准规划和建设 5G 网络。

② 5G 网络建设方案应参照《网络安全重大事件判定指南》（中网办发文〔2019〕12 号附件二），在 5G 网络建设的规划和设计阶段尽可能避免网络架构可能造成重大网络安全事件，充分考虑网络的稳健性和容灾能力。

③ 5G 网络建设时要同步配备安全信息获取接口、管理接口。

④ 5G 网络建设的同时要同步建设相关网络安全系统以满足上级监管要求，相关网络安全系统包括但不限于恶意移动代码辅助检测系统、移动上网日志留存系统、统一 DPI 流量采集系统等。

5G 网络与信息安全架构应在原有网络与信息安全架构的基础上，基于 5G 网络特性进一步演进与优化，形成终端安全、网络安全、运营与管理安全等一体化安全检测与防御体系，满足 5G 网络 EMBB、URLLC 和 MMTC 三大业务场景的安全需求，提升中国电信安全运营与管理能力。涵盖网络融合安全（无线网安全和核心网安全）、网络安全基础设施、NFVI 安全、控制面安全、IT 基础设施安全、业务安全、运营与管理安全、数据与信息安全，以及终端安全，如图 7-14 所示。

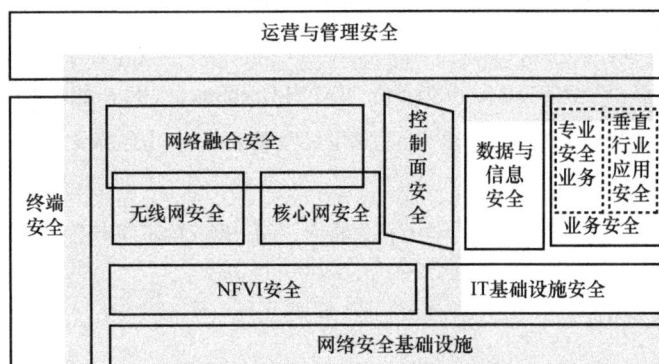

图 7-14　5G 网络与信息安全架构

5G 核心网云网融合基础设施层安全主要包括计算资源安全、存储资源安全、网络资源安全和 VIM 安全等几方面要求，具体如下。

① 计算资源安全：要求 VMM 系统提供虚拟机隔离机制，支持虚拟机高可用（热迁、冷迁）机制，须具备虚拟机全生命周期安全检测机制。

② 存储资源安全：要求虚拟化存储具备设置数据分层分级访问控制策略的能力，可根据承载的应用类型及安全级别进行存储位置分配；提供安全数据传输与空间安全隔离保障能力；支持进行镜像文件完整性保护。

③ 网络资源安全：要求具备虚拟机端口限速功能，实现端口级别的流量控制；支持划分虚拟安全域；禁止虚拟机端口使用混杂模式进行网络通信嗅探。

④ VIM 安全：对管理通道实施双向认证，包括多级管理组件之间实施双向认证，以及管理组件与 VNF、NFVI 之间的通道也应实施双向认证；组件间通信应采取加密通道，防止管理

信息被窃取。

5G 核心网云化资源池安全措施具体如下。

（1）基础网络安全

将整个网络划分为接入域、计算域、存储域、管理域，构建边界安全防御机制。采用 VPN、防火墙、VLAN 及分布式虚拟交换器等实现各域间的安全隔离，并以强化边界路由设备访问控制策略为辅助手段，避免网络安全问题的扩散。DC 的承载网支持设备级、链路级的冗余备份。

（2）主机/终端安全

建立定期的安全评估及加固机制。部署远程安全漏洞评估系统，定期对内部主机/管理终端进行检测和评估，并进行安全加固。强化防病毒体系的建设。对管理节点和管理终端进行防病毒机制统一管理和维护，防止管理节点和管理终端被恶意代码侵害，进而影响业务节点的安全。

（3）数据安全

① 数据隔离，通过虚拟化层实现虚拟机间的存储访问隔离，严格隔离用户数据。

② 数据访问控制，对管理员和用户的权限进行分级，并进行权限控制；设置虚拟环境下的逻辑边界安全访问控制策略，实现虚拟机、虚拟机组间的数据访问控制。

③ 剩余信息保护，将存储资源重分配给虚拟机之前进行完整的数据擦除；存储的用户文件/对象删除后，对对应的存储区进行完整的数据擦除或标识为只写（只能被新的数据覆写），保证不被非法恢复。

④ 数据存储安全保障，提供加密存储服务；建议用户在上传、存储前对重要的数据信息进行加密处理。

⑤ 数据传输安全保障，通过采用 VPN 和数据加密等技术，实现从用户终端到云平台传输通道的安全保障；用户访问虚拟机采用 SSH 等安全传输协议；用户接入云平台应支持采用基于数字证书的接入认证方式，可基于已有的 CA（认证中心）基础设施，或采用在平台内部新建数字证书服务器等方式为用户颁发数字证书；管理域与其他域之间的数据传输采用加密通道。

⑥ 数据备份与恢复，支持以下种类的数据备份和恢复：基于磁盘的数据备份和恢复，利用基于磁盘的数据存储实现快速的 VM 恢复；文件级完整备份和增量备份，保存增量更改并使备份时具有高效率；映像级恢复和单个文件的恢复，发生灾难时恢复整个 VM 映像（针对运行任何操作系统的 VM），并恢复单个文件和目录（针对运行 Microsoft Windows 操作系统的 VM）；支持卷影复制服务（VSS）以实现对 Microsoft 应用程序的备份。

7.3 5G 网络云原生化演进

7.3.1 云原生技术概述

云计算已跨越行业和应用类型，成为整个社会的 ICT 信息基础设施建设、驱动整个社会数字化转型的核心基础动力，更是运营商战略转型的关键。云计算 1.0 时代以服务器虚拟化技术为核心基础技术，云计算 2.0 时代则以云原生技术为核心标志。

依据 CNCF（云原生计算基金会）给出的定义[1]，云原生技术支持在公有云、私有云和混合云等新型动态环境中，构建容错性好、易于管理、便于观察的松耦合系统，结合可靠的自动化手段对系统进行频繁且可预测的重大变更，从而构建和运行可弹性扩展的应用。CNCF 提出的典型云原生技术包括容器、微服务、服务网格、不可变基础设施、声明式 API 等。

云原生技术推动了云计算的纵深发展与革命性演进，旨在从应用架构构建、交付、承载、运行、管理等全生命周期，让云化应用充分吸收云计算优势特性、最大限度地利用云计算的能力、发挥云计算的价值。Docker 的"一次发布、随处运行"带来"降维打击"，定义了云原生化的应用软件交付方式；Kubernetes 以 API 为中心的应用编排管理，实现了云与应用的直接对接，定义了云原生化的应用管理；Serverless（无服务器）对应用的极端抽象，则剥离了应用与环境的关系，定义了云原生化的应用无差别交付……云原生技术将提供一条连通云与应用的高速公路，未来应用"生长"于云。

从云计算技术逻辑体系框架来看，云原生技术体系可以相应地划分为云原生应用、云原生 PaaS、云原生基础设施等逻辑层次，具体如下。

1．云原生应用

云原生应用指针对云计算基础设施进行优化设计的应用，适合部署、运行在现代云计算平台上，能充分利用云平台所提供的资源和服务，具备良好的扩展性、伸缩性和容错能力。

云原生应用可按照对云平台特性的不同利用程度大致分成以下 3 类应用。

① CaaS（容器即服务）应用，以容器镜像或容器应用包的形式交付的应用，利用了容器集群的编排部署、弹性调度、容错自愈、弹性调度、服务发现、滚动升级等能力。

② PaaS 应用，以 Buildpack 或容器镜像的形式交付，可利用 PaaS 平台提供的中间件、数

据库等云组件。

③ FaaS（函数即服务）应用，以代码或代码包的形式交付，事件触发动态加载运行，可充分利用 FaaS 平台提供的各类 API。

云原生应用的形态多样，尚未形成统一的架构标准，12 要素应用契约、微服务架构和无服务器架构是当前比较流行的 3 种云原生应用架构和方法论。

① 12 要素应用契约：是用于指导 PaaS 云应用设计、开发和部署的 12 条架构原则，核心思想包括应用采用无状态设计，以独立进程运行，可快速启停、水平扩展；业务逻辑与服务后端分离，数据和服务后端由云平台提供，开发者聚焦业务逻辑开发；通过单一代码库管理应用代码和生产配置，确保应用在多环境（如开发环境/测试环境/生产环境）中保持一致等。

② 微服务架构：是一种松耦合、去中心化的架构，将大型的单体式应用系统划分成一组小的服务，每个服务可以独立开发、部署、演进和维护，服务之间互相协调、互相配合，为用户提供最终价值。基于微服务架构的应用主要具备如下特征。小型化，每个服务完成单一的业务功能；自治性，每个服务可以独立开发、构建、部署、运行、升级和弹性伸缩；灵活部署，微服务通常采用容器化的部署方式；技术中立，每个服务均可以采用不同的技术，充分发挥不同技术语言的优势，有利于逐步引入新技术；面向故障设计，任意服务节点失效、网络闪断等故障不影响业务正常运行；轻量级通信机制，服务和服务之间通过轻量级的通信机制实现彼此间的通信。

③ 无服务器架构：指将软件以小型、职责单一、无状态的函数或代码片段的形式交付，运行在由第三方托管、无须预配置、无状态、基于事件触发、生命周期相对较短、容量按需选择且容量弹性可扩展的底层资源和能力之上。无服务器架构通过内置的服务或 API 将复杂的服务器架构透明化，让开发者只需关心最核心的代码片段，从而跳过复杂的、烦琐的其他工作。应用代码的加载和执行完全由事件触发，平台根据请求自动调整服务资源，应用在高峰期拥有近乎无限的扩容能力，空闲时则没有任何资源开销。基于无服务器架构的应用可以细分为 BaaS（后端即服务）应用和 FaaS 应用两类，BaaS 应用指任何第三方提供的应用和服务，通过 API 的形式，开放不同细分领域的功能；FaaS 应用指应用以函数的形式存在，并由第三方云平台托管运行。

2．云原生 PaaS

云原生 PaaS 指面向各类云原生应用的部署、运行平台，整合了应用容器、中间件和数据库等应用基础软件，提供应用开发、部署、运行和运维服务，从软件底层架构层面解决云原生应用的容错能力提升、性能优化、升级和扩展等问题，简化应用部署和运维模型，让开发者更专注于业务本身。

云原生 PaaS 通常具备应用构建、应用部署、应用运行、服务发现、监控运维和弹性调度等基础功能及一些共性的技术服务，如日志记录、缓存、数据库、消息总线等。主要能力及关键技术具体如下。

① 应用运行：提供应用引擎最核心的应用部署运行功能，实现应用部件的部署、加载和运行，为应用提供所需的计算资源、存储资源和网络资源，隔离应用的工作负载，让应用能够平稳地对外提供服务。目前主流的应用引擎均采用轻量级容器、进程容器承载应用实例，利用容器镜像封装打包应用依赖关系，通过容器引擎加载、运行容器化应用实例，通过容器控制和隔离应用的计算资源、存储资源和网络资源。

② 应用全生命周期管理：面向云原生应用的敏捷化、轻量化、自动化、高可用性和可扩展性等要求，进行如下操作。项目管理，进行需求汇总、需求跟踪、任务分解和进度安排，实现前瞻性支撑以适应需求的变化；应用开发管理，进行源代码管理，实现全版本视图、动态资源控制、容量计划制定、熔断和安全机制建立等；应用配置管理，进行应用持续集成，实现应用的自动化配置和客户工作流程的自动化配置等；应用测试管理，进行自动化测试，提供基于Web 的测试工具，完成端到端测试，并产生测试报告；应用交付管理，进行应用的自动发布，快速部署到生产环境中，实现应用的频繁发布、快速交付、快速反馈和降低发布风险；应用运维管理，进行资源的统一调度，对操作、性能、日志和事件等的监控，实现应用的健康检查、自动告警和自动化的故障修复等。

③ 微服务治理：聚焦提供基于统一服务框架的微服务运行态、运维态的敏捷治理体系，支持业务开发人员专注于业务逻辑实现，避免冗余和重复劳动，规范研发、提升效率。其中，微服务运行态支撑解决服务间通信、服务路由、服务安全等方面的问题，微服务运维态主要关注微服务全生命周期监控、故障发现等方面。微服务治理框架主要功能包括微服务全生命周期管理功能（如服务定义、服务部署、服务发布等）、服务使能功能（包含服务注册、服务发现、服务路由等）、公共服务支撑功能（包括服务日志记录、消息队列服务、服务配置、链路追踪等）。

④ API Gateway（API 网关）：提供面向 API 的集中式管控服务，可隔离外部访问与内部系统。API Gateway 进行内部结构的封装，负责应用请求的转发、合成和协议转换，把来自应用端的请求路由到对应的服务。API Gateway 通过调用多个服务来处理一个请求及聚合多个服务的结果，减少应用端与服务器端之间的通信次数，简化应用端代码，相比起调用指定的服务，应用端直接跟 API Gateway 交互更加简单，使得开发者通过 API Gateway 可采用轻量化的产品开发模式，实现轻量化的产品开发流程。

⑤ DevOps：集文化理念、实践和工具于一身，以业务敏捷为中心，构造适应快速发布软

件的工具和文化，实现高速交付应用程序和服务的能力，促进软件系统发展和产品改进，从而更好地服务客户，高效地参与市场竞争。其核心技术 CI/CD 的关键在于"持续"，即通过不间断的密集型、高强度的持续性改进、及时反馈信息，提高研发过程的效率和质量，降低软件研发风险，迎合互联网时代业务需求和技术快速更新的趋势，具体包括持续集成、持续测试、持续交付、持续部署 4 阶段。

3．云原生基础设施

云原生基础设施是用以高效承载云原生应用的云基础设施，融合"基础设施即代码、可编程"等理念，与上层应用解耦，面向业务场景需求进行优化，具备资源高效利用、弹性伸缩、自动敏捷、稳健可用、安全隔离等特点。

Gartner 将云原生基础设施定义为四大类，即 IaaS、CaaS、Serverless CaaS、FaaS。其中，IaaS 提供虚拟机承载服务，CaaS 提供容器承载服务，Serverless CaaS 提供完全托管的容器承载服务，FaaS 提供面向应用代码/函数的容器承载服务。这 4 种模式所提供资源的颗粒度越来越细，同时基础设施的模块化、自动化、弹性、自愈能力逐步提升，越来越体现云原生技术特质。

整体而言，云原生基础设施可分为云原生基础设施硬件、云原生基础设施算力、云原生基础设施资源管理等逻辑功能层次。

（1）云原生基础设施硬件

包括计算设备、存储设备、网络设备等硬件设备，正在面向云、边等各类场景下的云原生应用承载需求进行优化，实现性能、安全策略、效率匹配与提升。其中一些典型的新兴技术具体如下。

① 机密计算：通过在基于硬件的可信执行环境（TEE）中执行计算来保护使用中的数据。机密计算在内存中运行，处理加密数据，而不会将其暴露给系统的其余部分，减少敏感数据的暴露。代表性技术如 Intel SGX。

② 下一代智能网卡：FAC（功能加速卡）等下一代智能网卡作为网络接口硬件，除了支持与网络的连接，还配备内置处理器、板载内存及接口，软件可编程，支持提高服务器可用性、带宽性能和数据传输效率。

（2）云原生基础设施算力

提供涵盖裸机计算能力、虚拟机计算能力、容器计算能力的融合计算能力。其中，容器作为一种基于系统内核的轻量级虚拟化技术和敏捷的应用打包交付技术，已经成为云原生应用承载的核心基础技术。面向无处不在的云原生算力需求和业务场景，容器运行时有不同的需求，催生了多样化的容器技术。从隔离机制的角度来看，容器包括共享内核容器和独立内核容器，共享内核容器在运行时共享宿主机的操作系统内核，包括 Docker、Rkt、LXC（Linux 容器）等；独立内核容器在运行时拥有独立的操作系统内核，如 Hyper Container、Clear Container、Kata、Unikernel、gVisor 等。其中一些代表性技术具体如下。

① Docker：目前的主流技术，是 Dotcloud 在 2013 年初创建的一款基于 LXC 的开源容器引擎，支持将应用及依赖关系打包成容器镜像分发部署，并利用系统内核特性隔离应用资源。

② Kata 容器：OpenStack 基金会旗下容器项目，于 2017 年年底发布。Kata 容器结合 Intel 轻量级虚拟化技术 Clear Container，及 OCI（开放容器标准）的 RunV 技术，采用独占的虚拟机来隔离容器，即容器拥有独立的内核，在保证轻量级的同时保障了隔离性。

③ gVisor 容器：Google 在 2018 年推出的沙盒式容器运行时。gVisor 使用 Linux 用户态隔离，在内核和容器之间引入 Linux 系统调用隔离层对容器内部发起的系统调用进行拦截并重新实现。

④ GPU（图形处理器）容器：GPU 厂商近年来转向容器，对特定的 GPU 集成了容器运行时，如 Nvidia-Docker。GPU 容器"开箱即用"服务即基于 GPU 容器，并与 Serverless 结合支持 GPU 资源 Serverless 交付，免去复杂安装流程。

（3）云原生基础设施资源管理

提供对云原生基础设施各类硬件资源和算力资源的自动化统一管理、编排调度、智能运维。其中，容器资源管理体系主要包括基础设施适配器、容器管理引擎、容器编排器和容器云管理平台。基础设施适配器用于对接云基础设施的计算资源、存储资源和网络资源，如 Kubernetes 用于对接 AWS、GCE、Azure 和 OpenStack 的各种 CloudProvider；容器管理引擎部署在容器主机节点上，向下对接宿主机容器引擎，向上响应容器编排器的调度指令，管理宿主机上容器的全生命周期，主流的容器管理引擎包括 Kubernetes Kubelet、Swarm Docker Daemon、Mesos Executor、OpenStack Zun Compute 等，一般均支持 Docker；容器编排器负责容器集群资源、容器实例、工作负载和应用资源的部署、编排、调度和监控，主流的容器编排器包括 Kubernetes、DCOS/Mesos、DockerSwarm 等；容器云管理平台在容器编排器之上，提供全局、通用管理功能，支持多容器集群、多租户容器资源管理，支持对接多种异构容器编排器。主流技术具体如下。

① Kubernetes：容器编排器是容器资源管理的核心，Kubernetes 是目前功能最强大、社区关注度最高、使用最广泛的容器集群编排器，已成为容器编排器的事实标准。Kubernetes 的核心能力包括 a.提供对基于容器组（Pod）的通用工作负载的部署、编排、调度和管控，为各类工作负载提供用于定义工作负载属性、资源需求、预期状态的声明式 API 和用于控制、编排工

作负载全生命周期的工作负载控制器；b.提供对集群资源、应用服务和安全管控的通用管理能力，支持对集群工作节点、存储资源、网络策略和负载进行管理，提供面向应用的服务发现、应用配置、服务目录和滚动升级功能，在安全管控上提供控制 API 访问的 RBAC（基于角色的访问控制）机制、隔离用户资源的 Namespace 和控制容器网络访问 ACL（访问控制列表）的 NetworkPolicy；c.提供灵活的扩展机制，支持通过 CloudProvider 和 CCM（云控制管理器）机制适配 AWS、GCE、阿里云、OpenStack 等多种云基础设施，通过 CRI（容器运行时接口）、CSI（容器存储接口）、CNI（容器网络接口）等南向资源接口的规范分别支持容器引擎、存储组件和网络组件的扩展，通过设备插件提供对 GPU、FPGA（现场可编程门阵列）、SmartNIC（智能网卡）等特殊性能设备的支持，通过服务插件支持管理能力和调度能力的扩展，通过 API 聚合器、CRD（客户）支持 API 和自定义资源的扩展。

② 不可变基础设施：将编程中的不可变理念用到了基础设施上，即"一旦实例创建、部署，不再改变"，当需要升级时，用另一个新的实例代替旧实例，并将旧实例摧毁。具体而言，不可变基础设施包括如下含义。a.基础设施组件在自动化安装部署后，该组件本身将不再变更，如需对基础设施进行更新升级，则需要部署一个新的组件，直接丢弃原有组件；b.基础设施部署管理不再依赖手动操作，而是通过工具、代码自动实现；c."不可变"并不是说整体系统不再变更，而是说通过改变系统升级的方式，减少配置偏差，从而让系统修改更加简单、快速、可靠。

7.3.2 云原生化网络云

网络是运营商的立身之本。云计算是现阶段运营商网络技术、架构和商业模式演进的主要动力。网络云化是运营商战略转型的基础和对自身的"基因"改造，旨在应用云计算技术注智传统网络，推动各专业网元摆脱私有封闭的专用硬件设备，打造云化可编程的网络功能，实现网络功能与基础设施解耦、网络功能的软件定义、网络功能的分解重构、网络功能的敏捷部署、网络功能的能力开放、网络功能的智能运营，降低 OPEX 和 CAPEX，加速网络业务创新。

网络云化以云原生化为目标方向，将主要经历如下发展阶段。

① 软硬件解耦阶段：网元功能与底层硬件分离，脱离专属封闭硬件，以软件形式部署在标准化硬件平台之上，提升部署灵活性，降低成本和管理复杂性。

② 虚拟化阶段：实现基于虚拟化的网元功能部署，有效提高资源利用率和密度，并通过

编排器实现基础管理功能，如扩缩容等。

③ 容器化阶段：引入容器化网元，裸金属服务器、虚拟机、容器等云化网元的弹性部署和统一控制编排，网元 DevOps，网络业务根据流量和需求动态响应。

④ 分解重构阶段：网元功能微服务化分解和动态拼接，网元功能组件（通用组件、专属组件等）在全网范围内的智能化推送和按需部署，最大化提升资源利用率和客户体验。

整体而言，网络云化仍处于虚拟化阶段，并正在向容器化阶段演进。整个行业正以 ETSI NFV 架构为核心，从标准化组织、产业联盟到开源社区，从科研机构、各类厂商到运营商，各相关方积极开展合作，在需求、研究、验证、规范、实现、部署等多个维度展开协同工作。相关行业动态具体介绍如下。

① CNCF：给出了云原生网络功能（CNF）的定义，CNF 是一类提供网络功能的云原生应用，由一个或多个微服务构成，基于不可变基础设施、声明式 API，以及可重复部署等云原生准则设计实现。

② ETSI NFV 工作组：在前期 NFV 系列规范的基础上，2019 年启动 NFV R4 阶段标准化工作，重点关注 NFV 的云原生化、自动化与智能化，以及 NFV 的部署运营与集成优化等。其中，相关工作和成果主要包括 a.输出 IFA029 研究报告，对面向容器和 PaaS 的 NFV 架构提升给出建议；b.输出 EVE011 标准，定义了云原生 VNF 相关非功能性参数及分类；c.R2 stage2 成立"云原生 VNF 及容器基础设施管理"焦点工作组，对云原生 VNF 相关信息模型、参考点、打包格式，以及容器集群节点管理、容器网络、MANO 功能需求和接口、自动化管理等开展研究。

③ Linux 基金会旗下 LFN(Linux 基金会网络)工作组：a.OPNFV（NFV 开放平台）、ONAP、Akraino 等开源项目协同互动，共同推进面向云原生的网络云集成部署、测试验证，其中，进入 OPNFV 2.0 阶段，以云原生化、自动化和集成创新为工作重心；ONAP 重点推进面向 Kubernetes 的协同编排。b.成立 CNTT（云基础设施电信工作组），推进面向 VNF 与 CNF 的 NFVI 集成体系、标准化进程、开放解耦。c.成立 XGVela 开源项目，聚焦电信云原生 PaaS 平台研究。

④ OpenStack：除了面向 NFV 的性能、弹性、高可用性、多站点等优化、提升，面向 NFV 容器化承载需求，重点聚焦容器负载的支持和配置优化、模块化容器技术支持、OpenStack 与 Kubernetes 融合部署等方面，相关项目有 Murano（OpenStack 的应用目录服务）、Manila（OpenStack 的共享文件服务）、Magnum（OpenStack 的容器编排引擎服务）、Kuryr（OpenStack 的容器网络插件）、Kolla（基于容器的 OpenStack 部署）、Zun（OpenStack 的容器服务）、OpenStack-helm（支持 OpenStack on Kubernetes 的部署）、LOCI（轻量级开放容器计划，提供

OCI 兼容的 OpenStack 组件镜像）等。

综合云原生技术体系及 ETSI NFV 体系框架，云原生化网络云架构和能力仍在不断完善与优化，目前，初步形成包括云原生基础设施层、云原生网络功能层、云原生运营支撑层 3 个逻辑功能层，具体如下。

① 云原生基础设施层：基于底层软硬件基础设施资源，提供涵盖裸机、容器、虚拟机的融合基础设施资源能力。容器算力主要通过 Kubernetes 实现资源的编排管理和资源能力提供，存在基于虚拟机的容器、基于裸机的容器等多种承载方式，其中，基于虚拟机的容器又存在容器不可见、容器可见等多种情况。

② 云原生网络功能层：基于微服务、服务治理、应用引擎等技术，提供面向云原生网络功能的微服务架构、网络 PaaS 平台及网络功能管理能力。其中，微服务架构主要提供微服务相关通信机制、动态扩缩容和服务治理等能力；网络云 PaaS 平台主要提供通用公共 PaaS 能力、网络云 PaaS 能力、网络云应用支撑能力等。

③ 云原生运营支撑层：面向云网络的规划设计、建设部署、交付上线、测试验收、监控运维、业务运营、优化升级等全流程，构建自动化、智能化的规划、实施、部署、运维、管理能力，实现从云原生基础设施到云原生网络业务和应用的端到端的快速交付和自动化、智能运营。

7.3.3 5G 网络云原生化发展

5G 网络天然契合云原生理念。这一点主要源于 5G 网络云化、服务化、能力开放的架构设计，以及自动化、智能化、DevOps 的运营原则。

3GPP 在 Rel-15 标准中[2]，引入 5G 核心网 SBA（服务化架构），结合 SOA（面向服务的体系架构）和 MSA（微服务架构），采用面向服务的总线架构，将传统以网元和信令传输为基础的网络架构，转变为以服务和 API 为主的服务化架构，在 5G 核心网控制面与用户面的分离过程中，实现松耦合的网元组合方式、统一的传输协议、接口服务化呈现。

从 SBA 被提出之初，业界就开始着手并持续研究面向 5G SBA 的云原生化承载和管理，以便更好地基于新型网络架构实现网络功能和业务的开放与创新。云原生化已经逐步成为整个网络云化产业及运营商云网融合工作的核心重点与关键抓手。其中，一些主要行业动态的介绍具体如下。

① Linux 基金会旗下 LFN 工作组：a.ONAP 面向 5G 和云原生化开展针对用例、端到端网

络切片、CNF 编排、参考部署等的研究；b.基于 FD.io 和 VPP 开源项目提供高性能、灵活的 5G 用户面；c.推动面向 RAN 的 O-RAN 软件项目；d.推进基于 Tungsten Fabric 和 Akraino 的 5G 与边缘场景（5G 网络用于 5G MEC、5G ToB 专网等场景）开源实现；e.联合开展 5G 云原生 PoC（概念验证），目前已经开展了基于 Kubernetes 和混合/多云的 5G CNF 承载验证，后续将开展基于 ONAP 的 5G CNF 部署验证。

② AT&T（美国电话电报公司）于 2018 年起陆续推进云原生化网络云，主要进展如下。a.发布 NC（网络云）云原生化战略，基于容器、Kubernetes、ONAP 等技术，构建乐高积木式电信云原生网络云基础设施；b.在 Linux 基金会发起边缘云开源项目 Akraino，在 OpenStack 基金会发布独立开源项目 Airship，旨在实现面向边缘的 OOK（基于 Kubernetes 的 OpenStack）环境自动化部署和管理；c.发布未来网络云发展重点，包括云原生化移动核心网与 IP 核心网、边缘增强网络、云原生基础设施互操作性与开放解耦等。

③ BT（英国电信）与 Ericsson 达成协议，共同部署基于容器的云原生 4G/5G 移动核心网。

④ 日本 Rakuten（乐天通信）正在部署全云原生化的 5G 云网络，并已正式发布。

⑤ Telefonica、Orange、Telenor 等运营商都明确了 NFV 云原生演进路线，正在开展容器 5G 核心网测试。

⑥ 国内三大运营商也都对基于云原生化的 5G 网络云化方向达成共识，并陆续开展面向 IoT、AI、VR 等场景的 5G 与容器技术和部署方案的研究与验证。

目前 5G 核心网云原生化主流方案大多采用基于虚拟机容器的方式承载 5G 容器化、微服务化网络功能，对底层虚拟化层完全透明。未来，5G 核心网云原生化方案将逐步打开、分层解耦，充分发挥云原生化特性优势，真正实现面向 SBA 的 5G 新型网络，推进业务创新，最大化释放 5G 网络价值。

参考文献

[1]   CNCF. Whitepaper: cloud native thinking for telecommunications[R]. 2020.

[2]   3GPP. Digital cellular telecommunications system (phase 2+) (GSM); universal mobile telecommunications system (UMTS); LTE; 5G: 3GPP TR 21.915 version 15.0.0[S]. 2019.

第❽章

5G 网络共享

本章从 5G 接入网共享和频谱资源动态共享两个维度介绍了 5G 网络共享，系统介绍了 5G 共享网络的系统架构和关键技术，介绍了独立组网和非独立组网的网络架构、共享策略、移动性管理等关键技术；阐述了动态频谱共享的原理，详细介绍了动态频谱共享的关键技术、物理信道和同步信道的配置等内容。

8.1 5G 接入网共享

5G 网络建设投资巨大，仅凭借一家运营商的力量很难在短时间内实现大规模 5G 网络覆盖。5G 接入网共享充分整合了多家运营商资源，对加快我国 5G 网络建设、实现 5G 领先战略、引领科技创新、实现产业升级、促进经济高质量发展、满足人民群众日益增长的信息需求意义重大。

5G 接入网共享主要体现在基站的共建共享层面，不同运营商共享同一个基站，并分别接入各自的核心网。以两家运营商共建共享为例，5G 接入网共享示意图如图 8-1 所示。在 RAN 基站共享方面，共享基站可理解为"物理上是一个基站，逻辑上是两个基站"，共享基站双上联接入两家运营商各自的核心网。各个运营商核心网独立，并共享 5G 接入网和回传承载网。

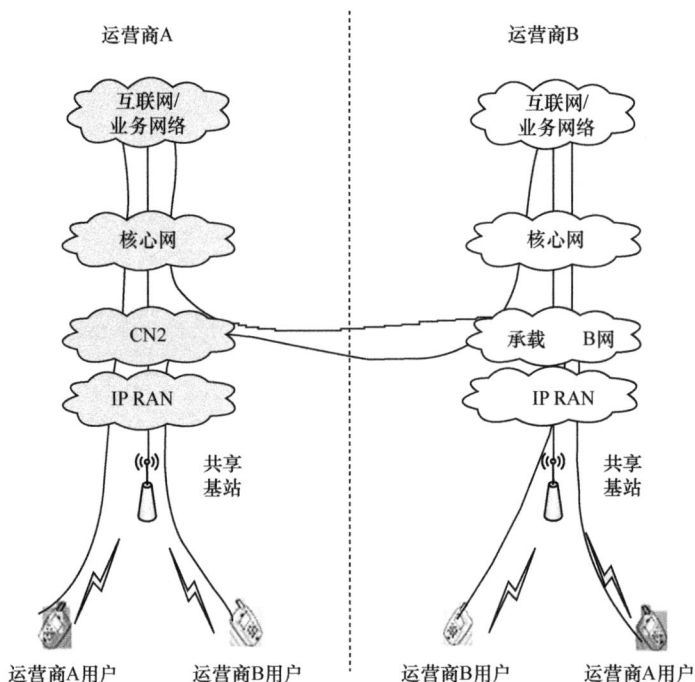

图 8-1 5G 接入网共享示意图

5G 接入网共享包括 NSA 接入网共享和 SA 接入网共享两种方式。5G 接入网共享涉及 NSA 共享网络、承建方 LTE 网络、共享方 LTE 网络、SA 共享网络四大类网络的互操作，以

及承建方、共享方不同的语音业务、视频通话业务回落策略。下文从 NSA 接入网共享和 SA
接入网共享两个层面，阐述多运营商接入网共享如何实现。

8.1.1　NSA 接入网共享

1．NSA 接入网共享网络架构和实现方式

基于 5G NSA 的 NR-RAN（如图 8-2 所示），采用 EN-DC 双连接网络架构，LTE 基站 eNB
作为 UE 的主基站，NR 基站 en-gNB 作为辅基站，eNB 通过 S1 接口连接 EPC，en-gNB 通过用
户面 S1-U 接口连接 EPC。

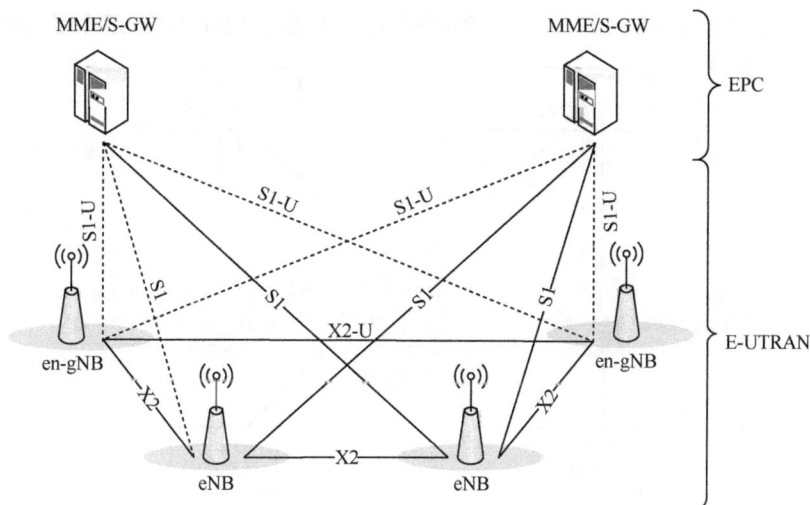

图 8-2　基于 5G NSA 的 NR-RAN

在 NSA 下，NR 基站与 LTE 基站通过 X2 接口连接。X2 接口支持 NSA NR 接入网共享的相关功
能，且对于基于 X2 接口的 EN-DC 双连接管理过程，LTE 主基站向目标 NR 辅基站指示所选 PLMN。

在 NSA 接入网共享下，多个运营商共享 NR 接入网，但各自的 EPC 独立。以两家运营商
间的共建共享为例，按照作为 EN-DC 双连接主基站的 LTE 锚点基站是否共享可分为单锚点情
况或双锚点情况，单锚点情况下，LTE 锚点基站共享，NR 接入网也共享；双锚点情况下，LTE
锚点基站不共享，NR 接入网共享。

对于单锚点情况，以两家运营商间的共享为例，NSA 接入网共享的网络结构如图 8-3 所示。
NR 共享基站通过 X2 接口与 LTE 共享基站连接，并通过 S1 接口与两个运营商的 EPC 连接。

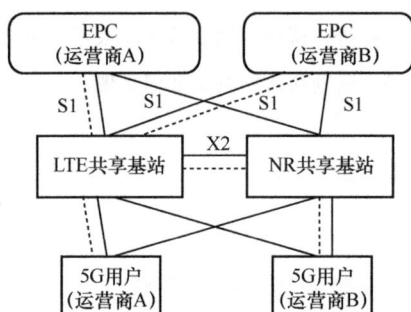

图 8-3 NSA 接入网共享的网络结构（单锚点情况）

注：实线表示用户面，虚线表示信令面。

对于双锚点情况，以两家运营商间的共享为例，NSA 接入网共享的网络结构如图 8-4 所示。NR 共享基站通过 X2 接口与两个运营商的 LTE 锚点基站连接，并通过 S1 接口与两个运营商的 EPC 连接。

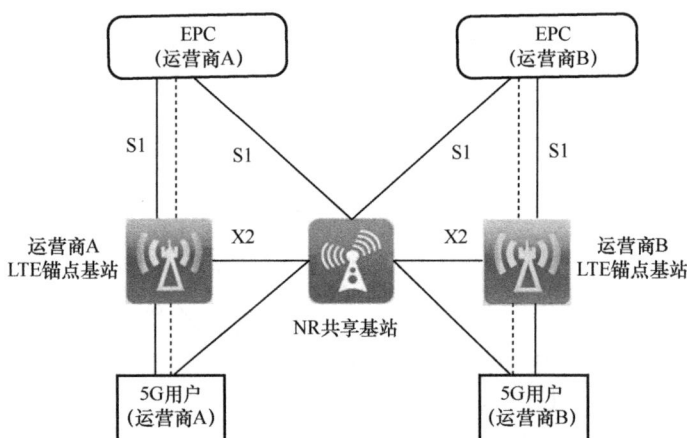

图 8-4 NSA 接入网共享的网络结构（双锚点情况）

注：实线表示用户面，虚线表示信令面。

共享 5G 接入网根据用户的 PLMN 和业务签约等条件，为用户提供语音、视频通话、数据和短消息等业务。在 NSA 下，语音类业务优先由 4G 网络承载。在相同的业务签约属性等前提下，共享 5G 接入网可为共享 5G 接入网的各运营商的用户提供无差别服务。

2．NSA 接入网共享业务功能

（1）语音业务/视频通话业务

在单锚点情况下，可选择 VoLTE 语音业务/视频通话业务由归属 4G 接入网承载或共享 4G 接入网承载。

- 在 VoLTE 语音业务/视频通话业务由归属 4G 接入网承载的情况下，5G 用户驻留在共享的 LTE 锚点基站上，对于 5G 用户的 MO/MT 语音业务，4G 共享基站基于 PLMN、业务等条件触发共享的 5G 用户回到归属的 4G 网络上进行 VoLTE 语音业务/视频通话业务（如基于 PLMN、业务的异频切换）。在归属的 4G 网络结束 VoLTE 语音业务/视频通话业务后，归属的 4G 网络引导 5G 用户尽快回到共享的 LTE 锚点基站上。

- 在 VoLTE 语音业务/视频通话业务由共享 4G 接入网承载的情况下，5G 用户驻留在共享的 LTE 锚点基站上，VoLTE 语音业务/视频通话业务的建立流程与 4G 网络中的普通 VoLTE 语音业务/视频通话业务建立流程一致，由共享 4G 接入网承载。5G 用户在 4G 接入网的共享区域内移动时按照常规的 VoLTE 语音业务/视频通话业务的保持连续性方式保障业务的连续性。5G 用户从 4G 接入网的共享区域移动到非共享区域时，4G 共享基站基于 PLMN 配置邻区列表、执行差异化切换策略等，将进行 VoLTE 语音业务/视频通话业务的 5G 用户切换到归属的 4G 网络基站上，保障业务连续性。

在双锚点情况下，5G 用户驻留在归属网络的 LTE 锚点基站上，由归属的 4G 网络提供 VoLTE 语音业务/视频通话业务，并保障业务的连续性。

（2）数据业务

由归属的 EPC 为 5G 用户提供数据业务。

（3）短消息业务

由归属的 EPC 通过 SMS over IP（IMS）或 SMS over SG，为 5G 用户提供短消息业务。

3．NSA 接入网共享移动性管理

在单锚点情况下，5G NSA 终端的网络搜索与驻留分为以下 3 种情况。

① 在共享区域内，共享方的 5G 终端选择驻留在共享方自有的 4G 小区内（如初次开机）：在这种情况下，共享方的 4G 基站支持引导 5G 终端尽快重选到承建方的 4G 共享锚点小区上。即共享方的 4G 基站需支持识别 5G 终端，并向 5G 终端下发专有频率优先级（在进行 RRC 连接释放时设置承建方的 4G 锚点载波优先级高于共享方的 4G 锚点载波）；5G 终端收到指示后，基于频率优先级进行小区重选，选择优先级高的承建方 4G 共享锚点小区进行驻留。

② 在共享区域内，共享方的 5G 终端选择直接驻留在承建方的 4G 共享锚点小区内：基于 4G 共享载波模式，4G 锚点基站在广播消息中同时广播多运营商的 PLMN ID。共享方的 5G 终端进行开机搜索时，在特定场景（如关机前驻留在承建方的 4G 共享网络内等）下直接在承建方的 4G 共享锚点小区内选择归属 PLMN 进行驻留。

③ 4G 终端搜索、驻留于共享 LTE 锚点基站上时：共享 LTE 锚点基站根据终端能力、PLMN、

运营商协商策略引导用户选择相应的网络，即回到归属 LTE 网络上或驻留在共享 LTE 网络内。

在双锚点情况下，5G NSA 终端驻留在归属网络的 LTE 锚点基站上。在同一承建方的 NSA 共享区域内，连接态 5G NSA 终端的移动性通过 EN-DC 的移动性管理（如 PSCell（主辅小区）变更、SCG（辅小区组）及 SCell（辅小区）的增加/修改/释放等）来实现。5G NSA 终端从 NSA 共享区域向非共享 4G 区域移动时，LTE 锚点基站会根据用户的 PLMN 引导用户回到归属 4G 网络上（如连接态终端的切换）。

8.1.2　SA 接入网共享

1．SA 接入网共享网络架构和实现方式

在基于 5G SA 的 NG-RAN（如图 8-5 所示）中，5G 基站 gNB 连接 5G 核心网。gNB 之间通过 Xn 接口连接。gNB 通过 NG 接口与 5G 核心网连接，即通过 NG-C 接口与 AMF 实体连接，通过 NG-U 接口与 UPF 实体连接。

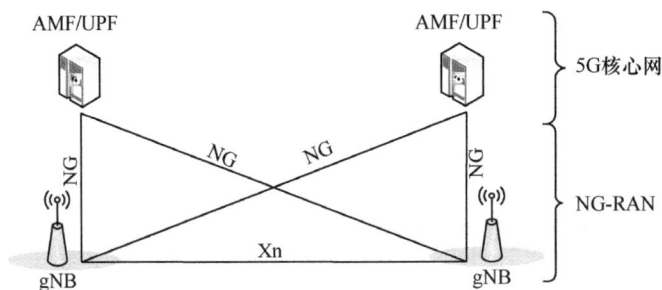

图 8-5　基于 5G SA 的 NG-RAN

Xn 接口支持 SA 接入网共享的相关功能，在基于 Xn 接口的切换过程中，源 5G 基站向目标 5G 基站指示终端所选的 PLMN 等。

在基于 NG 接口的切换过程中，NG 接口支持源 5G 基站向 AMF 指示终端所选的 PLMN 和 AMF 向目标 5G 基站指示终端所选的 PLMN。在终端建立连接时，NG 接口支持 5G 共享基站将终端所选 PLMN 告知 AMF。

2．SA 接入网共享业务功能

（1）语音业务

由归属的 5G 核心网通过 IMS 域提供 VoNR 语音业务。5G 接入网支持通过 5QI=5 建立 IMS

信令承载，并在 MO/MT 过程中，通过 5QI=1 建立语音媒体承载。

在支持 VoNR 语音业务的归属 SA 内移动时，处于 VoNR 通话状态的终端通过在 5G SA 系统内切换保持 VoNR 语音业务的连续性。

当 5G 用户在有归属运营商 LTE 信号的区域内，从支持 VoNR 语音业务的归属 SA 移动出 VoNR 语音业务覆盖区，但处于支持 VoLTE 语音业务的归属运营商 LTE 网络区域内时，处于 VoNR 通话状态的终端可通过从 VoNR 语音业务到归属运营商 LTE 网络的 VoLTE 语音业务的切换保持语音业务的连续性。如果初期归属 5G 网络不支持 VoNR 语音业务，在终端语音业务 MO/MT 时，5G 共享基站支持基于终端的 PLMN，触发终端 EPS Fallback 回落到归属运营商的 LTE 网络内，完成语音业务。NR 到 LTE 网络的回落可采用切换或 RRC 重定向方式。5G 共享基站同时支持 VoNR 和 EPS Fallback，支持基于终端的 PLMN 执行相应的语音业务方案。

（2）视频通话业务

由归属的 5G 核心网通过 IMS 域建立视频通话业务。5G 接入网支持通过 5QI=5 建立 IMS 信令承载，并在 MO/MT 过程中，通过 5QI=1 及 5QI=2 建立两个专用承载，以承载语音业务与视频通话业务。

在支持 VoNR 视频通话业务的归属 SA 内移动时，处于 VoNR 视频通话状态的终端通过 5G SA 系统内的切换保持 VoNR 视频通话业务的连续性。

在有归属运营商 LTE 信号的区域，当处于 VoNR 视频通话状态的终端从支持 VoNR 视频通话业务的归属 SA 移动出 VoNR 视频通话业务覆盖区，但处于支持 VoLTE 视频通话业务的归属运营商 LTE 网络区域内时，通过从 VoNR 视频通话到归属运营商 LTE 网络 VoLTE 视频通话的切换来保持视频通话业务的连续性。如果初期归属 5G 网络不支持 VoNR 视频通话业务，5G 共享基站支持基于终端的 PLMN，触发终端 EPS Fallback 回落到归属运营商的 LTE 网络，完成视频通话业务。NR 到 LTE 网络的回落可采用切换或 RRC 重定向方式。5G 共享基站同时支持 VoNR 和 EPS Fallback，支持基于终端的 PLMN 执行相应的视频通话业务方案。

（3）数据业务

由归属的 5G 核心网为 5G 用户提供数据业务。

（4）短消息业务

由归属的 5G 核心网通过 SMS over IP（IMS）或 SMS over NAS，为 5G 用户提供短消息业务。

3．SA 接入网共享移动性管理

在终端搜网和驻留方面，5G 共享基站在系统信息中同时广播共享 5G 接入网的多个运营商的 PLMN ID。终端搜索 5G 网络并选择所签约的运营商 PLMN 进行驻留。在注册时，终端将所选 PLMN 告知 5G 共享基站，基站根据 PLMN ID，把不同运营商的用户路由到归属运营商的核心网上。基站将所选 PLMN 告知核心网。终端支持搜索归属 PLMN 所使用的共享频段。

在 5G 系统内，对于空闲态 5G 终端，按照标准的小区选择/重选流程实现终端在 5G 系统内的移动性。对于连接态 5G 终端，5G 共享基站支持通过切换等方式实现终端在 5G 共享基站之间的移动性。5G 共享基站支持根据用户的 PLMN 实现终端在 5G 共享基站与非共享基站间的移动性。5G 共享基站支持配置各运营商的 5G 邻频，并支持基于 PLMN（通过 RRC 专用信令）为终端下发 5G 邻频信息及专用优先级信息。

在 5G 网络与 4G 网络之间，涉及异系统小区重选、切换与重定向，在本节中，4G LTE 系统指 5G 用户的归属 4G LTE 网络。

5G 系统与 4G 系统进行异系统重选时，为支持 5G 共享接入网与各运营商 LTE 网络间的互操作，5G 共享基站支持配置各运营商的 LTE 邻频。共享载频模式需要在 5G 小区内配置各运营商的 LTE 邻频，独立载频模式只需要在分配给该运营商的 5G 载波上配置该运营商的 LTE 邻频。5G 共享基站支持通过 RRC 专用信令，基于 PLMN 为终端下发 LTE 邻频信息及专用小区重选优先级信息。终端根据 5G 共享基站通过 RRC 专用信令提供的 LTE 邻频信息及专用小区重选优先级信息，5G 系统信息广播的 LTE 邻频信息或 LTE 邻频信息+邻区信息，测量 LTE 小区信号，满足重选条件后，重选至 LTE 小区。

5G 系统与 4G 系统进行异系统切换与重定向时，5G 共享基站支持根据终端的归属 PLMN，对 5G 连接状态下的终端进行异系统切换或重定向，以到达终端的归属 4G 网络。

8.2　频谱资源动态共享

频谱资源是无线网中的重要资源，早期分配的频谱通常是非常宝贵的低频频谱，用于 2G 网络、3G 网络、4G 网络，尽快在稀缺的低频频谱资源上使用先进的网络技术一直是运营商关注的重点问题，也是业界研究难点。

现网用户的迁移速度不够快，频谱重耕速度通常比较缓慢，3GPP 标准组织针对这个问题，在 5G 标准中引入了速率匹配技术，基于速率匹配的动态频谱共享技术可以实现 5G 网络和 4G 网络动态共享无线网的时频资源，大大加快了频谱重耕的进度，如图 8-6 所示。

动态频谱共享指在同一个频段上部署不同制式的网络的技术，两种制式的网络需要保证精确同步，通过动态调度的方式实现频谱资源在两种制式的网络上的动态共享，如在 2.1GHz 频段上，采用动态频谱共享技术同时部署 4G（B1）和 5G（n1）。

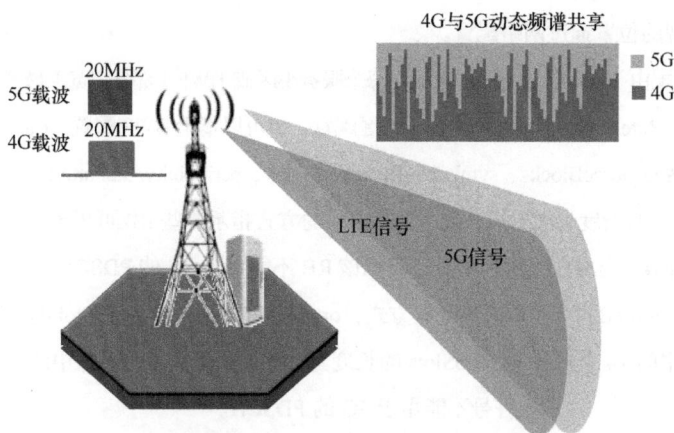

图 8-6　4G 和 5G 动态频谱共享示意图

当两种制式的网络都采用 OFDM 技术时，动态频谱共享一共有以下 3 种资源共享方式。

① 基于频域资源的动态共享。

② 基于时域资源的动态共享。

③ 基于时域资源和频域资源的动态共享。

基于时域资源和频域资源的动态共享可实现最高的网络资源利用率，但网络侧实现复杂度高。

4G 和 5G 动态频谱共享的核心技术问题是 4G 网络和 5G 网络间的干扰冲突，其中两种制式网络的物理层信道间的干扰冲突是难点，4G 和 5G 的物理信道包括承载用户面数据的物理层共享信道和承载物理层控制信息的物理层控制信道。物理层共享信道可以通过网络侧的灵活调度实现资源的时分复用或频分复用，不会产生干扰冲突。但是物理层控制信道无法灵活调度，需要通过静态配置来规避干扰冲突，与 4G 网络相比，5G 网络的物理层控制信道配置更为灵活，因此在动态频谱共享技术中，重点研究 5G 网络的物理层控制信道的配置方法。

8.2.1　动态频谱共享中的 5G 关键技术

为了与 LTE 网络动态共享时频资源，5G 网络引入了速率匹配和参考信号冲突规避技术。速率匹配包括 RB 级速率匹配和 RE（资源元素）级速率匹配。参考信号冲突规避技术可以规避 5G PDSCH DMRS（解调参考信号）与 LTE CRS（小区特定参考信号）时频域资源的冲突。

1. RB 级速率匹配

RB 级速率匹配的实现方式：5G 网络通过高层信令指示一个 RB，这个 RB 是预留给 LTE 网络的资源，不能用于 5G 的 PDSCH。在频域上以 RB 为颗粒度，在时域上以符号为颗粒度。

该 RB 周期和出现的位置通过网络配置。

RB 级速率匹配由 RateMatchPattern 实现，每个服务小区或 BWP（部分带宽）最多可配置 4 个 RateMatchPattern。RateMatchPattern 可以基于小区配置，也可以基于 BWP 配置。RateMatchPattern 中的主要字段包括 resourceBlocks、symbolsInResourceBlock、periodicityAndPattern。

resourceBlocks 的长度为 275bit，通过比特映射的方式指示哪些 RB 可用于 5G 的 PDSCH，每 1bit 对应一个 RB，当对应的值为 1 时，表示该 RB 不能用于 5G 的 PDSCH。

symbolsInResourceBlock 包括两种配置方式：oneSlot 和 twoSlots。oneSlot 的长度为 14bit，映射到 1 个时隙中的 14 个符号上；twoSlots 的长度为 28bit，映射到 2 个时隙中的 28 个符号上。当某个符号对应 1bit 时，表示该符号不能用于 5G 的 PDSCH。

periodicityAndPattern 表示速率匹配 RB 的周期和位置，速率匹配 RB 的位置通过比特映射的方式指示。周期可配置为 2ms、4ms、5ms、8ms、10ms、20ms、40ms，周期最大值为 40ms。

例如将 symbolsInResourceBlock 配置为 oneSlot：11111110000000，将 periodicityAndPattern 信令参数和取值配置为 n4：0110，表示用于 5G 的 PDSCH，如图 8-7 所示。

图 8-7　速率匹配示意图

2. RE 级速率匹配

RE 级速率匹配包括 LTE CRS 速率匹配和 ZP（零功率）CSI-RS（信道状态信息参考信号）速率匹配，在 5G 和 LTE 动态频谱资源共享中，主要采用 LTE CRS 速率匹配。

LTE CRS 速率匹配的实现方式：5G 网络通过高层信令指示 LTE CRS 的时频资源位置，终端在解调 PDSCH 时，跳过这些时频资源。

LTE CRS 的时频位置由 v-Shift 和天线端口数决定，因此需要在 5G 网络上配置 LTE 小区的 v-Shift 和 nrofCRS-Ports（天线端口数）。由于 LTE 网络的带宽可能是 5G 网络带宽的一部分，因此在进行 LTE CRS 匹配时，需要配置 LTE 的频率带宽的中心频点和宽度。LTE 网络的 MBSFN（多播广播单频网）子帧的 CRS 的物理资源映射方法与普通子帧不一致，因此 LTE 网络的子帧若为 MBSFN 子帧，也需要指示给终端。

3. 5G PDSCH DMRS 与 LTE CRS 冲突规避

在 5G 网络的 PDSCH DMRS 使用附加符号时，可能与 LTE CRS 产生干扰冲突，因此 3GPP

标准引入了 PDSCH DMRS 附加符号与 LTE CRS 冲突规避机制。

在普通组网场景中，5G PDSCH DMRS 需至少配置 1 个附加符号才可以满足性能要求，当 PDSCH 满时隙调度时，5G PDSCH DMRS 的附加符号在符号 11（第 12 个符号）上。在 LTE 网络中，LTE CRS 在符号 0、符号 4、符号 7、符号 11 上，因此在 4G 和 5G 的动态频谱共享中，5G PDSCH DMRS 附加符号与 LTE CRS 可能会发生资源冲突。

为了规避这种冲突，3GPP 提出了基于终端能力的参考信号冲突规避技术，当 PDSCH DMRS 配置 1 个附加符号且终端上报支持 additionalDMRS-DL-Alt 时，若 5G PDSCH DMRS 附加符号 与 LTE CRS 发生冲突，则附加符号向后移动 1 个符号，移动至符号 12（第 13 个符号）上，规 避与 LTE CRS 的冲突，如图 8-8 及图 8-9 所示。

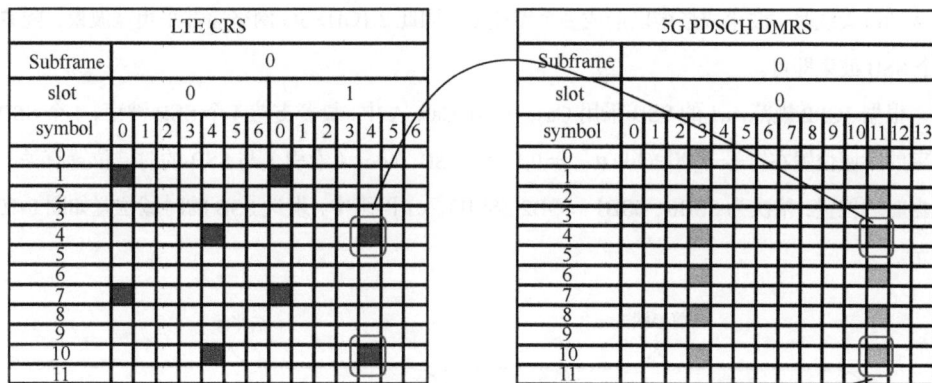

图 8-8　LTE CRS 与 5G PDSCH DMRS 冲突示意图

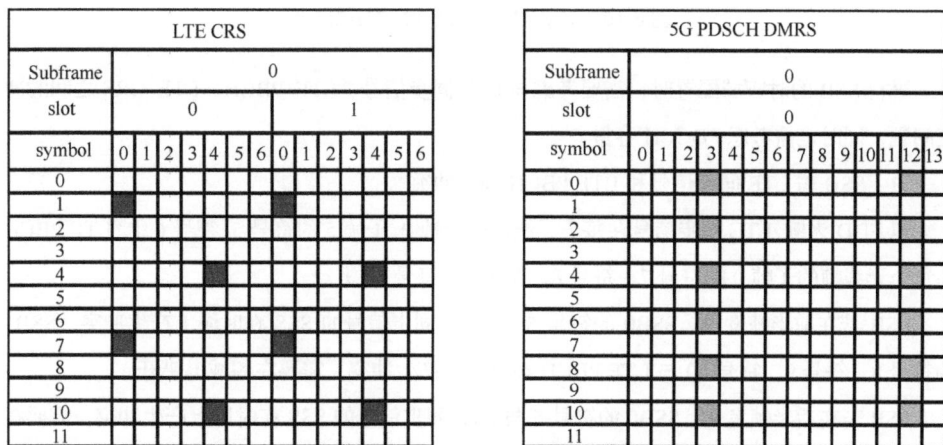

图 8-9　冲突规避后的 LTE CRS 与 5G PDSCH DMRS 示意图

8.2.2　动态频谱共享中的下行物理信道

下行物理信道中，PDSCH 可以通过动态调度实现动态频谱资源共享，下行控制信道和参考符号需要通过配置和打孔的方式规避干扰冲突。

1. 5G SSB

以 2.1GHz FDD（n1）系统为例，分析 5G SSB 的配置。

与 5G 通用的 3.5GHz 频段相比，2.1GHz 频段的电磁波波长较长，天线尺寸较大，若采用 Massive MIMO 技术，工程实施难度很大，因此 2.1GHz 5G 网络通常采用 4 端口天线。采用 4 端口天线时，波束成形难以形成多个窄波束，因此 2.1GHz 5G 网络通常采用宽波束，配置 1 个 SSB 波束即可。

根据 3GPP 规范，n1 的 SSB 采用 Case A，在 Case A 中，最多支持 4 个 SSB 波束，4 个 SSB 波束的时域位置在符号 $\{2,8\}+14\cdot n$，n=0,1 上。SSB Index（索引）与 SSB 的时域位置有关，根据时域位置，依次为 SSB0、SSB1、SSB2、SSB3。n1 网络中，发送 SSB 的时域位置如图 8-10 所示。

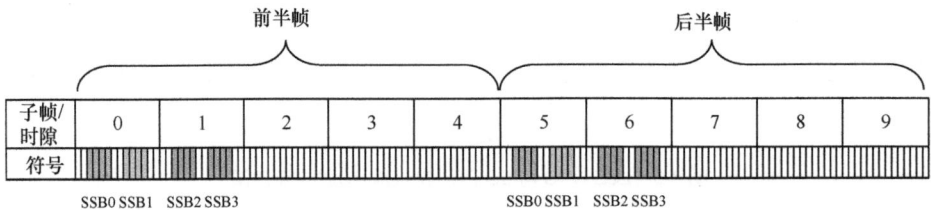

图 8-10　n1 网络中发送 SSB 的时域位置

进行 SSB 的时频域配置时，需要考虑与 LTE 同步信号、LTE PBCH、LTE CRS 之间的冲突问题，同时也需考虑 PDCCH 容量。

（1）SSB 与 LTE 同步信号和 LTE PBCH 间的冲突

以 FDD 为例，LTE 同步信号在每个无线帧的子帧 0、子帧 5 的符号 5、符号 6 上，LTE PBCH 在每个无线帧的子帧 0 的符号 7、符号 8、符号 9、符号 10 上。

SSB 若在前半帧发送，SSB0 的符号 5 与 LTE 同步信号的 SSS 在时域上产生冲突，SSB1 的符号 8、符号 9、符号 10 与 LTE PBCH 在时域上产生冲突，需要在频域上错开。

SSB 若在后半帧发送，SSB0 的符号 5 与 LTE 同步信号的 SSS 在时域上产生冲突，需要在频域上错开，如图 8-11 所示。

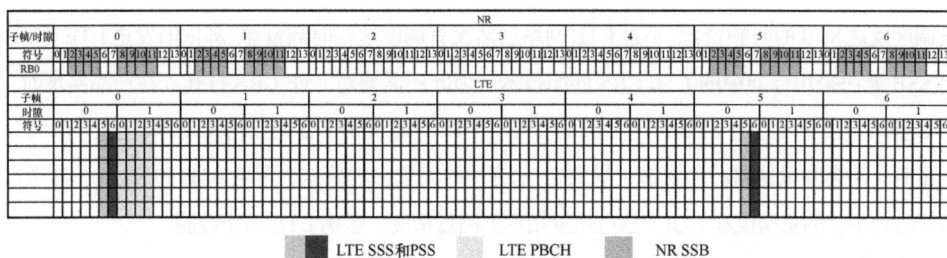

图 8-11　n1 网络中的 SSB 与 LTE 同步信号和 LTE PBCH 间的冲突

（2）SSB 与 LTE CRS 间的冲突

根据 3GPP 规范，LTE CRS 的时域位置与天线端口数和每个时隙的符号数相关，以 2 天线端口、Normal CP 为例，LTE CRS 位于每个时隙的符号 0 和符号 4 上。

在动态频谱共享中，LTE 网络和 5G 网络要精确同步，因此 LTE 网络的 slot0 中的符号 0 和符号 4 与 5G 网络中的符号 0 和符号 4 重叠，LTE 网络的 slot1 中的符号 0 和符号 4 与 5G 网络中的符号 7 和符号 11 重叠。每个 SSB 都有 1 个符号与 LTE CRS 产生冲突，即 SSB0 的符号 4 与 LTE CRS 产生冲突，SSB1 的符号 11 与 LTE CRS 产生冲突，SSB2 的符号 4 与 LTE CRS 产生冲突，SSB3 的符号 11 与 LTE CRS 产生冲突。

LTE CRS 在全带宽发送，无法通过频分复用的方式规避 LTE CRS 与 SSB 间的冲突问题。针对 LTE CRS 与 SSB 间的冲突问题，可以采用以下解决方案。

① MBSFN 子帧方案：LTE 现网通常没有多播业务，所以未配置 MBSFN 子帧，可在 LTE 网络中将发送 SSB 时刻的子帧配置为 MBSFN 子帧，该子帧的非 MBSFN 域用于 LTE 的 PDCCH，MBSFN 域用于发送 SSB。具体方法如下，在 LTE 的 SIB2 中，将发送 SSB 时刻的子帧广播为 MBSFN 子帧，此时非 TM9 模式的普通 LTE 终端在解调下行信道及测量时，会规避 MBSFN 子帧的 MBSFN 域。MBSFN 子帧的 MBSFN 域用于发送 SSB，剩余的时频资源可调度给 5G 用户。3GPP 协议规定 MBSFN 子帧的 MBSFN 域为该子帧的所有符号中的倒数第 12 个符号或第 13 个符号。

在 LTE 网络中，子帧 0、子帧 4、子帧 5、子帧 9 不能配置为 MBSFN 子帧，针对 n1 网络，若采用该方案，只能把子帧 1 或子帧 6 配置为 MBSFN 子帧，SSB 可用的波束为 SSB 波束 2 或 SSB 波束 3。同时考虑需要预留前 3 个符号配置 5G PDCCH 和 LTE PDCCH，因此 SSB 在符号 8、符号 9、符号 10、符号 11 上发送，SSB Index 为 SSB3。同时，CSI-RS 可以在该子帧上发送。

该方案的优点：可以完全规避 SSB 与 LTE CRS 间的干扰冲突问题。

该方案的缺点：在 4G 现网中，大多数 LTE 终端不支持 TM9 模式，无法使用 MBSFN 子帧，该子帧的时频资源只能调度给 5G 用户，该子帧的时频资源无法实现动态频谱共享。

② 动态调度+LTE CRS 打孔方案：这是一个非标准化方案，在 LTE 网络进行调度时，规

避调度发送 SSB 的时频资源。不过 LTE 网络虽然没有调度这些时频资源，却依旧发送 LTE CRS，而 SSB 无法采用标准中的 LTE CRS 匹配技术，因此还需要对 LTE CRS 打孔。在产品实现时，LTE 基站直接不发送与 SSB 产生冲突的 CRS，LTE 终端无法获悉这部分 CRS 未发送，因此在测量时，还会测量这些时频资源，导致 LTE 终端的测量出现偏差，影响 LTE 的 RSRP（参考信号接收功率）测量精度和 CQI（信道质量指示）测量精度，影响 LTE 网络性能。

该方案的优点：时频资源可以实现完全动态频谱共享。

该方案的缺点：影响 LTE 现网性能。

③ 动态调度+5G 网络打孔方案：这也是一个非标准化方案，在 LTE 网络进行调度时，规避调度发送 SSB 的时频资源，针对 LTE CRS 的时频位置，在 NR 网络中打孔，不发送与 LTE CRS 有冲突的 RE，依旧发送 LTE CRS。该方案影响 5G 网络的 SS 或 PBCH，针对 SSB0 与 SSB2，符号 4 与 LTE CRS 有冲突，符号 4 是 SSB 的第 3 个符号，用于发送 SS，在 SS 上打孔，可能会影响 NR RSRP 测量精度和 CQI 测量精度；针对 SSB1 与 SSB3，符号 11 与 LTE CRS 有冲突，符号 11 是 SSB 的第 4 个符号，用于发送 PBCH，在 PBCH 上打孔，可能会影响 PBCH 的解调成功率。

该方案的优点：时频资源可以实现完全动态频谱共享。

该方案的缺点：影响 5G 网络性能。

2. NR PDCCH 配置

在频域中，NR PDCCH 可以灵活配置 RB 的数量，而 LTE PDCCH 分布在全带宽上。

在时域中，从标准层面，NR PDCCH 可以灵活配置在 1 个时隙中的任意符号上，但是在时域中灵活配置 5G PDCCH 导致终端的实现复杂度高，目前终端都不支持这种做法，只支持将 5G PDCCH 配置在 1 个时隙的前 3 个符号上。当带宽为 20MHz 时，LTE PDCCH 从第 1 个符号开始，可以占用 1～3 个符号，因此 LTE PDCCH 和 NR PDCCH 需共享每个时隙的前 3 个符号。

LTE PDCCH 必须从第 1 个符号开始，PCFICH（物理控制格式指示信道）分布在第 1 个符号上，Normal CP 下的 PHICH（物理混合自动重传指示信道）也分布在第 1 个符号上，因此第 1 个符号必须用于 LTE PDCCH。由此，NR PDCCH 可以有两种配置方案。

（1）NR PDCCH 配置方案 1

LTE PDCCH 占用 2 个符号，NR PDCCH 占用 1 个符号。LTE PDCCH 占用第 1 个符号和第 2 个符号，共 50 个 CCE，可以支持所有聚合等级的 PDCCH。NR PDCCH 占用第 3 个符号，考虑小区边缘覆盖性能，NR PDCCH 至少需支持聚合等级 8 的 PDCCH，因此 NR PDCCH 在频域上至少占用 48 个 RB 的带宽。

在调度过程中，NR PDCCH 占用的频域资源，无法分配给 LTE 用户。若某小区内只有 1 个用户且处于小区边缘，则进行上行传输业务或下行小包传输业务时，PDCCH 的聚合等级为 8，在该时隙中，这 48 个 RB 无法用于 LTE 网络，导致无法实现动态频谱共享，它们占整个载波带宽的 48%。在商用初期，该问题普遍存在，导致网络资源的极大浪费。

在这种配置方案中，LTE 网络的 PDCCH 容量较大，但是当 5G 用户处于小区远点且持续进行数据调度时，LTE 网络的可用资源减少约 50%，对 LTE 用户的体验影响较大。

（2）NR PDCCH 配置方案 2

LTE PDCCH 占用 1 个符号，NR PDCCH 占用 2 个符号。NR PDCCH 占用第 1 个符号，共 17 个 CCE，可以支持所有聚合等级的 PDCCH。NR PDCCH 占用第 2 个符号和第 3 个符号，频域上占用 24 个 RB，可以支持聚合等级 8 的 PDCCH。

在这种配置方案中，5G PDCCH 聚合等级为 8 时，该时隙中的 24 个 RB 无法用于 LTE 网络，这 24 个 RB 无法实现动态频谱共享。当 5G 用户处于小区远点且持续进行数据调度时，LTE 网络最多可以使用 76 个 RB，动态共享的频谱资源较多，对 LTE 用户的体验影响较小。但是此方案中，LTE 网络的 PDCCH 容量较小。

若 LTE 网络承载的业务以大流量业务为主，如下载业务或视频业务，建议 LTE PDCCH 配置 1 个符号，NR PDCCH 的时域配置 2 个符号、频域配置 24 个 RB。

若 LTE 网络承载的业务以小流量多连接业务为主，如 VoLTE 语音业务，建议 LTE PDCCH 配置 2 个符号，NR PDCCH 的时域配置 1 个符号、频域配置 48 个 RB。

8.2.3　动态频谱共享中的上行物理信道

动态频谱共享中，上行物理信道的配置比较简单，以 20MHz 的带宽为例，NR PUCCH 配置在频带两侧，优先使用 LTE 带宽外的 RB 资源，LTE PUCCH 紧邻 NR PUCCH，配置在 LTE 频带的两侧。NR PRACH 与 LTE PRACH 可以采用频分复用的方式，NR PRACH 紧邻 LTE PUCCH 低频位置，LTE PRACH 紧邻 LTE PUCCH 高频位置，如图 8-12 所示。

NR PUSCH 和 LTE PUSCH 动态共享上行频谱资源，LTE 上行采用 SC-FDMA（单载波频分多址），需要保证单载波特性，因此分配 LTE 上行的 RB 资源时必须采用连续的频谱资源。在动态频谱共享中，NR PUSCH 和 LTE PUSCH 进行资源分配时，各自从一端开始分配资源，如 LTE PUSCH 从频域资源下端开始分配资源，NR PUSCH 从频域资源上端开始分配资源。

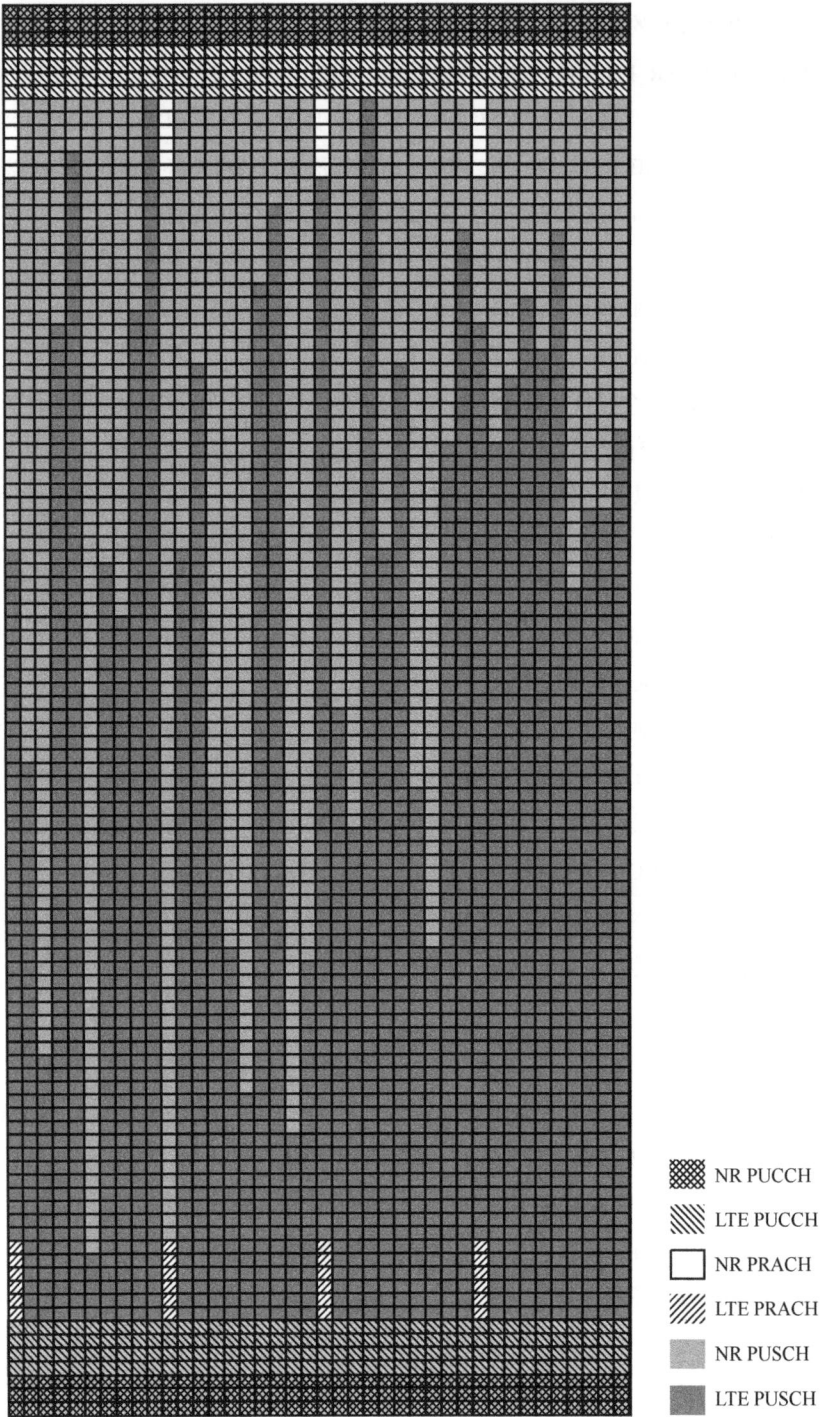

NR PUCCH

LTE PUCCH

NR PRACH

LTE PRACH

NR PUSCH

LTE PUSCH

图 8-12　上行物理信道资源动态共享示意图

第 9 章

5G 网络运营支撑系统

本章分析了 5G 网络运营支撑系统在网络、业务与运营方面面临的挑战，分析了顶层设计，并从总体架构、技术架构、集成架构和部署架构等多个维度，设计了自动、智能、云化、解耦和融合的 5G 网络运营支撑系统架构。结合网络新特性，提出了 5G 核心网运营支撑、5G 网络云化 NFVO、网络切片管理等关键运营能力的建设方案。最后，基于中国电信 5G 核心网运营支撑系统的建设实践案例，介绍了包括面向 5G 的云网控制和采集平台、云网资源与数据共享平台及切片产品开通编排在内的 5G 网络运营能力建设典型案例。

9.1 5G 网络运营支撑系统的挑战

5G 网络更高的速率、更宽的带宽、更高的可靠性、更低的时延等特征给移动网络架构带来了全面的提升和改造，同时也从网络、业务、运营 3 个层面给 OSS（运营支撑系统）带来了巨大挑战。

9.1.1 网络挑战

软件定义网络（SDN）、超密集无线网络、核心网云化、用户面分离下沉、网络切片技术将是新一代 5G 网络的主要技术。为了支持业务快速上市和高效运维，新一代 5G 网络必须具备敏捷、集中、自动、智能的运营能力，实现网络即服务（NaaS）。

① 智能化运维：大带宽、多基站，实现海量数据和站点的智能化运维。

② AI 赋能：网络智能规划及智能化、自动化运维，以提质增效。

③ 网络切片服务：提供租户级服务的快速部署和开通、排障。

④ 集中协同：跨层垂直关联、跨域水平关联的网络集中、端到端协同运维。

⑤ 边缘防御：用户面下移、边缘云信息下沉的分层治理与防护。

9.1.2 业务挑战

新一代 5G 网络能够支持的业务类型将得到极大程度的丰富，如全息/高清视频、AR/VR、物联网、车联网业务等。基于不同的业务类型，存在不同的商业模式，如语音、数据、短信等传统模式，OTT（过顶传递）等管道模式，优秀产品集成推广的行业集成模式，垂直行业应用深度合作模式等。

业务类型和商业模式多样化的特点也使得电信运营商在产业链中的角色定位不断发生变化，从传统运营商到数字化运营商、数字化生态使能者，再到今天的数字化合作生态运营的战略定位。

承接业务运营的要求，新一代 5G 网络运营支撑系统需要作为"网络+X"的核心引擎，为各行各业的数字化转型升级赋能。新一代云化、智能化 5G 网络与新一代 5G 网络运营支撑系统天然深度融合，结合网络+连接、网络+安全、网络+大数据、网络+AI 等提供 NaaS 核心能力，实现面向业务的敏捷使能、面向网络的智慧运营，为客户提供极致体验。

"网络+X"具体如下。

① 网络+连接：网络连接即服务。

② 网络+安全：网络安全即服务。

③ 网络+大数据：大数据即服务。

④ 网络+云计算：云计算即服务。

⑤ 网络+AI：人工智能即服务。

⑥ 网络+IoT：物联网即服务。

9.1.3 运营挑战

1．新一代 5G 网络需具备事先化、智慧化、自动化运维的能力

基于云网融合的新一代 5G 网络具有大带宽、多基站的特性，海量数据和站点导致网络规模及复杂度倍增，高新技术企业的运营成本增加和面临的安全风险加大，人工运维越来越困难，具体体现在以下几方面。

① 基于云网融合的 5G 网络的自动预检与排障。

② 新一代 5G 网络的智能操作维护与优化。

③ 基于云网融合的 5G 网络的资源全网智慧调配与节能。

④ 基于云网融合的 5G 组网与智能分析评估。

⑤ 5G 网络智能规划。

⑥ 5G 网络数字化运营。

2．5G 核心网云化、虚拟化、切片化、服务化，需要端到端协同运维

随着 5G 核心网云化、虚拟化，MEC 打造 5G 边缘生态，实现端到端网络切片；新一代 5G 网络的多级分布、扁平化的架构特点及分布式多级数据中心将给端到端运维带来巨大挑战，具体体现在以下几方面。

① NFV 网络敏捷部署就绪，弹性调整、闭环自动化处理。

② 5G 网络分层自治，跨层、跨域端到端协作与运维。

③ 以网络切片为中心运营，提供租户级服务的快速部署和开通、排障，实现差异化的 SLA 保障。

④ 5G 网络服务和数据统一管理、控制与开放。

⑤ MEC 生态应用快速部署就绪，实现"云-网-边"端到端协同。

因此，新的 5G 网络架构亟须加强使用自动化手段建设，通过网络敏捷部署、故障精准定位、业务快速开通、按需弹性调整、数据和服务开放，实现以下目标。

① 运维协同：5G 核心网、网络云、承载网、无线网集约一体，跨层垂直关联、跨域水平关联的端到端协同运维。

② 行业运营：垂直行业的客户服务和产品需求快速接应，意图使能，提供面向行业客户的 5G 切片快速部署、开通和排障能力。

③ 智能运维：引入 AI 和大数据技术，实现端到端网络的事先化、主动化、自动化运维，并具备针对垂直行业进行专项优化的能力。

基于上述内容，提升 5G 网络端到端运营能力的四大关键转变具体如下。

① 敏捷：周粒度的部署向分钟级的部署转变。

② 集中：按专业划分的"烟囱式"运维向混合网络集中化运维转变。

③ 自动：手动检查式运维向基于策略的自动化闭环运维转变。

④ 智能：依赖专家经验的识别向基于 AI 和数据的自动识别转变。

9.2 顶层设计

9.2.1 设计思路

如图 9-1 所示，新一代 5G 网络运营支撑系统的设计思路是打破网络分段管理模式，拉通 IT 与 CT。通过 B 域/O 域融通，实现业务快速部署，服务能力一点设计、全网动态加载运行；打破现有网管系统的"烟囱式"架构，进行网络能力的 OpenAPI 封装、分层解耦、水平集成，借助企业统一的 IaaS 平台、PaaS 平台构建分布式云化系统，数据统一共享分发，能力统一汇聚开放，实现 IT 上云；搭建 DCOOS（数字化能力开放运营系统）/EOP（使能开放平台）、云网基础数据共享平台实现一级分布式部署，搭建云网控制和采集平台，实现全网生产运营数据的统一采集、汇聚、共享和分发，支持 MBO 跨域关联，大数据/AI 赋能智慧运营。

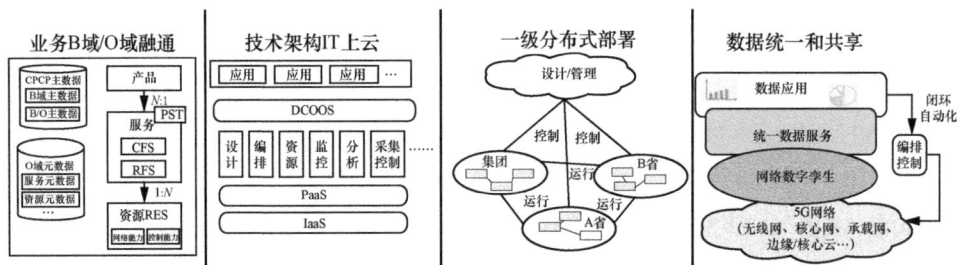

图 9-1 新一代 5G 网络运营支撑系统设计思路

具体举措如下。

① PSR（产品–服务–资源）分层解耦，灵活组合，客户随愿定制。采用分层解耦模型，模型由产品、服务、资源 3 层组成，业务灵活组合。CFS（面向客户的服务）由 RFS（面向资源的服务）组装而成，RFS 由 RES（资源）组装而成，开放共享；客户自定义业务需求，随愿选择网络能力进行业务组合，业务按需、实时、自动、快速上线；根据客户定制需求动态进行服务模板实例化，调用 CFS、RFS、RES API 实现业务快速开通。

② 业务一点设计、全网动态加载运行、快速部署。基于 CFS、RFS、RES 实现业务一点设计，全网动态加载运行，快速响应业务和网络运营需求，PSR 对象、API 及业务逻辑一点设计，以编排包的形式打包、下发到运行态；运行态获取、校验、解析、实例化、测试编排包，实现业务快速上线。

③ 编排协同、高效执行，业务快速开通。编排节点扁平化部署，高效协同。集团级编排节点完成端到端编排任务分解及集团管理网段的编排执行，省级节点编排完成省管段编排任务及人工施工，协同分工。网络能力开放，编排高效执行，云网络及各专业网络主动开放网络能力，提升编排自动化执行能力；云网资源端到端贯通，实现资源自动化配置，支撑云网协同调度与端到端业务编排。

④ 打破现有网管系统"烟囱式"架构，IT 上云。云网统一数据采集和控制，建设数据和资源共享中心，统一数据模型、数据统一存储，并建设云网服务设计和编排中心，实现业务一点设计全网动态加载运行，基于统一 IaaS 平台、PaaS 平台构建分布式云化系统，实现数据统一共享，能力统一汇聚升放。

⑤ 网络能力开放，支撑云网协同和生态构建。统一服务交互，网络能力开放。网络封装原子能力、各专业网络服务能力一次建设、多次重用，对外统一开放，支撑云调网、网融云、云网融合、业务随选及生态应用。统一网络控制通道，一点式安全操作网络。打破网管垂直"烟囱"，水平集成，各专业网管按照框架开发网络控制插件嵌入采集控制模块。

⑥ 业务一点可视、全程服务，提供优质体验。云网数据实时开放，跨专业、跨地域、跨段落联动，实现面向云网业务的端到端监控与闭环自动处理。

⑦ 云网分级操控、全网协同，高效运维。网管按 PSR 解耦构建，网络拓扑数据驱动一级分布式编排运行，实现云网域内自治、分级操控、全网协同。

⑧ 一级分布式部署：一级指集团级设计/管理节点一级集中部署，分布式指集团级和省级运行节点分布式部署。数据和服务标准化，通过 DCOOS/EOP、云网基础数据共享平台实现设计/管理节点与运行节点间、运行节点与运行节点间的互联互通。

⑨ 数字刻画网络，云网资源端到端管理。云网资源精确刻画，实现资源、网管及云内系

统数据的统一融合管理，跨地域、跨专业、跨段落的云网资源衔接贯通，提供准确、实时、动态、开放的端到端云网资源、数据。

⑩ 云网数据实时、动态采集、分发，闭环注智云网运营。网络数据实时采集、一点分发，数据中台跨域关联，基于动态、实时的网络运行数据闭环注智云网运营。

9.2.2　目标特征

新一代 5G 网络运营支撑系统通过云网功能服务化，支持网络服务能力的按需调用，为用户提供随愿网络能力和增值服务，保障了对新一代 5G 网络的 DICT（数据信息通信技术）掌控能力。新一代 5G 网络运营支撑系统具备以下主要特征。

（1）业务特征

① 自动：构建 PSR 分层解耦体系，封装云网运营能力，通过产品和业务建模设计，拉通 B 域、O 域及网络，实现产品快速加载、业务快速开通，提供极致的客户体验。

② 智能：引入 AI 和大数据，智能感知端到端网络/服务/业务变化，实现面向业务的全网全专业故障定位和闭环自动化。

（2）技术特征

① 云化：采用开放、水平分层的分布式云化架构，由统一的 IaaS 平台、PaaS 平台和组件提供技术框架和技术服务；采用统一应用开发管理平台，实现需求评审、开发、测试、部署、上线、运维应用开发全过程的数字化管理，加速业务交付。

② 解耦：打破按专业从数据采集到应用的传统网管架构，构建综合的网络数据和能力开放的服务化架构体系，产品和服务模型解耦，业务流程与服务能力解耦，设计与运行分离，网络能力转换为客户服务能力。

③ 融合：网管数据和资源数据统一存储、统一建模，实现网络资源和数据的融合，将数据汇聚到企业大数据湖中实现持久化存储，并支持跨域数据应用。

9.2.3　架构定位

企业的中台战略旨在整合全集团的运营数据能力、产品技术能力及云网服务能力，建立水平、开放、集约的 IT 支撑体系，对各前台业务形成强有力的支撑。新一代 5G 网络运营支撑系统是企业智慧中台的重要组成部分，如图 9-2 所示。

2+5业务生态圈

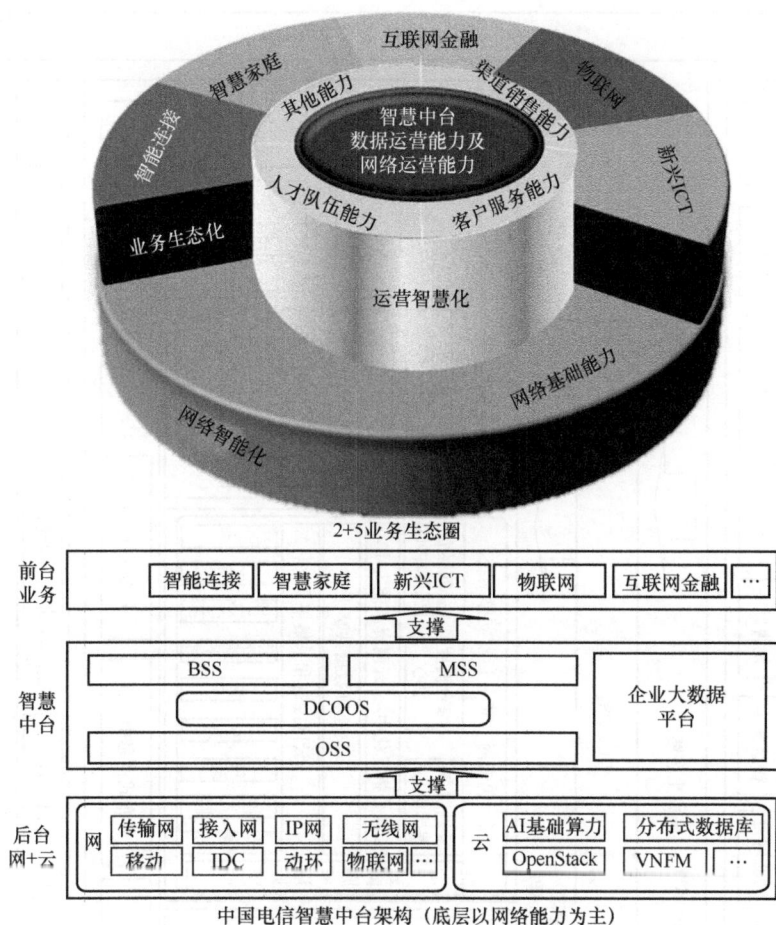

中国电信智慧中台架构（底层以网络能力为主）

图 9-2　新一代 5G 网络运营支撑系统与企业智慧中台间的关系

如图 9-3 所示，IT 系统的目标架构是基于统一 IaaS 平台、PaaS 平台构建分布式云化系统，实现数据统一入湖、能力统一汇聚开放，打造数字化平台，具体如下。

① IaaS 平台：统一的混合云管、灵活调度。

② PaaS 平台：做厚、做强、自主掌控、自主运维。

③ 大数据湖：O 域数据加快入湖，MBO 数据充分共享。

④ DCOOS：DICT 能力统一汇聚，一点对外开放。

⑤ 全国集中 MSS：优化流程、通过 AI 提升工作效率。

⑥ BSS3.0：深化运营开发，拉通 B 域、O 域，强化政企和线上能力。

⑦ OSS：建设新一代 5G 网络运营支撑系统，打破原有专业网管的"烟囱式"架构。

⑧ 基础：智能运维平台、安全保障平台统一保障。

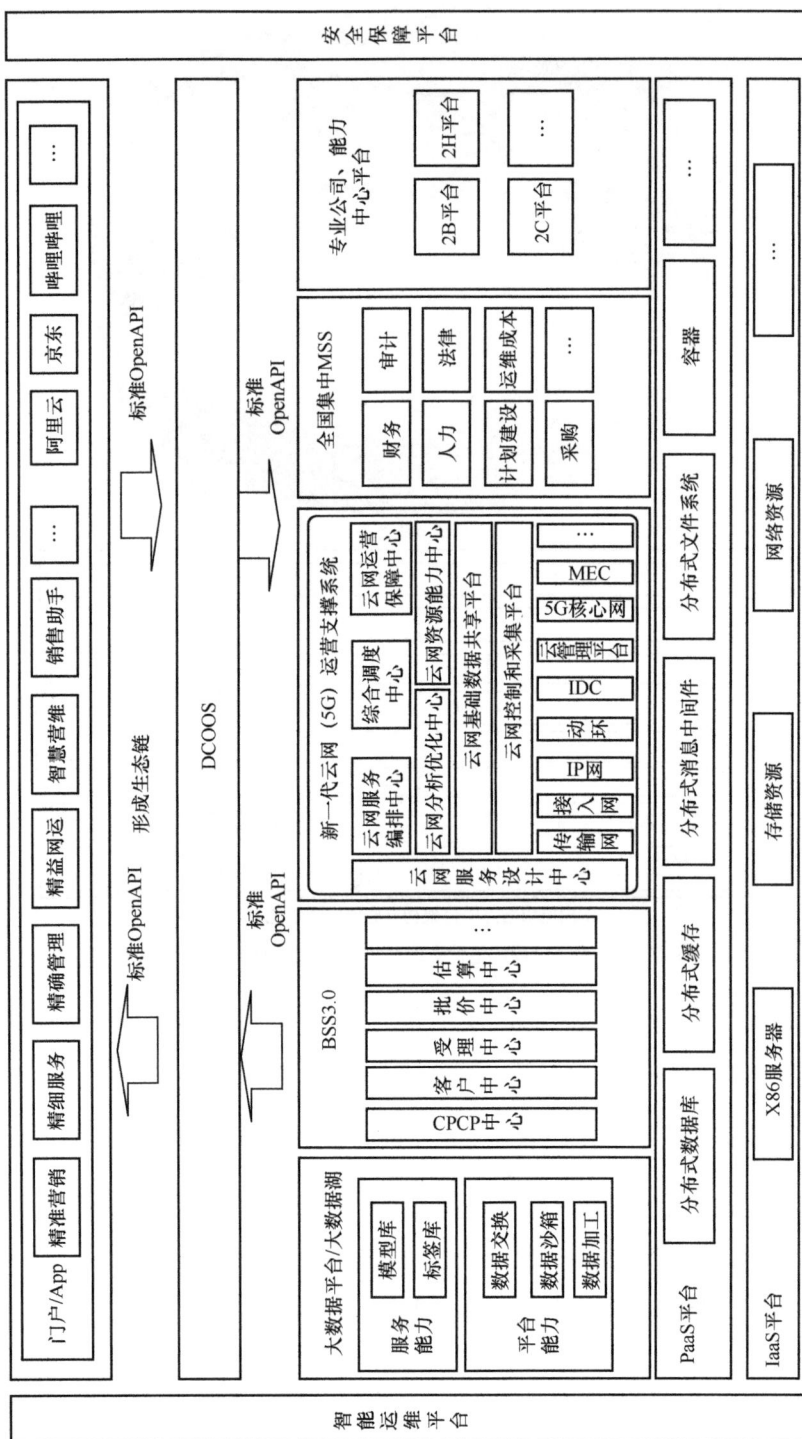

图 9-3 新一代 5G 网络运营支撑系统在企业 IT 系统目标架构中的定位

新一代 5G 网络运营支撑系统依托网络支撑业务敏捷使能、客户极致服务，为端到端网络智慧化和安全运营提供保障。新一代 5G 网络运营支撑系统遵循企业 IT 系统总体架构，采用云化、分布式技术和服务化架构，打破原有专业网管的"烟囱式"架构，拉通 B 域、O 域及网络，通过全数字化转型支撑精益网运和智慧运维。

9.3 架构蓝图

9.3.1 总体架构

新一代 5G 网络运营支撑系统的目标蓝图遵循企业 IT 系统目标架构的总体规划，涵盖中国电信云、管、边、端网络全生命周期的管理控制，提供面向客户的极致服务、面向业务的敏捷使能、面向网络的智慧运营，推进网络智能化、运营智慧化、业务生态化，如图 9-4 所示。

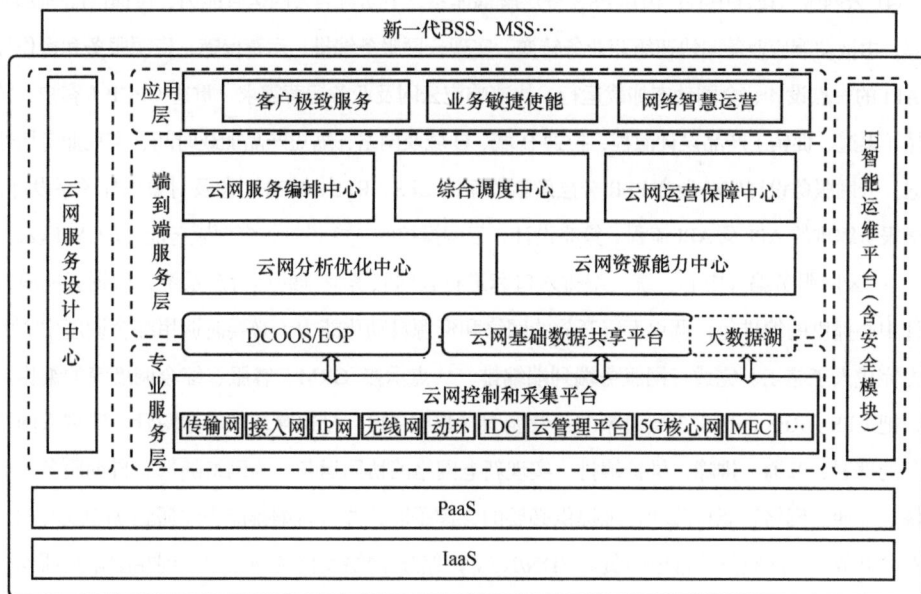

图 9-4 新一代 5G 网络运营支撑系统功能架构

系统采用分层设计原则，划分为应用层、端到端服务层、专业服务层，同时引入贯穿全程的云网服务设计中心、IT 智能运维平台（含安全模块）。

各功能模块简述如下。

① 云网控制和采集平台：作为云网实时控制和数据采集的唯一通道，是各网管的统一采集控制底座。提供统一的标准框架和部署环境，各专业网管按照框架开发插件嵌入模块，不再分专业建设，通过通用的软件框架和工具，支撑各专业完成数据采集和控制，采集的数据统一实时存入云网基础数据共享平台，网络控制能力按照 OpenAPI 标准提供，按需通过 DCOOS 开放。

② DCOOS/EOP：是新一代 5G 网络运营支撑系统的服务底座，支持微服务+ESB（企业服务总线）混合架构的服务访问，为各中心提供统一的服务框架，实现服务的统一注册、安全接入、集中管理、共享开放、高效运营，并按需对外开放。

③ 云网基础数据共享平台：作为新一代 5G 网络运营支撑系统数据底座，充分利用新一代云网的采集和控制能力，按照统一模型和主数据，建立动态网络镜像，实时反映云网拓扑路径和状态变化，并提供云网数据存储和交换能力，为新一代 5G 网络运营支撑系统提供准确、实时、动态、开放的网络数据。云网基础数据共享平台负责共享的数据包括网络资源、网络运行数据（告警数据、性能数据等）、空间地域数据等，短期存储实时数据、动态网络运行数据，并按要求汇聚到企业数据中台上，实现持久化存储，并支持跨域数据应用。

④ 云网服务设计中心：构建 PSR 分层解耦体系，主动封装云网运营能力，拉通产品-服务-资源，由被动响应业务向快速组装业务转变。实现云网服务编排、运营保障、资源服务和操作控制 API 的一点设计、全网动态加载运行，快速响应云网及业务运营需求。贯通 CPCP（客户、销售品、渠道、促销）产品设计流程，拉通 B 域、O 域及网络，缩短产品加载时间、实现业务快速开通。云网服务设计中心负责 PSR 分层解耦体系的 CFS、RFS、RES 对象及对象拓扑关系设计，网络服务编排的 API 及 API 流程、策略设计，云网操控的 API 设计，资源服务能力的 API 设计。

⑤ 云网服务编排中心：统一编排入口和进行云网服务编排的运行态系统，根据云网服务设计中心提供的编排包，调用下层开放的网络和资源自动化能力（必要时调用综合调度中心的能力完成人工施工）完成云网服务端到端编排。一点承接 CRM、客服、综合调度等的编排请求，把 CFS、RFS、RES 3 层对象的运营能力封装成 API，打通存量和新建网管，实现云网及业务的部署、开通、排障、维护编排，实现新老网络的协同运营，为网络随选、自助服务、业务快速开通、网络智能排障和运维提供必要的支撑手段，并可将编排能力注册到 DCOOS/EOP 上对外开放。云网服务编排中心负责 SDN/NFV 网络/云网络及传统网络的端到端编排及新老网络的协同编排，负责云网 CFS、RFS、RES 3 层对象的编排包执行和跨层编排调用，负责云网业务部署、开通、排障、维护的端到端编排。

⑥ 云网运营保障中心：基于云网基础数据共享平台的实时/准实时数据，根据云网服务设计中心提供的指标及算法规则进行计算和告警数据、性能数据、业务的关联压缩及根因分析，构建面向网络

和业务的端到端监控能力，并调用云网服务编排中心的能力实现智能判障和自动化闭环处理，或者利用综合调度中心派单进行人工故障处理。云网运营保障中心负责跨专业网络端到端实时监控，包括告警、性能监控等；负责跨多个网络的业务端到端实时监控；负责单网络的告警、性能、业务监控。

⑦ 综合调度中心：接收云网服务编排中心、云网运营保障中心、云网分析优化中心等的派单请求，进行全网运维人员和流程的集约管理和调度。综合调度中心负责客户端故障、云网故障及运维生产指挥调度，负责现场装维施工和综合化维护人员调度，负责全网应急指挥调度。

⑧ 云网资源能力中心：负责云网资源服务能力的封装及服务全生命周期的动态管理，实现云网融合、长本衔接、跨网衔接，并基于云网基础数据共享平台的资源数据，对外封装云网资源服务能力，包括资源数据维护能力、资源数据应用能力等，支撑端到端云网资源应用。云网资源能力中心负责管理传统网络资源，如管线资源、光电缆资源、FTTH（光纤到户）资源、IP网资源、传输网资源、PON 资源、IPRAN 资源、4G EPC 资源、4G LTE 资源、VoLTE 资源等；管理云内资源，如云虚拟资源、云物理资源、NFV 资源、机房设施、IDC 资源等；管理 5G 新网资源，如 5G 核心网资源、5G 无线资源等；管理跨云网、跨网络、跨地域的端到端资源。

⑨ 云网分析优化中心：基于云网基础数据共享平台就近提供的实时/准实时数据和数据中台的海量数据、跨域数据，引入 AI、大数据等技术，进行智能分析，闭环注智云网运营生产流程，实现事先化、主动化、智能化运维。

⑩ IT 智能运维平台（含安全模块）：为新一代 5G 网络运营支撑系统保驾护航，对运营支撑系统 IaaS、PaaS 的运行维护配置数据、性能数据与安全数据进行统一的汇聚与全网集中监控，落地 CMDB（配置管理数据库），支撑运营支撑系统安全分析，确保系统稳定、安全运行，提升运维效率；同时提出运营支撑系统 IaaS、PaaS 的运维埋点标准与规范要求，实现客户受理开通全流程端到端监控，提升客户感知。

⑪ 应用层：属于生态外部应用，新一代 5G 网络运营支撑系统将应用生态所提供的基础支撑能力封装后提供给行业应用、运营商及互联网企业调用。包含但不限于垂直行业应用、各运营商政企应用、物联网应用和互联网+应用等应用。

9.3.2 技术架构

如图 9-5 所示，技术架构采用分层架构，包括展示层、服务层、数据层、存储层和 IaaS 层。展示层主要为人机交互界面，服务层是新一代 5G 网络运营支撑系统核心业务功能的实现层，数据层提供统一的数据访问接口，以保障数据同步。存储层实现全网络平台的数据统一存储。IaaS 层保障系统的高可用部署与持续构建。

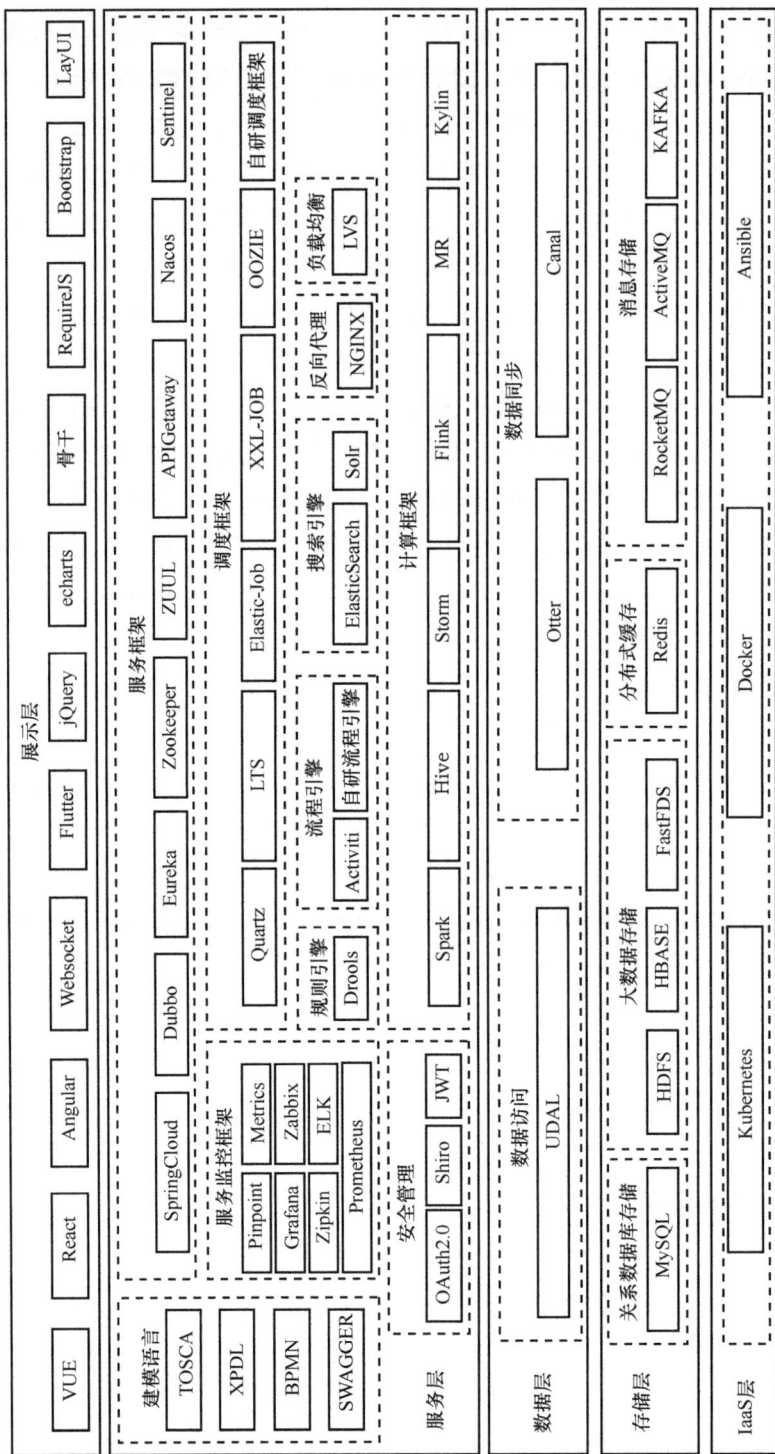

图 9-5 新一代 5G 网络运营支撑系统技术架构

新一代 5G 网络运营支撑系统技术架构遵循 "4" 统一原则，包括云化技术架构统一、数据存储服务统一、模型语言标准统一和 PaaS 平台统一。通过 "4" 统一原则，确保新一代 5G 网络运营支撑系统实现应用编排、资源动态调度和弹性扩展；统一数据存储，简化数据交互；统一模型语言，利于分离设计态与运行态，实现模块解耦，简化集成；使用统一的技术组件，打造可靠、安全、易维护的技术体系，具体内容如下。

① 云化技术架构统一：云化技术指将相同网络内硬件资源、软件资源、网络资源等资源统一起来，实现数据的计算、存储、处理和共享的技术，云化技术架构的统一可实现资源分配的高弹性与高扩展性，实现应用编排及 DevOps，作为新一代云化弹性技术底座。

② 数据存储服务统一：数据存储包括数据的定义、存储、访问与共享，数据存储服务统一可为网管、网络资源管理、编排、监控和调度等模块提供服务租户化以简化数据交互。根据数据的特征，提供关系数据库、大数据湖、分布式文件系统、内存和消息等多种存储，统一解决数据存储、数据访问控制、数据共享、数据一致性保障和数据备份恢复等数据管理方面的共性问题，为新一代 5G 网络运营支撑系统构建高效、可靠和安全的数据底座。可提供数据计算应用开发、集成大数据计算技术和通用 AI 技术，简化数据生态应用开发。

③ 模型语言标准统一：模型语言标准包括建模语言标准、服务集成标准、SDK（软件开发工具包）集成标准，建模语言标准统一有利于设计态和运行态分离，服务集成标准、SDK 集成标准统一有利于模块解耦，简化集成。模型语言标准统一可实现各类业务模型标准化建模与发布管理，同时可实现设计态与运行态分离，亦可简化模块间集成。

④ PaaS 平台统一：PaaS 组件主要涵盖微服务架构组件、数据访问层组件、数据存储层组件、消息队列组件等；新一代 5G 网络运营支撑系统使用统一的组件和北向监控接口，各类组件由统一 PaaS 管理平台纳管。

9.3.3 集成架构

1. 整体原则

数据交互、服务交互、网络控制和数据采集的功能构成新一代 5G 网络运营支撑系统的基石底座。在规划、设计、建设新一代 5G 网络运营支撑系统的各组成模块时，应遵循以下原则。

① 数据集成关系：各模块不允许直接访问数据源，由云网基础数据共享平台提供统一的数据存储、数据访问、数据共享、数据管理和监控服务访问。

② 服务集成关系：各模块中的所有服务通过 DCOOS/EOP 进行服务注册、管理鉴权、服务路由及对外提供访问。

③ 与网络层的关系：网络运行数据统一由云网控制和采集平台进行采集，并在云网基础数据共享平台上存储和使用；网元操作统一通过云网控制和采集平台的指令通道完成。

2．总体集成架构

新一代 5G 网络运营支撑系统总体集成架构如图 9-6 所示，具体内容如下。

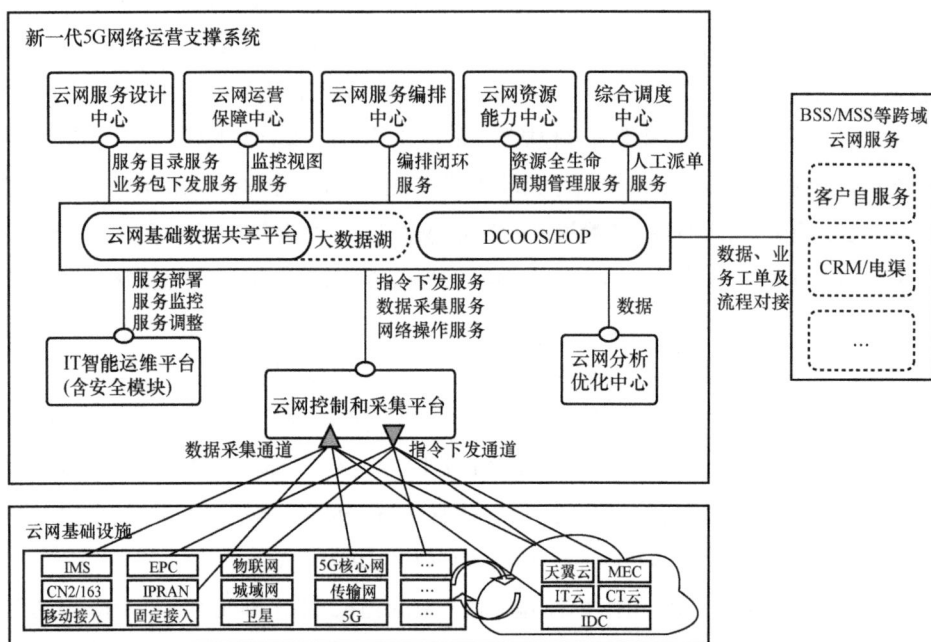

图 9-6　新一代 5G 网络运营支撑系统总体集成架构

① 采用开放的总线型架构，通过平台实现新一代 5G 网络运营支撑系统间的数据和服务互联互通、网络数据实时采集和控制指令适配的统一收口。

② 与企业数据中台贯通，数据交互模块保存短期实时数据，将长期存储、跨域使用的数据汇聚到企业数据中台上。

③ 新一代 OSS 域内及域间能力开放由 DCOOS/EOP 完成。

3．业务集成关系（签约）

云网服务设计中心构建 PSR 分层解耦体系，承接 CPCP，拉通 B 域、O 域及网络，负责业务一点设计、全网动态加载运行；云网服务编排中心负责业务的开通与保障、网络部署和维护的编排，如图 9-7 所示。

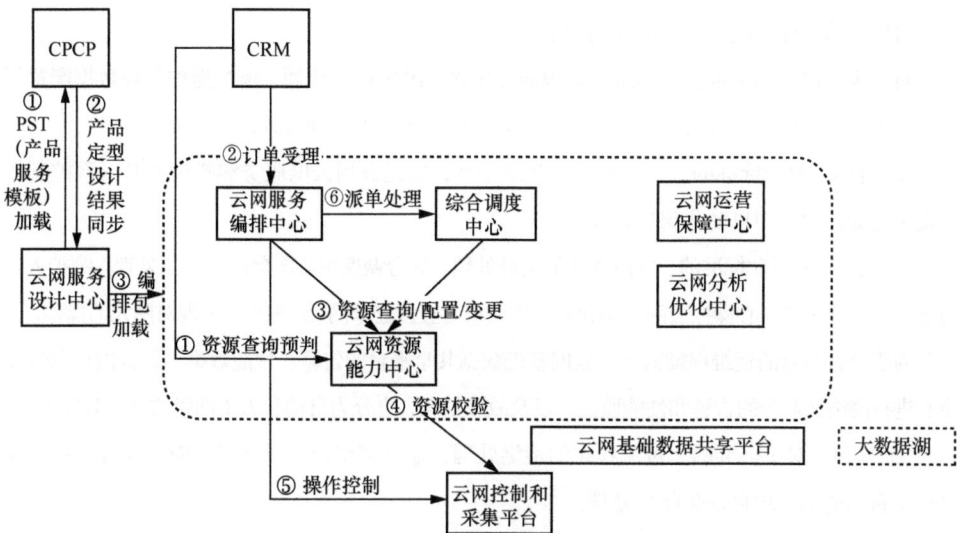

图 9-7 业务集成关系（签约）示意图

4．业务集成关系（履约）

云网基础数据共享平台负责实时数据动态交互，历史数据全部存入大数据湖，云网分析优化中心基于云网基础数据共享平台和大数据湖开展应用，如图 9-8 所示。

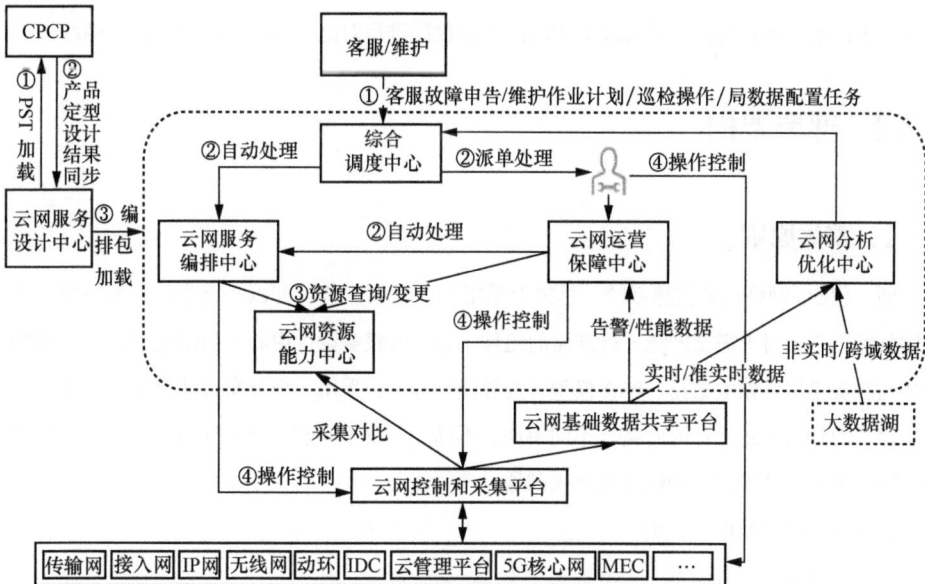

图 9-8 业务集成关系（履约）示意图

对履约这一业务集成关系的介绍如下。

对于来自前台的运维保障需求（客服故障申告、维护作业计划、巡检操作及局数据配置任务），由综合调度中心进行判断处理，主要分为自动和人工两种方式，具体如下。

① 自动：对于标准的、可流程化的运维处理，通过调用云网服务编排中心及云网控制和采集平台的能力实现自动化闭环处理。

② 人工：对于非标准的、非流程化的运维处理，综合调度中心派单进行人工处理，维护人员通过云网运营保障中心操控云网控制和采集平台或者直接登录网元/EMS 来实现对网元的操作。

对于来自后台的运维保障需求（云网基础数据共享平台的告警、性能数据），云网运营保障中心进行网络和业务的告警和性能监控，以及故障处理，也分为自动和人工两种方式，具体如下。

① 自动：对于标准的、可流程化的运维处理，通过调用云网服务编排中心及云网控制和采集平台的能力实现自动化闭环处理。

② 人工：对于非标准的、非流程化的运维处理，维护人员通过云网运营保障中心操控云网控制和采集平台或者直接登录网元/EMS 来实现对网元的操作。

云网分析优化中心基于来自云网基础数据共享平台的实时/准实时数据和来自大数据湖的非实时/跨域数据，进行主动分析，将基于 AI 模型和大数据分析的运维处理策略传递至综合调度中心，由综合调度中心进行判断处理，实现智能化运维。

在网络状态发生变化后，云网控制和采集平台将获取的网络的最新状态同步至云网基础数据共享平台上，并且与云网资源能力中心的资源数据进行对比，保证资源数据的准确性。

9.3.4 部署架构

1．整体原则

新一代 5G 网络运营支撑系统，总体上采用 1+N 部署架构，即以一级分布式部署架构作为总体目标原则，对于需全网统一标准化的组件（如云网服务设计中心）和需全网保证一致性的数据与服务模型（如主数据、PSR 模型、资源模型等），采用一级分布式部署架构，以保证数据与服务的全网一致性；同时结合不同模块、不同专业及不同省份的实际情况，可采用分省、分厂商的模式，基于统一的标准规范来部署。

总体上需要遵循以下原则。

（1）部署界面划分原则

① 集团级层面重点保证集约型业务、跨省型业务、国际型业务的一体化开通、维护与保障。

② 对于各省无差异的公共基础组件，建议采用"集团建设、全国分权分域使用"的建设方式。

③ 对于各省可能存在个性化差异的公共基础组件，建议采用"集团定义规范并进行集采、分省建设"的建设方式。集团定义统一的技术、建设、接口规范，并统一组织集采，各省单独建设。

④ 对于各省差异比较大的功能组件，建议由集团定义规范，分省进行建设。

（2）数据和网络部署原则

① 按照网络特征和长本属性，将 DC 划分为集团级 DC、区域/省级 DC、地级市边缘 DC。

② 采用 1+N 部署策略，集团级 DC、区域/省级 DC 进行数据存储，地级市边缘 DC 不进行持久化数据存储。

③ 集团级、区域/省级、地级市的网络能够互联互通。

（3）服务交互部署原则

① 每个 DC 部署一个 DCOOS/EOP，包含 API 网关和多个微服务环境。

② 将服务部署在微服务环境内，且环境内需部署注册代理和 API 网关，由新一代 5G 网络运营支撑系统统一提供。

③ 通过注册代理完成服务注册后，注册代理通过 API 网关向集团管理中心上报服务信息，集团管理中心下发路由信息。

（4）数据交互部署原则

① 数据存储和共享统一由云网基础数据共享平台完成，部署在集团侧、区域/省侧，地级市边缘侧不部署。

② 云网基础数据共享平台对外提供两种访问：实时访问、共享访问。

③ 实时访问采用应用调用方式。

④ 共享访问分为实时共享访问和订阅共享访问。

⑤ 各 DC 按照 DC 网络连通性进行互联互通。

（5）应用部署调用原则

① 应用部署在微服务/传统环境内，需通过注册代理鉴权后才能进行服务调用。

② 按服务部署位置分为环境内直调、域内跨环境调用、跨域调用。

③ 应用跨环境调用，需要通过 API 网关对外访问服务中心；环境内应用可互相直调。

④ 各 DC 按照 DC 网络连通性进行互联互通。

2．部署位置

如前所述，对于各省无差异的公共基础组件，建议采用"集团建设、全国分权分域使用"

的建设方式，如云网服务设计中心、DCOOS 等。

如前所述，对于各省可能存在个性化差异的公共基础组件，建议采用"集团定义规范并进行集采、分省建设"的建设方式。集团定义统一的技术、建设、接口规范，并统一组织集采，各省单独建设，如云网运营保障中心、部分网络控制与专业网络数据采集等。

如前所述，对于各省差异比较大的功能组件，建议由集团定义规范，分省进行建设，如综合调度中心。

基础平台按服务/数据/应用/采集源的物理位置分布式部署，业务中心按管理职责就近部署，应用按需求使用方就近部署，如图 9-9 所示。

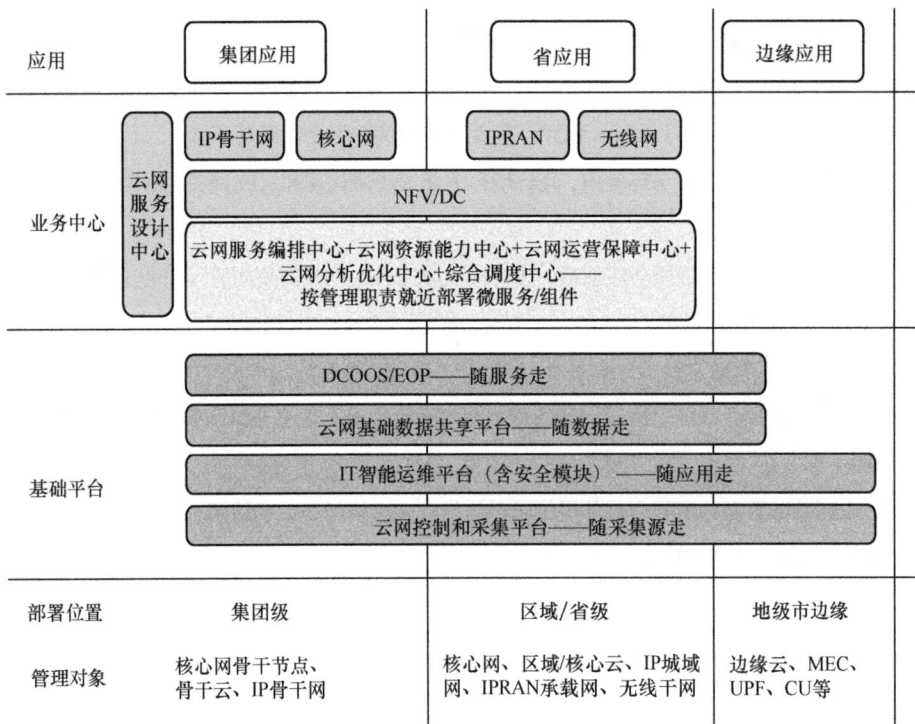

图 9-9　新一代 5G 网络运营支撑系统总体部署架构

① 云网服务设计中心一级部署，省市分权分域应用，分布式加载运行。

② 云网基础数据共享平台及 IT 智能运维平台管理节点一级部署，运行节点分布式部署，数据和服务全网实时交互访问。

③ 云网基础数据平台、云网控制和采集平台、云网资源能力中心、云网服务编排中心、集约化管理的专业网管类应用采用全网 1+N 模式部署，生态化开发。

第 9 章5G 网络运营支撑系统

④ 云网分析优化中心、云网运营保障中心、综合调度中心及各级应用分两级部署，统一接入数据和服务交互环境。

9.4　5G 关键运营能力

按照分步推进原则，5G 核心网运营支撑层遵循新一代 5G 网络运营支撑系统目标架构，结合 5G 核心网云化、服务化、切片化、分级部署、分级运营、跨域多级 VIM 动态编排等特征，构建 5G 核心网一体化运营支撑管理系统及 NFVO。

① 5G 核心网一体化运营支撑管理系统：提供对 5G 核心网的统一管理和运营，包括 5G 核心网子网切片管理、网络层管理、网元层管理等功能。中国电信初期采用集团级 DC 进行一级部署，5G 核心网专业内数据处理能力采用集团级、省级两级部署，数据先由省级应用进行处理后再通过云网基础数据共享平台同步给集团级应用，集团级应用进行告警关联与性能汇聚；5G 核心网专业内告警/性能数据采集能力按三级 DC 架构靠近采集源部署。中远期，5G 核心网专业网管功能融入新一代 5G 网络运营支撑系统，实现跨专业的端到端网络运营管理。

② NFVO：实现 5G 核心网虚拟化业务敏捷交付、弹性资源调度。MANO 具备虚拟化网络统一呈现、软件版本统一管理、多厂商编排管理、分级运营、分权分域管理能力。中国电信初期采用集团级、省级两级部署，承接 NS 扩缩容业务，同时上报资源告警、性能数据。对接云管理平台实现资源的分配、更新、释放，VNF 软件镜像的增加、删除、更新，采集、获取与资源相关的配置、事件（告警）、性能测量数据、使用记录等信息。中远期，NFVO 将融入新一代 5G 网络运营支撑系统。

5G 核心网一体化运营支撑管理系统及 NFVO 的部署按照新一代 5G 网络运营支撑系统的 1+N 部署原则集约建设，并具备以服务化方式集成融入新一代 5G 网络运营支撑系统的能力。

① 初期采用集团级、省级两级 DC 分布式部署的模式，集团级 DC 和省级 DC 按网络管理界面、组织职能界面分工，部署不同的软件功能实体。集团级 DC 部署全网端到端应用（如端到端网络切片的监控、开通等）、全网数据处理应用（如端到端或跨专业的告警过滤、告警关联、告警标准化、告警压缩、性能指标计算、性能汇聚、资源解析等）、全网 NS（网络服务）模板/VNF 软件包等。省级 DC 部署部分数据处理应用（专业内或区域内的 5G 核心网告警过滤、告警标准化、告警压缩、性能指标计算、资源解析等）、区域内 5G 核心网 NS/VNF 的全生命周期管理、NFVI 资源管理、省/大区内告警监控与故障管理等功能应用。该模式适合网络管理

237

模式相对分散、省级运营主体能力较强的运营商。

② 中远期应向"一级系统、二级维护"的集约化模式演进。系统由集团整体负责建设、部署，实现集团级、省/大区级两级运营。集团负责全网 NFVO 需求的一点接应，全网 NS 全生命周期、VNF 实例、VNF 软件包/软件镜像等的统一集中管理；省/大区承接区域内 5G 核心网的日常具体运行维护业务。该模式适合完成网络集约化管理、组织管理集中度较高的运营商。

9.4.1　5G 核心网运营支撑建设

5G 核心网的运营支撑覆盖了新一代 5G 网络运营支撑系统中的云网控制和采集平台、云网基础数据共享平台、云网运营保障中心、云网资源能力中心、综合调度中心等功能域，主要具备 5G 核心网专业内的网络资源管理、网络拓扑管理、网络配置管理、网络数据采集管理、告警/性能监控、网络故障诊断及派单处理、网络巡检、网络流量检测及网络自愈闭环优化等运营支撑功能，如图 9-10 所示。

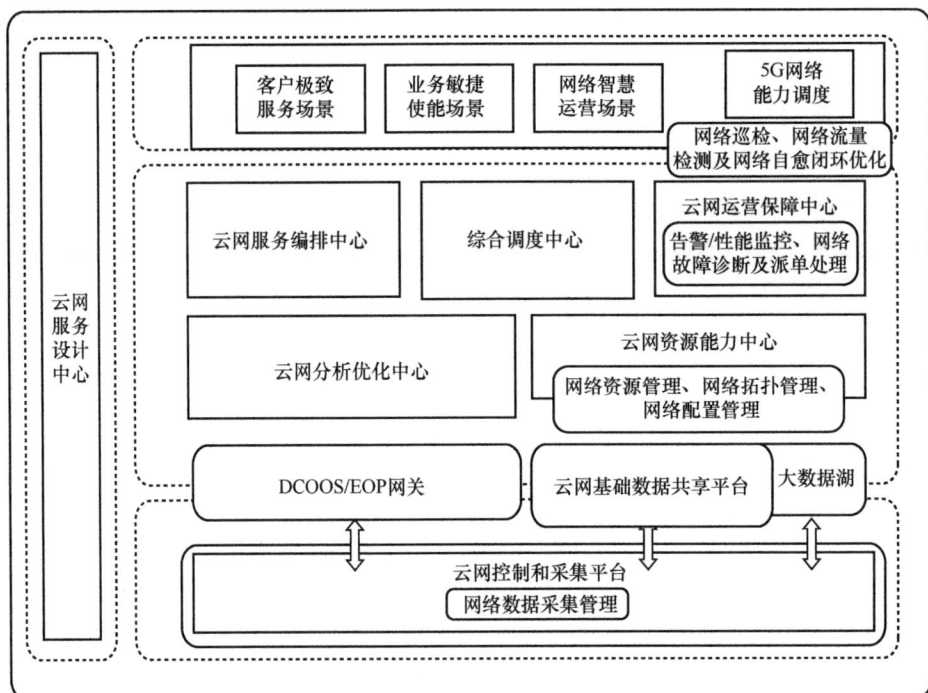

图 9-10　5G 核心网一体化运营支撑管理系统架构

1．网络数据采集管理

网络数据采集管理指采集服务的标准化、规范化、服务化，提供全网数据模型的归一化处理；统一的南向数据采集服务，屏蔽各厂商、网元的不同接口协议；网元性能数据、告警数据、资源等数据的采集及上报。核心功能具体如下。

① 采集源、采集服务、采集模板、采集策略等数据信息的录入、更新、查询等操作管理。

② 采集的数据处理、数据加工、数据检测、数据推送。

③ 采集协议适配。

2．告警监控

告警监控基于 5G 核心网专业的告警标准化、告警压缩、告警关联、告警同步、告警呈现等功能，为网络维护人员提供全网网元、云网运行、业务运行的集中式一点监控能力，并实现云网故障的及时快速分析、定位和处理，从而保证网络正常运行。

3．性能监控

性能监控从网络层面关注性能指标数据，通过采集性能指标数据并对其进行监控，实现在网络性能下降初期或用户投诉前及时发现故障隐患、准确定位故障隐患并快速解决问题、消除故障隐患，保障网络质量和用户感知。

主要功能包括性能管理、性能配置、性能指标的查询和统计分析等。

4．网络配置管理

网络配置管理包括网络/网元操作控制服务的标准化、自动化、智能化，基于不同应用场景设计配置对应的操作模板，操作控制服务的验证、发布、执行全部自动化，基于下发的业务场景实现指令的翻译、指令的合并和指令的排序。

网络配置管理能力以 API 执行器的形式进行开放，实时配置，即时生效，网元控制能力基于业务场景封装后进行开放。

网络配置管理可实现虚实指令的编排和南向协议的适配，包括虚指令配置管理、实指令配置管理、虚实指令关联关系管理、虚实指令测试通道、结果解析配置。

5．网络资源管理

网络资源管理包括资源全生命周期管理，从规划设计、设备入网、工程验收、使用维护到资源退网各场景下的网络资源、数据管理。

网络资源管理包括 5G 核心网专业网络、专业切片子网、VoLTE 资源、网元、链路、逻辑资源等资源对象的管理。

资源全生命周期管理的各阶段如下。

① 规划设计：资源勘察、资源设计、站点选址、IP 规划等。

② 设备入网：物理设备录入、物理设备入网配置、资源采集入库、电子标签制作等，通过设备入网流程，实现设备的配置、电路的配置、参数的配置。

③ 工程验收：现场验收、数据验收、资源比对、资产转固等。

④ 使用维护：资源维护、资源变更、网络割接、故障维护等。

⑤ 资源退网：实现局数据回收、网元退网、资产清理、资源数据清理等功能，到达资源数据的生命终点。

6. 网络运维支撑管理

网络运维支撑管理工作包括网络巡检、故障处理、网络实时监控、网络运营分析等方面。

（1）网络巡检

网络巡检的主要功能包括巡检项目设计与巡检报告生成。

（2）故障处理

故障处理根据用户的故障申告、网络告警分析的结果触发故障处理的流程，包括故障根源分析、故障位置定位、故障工单生成及派单处理。

故障处理的主要功能包括用户故障预处理、故障定位、用户信息查询、申告一键定位等。

（3）网络实时监控

监控视图是根据管理职能、岗位角色定制的基于告警数据、性能数据的数据呈现界面，主要实现 5G 核心网的实时监控、切片监控及质量保障，并提供全局视图、区域视图、网络切片视图、设备视图、链路视图及用户视图等多视角呈现。

（4）网络运营分析

网络运营分析主要根据网络实时/准实时产生的海量数据、跨域数据，引入 AI、大数据等技术，进行业务统计、业务分析及网络自愈闭环优化管理，支持云网的事先化、主动化、智能化运维。

运营商可根据不同业务场景的需求，通过告警监控、性能监控、网络配置管理、故障处理等模块的功能设计形成可运行的、基于业务场景的监控能力。

9.4.2　5G 网络云化 NFVO 建设

在 5G 网络云化运营场景下，NFVO 将面临全新的管理需求，具体如下。

① 全网静态数据管理能力：NFV 网络、网元模板，NFV 软件包镜像等全网目录管理功能。这部分功能是实现全网 NFV 网络高效管理的基础，涉及用于网络规划、建设的 NFV 网络静态数据（网络组网知识和虚拟化网络软件数据）的管理，要求全网共享、集中管理。

② 网络编排与网络自动化部署相关的管理能力：通过网络自动化部署、弹性扩缩容实现业务敏捷交付。这类功能是 NFV 技术在新一代 5G 网络中推广应用的核心功能，传统电信网络、OSS 中无类似功能的网元，其主要功能涵盖网络编排与虚拟化资源调度，传输数据量小，要求准实时、稳定高效，适宜由集团集约管理。

③ NFV 运维管理能力：主要包括故障、性能、日志管理等。在 NFV 场景中网元层的虚拟化带来跨虚拟化层管理等新的要求，对实时性要求高，存在大量数据交互，且以省级应用为主，初期阶段可以以省为应用中心，中远期考虑全网集约化管理。

NFVO 具体的功能包括目录（模板）管理、实例管理、拓扑管理、网络服务全生命周期管理、VNF 全生命周期管理、VNF 包管理、虚拟资源管理、策略管理、多 VNFM 管理、多 VIM 管理等。

（1）目录（模板）管理

目录（模板）管理主要指定义各类 NFV 实体的类型信息、属性信息和创建 NFV 实体之间的嵌套关系/连接关系的配置规则信息，以准确地描述各类 NFV 实体，并支持运营商部分或全部虚拟化创建、部署和运营他们提供的网络服务所需的 NFV 实体。

目录（模板）管理内容包括网络服务目录、VNF 目录、VL（虚拟链路）目录、VNFFGD（虚拟网络功能转发图描述）目录、PNFD（物理网络功能描述）目录。

（2）实例管理

实例管理内容具体如下。

① 网络服务实例：存储所有网络服务实例的记录，包括网络服务记录（NSR）、虚拟网络拓扑连接记录（VNFFGR）、虚拟链路记录（VLR）、虚拟网元记录（VNFR）及物理网元记录（PNFR）。NSR、VNFFGR、VLR、VNFR、PNFR 所包含的参数参见 MANO 信息模型。

② NFV 实例：存储所有虚拟化网元实例的记录，包括 VNFR、虚拟网络功能组件（VNFC）、VLR 等。VNFR、VNFC、VLR 等所包含的参数参见 MANO 信息模型。

③ NFVI 资源实例：存储虚拟化资源的占用情况信息及状态信息，支持按 VIM 和 VNF 分

类显示，可显示已分配的资源信息及空闲资源信息。

（3）拓扑管理

拓扑管理为所部署的网络服务实例提供统一的网络拓扑结构和状态信息，使用户能够在拓扑图上直观地掌握整个网络的拓扑结构、网元全生命周期状态及相应的虚拟资源状态。

拓扑管理可从外部获取网络服务实例信息、虚拟网元信息、虚拟网元的资源信息、虚拟网元间的连接信息、网络拓扑结构等必要信息，并在拓扑图上展示节点、子图、连接等拓扑对象。

（4）网络服务全生命周期管理

网络服务全生命周期管理及网络服务编排的主要目标是确保与网络服务实例相关的数据（如描述符、软件映像、记录等）的完整性，防止硬件/软件故障造成的数据丢失和数据损坏，并防止其他用户未经授权篡改这些数据。网络服务全生命周期管理支持使用来自 NSD（网络服务描述）的部署信息进行网络服务全生命周期的管理，如网络服务实例的创建、网络服务实例的更新及网络服务实例的删除（支持删除所创建的网络及子网）。

NFVO 通过选择 VNFM 来进行 VNF 部署管理。NFVO 支持对来自 VNFM 的与 VNF 相关的资源请求的验证和授权，支持对网络服务实例和该实例所包含的 VNF 实例间的关联关系的管理，支持对网络服务实例拓扑的管理，支持对网络服务生命周期不同阶段的变化所引发的事件的通知、处理。

（5）VNF 全生命周期管理

VNF 全生命周期管理负责完成 VNF 的创建部署、VNF 配置数据下发、子网切片实例创建等操作。

（6）VNF 包管理

NFVO 负责 VNF 包的集中统一管理，VNF 包指用于管理 VNF 实例化所需的部署文件、参数文件等信息。一个 VNF 对应一个 VNF 包，VNF 包具体包括 VNFD（虚拟网络功能描述）、VNF 的应用软件（涉及数据库应用的软件还应包含数据库软件）及虚拟机 Guest OS 的镜像文件、安装文件（可选），以及脚本文件、参数文件等。

VNF 包管理的功能主要包括包的上传、加载、删除、激活、去激活、校验/完整性检查、包的信息/状态变化监控及包的运行日志记录等管理工作。

VNF 包信息包括 VNF 包名称、VNFD、VNF 厂商信息、版本信息、VNF 实例化输入参数信息等。

VNF 包的软件镜像（如虚拟机映像）处于虚拟化容器级别。软件镜像管理功能包括将 VNF 包中的镜像文件上传或分发到一个或多个 VIM 中；查询 VIM 并获取软件镜像的信息；删除由

NFVO 分发并由 VIM 管理的软件镜像；更新由 NFVO 分发并由 VIM 管理的所选软件镜像的用户定义元数据。

（7）虚拟资源管理

虚拟资源指网元所使用的虚拟机计算资源、虚拟机存储资源、虚拟机网络资源，以及网元之间的关联关系。NFVO 从全网的角度，对网络运行的状态进行监控，提供图形化分层的管理维护界面，实现对虚拟资源的统一监控管理和统一展现。

（8）策略管理

策略管理功能提供网元实例的亲和性策略/反亲和性策略管理，以及网元实例的弹性伸缩策略管理。NFVO 在接收到 VNFM 的资源授权请求后，如果请求中未携带 VNFM 预选的 VIM，NFVO 可根据 VNFM 对应的 VIM 选择策略，选择能够满足 VNFM 资源需求的合适的 VIM。

策略管理的具体操作包括新增策略、激活/去激活策略、修改策略、删除策略及查询策略。

（9）多 VNFM 管理

多 VNFM 管理功能实现了对多个 VNFM 的纳管。其中，VNFM 支持自动实例化和部署，需要在部署前准备 VNFM 的镜像文件、软件版本，完成相应的网络规划。

（10）多 VIM 管理

多 VIM 管理功能实现对多个 VIM 的纳管。其中，VIM 完成自动实例化和部署，需要在部署前准备 VIM 的镜像文件、软件版本、网络规划（在云管理平台上对接多 VIM 后，NFVO 要支持多区域方式，即通过区域参数选择相应的 VIM）。

9.4.3　5G NSMF 建设

网络切片管理功能（NSMF）主要负责端到端网络切片实例的管理和编排，功能架构如图 9-11 所示。

CN-NSSMF 主要负责 5G 核心网切片子网实例的管理和编排，其主要功能具体如下。

① 切片子网 SLA 管理：管理从 CSMF 接收到的 SLA 数据并根据切片子网模板对 NSD 进行分解。

② 切片子网模板管理：根据业务需求，结合网络实际情况，创建 5G 核心网切片模板，并进行模板的修改、删除、启用、停用。

③ NSD 规格管理：从 NFVO 获取 NSD 规格数据，并进行管理。

④ 切片子网全生命周期管理：实现 5G 核心网切片子网实例的创建、激活、停用、修改、终止等功能。

⑤ 切片子网配置参数管理：根据 NSMF 传递的 SLA 要求配置切片子网的参数。

⑥ 切片故障管理：自动识别网络切片子网、网络功能的告警及隐患，进行告警呈现和派单处理，并对网络切片运行情况进行预警。

⑦ 切片性能管理：能够根据业务需求收集、测试、处理切片子网运行生产的性能指标数据，并对其进行监控，还可以设定性能指标阈值并在超过范围时生成性能告警。

⑧ 策略管理：能够配置与 5G 核心网切片子网相关的操作和管理策略。

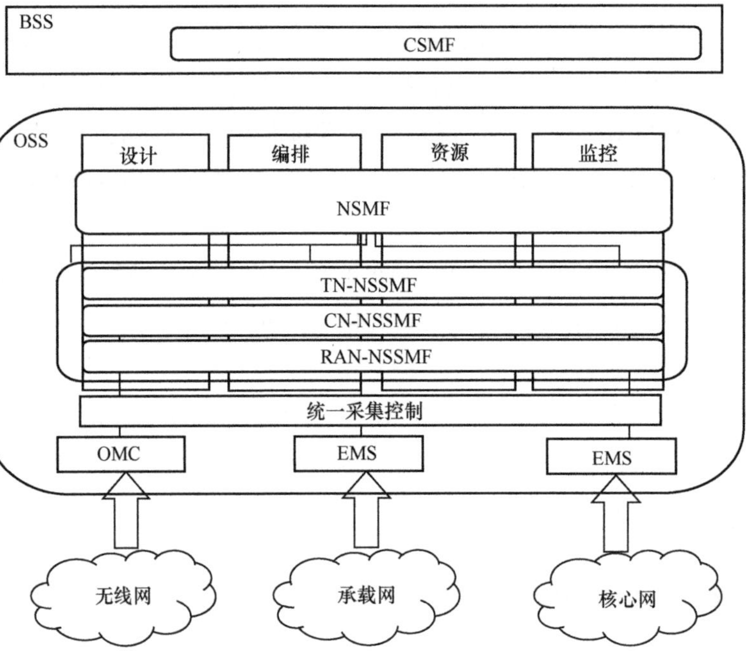

图 9-11   5G NSMF 功能架构

新一代 5G 网络运营支撑系统从端到端综合化运营的视角进行横向中心能力划分，构建水平综合化应用，如云网服务设计中心、云网服务编排中心、云网资源能力中心、云网运营保障中心等。各层切片管理按照切片/切片子网全生命周期管理维度构建的功能应用，相当于切片维度的垂直应用。切片管理既需要复用底层网络的控制和采集能力，又需要与核心网、承载网、无线网等的设计、编排、资源、监控能力融合，形成面向客户的端到端综合化运维能力。

新一代 5G 网络运营支撑系统基于数据和服务，采用微服务化架构构建"4 平台+6 中心"的框架，并在此基础上构建 5G 网络切片管理等各类应用。5G 网络切片管理应用底层核心能力微服务化，融入五大中心，与 5G 端到端运营能力融合；从面向切片/切片子网运营、面向网络运营、面向客户服务等视角，构建 5G 网络切片管理、5G 无线网/核心网/承载网运维应用；复用"4 平台+6 中心"框架提供的数据和服务能力。5G 网络切片管理与新一代 5G 网络运营支撑系统各中心业务的集成关系如图 9-12 所示。

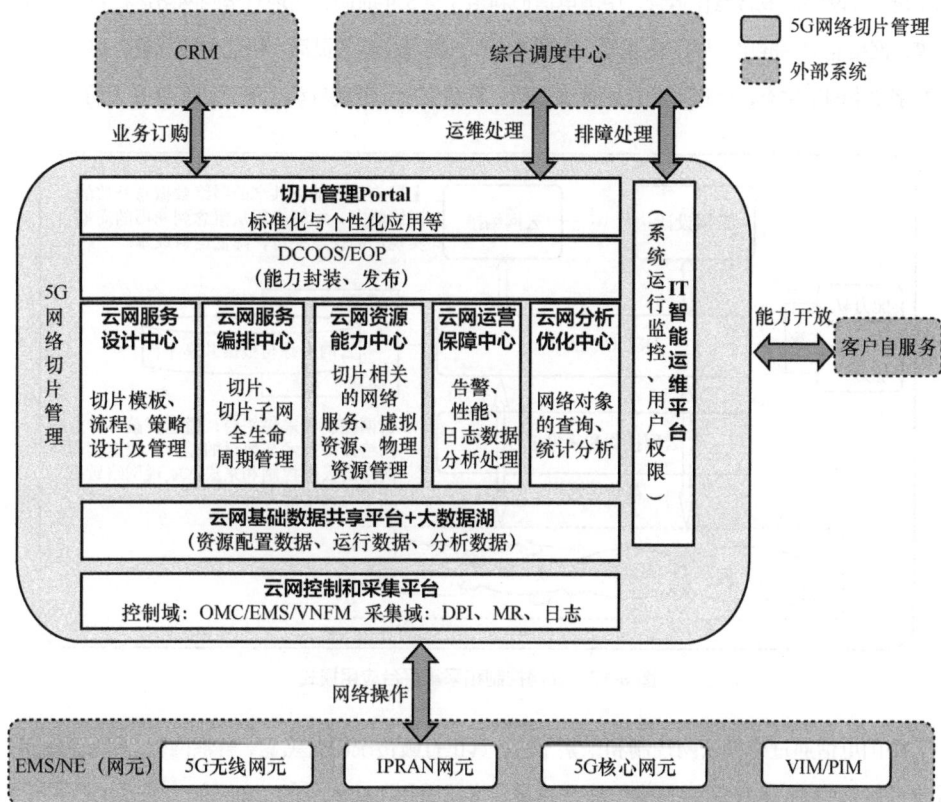

图 9-12　5G 网络切片管理与新一代 5G 网络运营支撑系统各中心业务的集成关系

9.5　中国电信 5G 核心网运营支撑系统建设实践案例

9.5.1　面向 5G 的云网控制和采集平台

云网控制和采集平台是新一代 5G 网络运营支撑系统的基础底座，负责对接入网元进行数据实时采集与操作交互。通过云网控制和采集平台建设，解耦现有网管"烟囱式"体系，实现云网操作控制能力的标准化封装和开放，云网运营数据采集、统一数据模型建立和数据共享，支撑业务灵活编排设计和网络高效智慧化运营。中国电信拟利用 3 至 5 年时间，实现对全网网络运行数据的统一采集，网络能力标准化、原子化开放，支撑 5G 和云网融合业务灵活、快速上线加载，建立中国电信数字孪生网络生态，促进业务技术持续创新、自动编排、智能自动运维，如图 9-13 所示。

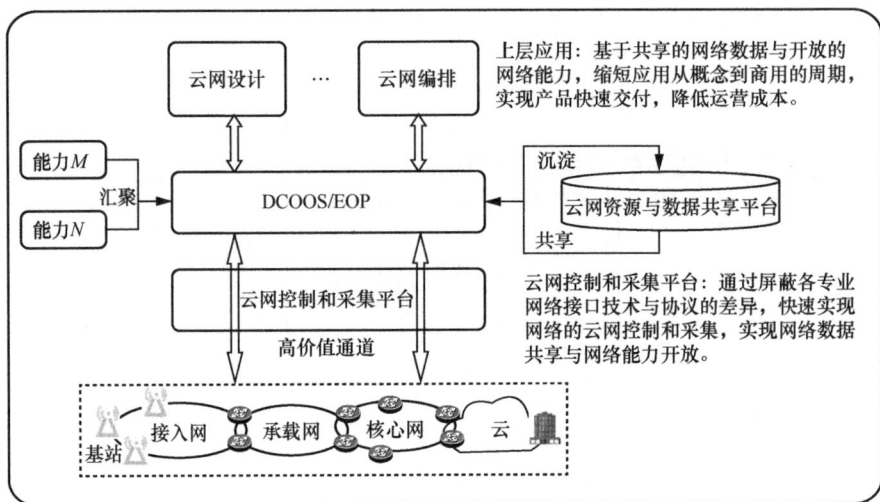

图 9-13　云网控制和采集平台应用模式

中国电信通过建设云网控制和采集平台，真正打破传统网管黑盒，解耦网管，形成可复用、稳定的网络能力，实现网络服务"一次建设、多次重用"，形成的 NaaS 能力通过 DCOOS 实现全网开放，构建差异化网络服务能力基石，达到新一代运营支撑系统的解耦要求。

中国电信基于 PSR 模型，构建端到端设计编排体系，支撑 5G 专线、网络切片业务、5G 云专线、云间高速等 5G 业务及云网融合业务端到端的开通编排，实现电信主要业务的产品灵活组装、快速上线。云网控制和采集平台提供了丰富的 RES API，网络能力原子化向前端开放，落地 PSR 模型的网元控制 API 能力，实现服务与产品的解耦，云网控制和采集平台可灵活支持多种业务的快速加载上线，总体架构如图 9-14 所示。

中国电信云网控制和采集平台采用框架与服务分层、控制和采集解耦的设计。

框架与服务分层指整体控制和采集框架与专业控制和采集服务分离，控制和采集框架抽象了控制和采集通用功能，重点在控制和采集的高可靠性；而控制和采集服务可以按专业划分，与控制和采集框架有机集成，随插随用，控制和采集服务具体与网元/EMS 进行对接，实现各种协议适配，屏蔽各专业、各类型设备间的差异。

5G无线网能力调度系统　5G核心网能力调度系统　智慧监控　网络优化应用　…

云网服务设计中心　云网服务编排中心　云网资源能力中心　云网运营保障中心　综合调度中心　云网分析优化中心

云网基础数据共享平台　　　DCOOS

采集框架
采集配置　采集调度
数据加工　数据分发　采集监控

控制框架
操作控制设计　操作交互
解析转换　监控管理　控制处理

采集服务
5G无线网采集　5G核心网采集　IPRAN采集　OTN采集　云/DC采集　…

控制服务
5G无线网控制　5G核心网控制　IPRAN控制　OTN控制　云/DC控制　…

安全管理　网元操作安全　系统平台安全　数据安全

云网控制和采集平台

5G无线网　5G核心网　OTN　IPRAN　云/DC　…

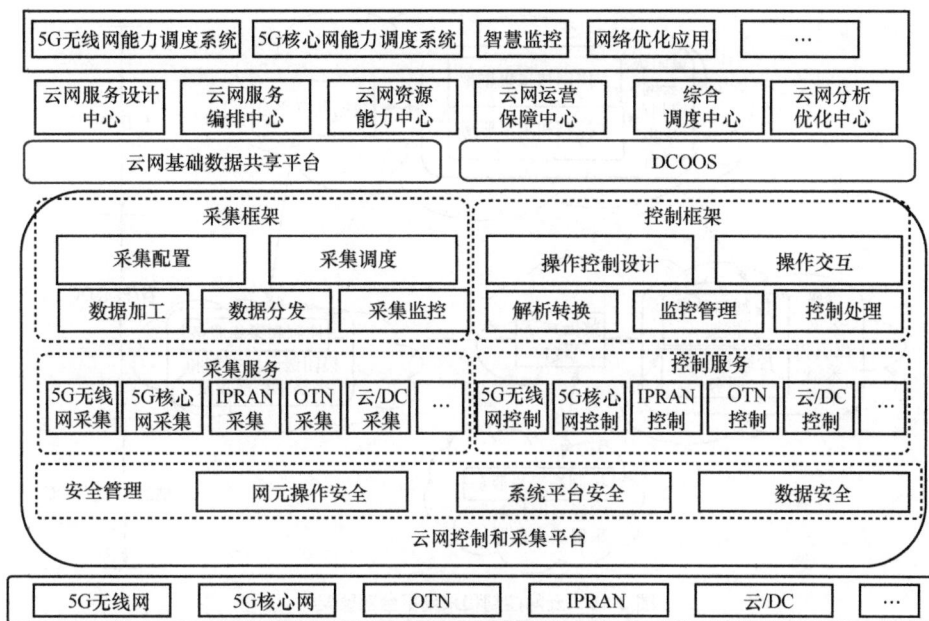

图 9-14　云网控制和采集平台总体架构

控制和采集解耦中的采集指长期、大量获取网络运行数据，实现对全网各专业网络告警、性能、配置（资源）、日志等网络运行数据的实时采集，数据标准化处理后通过云网基础数据共享平台提供给上层各中心和应用，是数据全网共享的来源；控制指对网络进行相应操作，改变网络数据，实现全网各专业网络原子能力的标准化划分和封装后通过 DCOOS/EOP 向上层各中心和应用开放，支撑各种企业业务的开通编排及各专业网络的维护管理对网络/网元的操作控制，是网络能力开放的基础。

云网控制和采集平台采用逻辑统一、物理分布式部署的架构。集团部署控制和采集平台完整功能（包括采集配置管理和操作控制设计），全网统一配置和设计，集团平台作为管理节点。大省节点部署控制和采集平台（不包括采集配置管理和操作控制设计功能）；小省节点只部署控制和采集服务，接入集团级云网控制和采集平台；边缘云按需部署控制和采集服务，接入对应的省节点，如图 9-15 所示。

集团级云网控制和采集平台负责的网络包括 5G 核心网、5G 无线网、MEC 网络、云网和 IDC 网络、骨干 IP 网、城域网（业务开放能力部分）、ROADM（可重构光分插复用器）/OTN 和集团级业务平台等；省级云网控制和采集平台负责的网络包括城域网、IPRAN/STN、PON、ITMS（综合终端管理系统）+网络、MSTP 网络、IMS 网络、4G 网络、省内业务平台、动环等。集团级和省级云网控制和采集平台实现数据统一模型，控制能力统一设计、统一标准、统一注册和开放。

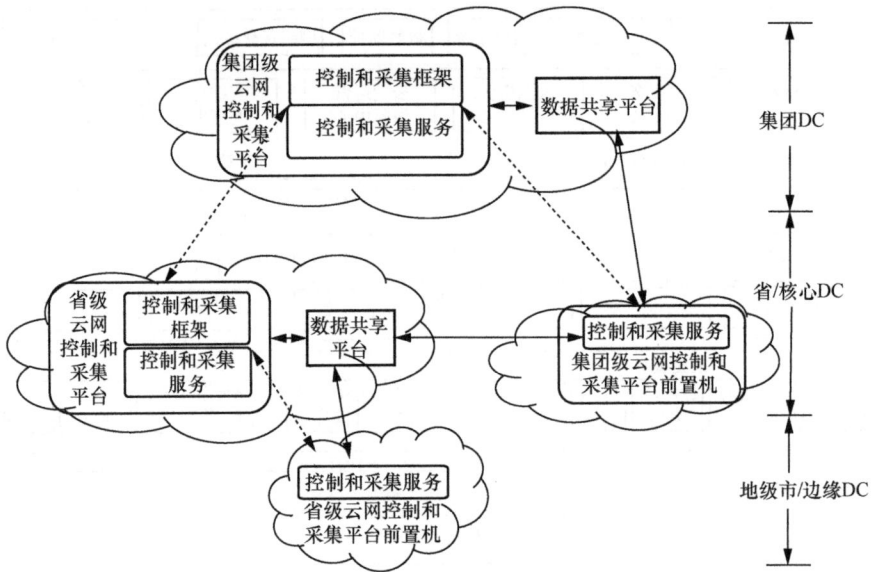

图 9-15　云网控制和采集平台部署架构

注：实际部署方案需考虑众多因素，结构可能会不同。

9.5.2　面向 5G 的云网资源与数据共享平台

中国电信的新一代 5G 网络运营支撑系统的云网资源与数据共享平台实现了云网数据实时采集、统一建模、能力共享，同时支持数据与应用解耦，实现业务支撑快速灵活和云网运维智慧高效，总体架构如图 9-16 所示，该平台具有以下关键特性。

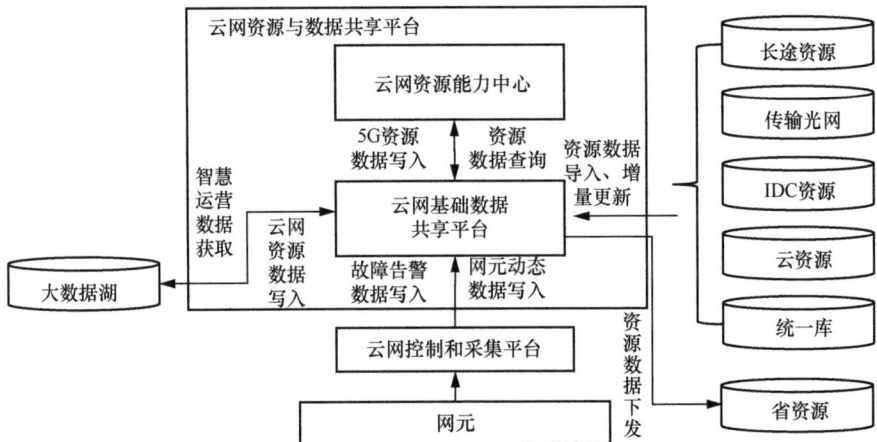

图 9-16　云网资源与数据共享平台总体架构

① 构建全新的云网资源能力中心：访问云网基础数据共享平台，查询云资源数据，订阅网元数据动态变更消息、故障告警和文件数据，支撑 5G 网络建设，写入 5G 网元入网配置数据。新建资源树查询、政企客户资源呈现、多云整体呈现等新型应用能力；逐步纳入长途资源、传输光网、IDC 资源、云资源、统一库等应用能力，如云服务、空间资源管理、资源配置等。

② 构建全新的云网基础数据共享平台：建立各专业数据统一模型，对实时数据进行汇总存储，完成数据分析、对比、稽核入库，建立云网资源数据关联管理；建立各级模型间的关联管理。

云网资源与数据共享平台基于"大类+元数据"的统一资源模型，拓展 5G 无线网、5G 承载网、5G 核心网、5G 核心网 NFV、CT 云/IT 云能力，构建云网统一资源数据模型，以数字刻画网络。

云网资源与数据共享平台采用"平台+应用"架构，与云网控制和采集平台协作，实时采集云网运营数据，按照统一模型和统一主数据，建立动态网络镜像，实时反映云网拓扑和状态变化，实现跨 5G/云网、跨长途本地的端到端云网数字孪生，为上层应用提供准确、实时、动态的数据服务，支撑 5G 网络运营与 5G 网络切片、MEC 等特色业务发展。

云网资源与数据共享平台落地新一代 5G 网络运营支撑系统架构，做到系统归并整合、云网数据统一、数据关联共享、横向水平解耦、平台各司其职、集团和省两级联动，实现业务支撑快速灵活和云网运维智慧高效，如图 9-17 所示。

① 总部与云网资源相关的系统全面整合。云资源、IDC 资源、长途资源和统一库，分别映射到新一代 OSS 的云网资源能力中心和云网基础数据共享平台上。

② 云网资源管理集团级系统和省级系统分工协作。云网资源管理集团级系统集中纳管云资源（含集团级/省级/地级市边缘的云池，CT 云和 IT 云）、骨干网资源、边界资源（省网–骨干网、云–网），从省获取本地网网络资源副本；构建全网端到端云网资源视图。云网资源管理省级系统全面纳管省内网络资源（含无线网、接入网、承载网、省内网间边界资源），从集团获取与本省相关的云网资源副本，构建省内端到端云网资源视图。

云网资源与数据共享平台提供的主要能力如下。

（1）建立各专业数据统一模型，对实时数据进行汇总存储

① 元数据管理统一描述各专业数据及数据间的关联关系。

② 转换 31 省份本地网网络资源数据并实时汇总形成集团侧本地网网络资源副本。

③ 建立集团统一标准模型，描述长途资源、传输光网、IDC 资源、云资源等的数据模型关联关系，形成端到端统一视图。

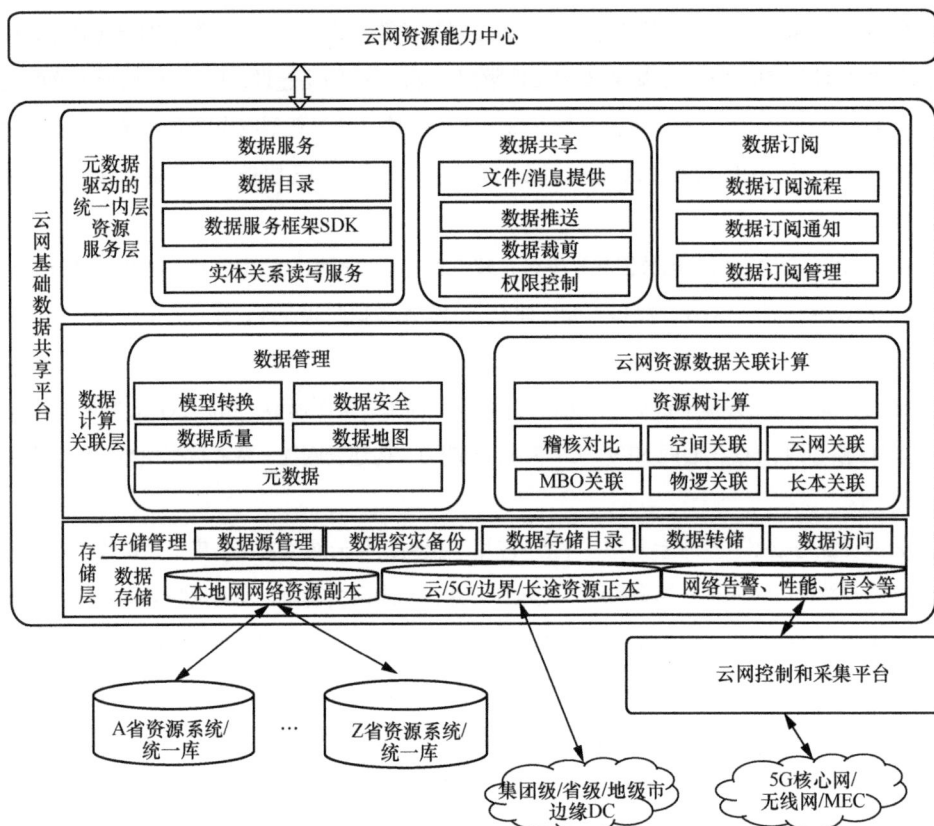

图 9-17　云网资源与数据共享平台功能框架

（2）基于元数据，构建统一内层资源服务层

通过元数据定义封装对数据库、消息、文件的读写操作，保证数据完整性及数据读写一致性。

（3）基于云网资源与数据共享平台，支撑 N 个应用

① 云网基础数据共享平台重构各类云网资源应用。

② 5G 核心网和无线网管基于云网基础数据共享平台的数据构建应用。

（4）汇集融合云网资源数据，按支撑领域封装标准服务，为不同场景提供支撑服务，最终形成一个可覆盖全网应用的统一的云网资源能力中心

① 云网基础服务能力。

② GIS（地理信息系统）、空间管理、云资源管控、网络资源管理能力。

③ 云网协同、应用跨多资源池部署、资源池间虚拟机迁移、资源池间网络互通、边缘节点流量卸载能力。

④ 网络资源配置、多层端到端路由管理、客户资源全视图能力。

云网资源与数据共享平台进行 5G 核心网、无线网、云网等的配置、告警、性能数据的汇聚、模型转换、关联和共享，支撑 5G 核心网、5G 无线网管类应用，支撑 5G 数据和其他资源数据关联，为云网服务保障的综合告警、监控等提供实时数据。

云网资源与数据共享平台支撑 5G 无线数据与其他数据关联示例如图 9-18 所示，具体如下。

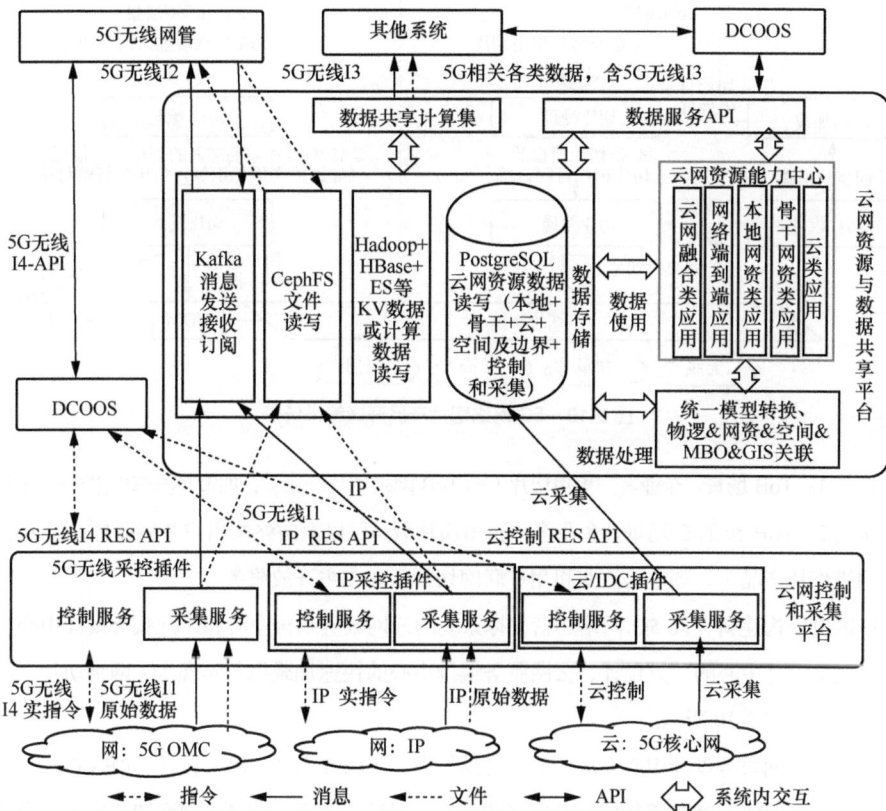

图 9-18 云网资源与数据共享平台支撑 5G 无线数据与其他数据关联示例

① 5G 云网资源和运行数据存储在共享平台上，可通过服务化方式访问。

② 集团级和省级云网运营保障中心负责 5G 云网告警及端到端告警的监控处理，数据通过共享平台分发给云网运营保障中心。

③ 5G 无线网管类应用负责告警分析管理和场景应用。

④ 云网控制和采集平台负责接入 5G 网络，将数据存储在共享平台上，控制服务通过 DCOOS 开放。

⑤ 5G 无线网管类应用使用控制和采集平台提供的基于虚指令集封装的控制服务 API 和基于采集处理的数据构建的应用，并将数据回写至共享平台。

9.5.3 面向 5G 网络的切片产品开通编排实践

5G 网络切片产品开通编排包括两个场景，如图 9-19 所示。

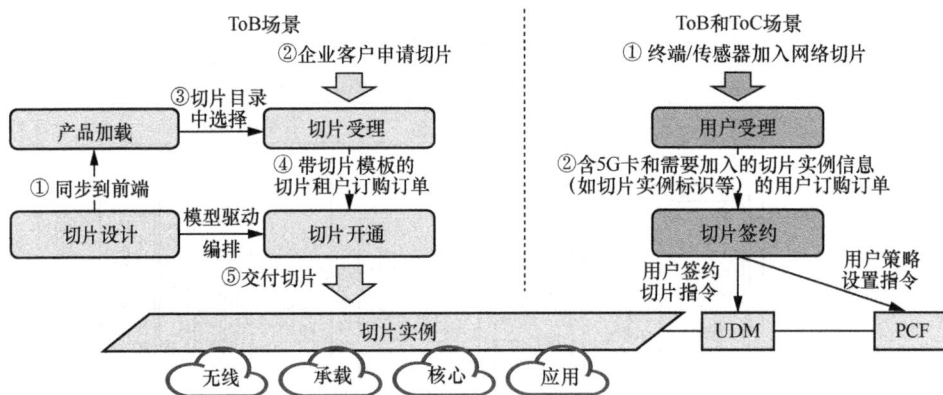

图 9-19　5G 网络切片产品开通编排场景

场景 1：ToB 场景。企业客户租用切片（即 ToB 网络切片产品），如宝马汽车租用车联网切片。

场景 2：ToB 和 ToC 场景。企业客户租用切片后，可以面向终端用户开展业务（即 ToB 和 ToC 网络切片产品），如宝马汽车租用车联网切片后向车主开放服务。

中国电信构建新一代 5G 网络运营支撑系统的云网服务编排中心和云网服务设计中心，基于云网服务设计中心的一点设计、云网服务编排中心的快速加载执行实现 5G 网络切片产品的开通编排，如图 9-20 所示。

集团级云网服务设计中心完成产品服务模板设计、CFS 设计、RFS 设计、RES 设计，以及模板设计。集团级 CPCP 系统将切片服务模板与产品建立关系，将 5G 网络切片模板属性转化为产品属性。ToB 场景的 5G 网络切片设计受理开通流程具体如下。

① 集团级云网服务设计中心提供切片产品服务模板选择 API 能力，CPCP 系统完成产品与切片产品服务模板映射配置，完成与 5G 网络切片模板 SLA 参数的关联转化。

② 集团级 CPCP 系统向前端营销触点进行销售品同步。

③ 集团级 CPCP 系统下发切片产品配置包、产品和切片服务模板功能项对应关系给集团级云网服务设计中心。

④ 集团级云网服务设计中心把跨省切片业务设计编排包下发给集团级云网服务编排中心，把省内个性化切片业务设计编排包下发给省级云网服务编排中心。集团级和省级云网服务编排中心协同，并调用周边系统 API 能力，实现 5G 网络切片（ToB）业务受理开通。

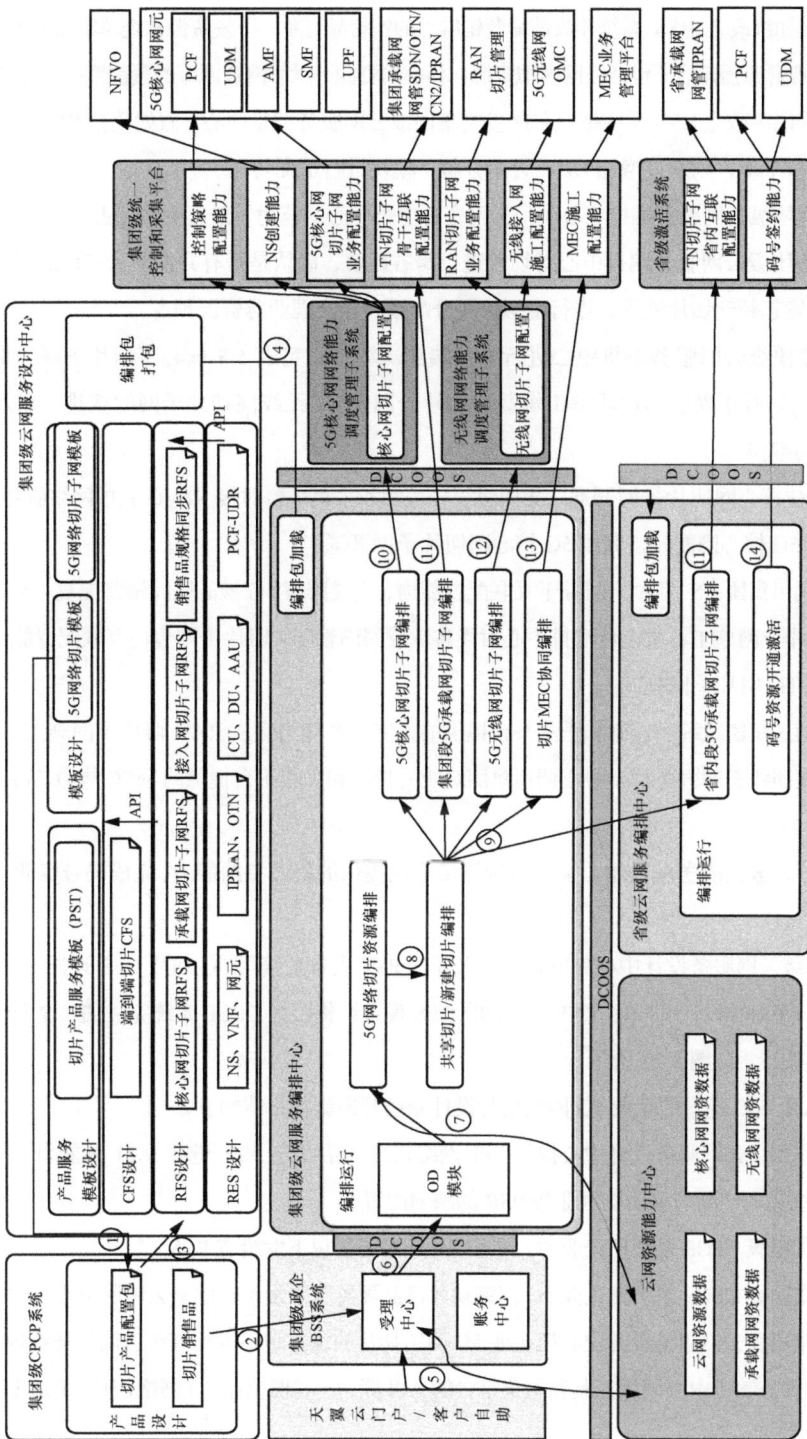

图 9-20 5G 网络切片设计受理开通流程（ToB 场景）

⑤ 集团级政企 BSS 系统接收前端营销触点的销售品订单，下发资源核查单给云网资源能力中心，实现资源预评估（包括云网虚拟资源、核心网资源、承载网资源等的覆盖情况、容量等）。

⑥ 集团级政企 BSS 系统把订单派发给集团级云网服务编排中心（假如政企 BSS 无法按照新一代接口下单，则通过增加 OD（订单分解）模块进行适配转化）。

⑦ 集团级云网服务编排中心调用云网资源能力中心的能力，进行资源预占。

⑧ 集团级云网服务编排中心对切片进行跨省拆解，确认是否有共享切片实例满足需要，如无，则发起新建切片流程，进行虚拟资源分配预占，实现业务资源预占。

⑨ 集团级云网服务编排中心进行业务端到端编排，完成 5G 核心网切片子网、集团段 5G 承载网切片子网、省内段 5G 承载网切片子网、5G 无线网切片子网的编排，以及切片 MEC 协同编排。

⑩ 5G 核心网切片子网开通，集团级统一控制和采集平台对接 NFVO 完成网络服务创建，通过连接 5G 核心网网元，完成 5G 核心网切片子网开通。

⑪ 调用集团 TN 切片子网骨干互联配置能力，完成跨省 5G 核心网间链路配置，实现集团段 TN 切片子网施工；省设计编排中心对接省承载网网管 TN 切片子网省内互联配置能力，完成省内段 TN 切片子网施工。

⑫ 通过集团级统一控制和采集平台提供的人工 API 能力完成 RAN 切片子网施工。

⑬ 集团级云网服务编排中心调用集团级统一控制和采集平台提供的 MEC 能力，完成 MEC 施工配置。

⑭ 省级云网服务编排中心调用省级激活系统提供的码号签约能力，完成码号资源开通激活。

集团级云网服务设计中心完成移动接入业务 PST 设计、接入 5G 切片 CFS 设计，5G 核心网切片子网 RFS 设计，NS、VNF、网元的 RES 设计，集团级 CPCP 系统完成加入企业切片产品的一点设计，如图 9-21 所示。

ToB 和 ToC 场景的企业 5G 网络切片设计受理开通流程具体如下。

① 集团级云网服务设计中心提供 5G 网络切片产品服务 PSR 选择 API 的能力，集团级 CPCP 系统完成产品与移动接入业务 PSR 的映射配置。

② 集团级 CPCP 系统把企业 5G 网络切片产品配置包下发给省 BSS。

③ 集团级 CPCP 系统把企业 5G 网络切片产品配置包下发给集团级云网服务设计中心。

④ 集团级云网服务设计中心把企业 5G 网络切片的编排包下发给省级云网服务编排中心。省级云网服务编排中心调用控制和采集平台的 API 能力，实现企业 5G 网络切片（ToB 和 ToC）业务受理开通。

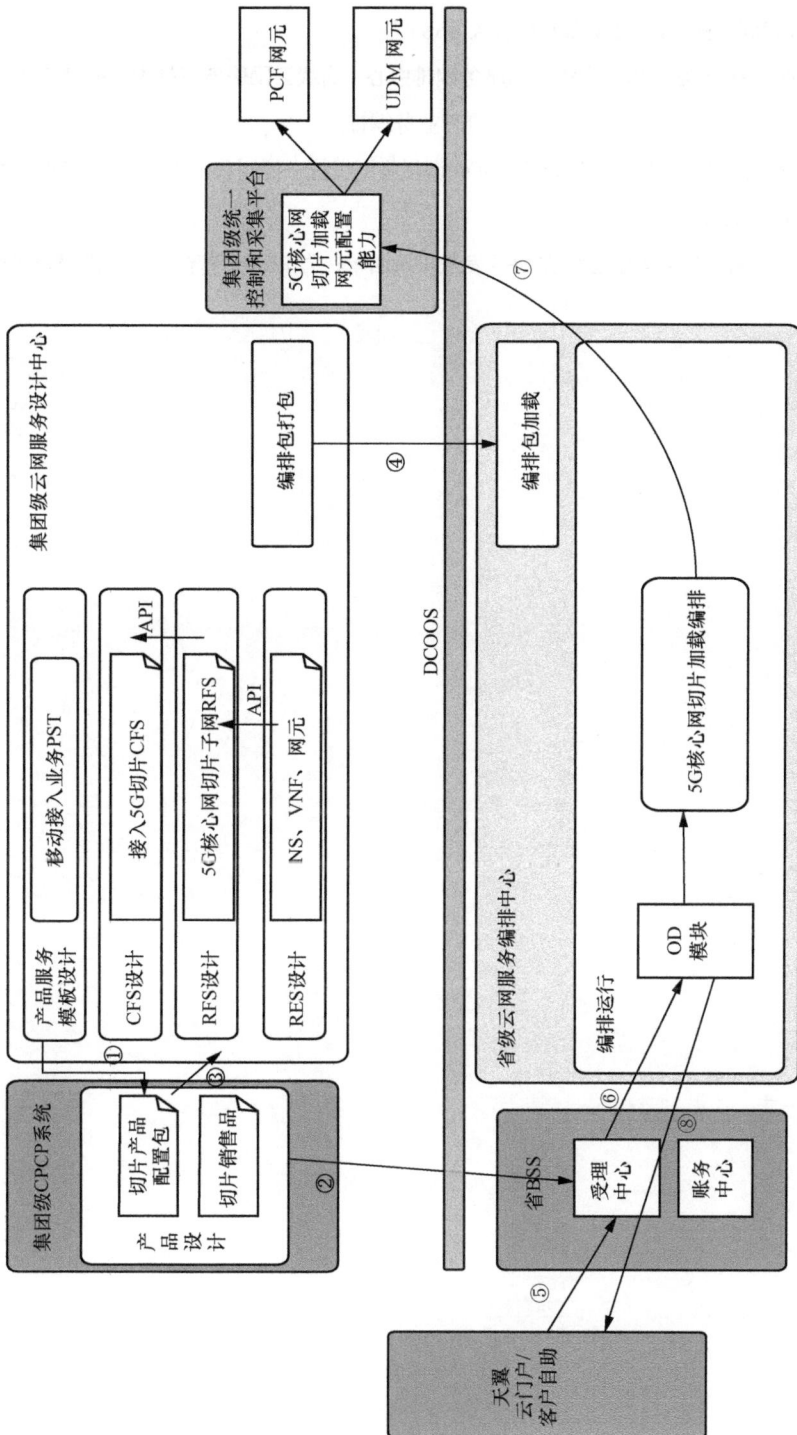

图 9-21　企业 5G 网络切片设计受理开通流程（ToB 和 ToC 场景）

⑤ 营销触点将销售品订单派发给省级 BSS。

⑥ 省级 BSS 下发订单给省级云网服务编排中心，省级云网服务编排中心通过 OD 模块对订单进行转化适配，对企业 5G 网络切片进行业务编排。

⑦ 省级云网服务编排中心通过 DCOOS 调用集团级统一控制和采集平台，完成用户加入企业 5G 网络切片的签约。

⑧ 省级云网服务编排中心给省 BSS 发送报竣回单；省 BSS 给营销触点发送报竣回单。

第 10 章

AI 赋能 5G 网络

本章从 5G 时代电信网络面临的挑战出发，探讨了如何利用人工智能（AI）技术提升 5G 网络的智能化水平。首先介绍了 AI 技术的基本概念及其在 5G 网络中的应用需求，然后详细阐述了 AI 如何赋能 5G 网络智能化，包括资源效率优化、运维效率提升、能源效率提升和业务创新应用等方面。最后，通过中国电信的实践案例，展示了 AI 技术在 5G 网络中的具体应用和显著效果。

5G 时代，随着电信网络的虚拟化、云化转型，5G 和 IoT 等技术的融入，以及行业应用的多样化发展，电信网络的运维将面临前所未有的挑战，运维难度将显著提升，运营成本将显著增加。

随着 AI 技术的日渐成熟，借助 AI 技术为 5G 网络赋能，实现网络智能化水平的提升，才能有效简化网络运维、提高业务性能、降低运营成本、增加业务收入。

中国电信在 5G 基站节能减排、5G 专业能力开放、5G 网络性能提升、5G 网络运维效率提升等方面开展了 AI 赋能 5G 网络的创新探索，牵头推进并参与了行业 AI 赋能 5G 网络的合作和技术创新。

10.1 AI 技术

AI 技术是指计算机或由计算机控制的机器通过模仿人类的思维过程，从数据处理中学习并做出智能反应的技术统称，旨在训练计算机使其能够完成自主学习、判断、决策等类似人类的行为。AI 领域研究处理的问题主要包括感知、挖掘、预测、推理、策略等。

目前 AI 技术已经被广泛应用于计算机视觉、智能语音、自然语言处理、生物特征识别、博弈、机器人、专家系统、智能规划、智能控制等方面。随着深度学习算法场景化、工程化和成本的逐渐降低，一些基础应用技术逐渐成熟，如自然语言处理（NLP）、计算机视觉、博弈等，已经形成产业化的 AI 商业应用。

AI 技术的实现方法包括机器学习、深度学习等。其中，机器学习是 AI 技术的核心和基础，深度学习则是一种更先进的机器学习技术。传统机器学习可以基于少量样本、小数据集，实现聚类、分类、预测等功能。深度学习则需要大量数据，计算复杂矩阵参数，更擅长复杂网络相关因素的计算，对机器算力要求高，存在解释性较差的问题。两者的建模过程对比如图 10-1 所示。

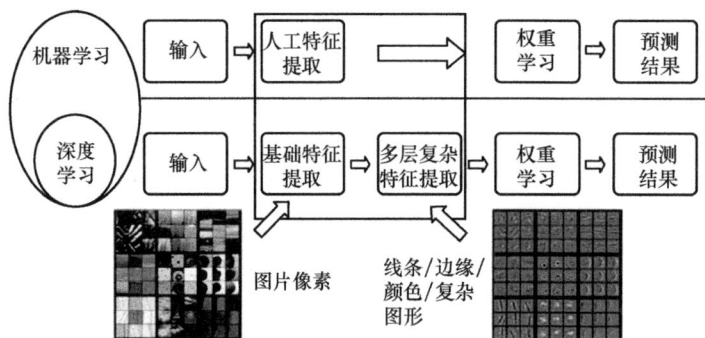

图 10-1　机器学习与深度学习的建模过程对比

在技术生态方面，AI 的模型算法、数据基础、算力（包括图形处理器（GPU）、张量处理器（TPU）、神经网络处理器（NPU）算力）已经日趋完备。当前，AI 新技术在快速发展中，如大语言模型通过大模型和小模型协同，可解决更加复杂的问题。"超级智能"正在进入各行各业，促进信息通信的创新发展。

10.2 5G 对 AI 的需求

5G 时代是万物互联、万物智能的时代。ITU-T 为 5G 定义了 EMBB、MMTC、URLLC 三大应用场景。因此，5G 新业务生态可为 AI 提供落地应用场景，并为 AI 提供数据支持。同时，AI 是智能生态的核心，为 5G 网络和业务赋能，有效促进 5G 网络演进，提升 5G 网络运营和新业务应用能力。因此，5G 和 AI 是相互作用、相互促进的。

5G 时代，电信网络的运维将面临前所未有的挑战。AI 技术在解决高计算量数据分析、模型构建、策略生成等问题中具备天然优势，将赋予 5G 时代网络运维新能力。

从网络层面来看，5G 基于云网融合架构，引入了 SDN/NFV、Massive MIMO、边缘计算、智能终端等新技术。该架构对运营的要求极高，存在 5G 逻辑组网复杂，网络规划、故障分析难，能耗效率、资源效率亟待提升等挑战。借助 AI 和大数据技术，能有效地感知网络、进行智能监控和预测性维护优化，提升资源投放能力，提高运维效率、能源效率，降低运营成本。

从业务应用层面来看，5G 是构建新的行业智能应用、万物智能互联的基础设施，业务规模、业务量、业务特性与 4G 是不可同日而语的，需要借助 AI 技术为 5G 服务资源调度提供按需的快速精准匹配能力，提升 5G 网络的服务质量和服务效率。同时，在 5G 时代，企业需要探索新业务，从流量经营向价值经营转变。5G 网络在 AI 的助力下使创新应用成为可能。

10.3 AI 赋能 5G 智能化的主要应用场景

中国电信围绕"云改数转"战略，对内对外提供 5G+AI 的通用能力平台、应用和解决方案，最终目标是建设全面融智的随愿、智慧、绿色网络，提供以客户为中心的业务。

AI 赋能 5G 智能化是一个从逐步引入到全面发展、不断深化的过程。通过 AI 技术，提高网络规划、建设、维护等的效率，增强网络智能组网、灵活运作、高效支撑业务等能力，降低网络建设维护成本和管理成本，提升用户体验和行业、个人、家庭业务的竞争力，实现网络智能化转型。

10.3.1　基于 AI 的 5G 资源效率优化

AI 技术能更好地帮助 5G 网络优化资源效率，提升网络性能和价值回报，例如 5G 网络切片资源、5G 无线网资源等的精准投放管理。

1．5G 网络切片资源管理

网络切片作为 5G 的一项关键技术，通过逻辑专网服务垂直行业，它可以灵活地为网络切片用户提供按需定制、实时部署、动态保障、安全隔离等服务。和传统网络相比，网络切片更具灵活性，同时也有管理和运维方面的复杂性，如需要引入专门的管理网元来实现网络切片实例全生命周期管理，还需要硬件、资源、网络切片部署、应用的多维度关联管理。因此，基于 AI 技术来增强网络切片的自动化是不可避免的发展趋势。

通过在网络切片部署中引入智能化分析，能最大化匹配客户需求和提升网络资源的使用效率。基于大数据和 AI 技术，根据网络切片模板信息、实际关联的云网资源信息及配置参数等上下文参数，结合无线网、传输网、核心网等的网络切片实例 SLA 测量数据进行分析，给出最合理的无线网、传输网、核心网切片子网模型及部署资源需求、配置参数推荐，优化资源规划投放。

利用 AI 技术，根据历史数据和实时数据对用户行为、网络业务及相应的资源需求进行预测和评估，基于用户的体验质量（QoE）提供恰当的运营商策略与措施（如网络切片的扩容、缩容、变更等），从而保障网络在业务发生变化时能够及时提供相应的资源，维持网络的正常运行，保证用户的体验。

2．5G 无线网资源规划

基于 AI 的 5G 无线网资源规划，需要自动化采集专业网络的业务规划信息，协同考虑各专业网络的现状与未来需求，基于多维度数据形成精准规划体系。

① 5G 网络容量规划：基于现有 4G 网络所积累的容量、覆盖数据信息，结合 5G 网络自有特性，并利用 AI 算法进行预测，从现有 4G 站址中推荐优选列表，优先考虑纳入 5G 站址规划，为 5G 网络的容量建设和规划提供指导。

② 5G 网络覆盖评估：基于 4G/5G 网络 MR（测量报告）数据、配置数据、波瓣特性，并结合网络定位技术，利用 AI 技术进行栅格化无线覆盖特性的学习与建模，给出对应的覆盖效果评估，以及补站建议。

3．Massive MIMO 波束智能管理

为了充分发挥 Massive MIMO 的优势，提升 5G 空口资源的利用率，提升吞吐率，需要对 Massive MIMO 基站的各项参数进行灵活的适应性调整，以应对业务的变化。面对大量的参数组合和快速发生的业务变化，Massive MIMO 基站迫切需要更加智能的、可自我优化的机制。

通过引入 AI 技术，自动识别 Massive MIMO 扇区的业务特性、应用场景、用户方向的反馈。通过多维数据预测，及时调整优化波束、波瓣的参数，实现 Massive MIMO 的自优化配置，改变动态的覆盖分布，有效提升空口资源的利用率和用户体验。

10.3.2　基于 AI 的 5G 运维效率提升

5G 云网融合对应不同层次的高度异构网络，包括多种无线接入技术、多个小区层、多个频谱带、多种类型的设备和服务等。因此，5G 网络运营管理有着极大的复杂性，对人员的跨专业技能要求高。5G 云网融合基于 AI 和大数据技术，实现全网设备的立体、智能、自动构建及自动配置，通过预测和智能策略驱动的智能故障诊断、预测性运维、工单智能化等能力，提升 5G "自动驾驶" 能力，提高运维效率。

1．智能故障诊断

为解决云网融合下分层解耦问题带来的故障定位难题，引入 AI 和大数据技术，依据网络及业务流程的上下游关系，结合多个维度的历史数据进行分析，可以从多种多样的告警信息中提取、挖掘共性特征，实现故障根因分析，快速收敛到共性故障点，从而提升处理效率，降低运维难度。

2．预测性运维

借助大数据和 AI 技术，监测目标网络的性能指标与告警信息，在网络发生故障前进行预测，可以防止服务中断、网络资源效率低等情况的发生。基于海量历史告警数据进行分析、训练，聚类问题、预测可能会出现的故障，网络运维从事后被动处理转为事前主动预防、预测/预防网络故障的发生。网络故障预测主要包括网络故障发生的可能性、网络故障的覆盖率、网络故障的解决方法、网络故障的严重性、网络故障网元的重要性及网络故障的自愈能力等。

另外，在指标预测方面，利用 AI 技术，可以实现智能巡检。通过分析历史数据，挖掘网络健康度的指标变化趋势与网络数据的深层次关联特征；通过对网络性能指标的异常识别、健康度分析及对关联指标的实时监测，实现网络服务性能提升。

3．工单智能化

智能工单管理系统基于电子化数据、准确的定位、丰富的交互及接口能力，实现运维全过程的可视化、可管可控、可分析，从而实现主动运维。工单智能化解决工单处理时的被动、效率低的问题，通过一系列基于 AI 和大数据技术的手段，最终将实现主动、高效的运维。

工单智能化采用大数据与 NLP 等 AI 技术，实现对于工单的自动化、智能化处理，通过清洗、识别、分类等一系列操作，能够准确定位工单问题，快速生成工单标签，自动实现对应的故障监测、归因分析，并在部分场景下实现对设备故障的预测和业务感知的预测，最终实现主动式、智能化、高效的工单处理流程和机制。

4．5G 无线网智能优化

在 5G 共建共享、4G/5G 网络协同的背景下，用户可能更关注网络掉线、降速等问题，而 5G 无线网优化面临更复杂的情况，处理难度更大。对于弱覆盖、重覆盖等老问题及 4G/5G 网络协同、5G 共建共享等新问题，过去主要依赖路测（DT）、呼叫跟踪、投诉处理、基于人工经验进行处理等手段，目前不但难以奏效，而且投入成本高、处理周期长、优化效果不理想。

基于 AI 的 5G 无线网智能优化，根据历史上的覆盖数据、关联数据进行学习、训练，并结合 4G/5G 网络的特性、5G 共建共享的数据，基于 MR 分析的位置精准定位技术，建立栅格化无线特征分析模型。该模型利用智能调优策略，可以自动输出参数规划及调优建议，从而实现 5G 无线网智能优化。

10.3.3　基于 AI 的 5G 能源效率提升

1．5G 基站智慧节能

5G 基站能耗增长快，其能耗是 4G 基站的 3～4 倍。中国电信基于大数据和 AI 技术，对业务规律进行智能分析、预测、自动决策，实现基站及数据中心的智慧节能，降低成本。

移动网络的话务量存在明显的潮汐效应，尤其在 5G 发展初期，5G 基站 24 小时始终处于持续运行的状态，存在能源浪费的情况。原小区的中、深度节能操作，维护工作量大、风险高，因此，迫切需要基于网络业务和客户感知完成基站节能方式、状态的智能调控，有效地提高无线资源利用率，减少基站拥堵。

为解决全网性、跨厂商、4G/5G 网络协同的基站智慧节能难题，中国电信基于 4G/5G 网络的历史数据及多源数据融合处理技术，实现节能小区的最大化发现、最佳节能时段推荐，采用场景化节能策略，实现最优节能功能（如符号关断/通道关断/小区休眠/功率控制等）选择。此外，中国电信通过引入多项创新功能（如网络性能深度感知、实施效果评估及自动迭代优化），保障网络性能并大规模节约电费成本，实现大规模、跨网络、高效、精准的基站节能。

2．数据中心节能

在发展初期，5G 云化节点所在设备通常具有较高的能耗。即使在非高峰使用时段，所有设备也一直处于活跃状态，增加了不必要的能耗成本。通过动态调整服务器负载，结合 AI 预测，适当迁移/关闭非核心或空载业务节点，可进一步降低能源消耗。

10.3.4　基于 AI 的 5G 业务创新应用

5G 可支持多种智能业务，如虚拟现实、增强现实、工业控制、无人机巡检、智能驾驶、智慧城市、智能家居等。因此，5G 引入基于 AI 算法的边缘智能计算、网络精定位等基础能力，以更好地支持 5G 智能业务应用。

1．边缘智能计算

在万物智能互联的 5G 时代，数据量呈指数级增长，不仅需要云端的大数据分析，边缘侧对于提取和分析数据也有着更高的要求。MEC 基于用户终端的协议、性能、业务等的特性，建立不同的用户特征库，基于 AI 技术，根据用户测量数据与用户特征库间的匹配，预测用户业务的变化趋势、用户行为对网络负载的影响，优化用户保障策略，提升用户业务体验。

2．网络精定位

随着 5G 网络建设的开展和万物智能互联终端的规模使用，基于 AI 的网络精定位技术将可以满足无线网自身的各类创新业务应用需求。

原有移动网络定位方案的定位精度较低，拉网路测又存在成本高、效率低、不全面等问题。中国电信借助 AI 和大数据技术，对海量 MR 数据进行融合处理和降噪，基于 5G 网络的新特性，构建无线特征指纹信息库，研发基于多维数据融合的定位预测算法模型，提升定位模型泛化能力；基于时序、移动性研发典型定位场景自动识别算法及智能平滑处理算法，提升定位精度。中国电信借助增强的定位能力，为网络管理、网络优化、网络规划及垂直行业提供定位服务能力，如无须终端配合，即可进行人/物流位置预测、轨迹分析等应用。

10.4　中国电信在 AI 赋能 5G 网络方面的实践案例

10.4.1　5G 基站智慧节能

由于小区众多、业务千差万别，并且每种设备节能技术均有不同要求和影响，人工方式通常只适合一些风险较低的区域，采用"一刀切"方式配置。因此，中国电信迫切需要引入 AI 技术，实现在适当小区、适当时间、多网协同情况下的不同设备节能功能优选及自动启闭，满足全网业务、客户感知下的基站能源利用率精细化管理的需要。

中国电信构建了集全网感知、智能分析预测、智能决策、多模智控、效果评估、策略优化于一体的 AI 基站节能技术体系，依托企业级大数据湖，打造云边协同、全网统一的基站智慧节能平台"天翼蓝能"，实现 4G/5G 网络协同、全网跨厂商的基站精准安全节能，如图 10-2 所示。

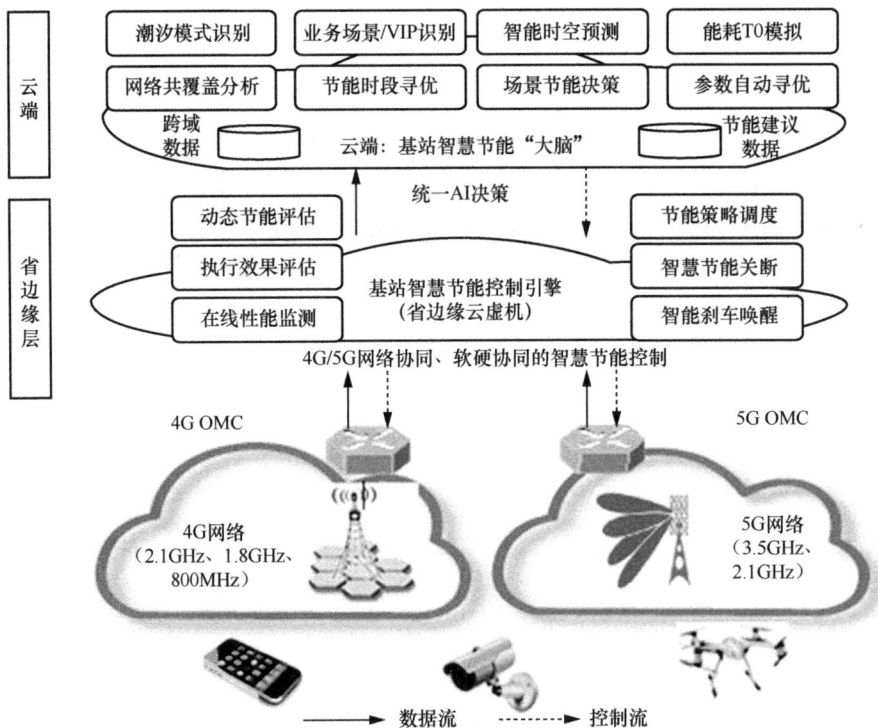

图 10-2　中国电信基站智慧节能分层协作技术能力体系

中国电信突破传统部署模式，依托大数据湖和云平台，部署了一套基站智慧节能"大脑"和 31 省份边缘层节能控制引擎，实现了百万级 4G/5G 扇区全覆盖，大幅降低了部署成本，极大地提高了部署效率。

中国电信基站智慧节能平台基于云边协同架构实现分层协作、全网节能，主要特点如下。

① 跨域数据融合处理：基于海量跨域数据融合处理，平台完成多维深度感知，包括网络性能数据、配置数据、MR 数据、深度包检测（DPI）数据、话单、台账、告警、用户数据等。

② AI 分析预测：平台从设备、网络、用户、业务层面建立 AI 模型算法，构建扇区级精细画像，包括潮汐模式识别、业务场景、多层覆盖、重保区域等，并基于深度学习进行人流、负载活动规律的精准预测，做到"一扇区一预测"。

③ 智能决策：平台建立 4G/5G 网络多元化场景节能策略库，输出室内外场景化节能策略建议，并基于神经网络实现全网化策略的自学习和泛化应用，做到"一扇区一案"的精细节能，并为不同场景提供差异化保护策略。

④ 多模智控：平台通过分布式云化基站前置控制引擎，安全控制全网基站、智能开关，实现软硬协同、动态节能；引入强化学习对每个扇区的多个节能参数实现自动寻优，实现精细、安全控制。

⑤ 安全保护能力：为确保节能的安全性，建立安全护航能力，平台根据 AI 算法（包括潮汐模式识别、文本挖掘技术），自动识别重保场景白名单，为此设置专属保护策略，同时基于 KPI 和 DPI 数据，实现 4G/5G 网络协同的智能预唤醒，降低深度节能的安全风险，无须人工干预。

⑥ 智能运营能力：平台基于 AI 算法模拟评估全网的小区级节能量，节能情况全网全景可视；为降低节能风险，平台基于 AI 模型算法主动发现节能扇区网络性能指标的异常情况，进行自动预警，实现全流程的闭环运营、评估优化。

基站智慧节能平台已在 31 省份部署应用，完成百万级 4G/5G 基站、智能开关的统一纳管，年化节能可达数亿千瓦时，降本增效效果显著。

10.4.2　5G 精定位与智慧网络优化

为了提升 5G 网络的定位服务水平，中国电信采用 AI 算法和大数据技术构建移动网络定位算法模型，形成高精度、低成本、全覆盖、轻量级的 5G 网络定位新型解决方案。该方案对内为 5G 智慧网络优化提供基础定位能力，为企业实现降本增效；对外为行业用户提供基础定位服务，赋能 5G 新业务。

① 以 5G 基站产生的携带 AGPS（辅助全球定位系统）信息的 MR 数据作为标签数据构建

模型，避免了通过人工路测获得标签数据，实现低成本的定位能力。

② 通过 MR 数据覆盖了全天候、全区域的用户，实现全覆盖的定位能力。

③ 仅通过基站产生的 MR 数据实现定位能力预测，无须其他信标部署支持，实现轻量级的定位能力。

中国电信自主研发 5G 网络精定位应用系统，同时提供 5G 网络的非实时和实时定位能力，满足对内定位应用和对外定位服务的需求。系统主要包括数据采集、数据预处理、模型构建、非实时定位、智慧网络优化、实时定位服务器、实时定位、外部应用等模块，系统架构如图 10-3 所示。

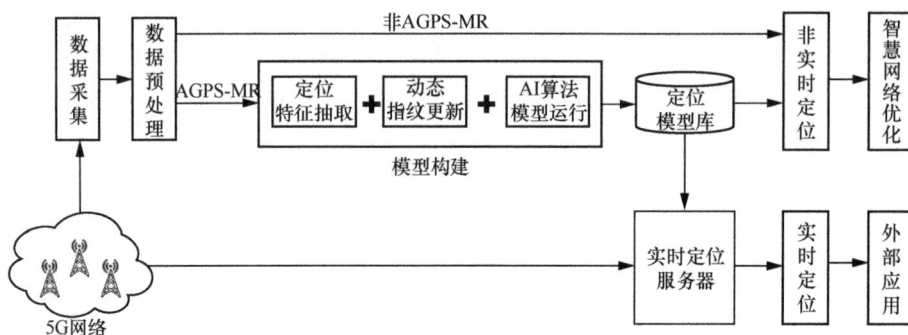

图 10-3　5G 网络精定位应用系统架构

数据采集模块负责海量 5G 网络 MR 数据的稳定可靠采集。5G 网络 MR 数据量非常大，为了实现高可靠、高性能和高质量的 MR 数据采集，方案采用大数据平台架构及分布式存储、数据预处理功能。

模型构建模块负责基于 AGPS 信息的 MR 数据的定位特征抽取、动态指纹更新、AI 算法模型运行等功能。首先，采用 AI 算法对定位特征与经纬度位置间的相关性进行计算，主要包括主服务小区 SSB 的 RSRP、主服务小区 SSB 的 TA、邻区 SSB 的 RSRP；其次，根据重要定位特征及位置标签进行定位指纹构建，模块对定位指纹进行聚类压缩，提升处理性能；最后，根据动态指纹处理得到每个 MR 特征与位置间的对应关系，再结合 AI 算法从基站、小区维度构建定位模型，从而生成定位模型库，可供非实时或实时定位应用调用。

非实时定位模块负责通过基站、小区的定位模型对不含有 AGPS 信息的 5G MR 数据实现位置预测功能。此模块将需要定位的不含有 AGPS 信息的 5G MR 记录的定位特征作为 5G 定位模型的输入，从定位模型库中读取基站、小区的定位回归模型，在线实现不含有 AGPS 信息的 5G MR 数据位置预测，后续为非实时位置应用提供定位能力。

智慧网络优化模块负责根据非实时定位能力完成 5G 网络的智慧优化功能。根据 AI 模型预测得到 5G MR 的位置信息，可以实现 5G 网络地理化分析应用，对网络覆盖指标进行真实可视化还原，帮助 5G 网络优化工程师更加全面、准确地分析和评估网络，提升工作效率，助力实现 5G 网络智慧化运营。

实时定位服务器负责通过实时定位接口获取定位指纹特征，结合基站、小区的定位模型库实现实时位置预测。实时定位服务器部署在 5G 网络边缘，能对实时定位需求进行快速反应和对定位预测进行高效运算，可由实时定位服务器加载模型完成实时定位推理，提供云网融合下的实时定位能力。

实时定位模块负责完成实时定位能力封装、外部应用对接等方面的功能。外部应用通过 5G 实时定位能力提供外勤助手、电子围栏、物流监测等实时位置监测服务。

10.4.3　5G 无人机智能巡检

无人机是要求移动网络具有低时延、高可靠性等特性的典型用例。"反应快"对无人机的安全操作至关重要，5G 的低时延能够提高无人机的反应能力和应急避障能力，从而大幅提高无人机的安全性。接入低空移动通信网络的网联无人机，可以实现设备的监视和管理、航线的规范、效率的提升，促进对空域的合理利用，从而极大限度地延展无人机的应用领域，产生巨大的经济价值。基于 5G 网络赋予网联无人机的实时超高清图传、远程低时延控制、永远在线等重要能力，全球将形成一个由数千万架无人机组成的智能网络，7×24 小时不间断地提供航拍、送货、勘探等各种各样的个人及行业服务，进而构成一个全新的、丰富多彩的"网联天空"。随着在无人机上越来越多地使用高清摄像头和传感器套件，5G EMBB 技术所具备的处理大量数据的能力也十分重要——4G 网络只能支持 1K 分辨率的图传，对于某些细节检查，视频和图像的清晰度明显不足，而 5G 网络可实现 100Mbit/s 以上的上行单用户体验速率和 10ms 的空口时延，将使实时视频更加流畅、更加清晰，巡查效果更优。

近些年来，随着深度学习技术的火热发展，目标检测算法也从基于手工特征的传统算法转向了基于神经网络的检测技术。基于深度学习的目标检测发展主要集中在以下两个方向：Two-Stage 算法（如 R-CNN 系列）和 One-Stage 算法（如 YOLO 算法、SSD 算法等）。

基础设施的巡视检查或状态监测具体包括对基础设施本身的监测、对基础设施周边环境的勘探、故障排查、自然灾害监测、无线环境干扰排查等。传统的人工巡检方案受环境及天气等的影响，工作量大、工作效率较低、成本较高，且存在一定的人身安全风险。无人机以成本低、灵活性强、安全性高、受自然环境及地形影响较小、视角更优等特点，被越来越广泛地应用于基础设施巡检领域中。

电信运营商在 5G 建设中将建设大量基站，需要对基站的工程参数（包括天线的方位角和物理下倾角等）进行巡检。运营商使用无人机对基站进行巡检，通过可见光相机/摄像机对基站进行悬停环绕拍摄，将高清图像通过 5G 网络快速回传，通过深度学习技术，可以有效识别各类基站的工程参数，有效提高工作效率。

5G 无人机智能巡检将 5G 和无人机技术相结合，为无人机赋予 5G 高清图像传输和大量数据采集能力，基于深度学习技术，对无人机上传的图片进行自动识别，标记出目标信息并将检测结果实时推送给巡检人员。无人机基站巡检需求见表 10-1。

表 10-1　无人机基站巡检需求

巡检对象	巡检内容	巡检手段
天线	天线方位角、天线物理下倾角、电调天线刻度、天线挂高、天线紧固与安装	可见光相机/摄像机
铁塔	确认杆塔是否倾斜，塔材是否变形、严重锈蚀，塔材、螺栓是否丢失	
GPS	GPS 信号线的标签、GPS 信号线的安装、GPS 天线的安装、GPS 接头防水	
RRU/AAU	RRU/AAU 跳线安装、RRU/AAU 光纤安装、RRU/AAU 光纤标签、RRU/AAU 的安装固定、RRU/AAU 的电源标签、RRU/AAU 电源线接地与防水、RRU/AAU 接地标签、RRU/AAU 电源线安装	

主要的技术创新具体如下。

（1）飞行无限。通过 5G 网络有效控制无人机的起降，监控无人机的实时飞行姿态，回传图片和数据。以往民用无人机多使用 Wi-Fi 等覆盖受限的自组网技术，自组网技术的覆盖受限造成民用无人机的应用场合大幅减少。如今，无人机使用 5G 网络，大大拓展了无人机的应用场景。只要有 5G 网络覆盖的区域，无人机就可以实现超视距飞行，数据回传通路架设在 5G 网络上，使得 VR 应用、高清视频直播成为现实。

（2）多点控制。以往无人机是采用点对点自组网的遥控装置实现控制，现在通过 5G 网络，可以同时对多架次无人机进行控制，实现无人机的综合调度，为无人机更广阔的应用铺平了道路。

（3）安全高效。基于无人机图像的 AI 光缆线路巡检和天线姿态识别（如天线物理下倾角、天线方位角、天线挂高等），可在高空中进行近距离多角度拍摄和资源巡检，实现安全高效巡检，即"会飞的巡检人员和塔工"。采用 5G 无人机协助排查光缆故障隐患，干线巡检可节约 0.1 万元/千米的成本，每年可以挽回的直接经济损失和间接经济损失达 50%。采用 5G 无人机测量天线位姿，成本压缩 35%，塔工数量减少 90%。

第 11 章

云网一体下的 5G 应用创新

　　基于云网一体新架构，中国电信与工业、交通、警务、媒体、医疗等千行百业的生态合作伙伴共同进行了应用创新。本章针对不同行业的信息化发展趋势与要求，从应用场景分析出发，结合 5G 特性确定重点场景需求短板，提出相应行业的智能解决方案。行业应用案例充分体现 5G 网络大带宽、低时延和高可靠组网的特点，通过网络、数据、算力与算法融合拓展了解决方案能力，带来创新的 5G 应用。

11.1　中国电信 5G 应用总述

5G 开启万亿级规模的市场，5G 改变了社会和各行各业已成共识。由于在不同行业的生产运营模式、关键技术构成等方面的差异，5G 对不同行业的再造价值也有所差异，而行业规模、产值、效益、政策等宏观状况也是行业价值的重要判断标准。为了加快 5G 应用落地拓展，聚焦行业、聚焦场景、聚焦能力、聚焦生态是中国电信 5G 发展的重要战略，需要通过集约资源实现重点行业突破，培育关键核心能力和生态合作伙伴，占领发展高地。

中国电信采用 "PRMCC+A" 行业 5G 模型，如图 11-1 所示，充分考虑政策支持（P）、行业变革（R）、市场规模（M）、客户意愿（C）、业界案例（C），以进行综合研判，结合竞争优势（A）进行行业拓展，确定中国电信的重点行业发展路径。

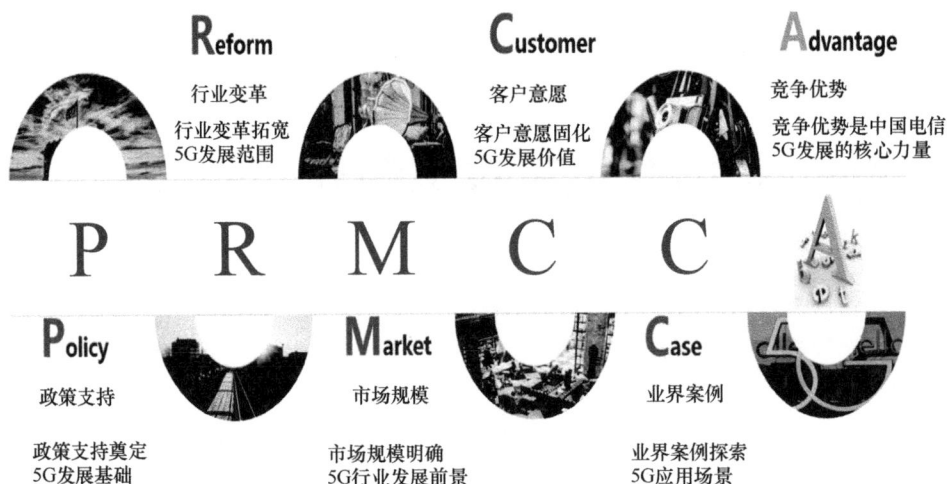

Reform　　　　　　　**C**ustomer　　　　　　**A**dvantage

行业变革　　　　　　　客户意愿　　　　　　　竞争优势

行业变革拓宽　　　　　客户意愿固化　　　　　竞争优势是中国电信
5G发展范围　　　　　　5G发展价值　　　　　　5G发展的核心力量

P　R　M　C　C　A

Policy　　　　　　　**M**arket　　　　　　　**C**ase

政策支持　　　　　　　市场规模　　　　　　　业界案例

政策支持奠定　　　　　市场规模明确　　　　　业界案例探索
5G发展基础　　　　　　5G行业发展前景　　　　5G应用场景

图 11-1　中国电信 "PRMCC+A" 行业 5G 模型

中国电信通过对 12 个行业的深入研究，走访工业、医疗、交通、警务、媒体及旅游等行业客户，挖掘行业客户的 5G 信息化需求，探索 5G 特性与行业的结合点，提出工业、交通、媒体、警务、医疗五大重点 5G 拓展行业，如图 11-2 所示，并制定各行业的重点场景阶段发展规划，为中国电信的 5G 应用商用部署提供参考。对于重点行业，中国电信将集中资源，重点突破，提供相应的解决方案，引入重点合作伙伴。

根据重点行业的信息化发展趋势，结合 5G 特性评估行业信息化发展中的重点场景，确定 5G 行业应用的重点发展目标，从而实现 5G 应用落地及发展。

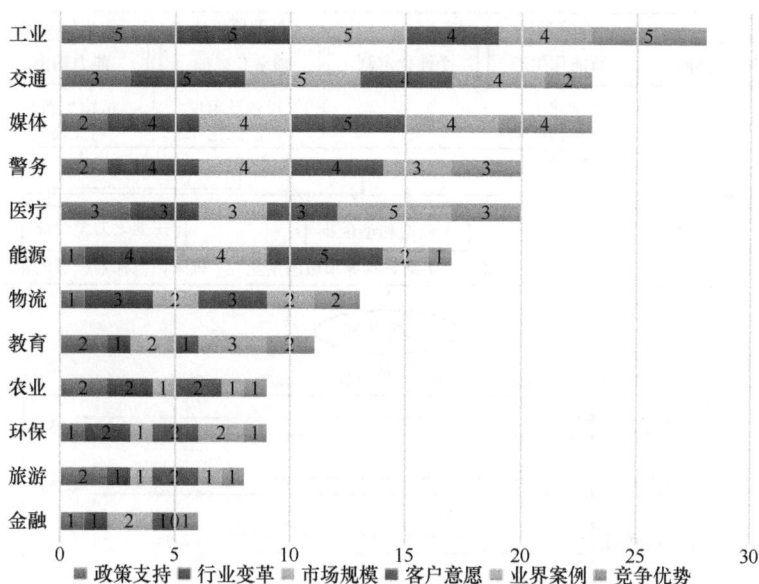

图 11-2　"PRMCC+A"行业 5G 模型分析结果

11.2　5G 工业应用创新及实践

11.2.1　5G 赋能工业信息化

工业主要指原料采集与产品加工制造的产业或工程，包括采矿业，制造业，电力、热力、燃气及水的生产和供应业，工业信息化重点关注制造型企业。随着中国两化融合和工业物联网建设等多项举措的推进，制造型企业的数字化能力得到显著提升，大部分企业正致力于数据纵向集成。德勤调研结果显示，82%的受访企业已完成计算机化阶段，其中 41%处于连接阶段，28%处于可视阶段，9%处于透明阶段，而处于预测和自适应阶段的企业各占 2%。

工业企业信息化发展趋势根据主业业务战略指向内部信息化、外部信息化和输出信息化（如图 11-3 所示）。内部信息化打通企业业务流程的信息化，包括网络化协同、智能化生产和个性化定制 3 个环节，重点投资数字化工厂（63%）和工业物联网（48%）；外部信息化延展产品服务的价值链，包括服务化延伸环节，重点投资设备及用户价值深挖（62%）；输出信息化对外赋能发展新的商业模式，主要是能力输出，重点投资重构生态及商业模式（36%）[1]。

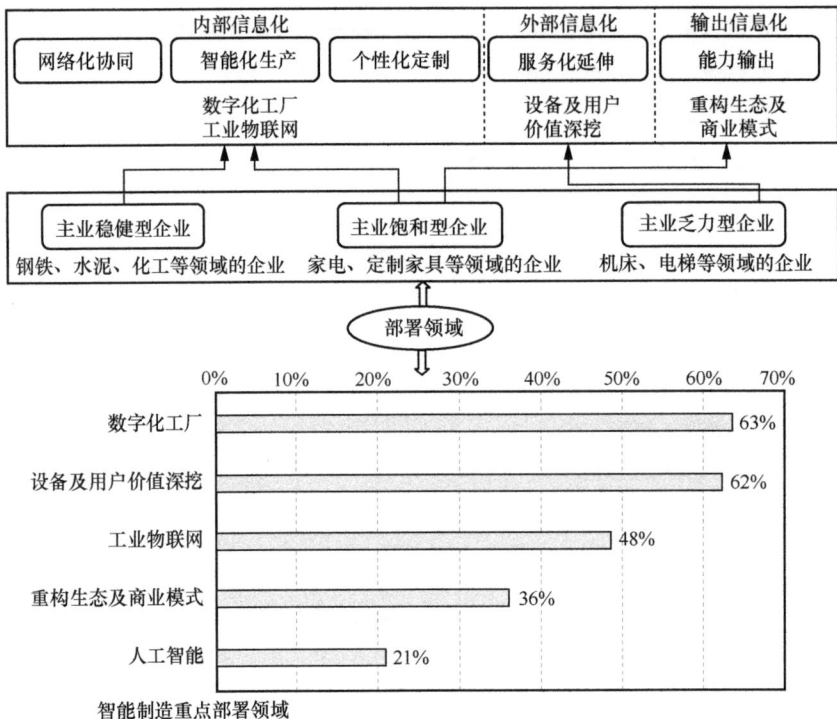

图 11-3　工业企业信息化发展趋势

数据来源：德勤智能制造企业调研（2018 年）。

其中，主业稳健型企业将重点开展内部信息化工作，主要代表企业为钢铁、水泥、化工等领域的企业。以钢铁工厂为例，国企改革淘汰落后产能，更聚焦中大型工厂的提质增效，数字化手段成为企业提升的手段。主业饱和型企业在开展内部信息化水平提升工作的前提下，开展输出信息化工作，主要代表企业为家电、定制家具等领域的企业。以家电企业为例，家电普及率高，更新换代需求下降，导致家电销售日趋饱和，而家电企业已经完成优胜劣汰和升级，现有家电企业的内部信息化程度高，并具备对外输出信息化的能力，如美的公司早已成立美云智数科技有限公司开展业务转型。主业乏力型企业将重点开展外部信息化工作，主要代表企业为机床、电梯等领域的企业。以电梯企业为例，其每年的生产收入已经无法满足企业发展需求，设备及用户价值深挖成为收入新来源，从广日电梯工业有限公司的收入占比来看，电梯代维收入已经超过电梯生产收入，转型必然带来服务化延伸的信息化需求。

连通性是第四次工业革命的关键组成部分，作为新一代移动通信技术，5G 网络核心技术指标上的飞跃是第四次工业革命的基石，5G 技术切合制造型企业的智能制造转型对无线网的应用需求，能满足工业环境下设备互联和远程交互应用需求。

如图 11-4 所示，在内部信息化环节中，5G 改变工厂内部连接方式，完成人机设备的无线接入，降低机器与机器之间的连接线缆成本，满足柔性生产需要，可根据业务特性提供不同的网络切片服务；在外部信息化环节中，5G 改变远程操控和维护模式，降低人力成本；在输出信息化环节中，5G 将增强工业互联网平台的接入能力。

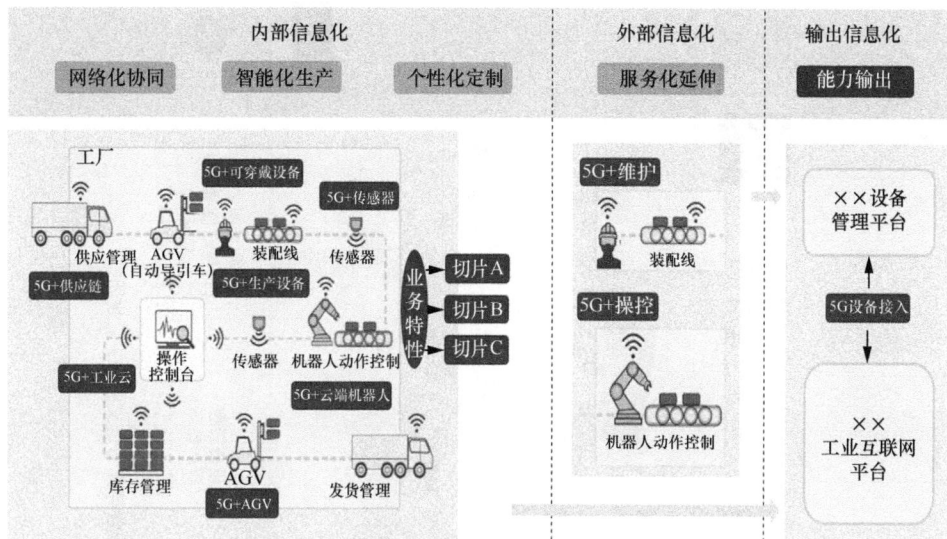

图 11-4　5G 技术赋能工业企业信息化主要环节[2]

11.2.2　5G 工业应用场景及分析

5G 可以有效地支撑工业企业业务的 4 个关键环节，如图 11-5 所示。其中，网络化协同主要利用 5G 和云计算技术实现价值链、企业链和供应链的优化配置和提升，而 5G 采用 MMTC 技术在供应链协同环节提供物料跟踪场景。智能化生产主要面向工业企业的生产制造环节，实现工厂内部连接的扁平化、无线化、灵活化，5G 采用 URLLC 技术在生产运营环节中提供云化机器人、云化 PLC（可编程逻辑控制器）的应用场景，在质量控制环节中提供无线机器视觉的应用场景，在仓储运营环节中提供云化 AGV、可视化操作的应用场景，同时 5G 采用 EMBB 技术在环境、健康和安全环节中提供智能监控场景。个性化定制主要面向个性化、差异化的客户需求，根据客户的个性化需求实现生产线实时尺寸调控，灵活生产，5G 采用 URLLC 技术面向柔性生产提供云化机器人、云化 PLC 的应用场景。服务化延伸面向产品远程运维、基于大数据的增值服务等典型场景，实现智能产品的外部连接泛在化，5G 采用 EMBB 和 URLLC 技术在设备运行环节中提供远程监测/控制场景，在售后服务环节中提供远程巡检/维护、远程指导场景，采用 MMTC 技术在设备管理环节中提供资产管理场景。

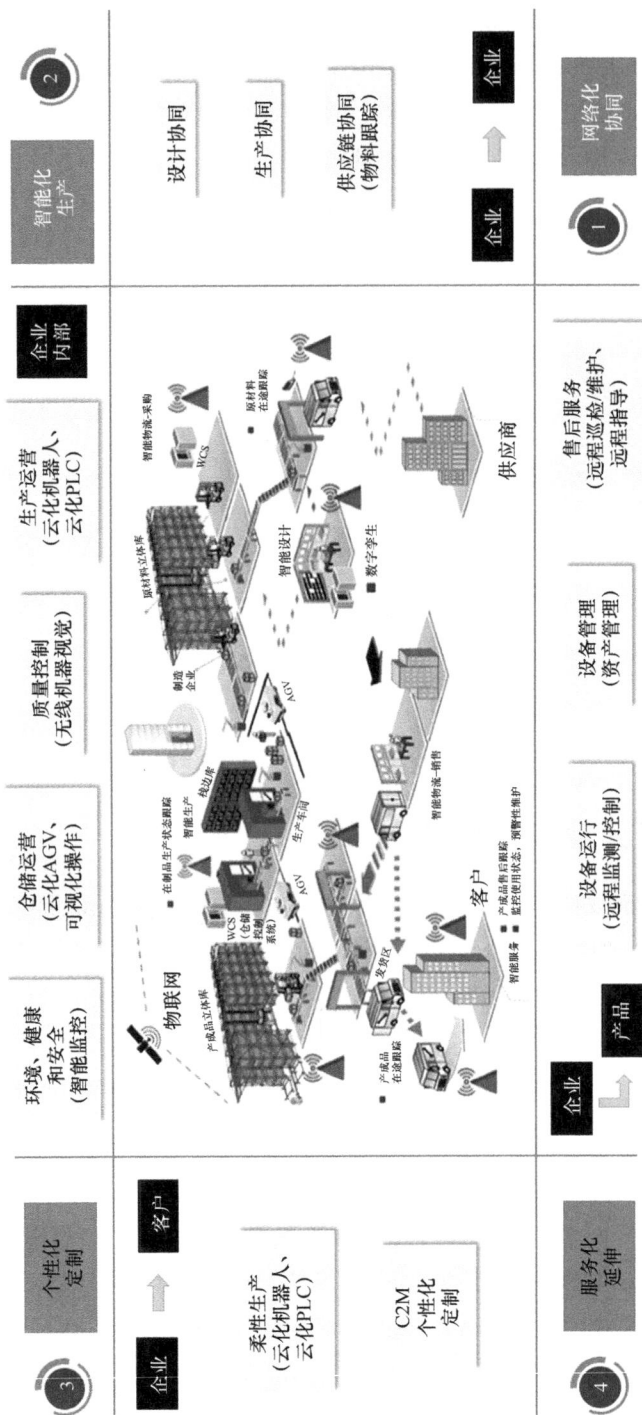

图 11-5　按照工业企业业务环节定义的 5G 工业场景

5G 工业场景按照业务环节分类见表 11-1。

表 11-1　5G 工业场景按照业务环节分类

业务环节	场景名称	场景描述
网络化协同	供应链协同：物料跟踪	对设备的各类物料进行无线芯片接入并进行动态跟踪及溯源
智能化生产	生产运营：云化机器人	生产环节的移动机器人通过云端控制
	生产运营：云化 PLC	对生产线上的生产设备的 PLC 芯片无线接入进行远程控制
	质量控制：无线机器视觉	机器视觉设备采集数据后将数据无线传输到云端服务器上，比对数据后智能判定产品的质量
	仓储运营：云化 AGV	仓储环节中的 AGV 通过云端控制
	仓储运营：可视化操作	对仓库的物品存放位置和物品存放数量进行可视化并指导操作
	环境、健康和安全：智能监控	对生产环节中的环境、健康和安全问题进行高清视频监控，实现智能预警
个性化定制	柔性生产：云化机器人	生产环节中的移动机器人通过云端控制
	柔性生产：云化 PLC	对生产线上的生产设备的 PLC 芯片无线接入进行远程控制
服务化延伸	设备运行：远程监测/控制	特殊条件下通过远程操作对设备进行可视化操作
	设备管理：资产管理	对整个生产设备进行无线芯片接入并进行动态管理
	售后服务：远程巡检/维护	对特殊条件下的设备进行远程巡检和维护
	售后服务：远程指导	为设备的装配提供丰富的专家可视化远程指导和培训

世界各国积极探索 5G 与工业的应用结合。韩国在 5G 智能工厂方面布局速度较快，已有商用案例，SKT 的第一个 5G 客户为汽车配件商明化工业（Myunghwa Industry），SKT 为其提供 5G+AI 机器视觉质检服务；KT 的 5G 客户包括韩国造船厂现代重工（HHI），KT 主要为其提供 AR 服务，以及韩国时尚批发商 APM Group，KT 为其提供 AR、高清影像、AI 是多项服务；LG U+的第一个 5G 客户是从事工业机械制造和先进零件生产的公司 LS Mtron，LG U+与其共同开发了 5G 远程控制挖掘机。欧洲各国、美国、日本集中在试验阶段，美国运营商 AT&T 公司与三星电子在得克萨斯州打造了美国第一个专注于制造业的 5G 应用测试平台，探索工业设备状态监测、员工培训等 5G 应用；德国博世（Bosch）和英国 Worcester 5G 联盟开办了英国第一个 5G 工厂，测试 5G 的传输速率和时延；爱立信为德国奥迪总部提供智能工厂服务，主要应用于无线移动技术、AGV 通信、机器人控制；日本 KDDI 进行了远程控制实验，通过 AR 和

5G 远程控制施工机械。中国的跟进速度较快，已有局部试点，青岛港和南方电网分别开展了远程岸桥吊车的实时操作、配电变压器差动保护等生产核心业务的 5G 应用尝试；杭州汽轮利用 5G 开展叶片和气缸等工业汽轮机零部件的三维扫描建模；上海飞机制造公司研发基于 5G 的 AR 辅助装配与远程协助系统。

中国电信长期致力于工业互联网服务，通过对中兴长沙终端工厂、中联重科麓谷工业园、广州汽车丰田工厂、瑞斯康达北京工厂、南沙美的华凌空调工厂等企业进行调研发现，中国工业的 5G 需求重点集中在生产环节上，对 AGV 的需求明显，对 AR 辅助、机器视觉和远程控制的需求有特定条件。中国电信从市场需求出发，构建包括市场需求、经济价值、易实施、电信收益评估维度的 5G 行业场景影响指数，对 5G 工业的 11 个场景进行评估，将其分为 5G 工业核心应用、5G 工业增强应用和 5G 工业辅助应用，评估结果如图 11-6 所示。中国电信将聚焦 5G 工业核心应用整合能力，提供解决方案和实验室验证，为客户提供服务。

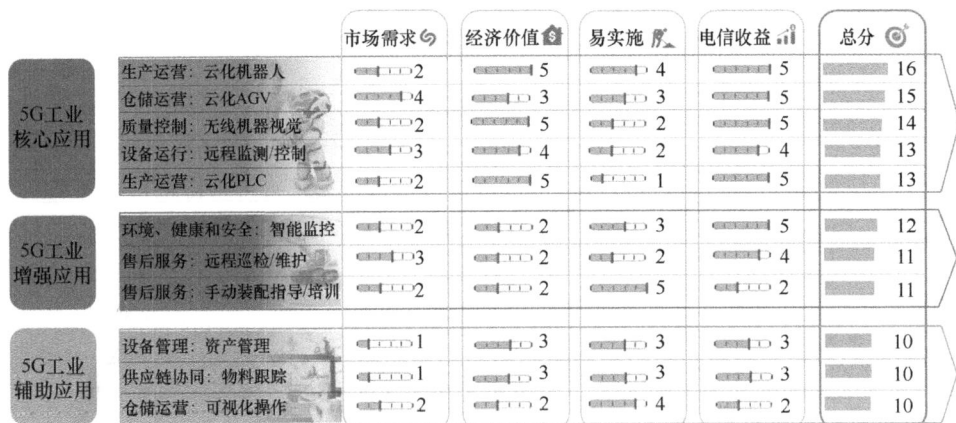

图 11-6　5G 工业场景评估结果

11.2.3　5G 工业应用案例剖析——广东美的

1. 行业基本情况和生产特点

美的集团 1968 年成立于中国广东，迄今已建立全球平台，拥有超过 400 家子公司，在全球拥有约 19 万名员工。美的旗下拥有美的集团、库卡、小天鹅、威灵控股等上市子公司，提供多元化的产品，包括空调、洗衣机、厨房家电等，是国内家电制造龙头企业。

美的注重技术创新和实践，积极探索、发展智能制造技术，家电领域的发明专利数量连续 3 年全球第一，被誉为新型技术实践者。美的未来的主要发展方向为精益化、数字化、智能化及满足个性化需求的柔性生产。

2. 行业需求与短板

美的期望融合和集成信息技术、智能技术与装备制造技术，构建全流程互联互通、透明可视的 5G+工业互联网平台，实现产线、物料和成品的无线物联，逐步实现智能制造、柔性生产，打造全新的智慧工厂。美的正逐步开展生产设备远程监控、智能巡检、AR 工业辅助、柔性生产，以及打造智能 AGV、数字孪生智能工厂等。它们对网络和安全提出了更高的要求。

① 传输速率：远程视频控制、基于 AR/VR 的操作和 AI 应用对带宽提出了 Gbit/s 级的速率要求。

② 时延：AGV 之间的协同和无碰撞作业、AGV 之间的实时数据交换及 AGV 和外围设备间的通信都需要通过无线网来实现，AGV 系统对于无线网的时延需求达到 ms 级别。智能制造自动化控制中，系统通信的时延需要达到 ms 级别甚至更低才能保证控制系统实现精确控制。

③ 连接数：工厂的生产区域内有数以万计的传感器和执行器，这需要通信网络的海量连接能力作为支撑。

④ 可靠性：控制类及采集类应用，需要定位精准和数据精准，要求网络满足 99.9%以上的可靠性。

⑤ 移动性：要求网络具有移动性，无须重新架设管槽和布线。

⑥ 信息安全：要求数据传输采用双向认证，生产业务数据不出园区等。

目前美的采用"烟囱式"网络，有线网、Wi-Fi、小无线网（470Mbit/s、430Mbit/s 等）并存，网络种类繁多、标准不统一，存在的问题包括：有线网部署难，运维成本高，移动不方便；Wi-Fi 易受干扰，切换和覆盖能力不足；无线网干扰大，管理维护困难；缺乏强有力的数据保护机制，信息安全防护能力不足等。美的当前的网络无法满足智能化业务的要求，也难以解决下列多个方面的业务痛点。

① 生产设备远程监控：生产环境复杂，移动设备多，数据回传设备线路铺设难度大、成本高。

② 生产设备监控：系统要根据生产任务，配合产线频繁调整，有线组网复杂，工期长。

③ 生产设备远程控制：机械臂控制服务端与机械臂本地有线组网，本地实现机械臂控制，难以实现柔性组网、机械臂集中控制。

④ AGV 远程控制：工厂内的 AGV 使用 Wi-Fi 联网时，支持终端数量少，具有 AGV 掉线率高、网络建设和运维成本高等问题。

3．解决方案

为助力美的构建智慧工厂，打造大湾区 5G 智能制造典范，中国电信为美的提供基于中国电信 5G 移动网络的"5G+智慧工厂"整体解决方案，如图 11-7 所示。该方案通过部署 5G 宏基站、室分系统、MEC、控制切片和采集切片，实现园区、生产线实验室 5G 网络全覆盖，提供统一化、标准化的无线接入，实现高可靠、高性能数据传输，数据分流和关键数据不出园区。

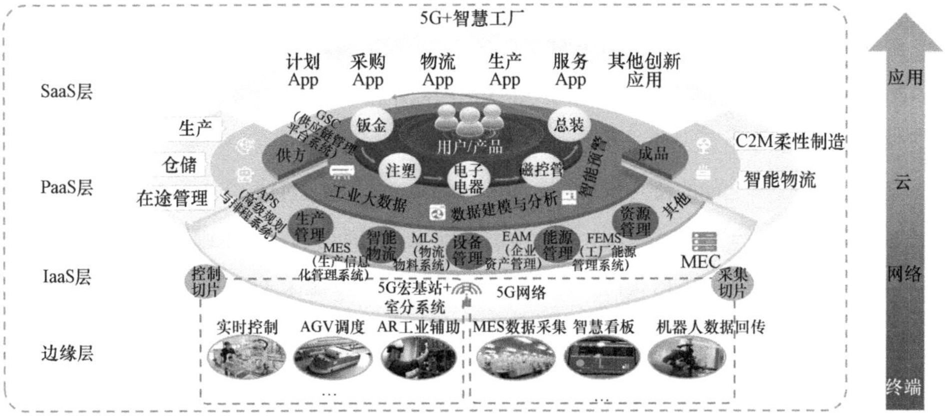

图 11-7　美的"5G+智慧工厂"整体解决方案示意图

（1）视频监控、5G 安防巡检、智慧看板和 MES 扫码

厂区内，安防监控设备、显示设备、生产扫描设备、巡检机器人以无线方式接入中国电信 5G 移动网络，采集的信息通过中国电信 MEC 进行分流，本地数据通过 5G 基站回传至美的数据中心，远程数据通过 5G 基站传输至 5G 核心网，如图 11-8 所示。

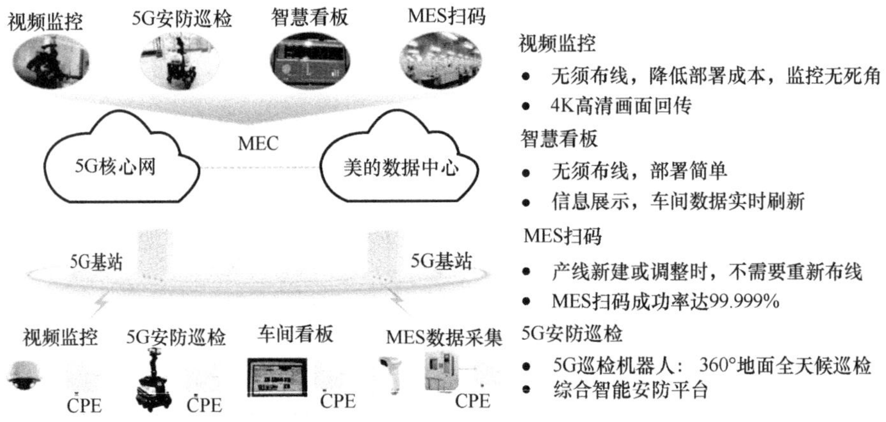

图 11-8　美的视频监控等业务解决方案示意图

（2）远程实时控制机器人

控制人员可通过中国电信 5G+MEC 边缘云远程实时控制生产区域内的机器人，如图 11-9 所示。

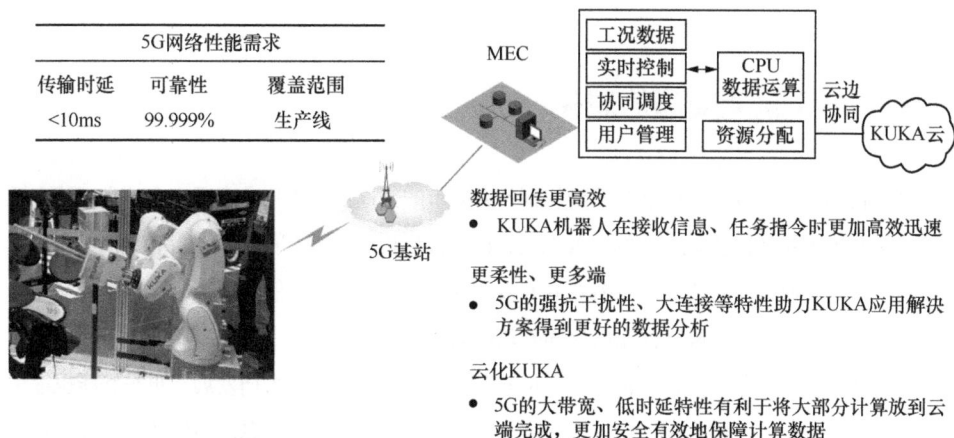

图 11-9　美的远程实时控制机器人业务解决方案示意图

（3）AR 工业辅助

中国电信 5G 上行增强技术为 AR 摄像头提供大带宽网络，避免 Wi-Fi 和布线带来的运维困扰，同时中国电信还通过 MEC 为视频 AI 处理提供集中算力支持，虚实结合指导一线操作人员，如图 11-10 所示。

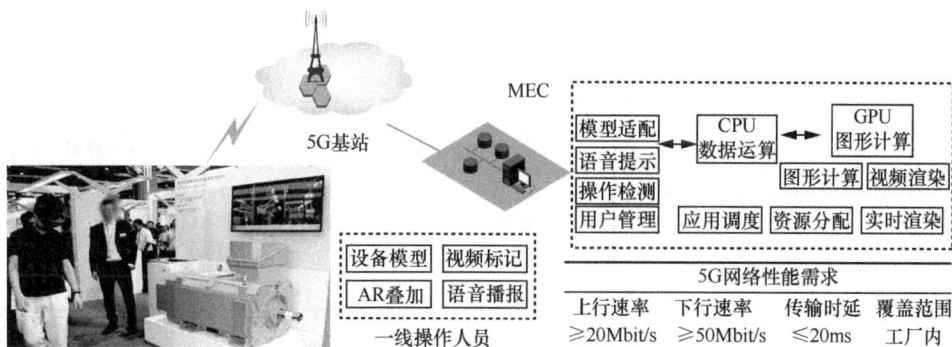

图 11-10　美的 AR 工业辅助业务解决方案示意图

5G 具有高速率、低时延、大容量的特性，可满足工业数据传递的实时性与稳定性要求，是工业互联网当前极为重要的创新支撑能力。5G 通信标准将满足工业通信的实时性、稳定性需求，带来工业技术的创新浪潮。

11.3 5G 交通应用创新及实践

11.3.1 5G 赋能交通信息化

城镇化和汽车普及进程的加快不断加剧各大城市的交通供需矛盾，交通安全、交通堵塞及环境污染成为困扰我国交通行业的三大难题，由此催生出庞大的智能交通产品市场[3]。未来几年，我国智能交通行业有望保持 20%左右的市场规模增速，主要智能交通产品包括综合交通协同服务、交通运输安全保障，而车路协同是其中的重点。

在交通产业的变革拐点期，传统汽车正逐渐向智能网联汽车的方向发展，单车智能也逐步向以多车智能为主的智能交通过渡。汽车将全面融入信息网，成为信息网中的传送单元。自动驾驶将会为智能网联汽车带来质的飞跃。自动驾驶目前主要在物流运输、配送、作业、载客四大领域中实现落地。德勤预计，到 2030 年，中国运营的自动驾驶汽车规模将达到 3000 万辆。

未来 5~10 年，出行即服务的理念将深入整个汽车市场。出行信息服务越来越关注用户的个性化需求与体验。电子支付与智能交通的结合，使出行服务与消费体验更加紧密地结合在一起。

智能交通的深化发展，将重塑人、车、路的格局，构成多维度协同的出行生态，以强大的计算力与海量的高价值数据为核心力量，真正"以人为本"的全智能交通终将实现。交通信息化发展现状及趋势如图 11-11 所示。

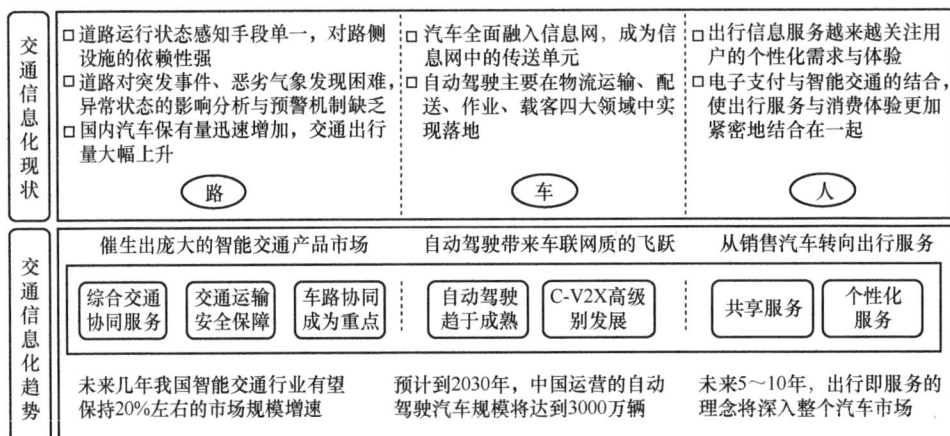

图 11-11 交通信息化发展现状及趋势

依托 5G 技术，交通运输行业的安全性、可靠性将不断提升，效率也将不断提高，大量的数据将在人、车、路、云平台间进行传输、处理和分析，进一步提速行业数字化转型发展，5G技术赋能交通信息化主要环节如图 11-12 所示。5G 采用 URLLC 技术时，传输时延可达 ms 级，为自动驾驶等应用场景的安全性提供了保障。现阶段主机厂商的自动驾驶核心功能仍主要依赖单车智能、本地传感和本地决策，对 5G 的主要期待是大带宽，如高精度地图下载，以及智能交通方面，如车路协同。从标准支持上来看，基于蜂窝网络的车联网已成为业界广泛关注的技术标准。目前国内的车联网以 LTE-V2X 为主要标准，同时针对 5G 的车联网标准 5G-V2X 也已经在 3GPP Rel-16 标准与 Rel-17 标准阶段制定完成。

自动驾驶	智能公路	出行服务
相比通信圈对5G的热情，主机厂商的态度相对冷静。现阶段核心功能仍主要依赖单车智能、本地传感和本地决策，对5G的主要期待是大带宽，如高精度地图下载，以及智能交通方面，如车路协同	5G技术构建人、车、路、云协同的智能交通体系，单车智能上移至路侧智能基站，交通管理云下沉至边缘云	基于5G+与共享经济的个人交通信息服务的提升

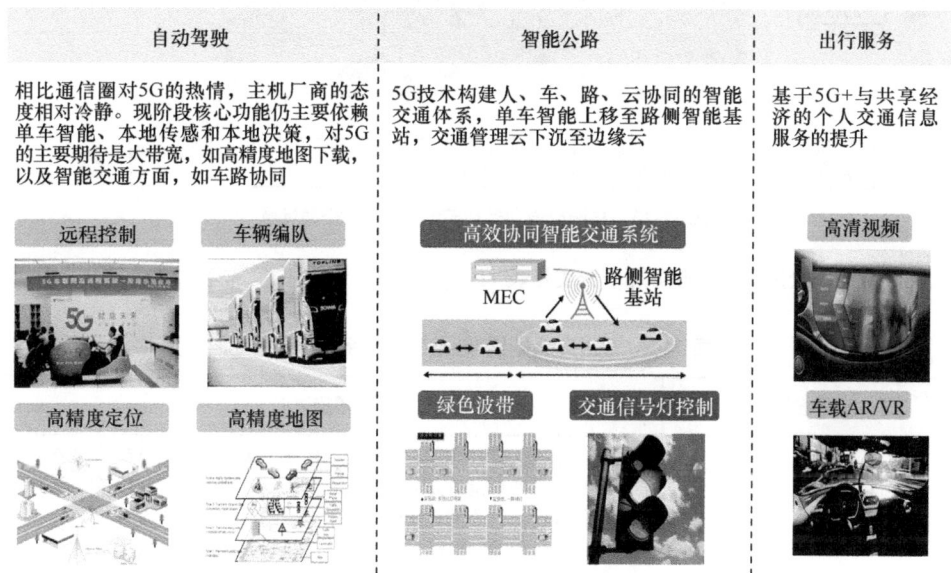

图 11-12　5G 技术赋能交通信息化主要环节

5G 采用 MMTC 技术支持大规模机器通信及数据传输，可以满足未来智能汽车中的大量传感器节点、交通基础设施、人类移动设备的通信需求，有望成为统一的智能交通通信系统。5G边缘云支持单车智能上移至路侧智能基站，交通管理云下沉至边缘云。

11.3.2　5G 交通应用场景及分析

5G 可以有效地满足 4 个关键交通场景的需求，如图 11-13 所示，其中 5G 在远程交通/监管指挥场景中采用 EMBB 技术，具体包括远程交通指挥、两客一危车辆的视频监控。5G 在港口/车站/机场等智能交通枢纽场景中采用 EMBB、URLLC、边缘云技术。5G 在企业交通服务的各种高级自动驾驶类应用场景中采用 EMBB、URLLC 技术、边缘云技术，如远程驾驶作业、长途货运汽车自动编队行驶。5G 在城市交通服务的应用场景中采用 EMBB、URLLC、边缘云、MMTC 等技术，场景包括 5G 智能交通、车路协同辅助自动驾驶、城市交通"大脑"和景点/园区巴士自动驾驶等。

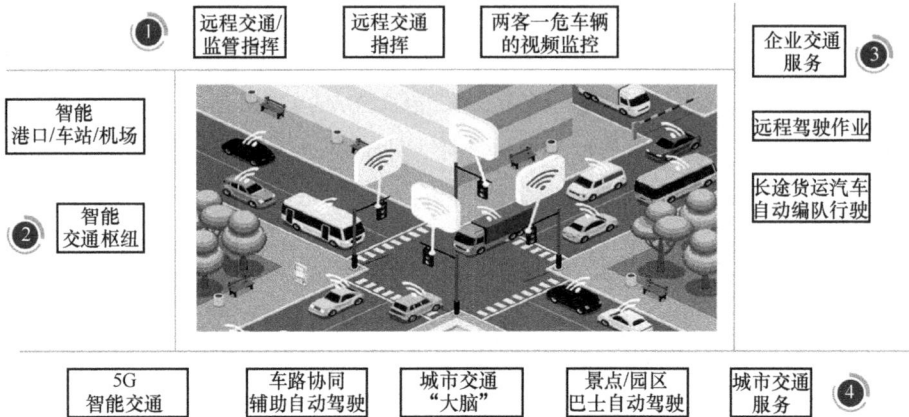

图 11-13　按照交通业务环节定义的 5G 交通场景

5G 交通场景按照交通业务环节分类见表 11-2。

表 11-2　5G 交通场景按照交通业务环节分类

场景名称	场景描述
智能交通枢纽：智能港口	满足自动化码头多种作业设备的控制信息、多路视频信息等的同步、可靠传输需求，实现港口无人驾驶，无人机安防巡检，智能岸桥、场桥的远程操作等业务，为港口智能化提供全新的通信解决方案 ① 5G 岸桥远程遥控操作：实现岸桥的视频回传和指令下发等功能，实现装卸员在室内远程操作岸桥 ② 5G 港口安防巡检机器人：安防巡检机器人搭载 4K 摄像头，将采集到的高清画面及环境数据实时回传至后端平台上进行分析处理，对港口的安全隐患进行告警 ③ 港口集装箱卡车自动驾驶：支撑集装箱卡车的自动/远程驾驶
城市交通服务：5G 智能交通	5G 智能交通（如 5G 智能公交）可为乘客提供高速移动网络环境，并可按客流自动调整车辆间隔，提供行业监管（位置视频回传、驾驶行为分析等）、效率提升（突发事件取证、社会车辆违章取证、主动安全预警等）和公众信息（景点视频信息推送、智能站台等）服务等
企业交通服务：远程驾驶作业	偏远地区、环境恶劣场所的工作场景下，人员操作挖掘机、运输车、矿用卡车等特种车辆时危险性大，成本高，采用远程操控的方式可以提高作业效率，保障作业人员安全
远程交通/监管指挥：远程交通指挥	交管部门指挥人员通过 5G 实时获取交管信息，当遇到突发事件时，通过 5G 远程下达指令，及时进行现场指挥

场景名称	场景描述
远程交通/监管指挥：远程交通指挥	① 交管部门指挥人员通过 5G 对道路临时故障点、道路维修点、危险路段等极易发生人员伤亡事故的地方进行交通监管，路边监控摄像机实时进行高清视频回传 ② 交管部门指挥人员通过 5G 对现场无人机上的摄像机进行远程实时操控，并通过无人机上的喊话器，对现场车辆驾驶人进行实时远程喊话，进行交通现场的协调、指挥，及时恢复道路畅通 ③ 交管部门指挥中心通过 5G 监测道路车流量的变化，快速做出应对措施，分散车辆，减少拥堵现象
城市交通服务：车路协同辅助自动驾驶	实现车端和路侧传感器采集的数据或实时视频数据在车辆、行人、路侧和云平台之间的共享，从而扩展车辆传感器的探测范围，降低驾驶风险，如重型卡车、大型巴士对小客车造成的严重视野盲区，交叉路口、弯道等车辆盲区 AR 导航将实时路况指引信息在车载显示场景中叠加显示，使人们可以更为直观地理解导航
城市交通服务：景点/园区巴士自动驾驶	在旅游景点、园区（包括园区间）、机场等人流量大、路线固定的地方发展 5G 自动驾驶业务，用于人员接驳，涉及无人巴士、摆渡车、通勤车等车辆
城市交通服务：城市交通"大脑"	实现对车辆信息、道路信息、城市管网信息、突发事件信息等交通观测数据的全量感知。城市交通"大脑"可基于高精度地图进行可视化表达，将交通量、交通组成、排队长度、行程时间等统一呈现
远程交通/监管指挥：两客一危车辆的视频监控	在车辆上安装高清摄像头，能够通过 5G 实时回传视频监管信息。比如针对两客一危车辆，通过 5G 车辆视频监管，能够满足实时监管需求，确保车辆行驶安全
企业交通服务：长途货运汽车自动编队行驶	将两辆及以上的车辆连接起来，以极小的车距尾随行驶的自动编队行驶状态。比如卡车或货车的自动编队行驶，排头的卡车作为头车，跟随的车通过 V2X 实时根据头车的变化而变化，从而降低司机的工作强度，节省燃油，提高货物运输效率

世界各国积极探索 5G 与交通的应用结合。韩国运营商在推动 5G 交通应用商用化进程方面较为积极。SKT 与宝马、爱立信开展合作，并于 2017 年年初完成 5G 自动驾驶业务测试，利用 5G 网络提升自动驾驶和车联网的安全性，并于 2018 年年底推出 5G 自动驾驶汽车，用户在智能手机上输入出发点和目的地，即可呼叫车辆，而无须前往停车场。2018 年 SKT 和首尔市政府开发基于 5G 的自动驾驶汽车地图，有 1700 辆公共汽车和出租车配备了通过 5G 网络实时更新的高精度地图。同时，SKT 还和仁川自由经济区签署了一项协议，开发基于 5G 的自动驾驶基础设施。SKT 于 2018 年年初提供了"5G 体验巴士"服务，用户在巴士上除了能体验 5G 高速网络，还能体验 VR 游戏、影音等体感型多媒体服务。

欧洲各国、美国、日本集中在试验阶段。沃达丰与华为合作完成 5G 远程驾驶测试，在基于预标准的 5G 网络中，通过全加密连接在伦敦 ExCel 国际会展中心远程遥控萨里大学校园内的汽车。Orange、爱立信与标致雪铁龙集团携手开展 5G 车联网试点项目——"驶向 5G"，合作重点是研究车对车和 V2X 通信架构，以及部署实时 ITS 和车联网服务所需的技术。Sprint 计划与纽约市政府合作，开发用于电动车充电的移动机器人，促进电动车在城市中的普及，以降低城市碳排放量，该计划已经在纽约拉瓜迪亚机场中试用。NTT DOCOMO、爱立信和 AGC 进行 5G 车联网测试。

中国的跟进速度较快，已有局部商用试点，中国电信在重庆建设 5G 自动驾驶应用示范公共服务平台，实现自动驾驶车辆在完全开放道路区域中的一阶段商业化运营；中国电信在雄安新区开展 5G 车路协同和无人驾驶测试；苏州电信开展"5G+无人驾驶"公共测试道路项目；广州电信联合珍宝公司推出 5G 智能公交试验。广东联通与景驰汽车合作，实现国内首个 5G 网络下 L4 无人驾驶应用，目前已在广州国际生物岛上开展首个开放道路下的无人车常态化运营。中国移动集团与中国华电、广汽集团签署战略合作协议，在 4G 车联网、5G 车载通信预研、基础通信服务和联合营销推广等方面深度合作；广东移动联合中兴通讯、广汽合作研发 5G 网联自动驾驶。

通过对广汽研究院、广汽丰田、比亚迪汽车、珍宝巴士、深圳妈湾港、深圳欢乐谷等企业调研发现，中国交通行业的 5G 需求重点集中在交通监管、自动驾驶环节，封闭园区内的自动驾驶需求明显，车路协同需求有特定条件。中国电信从市场需求出发，构建包括市场需求、经济价值、易实施、电信收益评估维度的 5G 行业场景影响指数，对 5G 交通的 9 个场景进行评估，将其分为 5G 交通核心应用、5G 交通增强应用和 5G 交通辅助应用，评估结果如图 11-14 所示。中国电信将聚焦 5G 交通核心应用整合能力，提供解决方案和实验室验证，为客户提供服务。

		市场需求	经济价值	易实施	电信收益	总分
5G交通核心应用	城市交通服务：5G智能公交	4	4	3	4	15
	智能交通枢纽：智能港口	4	4	3	3	14
5G交通增强应用	企业交通服务：远程驾驶作业	3	4	3	3	13
	远程交通/监管指挥：远程交通指挥	4	3	3	3	13
	城市交通服务：车路协同辅助自动驾驶	4	3	3	3	13
5G交通辅助应用	城市交通服务：城市交通"大脑"			3		11
	城市交通服务：景点/园区巴士自动驾驶			3		11
	远程交通/监管指挥：两客一危车辆的视频监控			3		10
	企业交通服务：长途货运汽车自动编队行驶			3		10

图 11-14　5G 交通场景评估结果

11.3.3 5G 交通应用案例剖析——珍宝巴士 5G 智能公交

1. 行业基本情况和生产特点

广州珍宝巴士有限公司成立于 1995 年 6 月,系中外合资经营企业,运营的公交线路覆盖广州市城区的交通要道。公司以广州市的城市经济建设"东进"方针为指引,对促进广州经济技术开发区、黄埔区的经济发展,沟通东部区域与市中心城区的往来起到重要的桥梁纽带作用。

2. 行业需求与短板

公交是城市公共交通的重要组成部分,随着智慧城市的发展,如何更好地服务民众,让每一个人的出行体验更好、出行更安全,是珍宝巴士公交信息化建设的重要目标和方向。

随着 5G 网络的建设、路侧边缘计算节点的部署,网络、算力与智能公交的结合正推动公交在高效调度、安全驾驶、乘客体验提升等多方面的改进。5G 智能公交为乘客带来了出行新体验,也满足了用户对公交智能化的部分需求。

3. 解决方案

中国电信和珍宝巴士通力合作,开通了全球第一条常规 5G 公交运营线路(广州公交 333 路短线)和 5G 智能公交车载大数据实时监管平台,将其作为 5G 技术在公交领域中的创新应用亮点,并以此打造 5G 智能公交解决方案。

(1)5G 人脸在线识别

乘客在羊城通 App 上注册账号并开通人脸识别支付乘车功能,公交车上的支付终端升级人脸识别功能,终端前端拍摄人脸,进行数据结构化处理,通过 5G 回传至支付平台,进行人脸比对,实现人脸识别支付乘车,5G 数据传输速率可达 10Gbit/s,人脸数据及支付数据传输可在 ms 级时间内完成。

采用机器视觉及深度学习技术,可实现对长者、幼儿等乘客群体的主动关怀提示,在公交车的上客门上安装基于深度学习的人体属性检测摄像机,实现乘客年龄段识别,联动语音提醒为老人、小孩让座。5G 人脸在线识别如图 11-15 所示。

(2)乘客体验 5G Wi-Fi 上网、实时观看 4K-IPTV 娱乐视频

乘客可以利用普通终端(手机、平板电脑)通过车上的 5G-CPE 连入 5G 网络,体验 5G 网络的高速率。IPTV(交互式网络电视)等的 4K 高清视频内容由 5G 网络承载传送,在公交车、

班车、旅游大巴、高铁等交通工具上实现移动高清视频点播，直播。画质清晰细腻，无缓存卡顿。高清视频业务的固移融合，使乘客可以通过移动终端随时随地体验电信 IPTV。

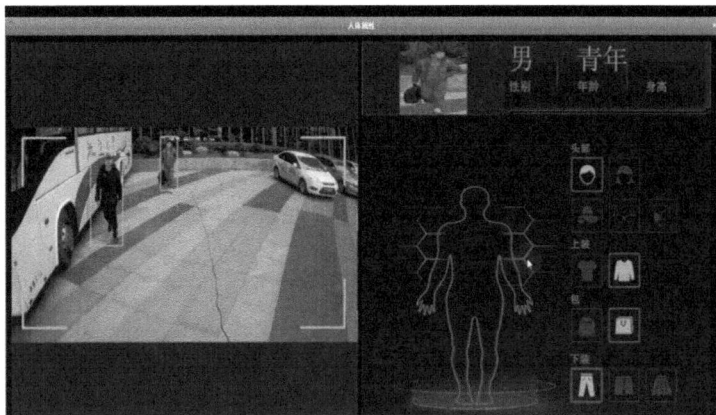

图 11-15　5G 人脸在线识别

（3）车路协同

随着车辆的行驶，巴士内的 LCD（液晶显示器）大屏根据车载智能信息服务终端接收的路侧节点信息，显示途经示范线路，如加速器、孵化器等园区的信息、招聘广告等，车辆感知到路侧节点发出的可变信息，如提示前方限速、拥堵或者充电桩空闲信息。

（4）安全辅助驾驶

在行驶过程中，平板电脑上的司机交互信息切换为安全辅助驾驶信息，平板电脑显示公交车 360°全景画面、叠加前向 ADAS（高级驾驶辅助系统）防碰撞信息。车辆进站时，360°全景画面自动侧重显示站台上乘客的上下车信息，保证视线遮挡区域内上下车乘客的安全。

此外，该解决方案还可实现司机驾驶信息（如司机疲劳驾驶、手离方向盘信息）预警，车辆还能与行驶路侧信息（如交通信号灯状态等信息）互动。

11.4　5G 警务应用创新及实践

11.4.1　5G 赋能警务信息化

警务信息化，是指在警务活动的各个环节中，充分利用现代信息技术、信息资源和环境，建立信息应用系统，实现信息采集、流转、传输，同时利用信息资源优化配置，不断提高公安工作效率和水平。

我国警务信息化经历了 4 个发展阶段，即数字化警务（2005 年以前）、网络化警务（2006—2012 年）、合成化警务（2013—2017 年）和智能化警务（2018 年至今），如图 11-16 所示。

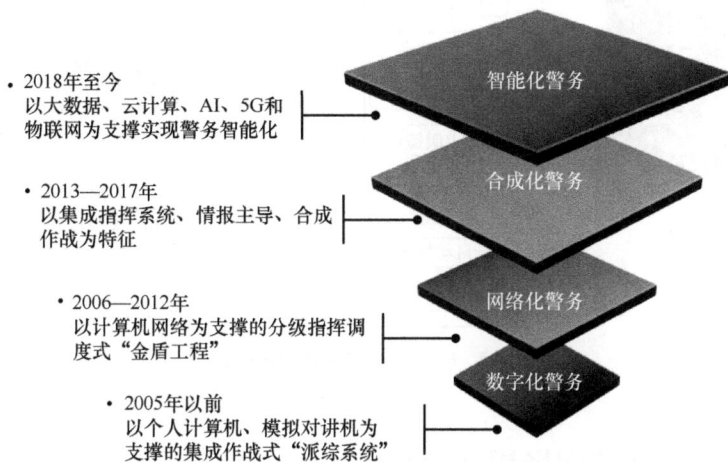

- 2018年至今
以大数据、云计算、AI、5G和物联网为支撑实现警务智能化

- 2013—2017年
以集成指挥系统、情报主导、合成作战为特征

- 2006—2012年
以计算机网络为支撑的分级指挥调度式"金盾工程"

- 2005年以前
以个人计算机、模拟对讲机为支撑的集成作战式"派综系统"

智能化警务
合成化警务
网络化警务
数字化警务

图 11-16 我国警务信息化发展阶段

我国高度重视警务信息化，经过多年建设，警务信息化体系初步成形。视频监控覆盖范围极广，基本实现全国范围内公开区域、主要道路节点、重点单位和要害部位的高清视频监控覆盖；视频图像信息综合应用平台投入使用，一类监控点视频监控摄像机联网率达 92.5%。与此同时，移动警务应用也初步成形。

2018 年部分省市开始试水智能化警务建设，我国智能化警务体系呈现出基础网络全覆盖、终端应用体系化和技术侦查措施智能化等发展趋势。

当前，我国警务运行模式正在向智能化阶段迈进，而警务智能化的关键在于移动警务的智能化，基于广覆盖、高速率、低时延的 5G 网络，以提升公安机关核心战斗力为主要目标，并以大数据、云计算、AI 和物联网等相关技术为支撑，逐步形成 5G 赋能移动警务信息化下的警务新机制、新模式，进而实现具有系统化、智能化、扁平化、精准化、动态化、人性化特征的"智慧公安"，提升公安信息化、智能化、现代化水平，推动公安工作跨越式发展。

具体而言，5G 赋能移动警务信息化，以基础网络全覆盖、终端应用体系化和技术侦查措施智能化 3 个维度为重要抓手，如图 11-17 所示。

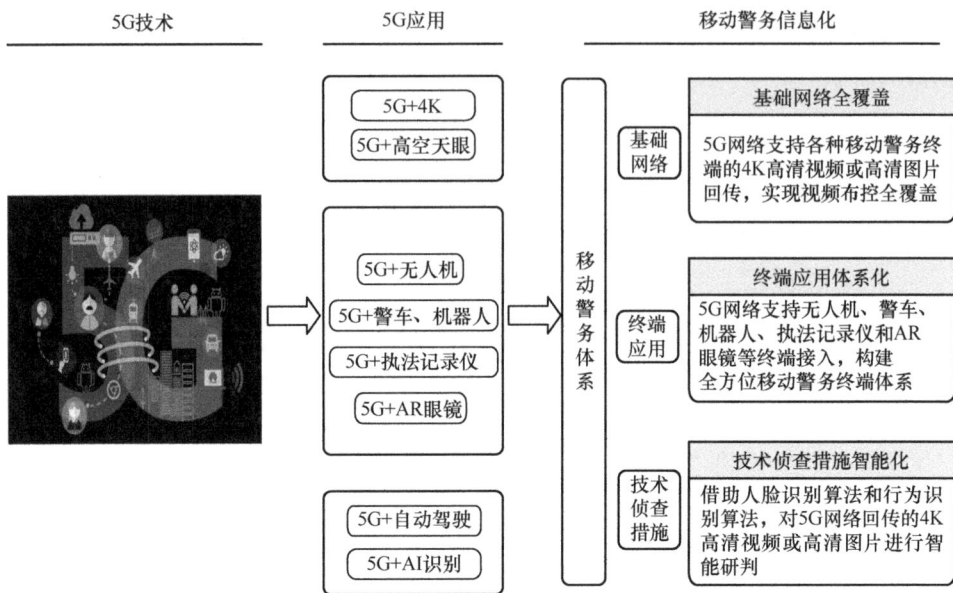

图 11-17　5G 为移动警务信息化赋能

11.4.2　5G 警务应用场景及分析

5G 赋能移动警务信息化应用场景根据基础网络全覆盖、终端应用体系化和技术侦查措施智能化 3 个维度进行划分，主要应用场景包括热点区域持续监控、交通治理监控、指挥通信、治安立体巡防、执法记录、重大赛会保障、警务训练和防爆防恐等，如图 11-18 所示。

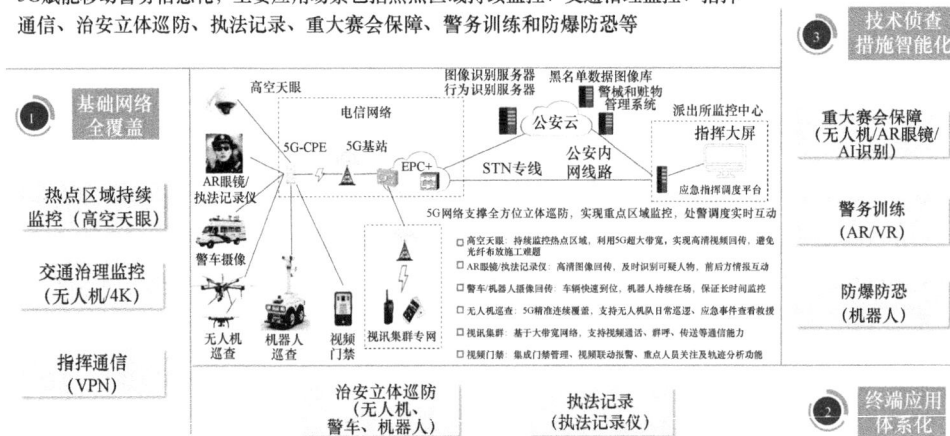

图 11-18　按警务业务流程定义的 5G 警务场景

5G 警务场景按照不同维度分类见表 11-3，主要描述如下。

表 11-3   5G 警务场景按照不同维度分类

重点场景分类	场景名称	场景描述
基础网络全覆盖	热点区域持续监控	利用已有的路灯灯杆加装视频监控摄像头，快速建网，避免光纤布放施工难题
	交通治理监控	利用无人机开展交通事故快速处理、高空交通流量监控和交通违法行为监控
	指挥通信	5G 移动高清视频多方通话指挥调度系统和无线通信 VPN
终端应用体系化	治安立体巡防	利用无人机、警车、机器人打造一体化治安立体巡防体系
	执法记录	利用 5G 执法记录仪，搭载后端 AI 平台，进行摄影、照相、录音和高清图像回传、语音对讲，从而便于远程指挥和调度
技术侦查措施智能化	重大赛会保障	配备超清全景相机的无人机对赛会场馆内外区域进行高空视频采集，地面安保执勤民警借助 AR 眼镜/执法记录仪开展工作，赛会安检对入场人员进行人脸识别
	警务训练	基于 5G+AR 的增强现实警务训练，满足警务人员在固定区域内的移动训练要求
	防爆防恐	5G 控制防爆机器人进行危险环境中的作业

中国电信从市场需求出发，构建包括市场需求、经济价值、易实施、电信收益评估维度的 5G 行业场景影响指数，依据中国电信行业积累和实施数据，对 8 个 5G 警务场景进行评估，将其分为基础网络全覆盖、终端应用体系化和技术侦查措施智能化 3 个维度，评估结果如图 11-19 所示。中国电信将聚焦 5G 警务核心应用整合能力，提供解决方案，为客户提供服务。

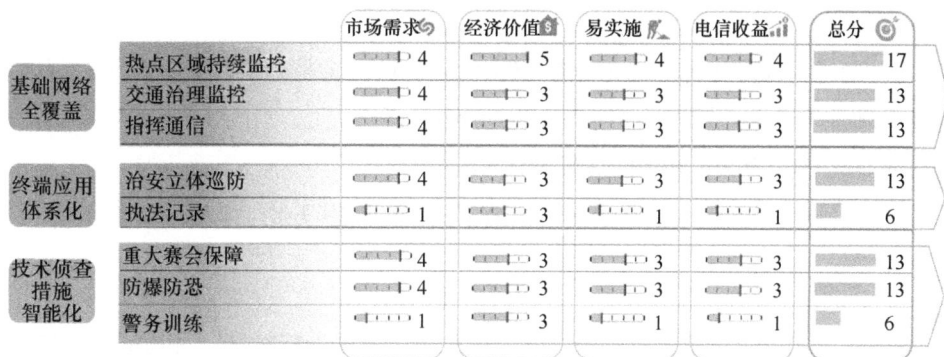

图 11-19   5G 警务场景评估结果

11.4.3 5G 警务应用案例剖析——广州天河公安

1．行业基本情况和生产特点

广州天河 CBD（广州天河中央商务区）由天河北、珠江新城、广州国际金融城三大板块组成，占地面积达 20km^2，是我国三大国家级中央商务区之一，也是世界商务区联盟成员。

① 领事馆数量众多：猎德派出所辖区地处广州天河 CBD，猎德派出所是全国辖内领事馆数量最多的派出所，其辖内领事馆数量占全国领事馆数量的 16%。

② 总部经济发达：广州天河 CBD 拥有 13 家跨国企业总部，3 家世界 500 强企业的总部，以及 140 家世界 500 强企业设立的 184 家项目机构。

③ 高层建筑密集：广州天河 CBD 是中国 300m 以上摩天建筑最密集的地方，高层建筑达 194 栋，超高层建筑达 44 栋。

④ 安保任务繁重：广州天河 CBD 的核心区域——花城广场的占地面积为 56 万平方米，拥有 25 个开放式出入口，是全国十大城市广场之一。花城广场作为广州的"城市客厅"，一年举办 200 多场大型活动，年人流量超 1000 万，安保、防控任务繁重。

2．行业需求与短板

地处广州天河 CBD 的广州市公安局天河区分局猎德派出所是广东省安保任务最重的派出所，猎德派出所期望融合 5G 与 AI 技术，强化人防、物防、技防措施，打造城市核心区域空地全方位一体巡防体系。

① 以花城广场为安保重点，在马拉松、花市、灯光节等重大活动举办期间开展高空巡逻，做到平安不出事。

② 在现有一线警力资源配置下，强化治安复杂区域信息的采集能力与加大警力巡查力度，最大限度提高警务的实战效能，挤压违法犯罪空间。

③ 日常巡护工作为市民带来更精准的治安保障体验。

④ 提升警务工作效率，提升社会治安治理智能化和专业化水平，推动警务流程再造。

3．解决方案

为助力猎德派出所提升治安治理水平，打造大湾区 5G 智能警务典范，中国电信为猎德派出所提供基于中国电信 5G 移动网络的"5G+智慧警务"整体化解决方案。方案通过部署 5G 基站实现辖区内全覆盖，基于"5G+智能执法终端+高清视频实时回传+AI 识别"的方式实现全方位一体化巡防体系，如图 11-20 所示。

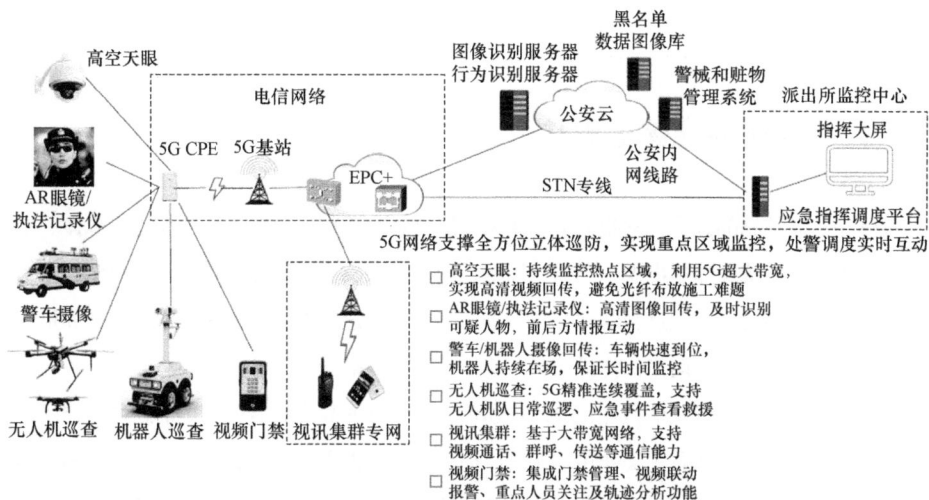

图 11-20 广州天河公安 5G+警务整体解决方案示意图

（1）5G"立体布防"

在辖区内的人流密集区域中布放"高空天眼"高清视频监控，一旦发生异常情况，"高空天眼"拍摄的高清视频会通过中国电信大宽带、低时延的 5G 网络实时传送到天河区的 5G 智能新警务平台上。在平台判断出异常情况时，会同时触发报警，并报告公安系统有关指挥中心。指挥中心调用搭载了 4K 高清摄像头的无人机和巡逻机器人快速到达现场，抵近观察，回传现场视频。指挥中心根据视频回传情况，实现数据多方共享，快速组织多警种协同执行任务。

（2）5G"快速抓捕"

无人机与警用摩托车依托 5G 网络信号跟踪追捕，将现场作战时的高清视频实时回传至情报中心，即便犯罪嫌疑人混入人群，警察只要戴上连接 5G 网络的 AR 眼镜，完成工作现场拍摄犯罪嫌疑人的照片，并将照片上传到云端，系统自动匹配人脸库，查询犯罪嫌疑人的个人信息，以追踪他们的位置。

（3）5G"城市低空巡防"

在花城广场举办马拉松、花市、灯光节等重大活动期间，配置 4K 视频监控的"城市低空巡防"无人机开展空中巡逻，通过 5G 网络实时将相关数据、信息回传至警务控制平台，打造城市核心区域空地全方位一体巡防。

11.5　5G 媒体应用创新及实践

11.5.1　5G 赋能媒体信息化

媒体指传播信息的媒介，它指人借助用来传递信息与获取信息的工具、渠道、载体、中介物或技术手段。传统媒体指电视、广播、报纸、周刊（杂志）。新媒体是一个相对概念，指利用数字技术和网络技术，通过互联网、宽带局域网、无线通信网、卫星等渠道，及计算机、手机、数字电视机等终端，向用户提供信息和娱乐服务的传播形态。

以信息传播为核心的媒体行业，与信息通信有着天然的高度契合关系。信息通信技术的进步，对媒体行业的革新起着关键作用。无线广播的出现，催生了广播和电视；互联网和移动互联网的发展，激发了以流媒体为特征的各种新媒体的爆发式增长；而 5G 网络和技术的出现，将进一步推动新媒体类业务的变革，大带宽和边缘云可以支持海量超高清视频的传输及 AR/VR 等新媒介的应用，利用新媒介搭载的业务也将成为未来的基础业务。媒体行业发展现状及媒体信息化发展趋势如图 11-21 所示。

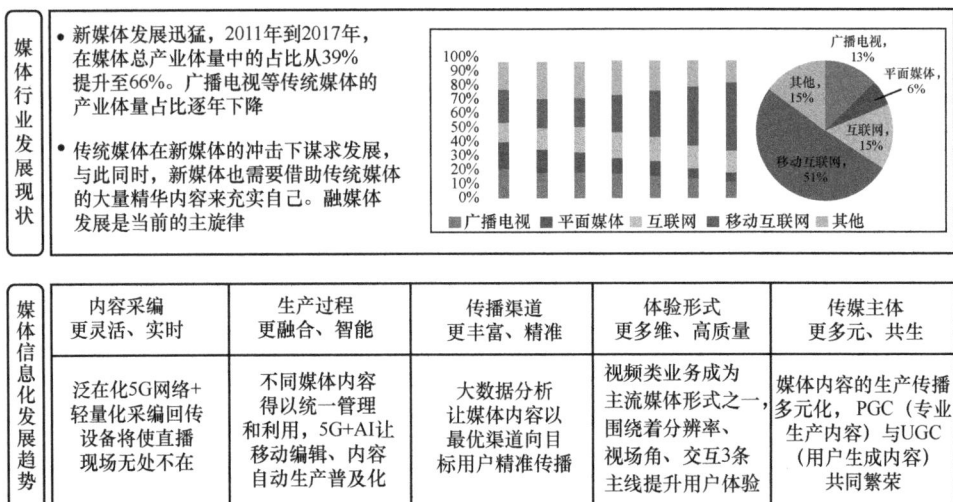

媒体行业发展现状	• 新媒体发展迅猛，2011年到2017年，在媒体总产业体量中的占比从39%提升至66%。广播电视等传统媒体的产业体量占比逐年下降 • 传统媒体在新媒体的冲击下谋求发展，与此同时，新媒体也需要借助传统媒体的大量精华内容来充实自己。融媒体发展是当前的主旋律				
媒体信息化发展趋势	内容采编 更灵活、实时	生产过程 更融合、智能	传播渠道 更丰富、精准	体验形式 更多维、高质量	传媒主体 更多元、共生
	泛在化5G网络+轻量化采编回传设备将使直播现场无处不在	不同媒体内容得以统一管理和利用，5G+AI让移动编辑、内容自动生产普及化	大数据分析让媒体内容以最优渠道向目标用户精准传播	视频类业务成为主流媒体形式之一，围绕着分辨率、视场角、交互3条主线提升用户体验	媒体内容的生产传播多元化，PGC（专业生产内容）与UGC（用户生成内容）共同繁荣

图 11-21　媒体行业发展现状及媒体信息化发展趋势

近年来传媒行业快速发展，年复合增长率达到 14.2%，产业体量已经达到 1.9 万亿元。广播电视等传统媒体产业体量在传媒总产业体量中的占比从 2011 年起逐步下降，已低至 19%。新媒体（以互联网及移动互联网为支撑的媒体平台）业在传媒总产业体量中的占比从 39% 提升至 66%。传统媒体在新媒体的冲击下谋求发展，与此同时，新媒体也需要借助传统媒体的大量精华内容来充实自己。所以，媒体的发展趋势是不断融合、不断创新、不断变化[4]。

当前，媒体行业的发展趋势呈现以下特征，对通信技术提出了新的需求，具体如下。

（1）媒体视频化，视频趋向超高清、沉浸式和互动体验

视频类业务成为主流媒体形式之一，围绕着分辨率、视场角、交互 3 条主线提升用户体验。视频、图像分辨率将由 2K 发展到 4K、8K，传输带宽需求从 10Mbit/s 增加到 40Mbit/s，再到 100Mbit/s；视场角由单一平面视角向 VR 和自由视角发展，对通信网络的带宽和时延提出了更高的要求；交互类业务的发展也对通信网络的时延提出了更高的要求。

（2）内容采编趋向轻量灵活、实时互动

超高清视频直播需求激增，无论是重大事件、突发性新闻事件、赛事演出的直播，还是 UGC 模式下的网络直播，随时随地、全民参与成为趋势。专线、卫星、微波等传统回传方式设备庞大、调试复杂、成本高，难以快速响应高清直播需求，泛在化 5G 网络+轻量化采编回传设备将使直播现场无处不在。

（3）内容制作融合化、智能化

随着融媒体的发展，不同媒体内容之间的界限将被打破，内容孤岛将被打通，内容的管理和利用效率大大提升。在 5G、云计算和 AI 的加持下，远程移动编辑、内容自动生产和超高清内容制作更为简单易用，令融媒体的生产过程更高效、更智能。

（4）传媒主体多元化

以互联网为依托的新媒体，继承了平等开放、共享共治的互联网理念，放大了个体价值，个人不仅是信息的被动接收端，更是信息的主动输出端。媒体内容的生产传播多元化，PGC 与 UGC 共同繁荣，也激发了对泛在高速的 5G 网络、融合智能的媒体平台的更高要求。

（5）传播目标精准化

随着目标客户的个性化程度不断提升，媒体行业需要更精准的定向传播。5G 技术能够大大提升社会整体的数据获取能力和处理分析能力，并获得更丰富的数据，使媒体内容能够通过大数据找到匹配的用户，从而向用户发送与用户需求相关的内容。

5G 将全面赋能媒体行业发展。利用泛在高速的 5G 网络，不仅可实现超高清视频直播，还能让 AR/VR 等对画质、时延、互动能力要求较高的应用获得长足发展。5G 网络、云平台和 AI 技术可全面促进融媒体发展，让内容采编更灵活、实时，生产更高效、智能，传播渠道更丰富、精准，体验形式更多维、体验更高质量，让传媒主体更多元、共生。5G 技术赋能媒体信息化如图 11-22 所示。

融媒体

5G的高带宽、低时延特性将得以统一管理和利用，5G+AI让视频类媒体图像分辨率将由高清发展到4K、8K

内容采集

通过智能采集设备、实时采集内容素材，通过5G网络上传至云采编平台上

移动编辑

不同媒体内容统一管理和利用，媒体记者可随时随地访问融媒体平台实现移动编辑

内容发布

AI审核机器人实时审核海量信息，监控舆情，通过大数据AI分析，向目标用户发布内容

智能生产

AI写稿机器人能对新闻事件数据进行加工处理，按预设模板自动创建内容

云AR/VR

5G的高带宽、低时延特性将助力云AR/VR应用实用化、带来极致的沉浸式互动体验

云VR直播

云游戏

降低终端门槛

5G助力云端完成渲染计算，实现轻量化终端

场景更灵活

5G终端实现终端无线化、移动化

极致视觉体验

提供高清晰度、低时延的极致视觉体验

创新互动玩法

云端互动为创新玩法提供更大的灵活性

统一安全管理

云端统一架构，版权、安全认证统一管理

超高清视频

5G的到来可以为媒体提供更清晰的视频体验，视频类媒体图像分辨率将由高清发展到4K、8K

HD Full 1920×1080	4K 3840×2160	5K 5120×2160	8K 7680×4320

超高清视频业务对数据流量提出高要求：

1080P / 4K / 8K

10Mbit/s 20Mbit/s 30Mbit/s 40Mbit/s 50Mbit/s 60Mbit/s 70Mbit/s

图 11-22 5G 技术赋能媒体信息化

11.5.2　5G 媒体应用场景及分析

5G 可以有效地支撑 4 个关键媒体场景,如图 11-23 所示。5G 在视频直播场景中采用 EMBB 技术,支持的具体场景包括超高清视频直播、VR 赛事直播、5G+背包直播;5G 在云 AR/VR 应用场景中采用 EMBB、URLLC 技术,支持的具体场景包括 VR 游戏、VR 社交;5G 在融媒体场景中采用 EMBB 技术,支持的具体场景包括 5G+云平台采编、广告推送;5G 在个人 UGC 场景中采用 EMBB 技术,支持的具体场景包括 5G+互动直播。

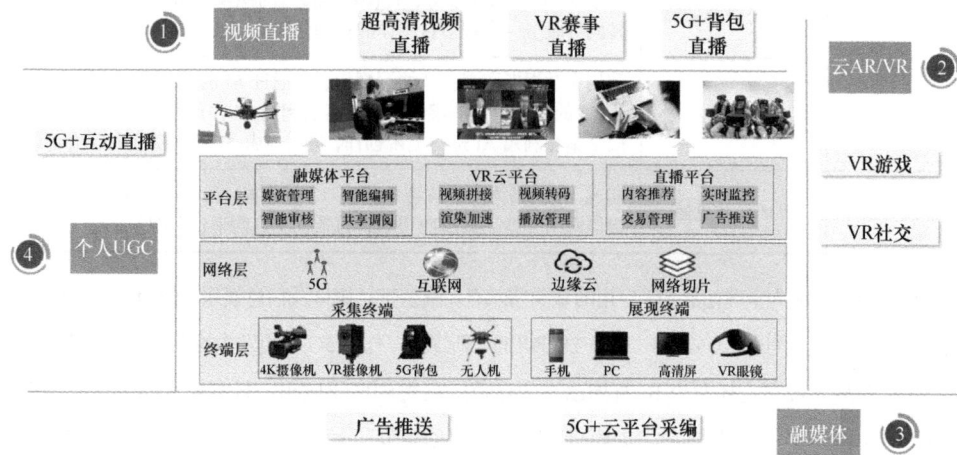

图 11-23　按媒体业务流程定义的 5G 媒体场景

5G 媒体的 4 类应用场景见表 11-4。

表 11-4　5G 媒体应用场景

场景分类	场景名称	场景说明
视频直播	超高清视频直播	替代传统卫星、专线等直播方式,通过 5G 网络快速搭建超高清视频直播环境,实现实时同步、可互动的超高清视频直播。典型应用场景包括体育赛事、演唱会、重大会议等的直播
	VR 赛事直播	基于 VR 全景摄像设备及 5G 网络提供 VR 视频直播服务,用户可以自主选择观看角度与内容,更有真实感、沉浸感。典型应用场景包括体育赛事、文艺演出的 VR 直播等
	5G+背包直播	5G+背包包括一个 5G-CPE 终端、超高清摄影机和编码器,通过 5G 网络将视频流实时传送到演播导控室中,能够轻松实现直播,摆脱有线连接的束缚。典型应用场景包括抗震抢险救灾、突发新闻事件、随领导人出访、户外真人秀节目、车展等

续表

场景分类	场景名称	场景说明
云 AR/VR	VR 游戏	VR 游戏给用户提供了一个沉浸式全方位游戏场景，用户直接使用自己的眼睛观察游戏世界，感觉自己是在真实的世界中进行操作，真正游走于虚拟与现实之间
	VR 社交	在 VR 社交应用中，用户可以像在真实生活中一样与好友互动，包括语言互动和肢体互动，而且借助虚拟技术，可任意选择见面的场景，如国家森林公园、游乐场等
融媒体	5G+云平台采编	通过 5G 媒体云网服务，提供远程接入的视频采编、剪辑、渲染、转码等服务，实现节目制作的移动化
	广告推送	利用大数据抓取消费者的深度信息，通过 AI 的自我学习能力和基于 AI 的演进算法洞察消费者，然后利用 AI 去创作，如利用 AI 生成文案和利用 AI 进行艺术创作，最后经由 AI 媒介精准推送给受众
个人 UGC	5G+互动直播	通过 5G 网络为超高清视频直播、VR 直播、互动直播等 UGC 服务提供网络支持。典型应用场景包括社交直播平台、网购平台

媒体行业已成为全球拓展 5G 应用的重要切入点。欧盟把"媒体及信息娱乐"作为 5G 应用的八大垂直行业之一。我国 IMT-2020（5G）推进组把"新媒体"作为 5G 应用发力的重点垂直行业之一。

5G 超高清视频直播及 VR 直播已在全球范围内得到广泛应用。日本最大的运营商 NTT DOCOMO 在 2017 年的日本最大规模舞蹈节"新潟总舞节"上，使用 360° 8K VR 直播视频分发和观看系统，并于 2020 年对东京奥运会和残奥会进行 VR 直播。韩国 KT 在 2018 年平昌冬奥会上，利用 5G 推出 360°全景 VR、同步观赛、时间切片等典型实感技术，用户可选择从不同角度观看赛事，可随意回看赛事精彩瞬间。英国 BT 推出 360° VR 频道，播放 5G VR 体育赛事。2019 年两会期间，我国三大运营商均完成了两会现场的 5G 高清视频直播和新闻采访。

在融媒体方面，中央广播电视总台于 2019 年 5 月成立了央视频融媒体发展有限公司，致力打造央视 5G 融媒体平台。2019 年 7 月，四川电信与四川广电、华为共同签署"熊猫云——县级融媒体中心省级技术平台"建设战略合作协议，共同打造集内容生产、信息汇聚和内容分发、内容管控、内容服务于一体的互联互通、跨界互动、智能融合、安全可信的新媒体云平台。

在 VR 游戏方面，爱立信与 Verizon 合作搭建 5G 超级橄榄球赛事，运动员佩戴加装摄像头及一部 VR 设备的特殊橄榄球头盔，完全通过 VR 装置来进行橄榄球运动，观众还可通过 VR 设备观看比赛。2018 年 11 月，KT 在娱乐服务 GiGA Live TV 上推出 VR 游戏 Pico。

在 VR 社交方面，2018 年 10 月，SK Telecom 推出 VR 社交应用 Oksusu Social VR，允许用户在同一社交 VR 空间内观看体育比赛、电影或电视等内容，为用户带来更为沉浸式的观看体验。SK

Telecom 在 2019 年将 Oksusu Social VR 商业化，并扩大平台在商业、广告、娱乐等行业中的使用范围。

国内运营商在 5G 媒体应用方面已经取得大量成果。中国移动与中央广播电视总台合建实验室，开展 4K 内容制作+4K 超高清频道建设+内容分发渠道的合作；咪咕公司与 CBA 达成合作，通过真 4K 技术，让广大球迷体验到 AI 直播剪辑、多视角观赛、多屏同看、50 帧原画直播等功能；中国联通联合中央广播电视总台、华为公司在春节联欢晚会会场完成 5G 网络 VR 实时制作传输；中国联通与首钢合作，在其展示厅成功呈现全球首次 "5G+VR" 冰球全景观赛；中国电信支持央视多次完成春节联欢晚会、两会等的 5G+4K 超高清视频直播，并参与中央广播电视总台与三大运营商共建的我国第一个基于 5G 技术的国家级新媒体平台。

中国电信通过对广东电视台、全影汇公司、YY 直播、广州天河体育中心、深圳欢乐谷、珍宝巴士等企业调研发现，媒体行业 5G 需求重点集中在超高清视频直播、5G+背包直播，5G+云平台采编、5G+互动直播、VR 赛事直播需求，VR 游戏、VR 社交、广告推送需要相关产业链的成熟。中国电信从市场需求出发，构建包括市场需求、经济价值、易实施、电信收益评估维度的 5G 行业场景影响指数，依据中国电信行业积累和实施数据，对 5G 的 8 个媒体场景进行评估，将其分为 5G 媒体核心应用、5G 媒体重点应用和 5G 媒体一般应用，评估结果如图 11-24 所示。中国电信将聚焦 5G 媒体核心应用整合能力，提供解决方案和实验室验证，为客户提供服务。

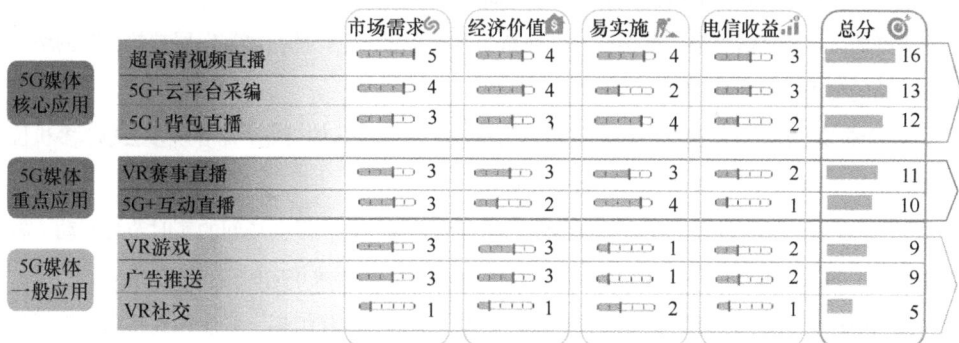

		市场需求	经济价值	易实施	电信收益	总分
5G媒体核心应用	超高清视频直播	5	4	4	3	16
	5G+云平台采编	4	4	2	3	13
	5G+背包直播	3	3	4	2	12
5G媒体重点应用	VR赛事直播	3	3	2	3	11
	5G+互动直播	4	2	3	1	10
5G媒体一般应用	VR游戏	3	2	1	3	9
	广告推送	3	2	2	2	9
	VR社交	1	1	2	1	5

图 11-24　5G 媒体场景评估结果

11.5.3　5G 媒体应用案例剖析——央视春晚

1．行业基本情况和生产特点

中央广播电视总台春节联欢晚会（以下简称"春晚"）是中央广播电视总台在每年除夕之夜为了庆祝农历新年而开办的综合性文艺晚会，正式创办于 1983 年，是全球华人合家团聚喜迎春节的保留节目，也是全国收视率最高、最具影响力的综艺节目，观众规模庞大。

春晚在制作和传播方式上，以现场直播为基本手段，采用 EFP（电子现场节目制作）和 ESP（电子演播室制作），多机拍摄，现场切换，同期录音。现场直播实现了拍摄与播出的同时性，强化了"此刻"的概念，增强了观众的现场感和参与感。多机拍摄、导播现场切换，通过不同机位，丰富了画面表达，向屏幕前的观众展示各个表演层面。

40 多年来，春晚与时俱进，不断创新。1996 年，首次实现多会场同步直播。2013 年，推出网络直播，并联合微信、支付宝分别推出摇一摇红包、咻一咻红包等新玩法。2017 年与微博在视频直播、内容互动、社交游戏等多领域展开深入合作。2019 年，首次实现 4K 高清直播，并与快手合作，跨界短视频自媒体领域。

2．行业需求与短板

新媒体的迅猛发展，观众越来越多的文娱需求，对春晚提出了更高的要求。相比 2K 高清，4K 超高清直播能更好地展现春晚的大场面制作，细腻真实的画面为观众带来更强的临场感。多场景、多机位的灵活切换，可以展现多维视角，体现更多细节。丰富的实时互动节目，可以调动更广泛观众群体的密切关注和热情参与。与新媒体的融合，为观众观看直播提供了更多样的渠道，也拓展了春晚的版权渗透，扩大了春晚的影响力。

春晚的 4K 超高清直播、多会场与多视角、实时互动、融媒体拓展等发展趋势，对网络传输提出新的要求，具体如下。

① 大带宽：单路 4K 超高清视频的流畅传输需要 50Mbit/s 的带宽，而春晚多会场、多机位的 4K 超高清视频传输，总带宽需求高达数 Gbit/s。

② 低时延：多路图像信号的实时传输、加工和导播切换，多会场间的实时节目互动，融媒体平台上的在线编辑，都对时延提出了更高的要求，一般要求单向时延低于 50ms。

③ 移动性：现场机位的灵活布置，媒体制作人的远程制作编辑，观众通过移动终端享受超高清直播，都需要基于连接的移动性。

传统的直播传输手段，如卫星传输、微波传输、有线传输等，价格高昂，设备庞大复杂，安装调试周期长，带宽受限，时延大，无法满足 4K 超高清直播需求。

3．解决方案

作为央视 5G 新媒体应用的合作伙伴，中国电信为春晚 5G+4K 超高清直播提供端到端整体解决方案，如图 11-25 所示，通过整合中国电信 5G 网络、边缘计算、网络切片、云计算等能力优势，提供现场 4K 超高清信号采编制作、融媒体平台内容分发及用户端多屏观看直播的全程服务。

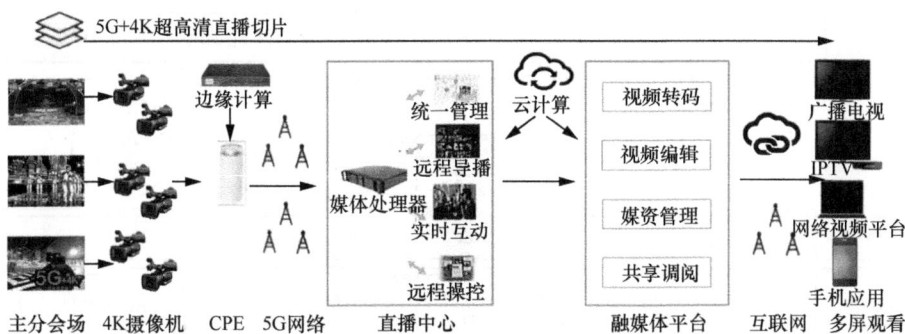

图 11-25 春晚 5G+4K 超高清直播解决方案

如图 11-25 所示，春晚主分会场多路 4K 摄像机采集的超高清信号通过 CPE 连接 5G 网络，传送至北京直播中心，实时进行节目编辑制作，然后把直播内容传至央视融媒体平台完成视频转码、视频编辑、媒资管理和共享调阅，观众可通过广播电视、IPTV、网络视频平台、手机应用等多种渠道实时观看 4K 超高清直播节目。

为了保障直播任务的万无一失，中国电信开通专用的 5G 网络切片，并制定了双核心网、双路由、双节点、双基站、双终端的"双路端到端"技术方案，在短短几天内完成了 5G 直播网络的建设和调测工作，传送效果超过央视的指标要求。

11.6 5G 医疗应用创新及实践

11.6.1 5G 赋能医疗信息化

医疗信息化，即医疗服务的数字化、网络化、信息化等，指通过现代电子技术、计算机技术、网络技术、通信技术、数据库技术等信息化手段，为各医院之间及医院所属各部门之间提供病人信息和管理信息的收集、存储、处理、提取和数据交换功能，并满足所有授权用户的功能需求，由之带来更高的效率、服务质量、用户满意度和核心竞争力。

我国医疗信息化发展阶段如图 11-26 所示，医疗信息化 1.0 经历了 3 个发展阶段，即 HIS（医院信息系统）阶段、CIS（临床信息系统）阶段、GMIS（区域公共医疗信息系统）阶段[5]。随着信息技术及远程医疗技术的发展，我国医疗信息化进入 2.0——医疗智能化阶段。

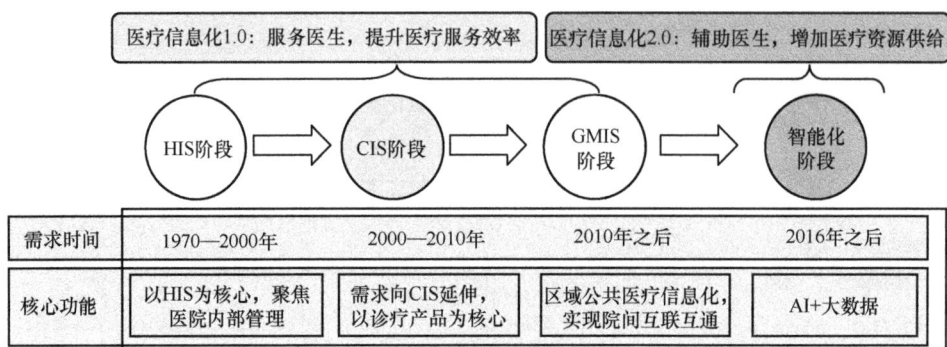

图 11-26　我国医疗信息化发展阶段

根据公开资料，我国多数医院已完成基础 HIS 部署，进入 CIS 建设阶段，其中我国医院 PACS（影像存储和传输系统）的实施率低于 45%，心电图信息系统的实施率低于 30%，远程医疗系统的实施率低于 20%，区域卫生信息系统的实施率低于 10%，如图 11-27 所示。由此看出，多数医院仍处于 CIS 建设阶段，逐步进入 GMIS 阶段。

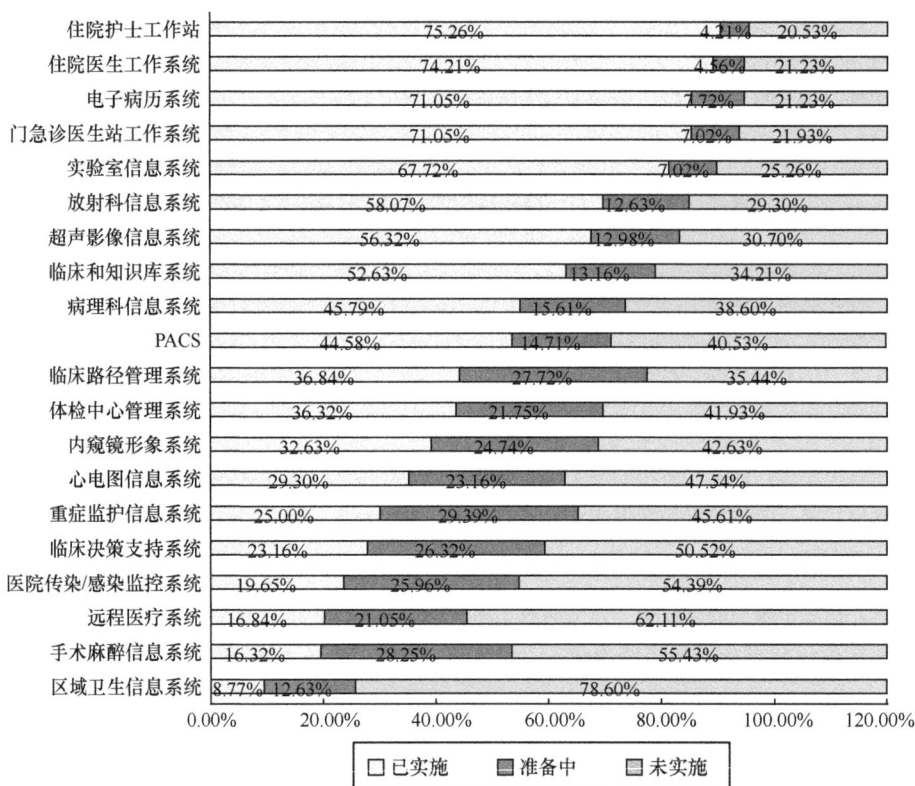

图 11-27　我国 CIS 实施情况

医疗信息化主要包括医院信息化和区域卫生信息化，又包括医院管理信息化、临床管理信息化、医院信息集成，广义的医疗信息化还包括远程医疗、移动医疗、云医疗、医保信息化、药品流通信息化等。

结合医院已建成的 HIS 及在建的 CIS，以及医院接诊、治疗、随访、科研、管理，5G 技术的革命性为智慧医院的建设提供了技术基础，移动查房、医疗物资配送机器人等将成为智慧医院的重要特征场景。随着高速率、高安全系数的 5G 网络的建设，由国家卫生健康委员会主导建设的区域医疗卫生信息平台、医联体平台及分级诊疗平台等将最大作用地发挥医院间及医院与卫生管理机构间的协同作用，远程诊断、远程非侵入式检查等异地业务协同将成为 5G 赋能智慧医疗的重要场景。AI 及大数据技术的发展，结合 5G 网络特性，使基于广连接和低时延的远程监护、远程侵入式检查、远程手术成为可能。5G 为医疗信息化赋能如图 11-28 所示。

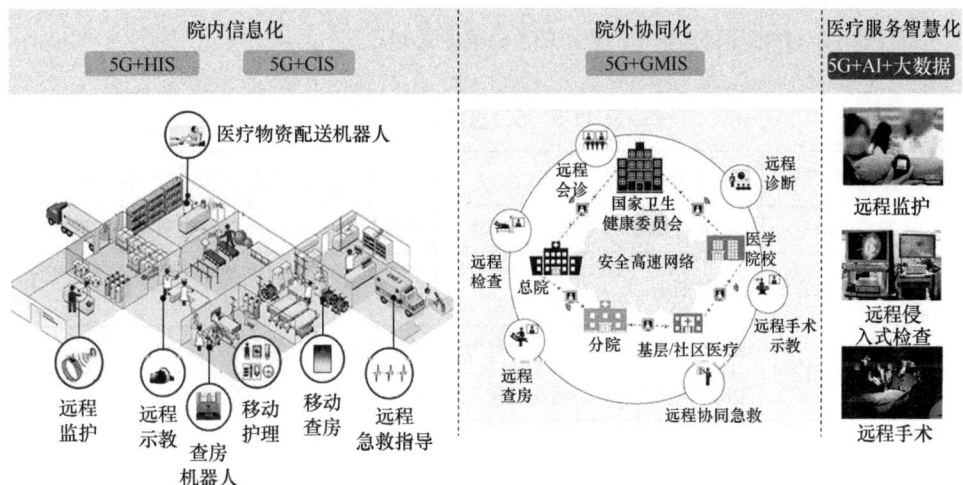

图 11-28　5G 为医疗信息化赋能

11.6.2　5G 医疗应用场景及分析

智慧医疗按医疗业务流程可分为院前、院中、院际间及院后 4 个阶段，如图 11-29 所示。其中院前阶段包括院前急救、健康咨询、远程检查等环节；院中阶段包括院内治疗、医技化验、医疗配药等环节；院际间阶段包括医疗示教、远程会诊、远程手术等环节；院后阶段包括健康管理、自我监测、康复随访等环节。根据不同阶段中的不同环节，结合 5G 特性，可确定智慧医疗的重点场景。

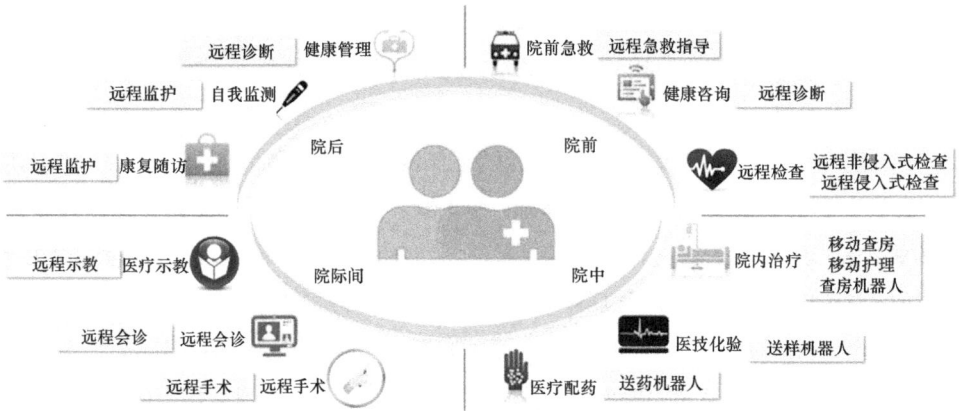

图 11-29　按医疗业务流程确定 5G 医疗场景

5G 医疗场景按照不同阶段中的重点环节分类见表 11-5。

表 11-5　5G 医疗场景分类

医疗阶段	医疗环节	场景名称	场景描述
院前	院前急救	远程急救指导	医生或管理员远程为急救车上的病患实施急救指导或调度
	健康咨询	远程诊断	医生通过远程检查或实时调阅病患的医学影像等资料对患者进行诊断
	远程检查	远程非侵入式检查	医生远程为病患实施超声、CT 等非侵入式检查
		远程侵入式检查	医生远程为病患实施内窥镜等侵入式检查
院中	院内治疗	移动查房	查房医生能随时调阅病患的近、中、远期医学影像等资料
		移动护理	护士能随时调阅病患的近、中、远期用药记录、医嘱等资料
		查房机器人	医生通过机器人远程完成查房
	医技化验	送样机器人	机器人将样品自动送至相应地点
	医疗配药	送药机器人	机器人将药品自动送至相应地点
院际间	医疗示教	远程示教	实操医生通过术野摄像机将操作步骤传输至示教教室
	远程会诊	远程会诊	不同位置的医生可实时共享病患的各种医学检查资料
	远程手术	远程手术	医生远程为病患实施手术
院后	健康管理	远程诊断	医生通过实时调阅病患的医学影像等资料对患者进行诊断
	自我监测	远程监护	病患或家属根据远程指导进行自我监护
	康复随访	远程监护	国家卫生管理及医疗机构对有需要的病患进行远程监护

世界各国积极探索 5G 与医疗的应用结合。2019 年 1 月,总部位于芝加哥的拉什大学医学中心和 Rush University System for Health(RUSH)医院系统,宣布与 AT&T 合作,联合探索美国首次在医疗环境中使用基于标准的 5G 网络。

日本 NTT DOCOMO 于 2019 年 1 月在和歌山县日高川町开展基于 5G 的远程诊断测试。将该街道患者的病患部位的高精度影像以 5G 模式实时传送到 30km 外的和歌山县立医科大学,大学中的医生通过高清电视会议系统与当地医生进行会诊。

韩国 SKT 于 2019 年 4 月 28 日,宣布与延世大学医学中心签署协议,将建设一座基于 5G 电信、AI 和最新影像技术的数字医院,在医院的每个病房中安装其开发的 AI 扬声器 NUGU。行动不便的患者可使用语音指令操作照明设备和电视等,并在紧急情况下无须使用智能手机就能拨打护理站的电话。

中国在 5G 智慧医疗领域中的发展起步较早。2018 年 10 月,郑州大学第一附属医院远程医学中心在 2018 数字经济峰会暨 5G 重大技术展示交流会上展示了远程会诊、远程 B 超、移动查房机器人等远程医疗应用。

中国电信通过对中山大学附属第一医院、南方医科大学第三附属医院、广东省人民医院、广东药科大学附属第一医院等医院及广东省卫生健康委员会等卫生管理机构调研发现,医疗的 5G 需求主要集中在院中及院际间阶段,中国电信从市场需求出发,构建包括市场需求、经济价值、易实施及电信收益评估维度的 5G 行业场景影响指数,依据中国电信行业积累和实施数据,对 14 个 5G 医疗场景进行评估,将其分为院内 5G 核心应用、院外 5G 核心应用和智慧医疗核心应用,评估结果如图 11-30 所示。中国电信将聚焦 5G 医疗核心应用整合能力,提供解决方案和实验室验证,为客户提供服务。

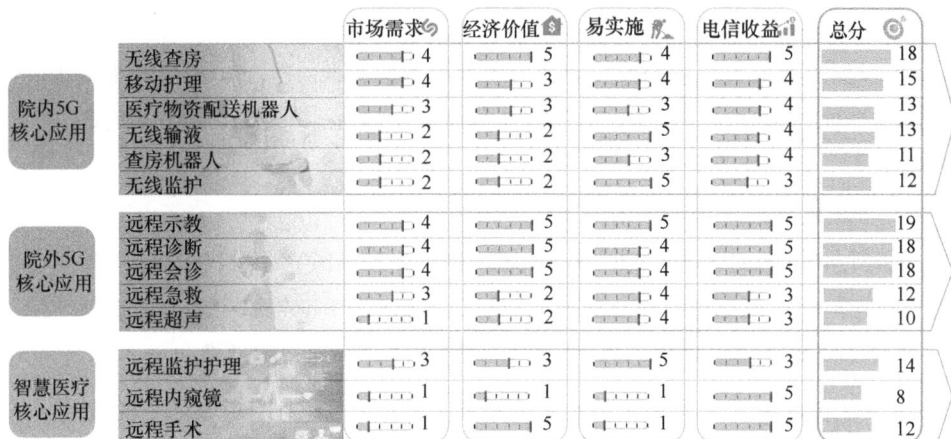

		市场需求	经济价值 💲	易实施	电信收益	总分 🎯
院内 5G 核心应用	无线查房	4	5	4	5	18
	移动护理	4	3	4	4	15
	医疗物资配送机器人	3	3	3	4	13
	无线输液	2	2	5	4	13
	查房机器人	2	2	3	4	11
	无线监护	2	2	5	3	12
院外 5G 核心应用	远程示教	4	5	5	5	19
	远程诊断	4	5	4	5	18
	远程会诊	4	5	4	5	18
	远程急救	3	3	2	4	12
	远程超声	1	2	4	3	10
智慧医疗核心应用	远程监护护理	3	5	2	4	14
	远程内窥镜	1	1	1	5	8
	远程手术	1	5	1	5	12

图 11-30 5G 医疗场景评估结果

11.6.3 5G 医疗应用案例剖析——远程医学超声检查

1．行业基本情况和生产特点

医学超声检查被称为"可视化的听诊器"，医学超声检查设备的体积相对较小，具有携带方便、可移动性好的特征，但只有经过长期专业训练的临床医生能熟练操作医学超声检查设备，也只有部分医疗专家能够正确解读超声图像，指导临床治疗。在一般临床治疗过程中，都是由专业的超声科医生对患者进行医学超声影像检查的。现阶段，我国的检查医生与患者之比高达 1.165:10000，因此我国数千家各级医院的医学超声医生数量缺口巨大。

5G 技术为充分利用医疗资源做出了卓越的贡献。基于 5G 的远程医学超声检查及会诊缓解了医疗资源的分配难题，超声专家不再受到空间限制，最大限度地为一线医生提供疑难、危重病例的专业诊断。

2．行业需求与短板

不同于其他行业，医疗行业对于准确性、实时性都有极高的要求。在未来，对远程医学超声检查场景中的高带宽、低时延的要求提高到了极高的程度。

（1）高带宽

在危重症患者的床旁检查中，危重症患者移动不便，甚至会使用生命支持系统，对病患的移动或许会造成不可预知的风险。在隔离病房中，临床医生佩戴了护目镜与防护面罩，对超声影像的辨认产生了不小的干扰，远程超声影像诊断能保证医学超声检查的准确性，同时也减少了医生在隔离区域内的暴露时间，降低医务工作者的感染风险。

由于超声影像的实时高清特性，产生的数据量巨大，因此对网络带宽的要求非常高。一次时长几分钟的超声检查，将会产生约 2GB 的超声影像数据，传统无线网很难满足这一带宽要求。

（2）低时延

医疗行业是个极度细分的行业，部分临床医生没有接受过医学超声检查设备操作培训，因此，在极端情况下，需要超声科医生通过专用设备远程操控医学超声检查设备对患者进行检查，这一需求要求网络时延低至 10ms 以下，传统无线网无法满足这一时延要求。

3．解决方案

2020 年 2 月 18 日下午，在中国电信 5G 网络的保障下，浙江省人民医院超声科副主任彭成忠、检查医生叶瑞忠与远在武汉的主任医师李亚清、护士长俞平连线，远程控制距离杭州 700 多千米的武汉黄陂方舱医院的超声机器人，为患者进行超声检查，如图 11-31 所示。

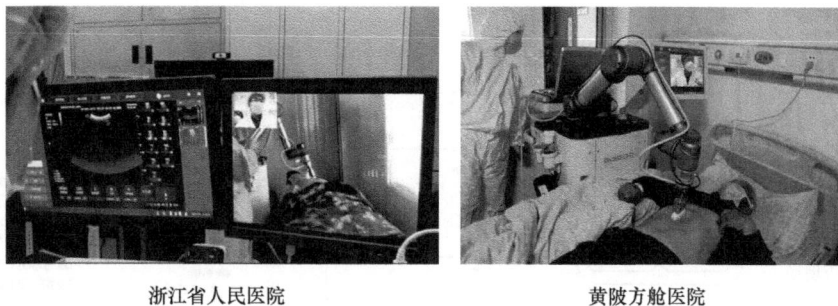

浙江省人民医院　　　　　　　　　　　　　　　黄陂方舱医院

图 11-31　黄陂方舱医院远程超声检查

连接这一次超远距离超声检查的浙江省国家紧急医学救援队队长、浙江省人民医院副院长、黄陂方舱医院院长何强说："高速、稳定、低时延的 5G 技术，为远程实时操控提供了更加稳定、安全、快速的网络保障。"通过远程操控医学超声检查设备为患者进行远程超声诊断，为临床医生提供准确的医学影像诊断报告，为制定临床治疗方案提供重要决策依据。

中国电信为 5G 远程医学超声检查场景提供了完整的解决方案，如图 11-32 所示。中国电信基于天翼云，建设了服务于医疗行业的医疗专网，在医疗专网内部署了远程会诊平台、医疗资料存取平台等一系列应用平台。基于中国电信医疗应用平台，中国电信 5G 核心网通过 5G 链路连接病房内的采集终端、显示终端及超声机械臂设备，并连通诊断现场中的摄像头、显示器及远程超声操控设备等终端。

与此同时，远程医疗的整个操作过程可通过中国电信 5G 宏基站推送至相关人员手持终端上，以供相关人员学习与监督。

对于 5G 远程医学超声检查的关键作用，华中科技大学同济医学院附属同济医院中法新城院区超声影像科负责人罗鸿昌教授评论道："同济医院两个分院都在一线治疗肺炎重症患者，从远程诊疗体验来说，整个过程非常流畅，影像非常清晰准确。我们在后台看到的和一线看到的是一样的，不仅能够看到实时影像，还能看到一线医生的操作情况。我们可以提示他的操作，获得我们认为最合理、最有效果的角度。"

5G 远程医学超声检查也减轻了一线临床医生的救治压力，雷神山医院吴猛教授说："远程超声在一线治疗的使用非常顺利，首先是知名专家的面访更便捷、更有效、更直观，他们对临床医生的指导和对病人的救治都非常及时；其次是当临床医生的判断出现困难，专家的经验性指导非常重要，更具有实际意义。"

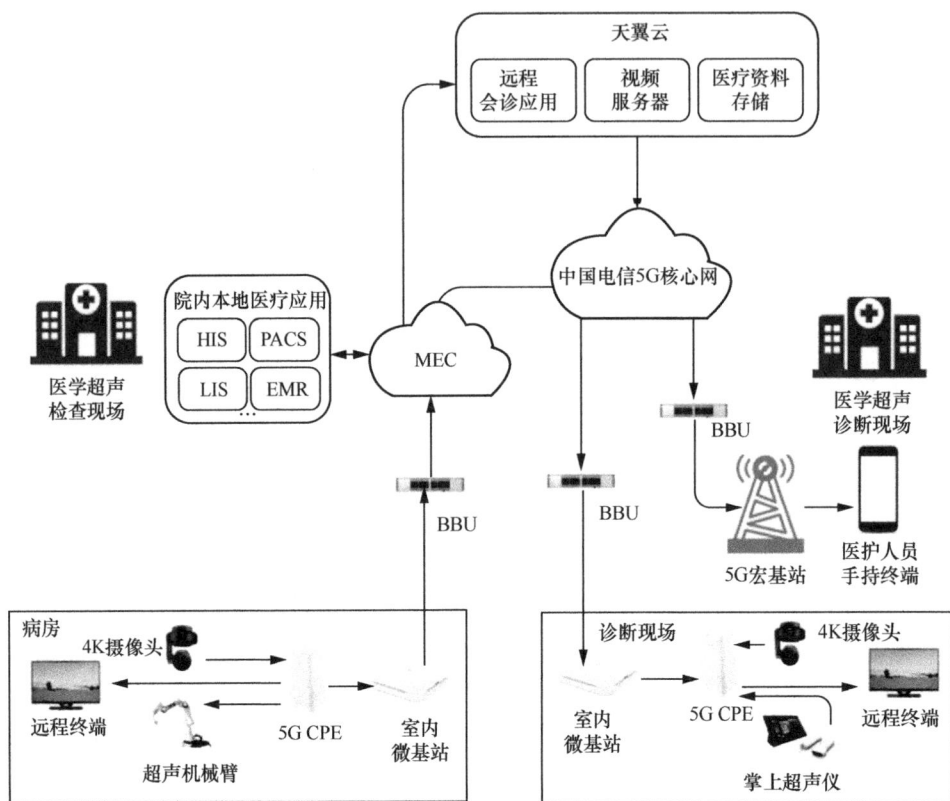

图 11-32　中国电信 5G 远程医学超声检查网络架构示意图

11.7　5G 应用未来展望

　　5G 时代正在来临，5G 在技术升级、标准化、产业生态构建、网络部署等方面都取得了阶段性的成果，一个完整的 5G 生态正在构建中，5G 落地的最后一环应用场景正逐渐在各行各业中实现。中国电信基于"PRMCC+A"行业 5G 模型确定了重点发展行业，并对重点行业场景进行了价值评估，描绘出中国电信 5G 网络的五大行业应用场景总体视图，如图 11-33 所示。

　　展望未来，5G 将带动社会转型，带动传统行业数字化转型，带来更好的机会和平台。而 5G 也不仅仅是电信行业的 5G，更要赋能传统行业。很多新的应用，会是跨行业、跨技术的 5G 应用，让 5G 真正在全社会层面上为所有的创新和数字化转型提供平台化的基础支撑。5G 将与经济社会各领域广泛深度融合，成为未来经济转型和增长的新引擎。

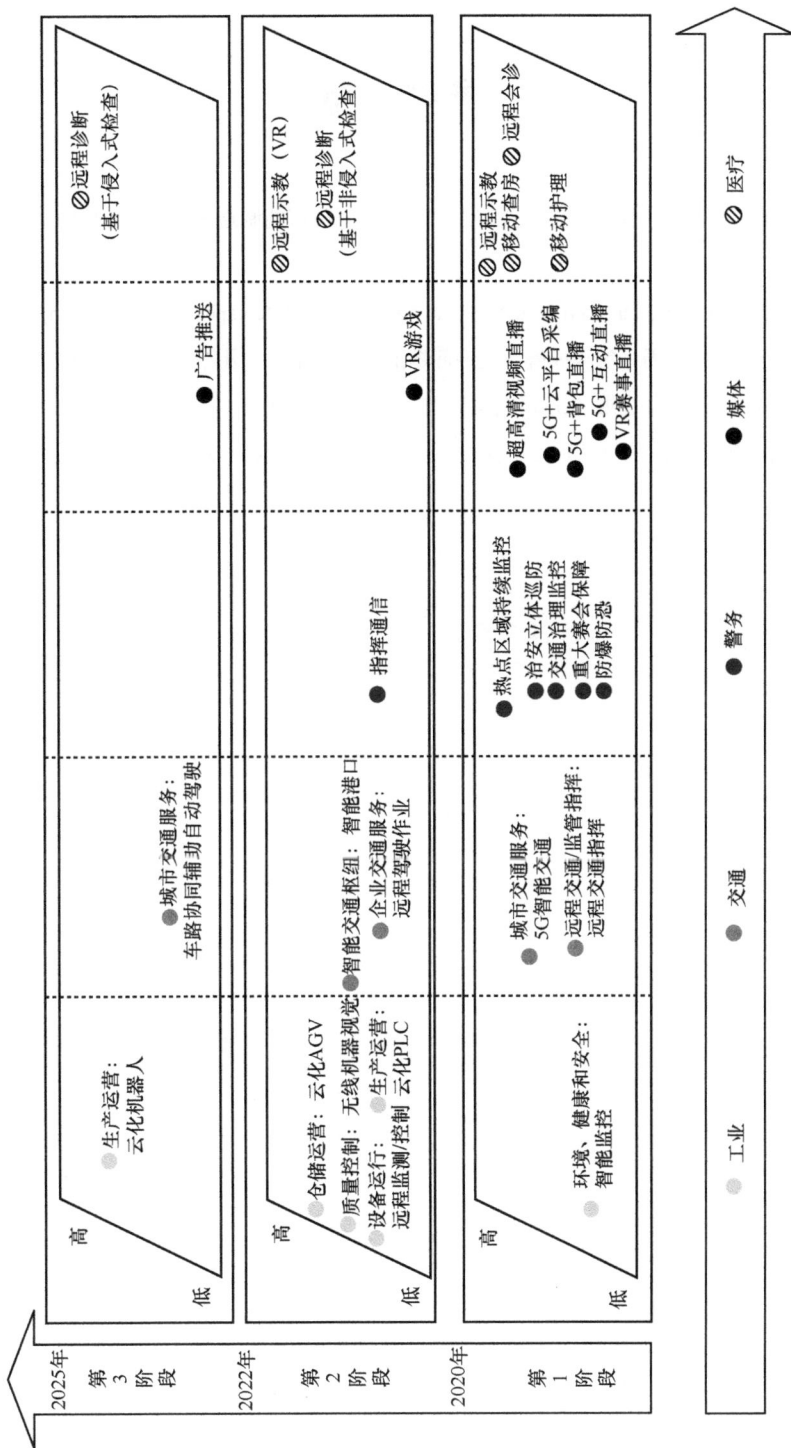

图 11-33 中国电信 5G 行业应用场景总体视图

参考文献

[1]   董伟龙, 屈倩如. 中国智造, 行稳致远: 2018 中国智能制造报告[J]. 科技中国, 2018(10): 52-63.

[2]   5GACIA. 5G for connected industries and automation white paper (second edition) [R]. 2019.

[3]   贺小花. 智能交通系统集成解决交通问题的新思路[J]. 中国公共安全, 2013(19): 232-237.

[4]   IMT-2020 (5G) 推进组. 5G 新媒体行业白皮书[R]. 2019.

[5]   薛涛, 刘潇潇. 医院信息系统建设与发展研究[J]. 电子商务, 2010(2): 40-41.

第 12 章

5G 增强

随着 3GPP 标准的持续迭代，5G 网络能力还在进一步增强和完善，其主要增强内容可归类为三大方向：基础能力增强、面向垂直行业应用增强及引入新场景和新能力。基础能力包括高可靠低时延、上行性能增强、移动性增强、固移融合、切片增强、引入 AI 能力等；垂直行业应用包括行业专网、时间敏感网络、5G 局域网、V2X、高精度定位、RedCap等；新场景和新能力包括支持卫星接入、XR（扩展现实）、无人机等。这些功能的增强，将 5G 网络进一步打造成天地一体覆盖、支持多场景融合的高性能、智能化网络。

2022 年 6 月，3GPP 宣布 Rel-17 标准冻结，标志着 5G 标准的第二个演进版本的完成。经过两个版本的演进，5G 网络架构得到了增强，增加了新的特性和功能实体，拓展了面向垂直行业的支持能力，使 5G 网络实现了从"可用"到"好用"的跨越。紧接着，3GPP 将接下来的 Rel-18 标准定义为 5G-Advanced 的第一个演进版本，在 5G 核心网方面的立项多达 28 个。虽然在标准层面，5G 网络引入了很多新的功能和特性，但是在运营商实际的网络部署和演进过程中，新功能、新特性的引入并不是一蹴而就的，需要运营商、网络设备商、终端设备商共同推进整个行业的成熟。运营商可根据自身需求、市场需求、行业成熟度决定何时引入哪些新的功能和特性。

12.1 5G 核心网 3GPP Rel-16 标准新特性介绍及引入分析

在 5G 核心网方面，3GPP Rel-16 增强项目主要包括两个方面[1]，核心网基础能力增强及垂直行业增强。核心网架构增强演进包括 eSBA（基于服务的 5G 系统架构增强）、ETSUN（SMF 和 UPF 的拓扑增强）、eNS（网络切片增强）、eNA（5G 网络自动化使能）、ATSSS（5G 移动通信网接入流量分流、迁移、切分）、RACS（无线能力信号优化）、5WWC（5G 系统架构的固移融合）、eLCS（5G 核心网定位服务增强）等特性。垂直行业增强包括 URLLC、TSN（时间敏感网络）、NPN（非公共网络）、5G LAN（5G 对局域网服务的支持）、eV2X（增强车联网）、CIoT（蜂窝物联网）等特性。

12.1.1 核心网基础能力增强

eSBA 提升了网络的稳定性、可靠性、安全性，简化了整体组网。但由于特性的引入在网元本身、网络架构方面对 Rel-15 标准网络的影响较大，运营商要充分考虑各个网元的组网方案、网络初期的建设规模、网络监管及网络运维等因素，决定是否引入该特性。

ETSUN 支持在非漫游或漫游的本地疏导场景下，通过在一个 PDU 会话中插入 I-SMF 来实现跨 SMF 服务区域的互联互通。该特性解决了 Rel-15 标准中 SMF 无法控制整个 PLMN 的 UPF 导致的跨 SMF 控制区域切换、异地漫游等问题。新增的多种终端地址分配方式解决了 UPF 和 SMF 之间互联时配置困难的问题，同时提升了控制面和用户面的可靠性。ETSUN 解决了很多基于 Rel-15 标准建设 5G 网络时遇到的实际问题，建议优先引入以完善网络能力。

eNS 对 5G 网络切片进行了进一步增强，优化了终端从 4G 网络向 5G 网络切换时的网络切片选择流程及增加了终端接入网络切片的二次鉴权。其中优化 4G/5G 网络互操作流程是 Rel-15 标准的延续，对网络整体影响较小并且可以提升用户的互操作体验，可以考虑优先引入。对于网络切片的二次鉴权功能，当前并没有看到明确的场景需求，可以在明确需求后再考虑引入。

eNA 对 3GPP 在 5G 中新定义的 NWDAF 进行了大量增强，NWDAF 可从 5G 网络中的所有 NF、AF 及网管等周边系统中收集数据，对收集的数据进行分析并将分析结果反馈给网络中对分析结果有需求的 NF、AF 或系统，NF、AF 或系统根据分析结果进行恰当决策。NWDAF 可以说在 5G 网络智能化中充当"大脑"，让 5G 网络可以实现网络资源智能调度、智能网络保障、网络节能等一系列功能。但是，运营商现有网络中已经有系统具备数据收集和分析能力，NWDAF 如何与这些系统协同工作，达到一加一大于二的效果，是运营商需要考虑的事情。

ATSSS 支持一个数据流在多种接入方式的通道中分流或并行传送，以及在不同接入通道间互相切换。部署非 3GPP 接入是 ATSSS 引入的前提，在运营商已部署非 3GPP 接入的前提下，引入 ATSSS 可以充分利用 3GPP 接入和非 3GPP 接入的资源，以有效增加带宽。

RACS 减少了终端能力信息在空口传输时消耗的空口资源，需要终端及网络侧同时具备相关能力。引入时要考虑端到端的支持情况。

TEI16 补充了静态分配终端 IP 地址、DNN 替换、跨运营商的用户面数据安全等功能。运营商可根据自身业务需求考虑引入，提升网络性能、安全性及扩展 5G 网络的应用场景。

5WWC 支持以有线方式及授信的非 3GPP 接入 5G 网络。当前 5G 行业应用和家庭应用对 5G、PON 及 Wi-Fi 等多种接入方式的综合需求，推动了无线与有线接入方式的相互协同，为固移融合的发展提供了新的契机，BBF（宽带论坛）和 3GPP 联合开展的 5WWC 项目有可能在 Rel-18 标准中继续推进。

eLCS 在定位的精确度、定位能力开放、4G/5G 互操作的定位能力等方面进行了增强。

在 Rel-16 标准工作中，由中国电信牵头成立了 AAI_LTE_NR（基于应用感知的 LTE 与 NR 互操作）项目。本项目主要研究核心网基于应用探测来感知应用，根据感知到的应用确定 LTE 和 NG-RAN 的选择策略，RAN 根据核心网提供的策略进行最终的决策。从运营商的角度来看，LTE/EPC 是一个成熟的并且会长期存在的网络，而 5G 网络更高的数据速率、更低的时延也为更多的应用带来发展机遇。本项目旨在让运营商的网络可以满足不同的应用或业务的需求、提高运营商的用户体验及更高效地利用 LTE 和 NG-RAN 的资源。

12.1.2　核心网垂直行业增强

对于核心网的 URLLC 特性，Rel-16 标准支持通过双链路实现超高可靠性，通过数据流的实时监控实现业务连续性保障功能，通过动态 PDB（分组时延预算）分配实现 URLLC 业务的灵活部署，通过 QoS 监测功能使数据流的 QoS 实时可见。URLLC 是 5G 网络中的一个重要应用场景，相较于 Rel-15 标准，在 Rel-16 标准中，对终端、无线网、核心网都有较大的改动，所以在运营商现有服务普通公众业务的网络中，引入该特性需要综合分析端到端的产品成熟度及业务对 URLLC 的需求。同时，在工业互联网领域中，对 5G 企业专网的需求越来越强烈，全新部署的独立专网和专网切片可以考虑率先引入 URLLC 特性，以满足自动化、工业控制等业务对 URLLC 的需求。

TSN 将整个 5G 网络作为 TSN 中的网桥，利用 5G 网络实现无线接入环节的时间和性能的确定性，为时间敏感型应用提供可靠的无线接入方式。支持 TSN 是 5G 网络迈向工业控制领域的一大步，但是 TSN 能否真正落地推广还依赖 TSN 技术自身的发展及 5G 端到端的成熟度，5G TSN 还有很长的路要走。

NPN 是利用 5G 技术为行业应用服务的专用网络，包括 SNPN（独立的非公网）和 PNI-NPN（基于公网的非公网）两种模式。顾名思义，SNPN 要求独立部署一套端到端的 5G 网络，与运营商 5G 公网完全隔离，而 PNI-NPN 则基于运营商的公网进行部署。支持 NPN 的 5G 基站通过广播 PLMN+NPN 专属标识，将 NPN 与 PLMN 隔离，阻止非专网用户尝试接入专网。同时，定义了通过 N3IWF（非 3GPP 互通功能）来实现 SNPN 与 PLMN 之间的互访。企业专网建设是目前 5G 网络建设中的热门话题，随着讨论的不断深入，NPN 也被不断提及。PNI-NPN 依托运营商大网，部署灵活，核心网可以根据企业需求定制 QoS、DNN、网络切片，部署成本较低，适用于定制化需求不高、无自建网需求的企业。SNPN 需要建设独立核心网，整套核心网根据客户需求定制，部署成本较高，适用于定制需求高、有独立建网需求的企业。所以，NPN 的引入还需要结合企业用户对专网的需求再进行进一步探讨。

5G LAN 即利用 5G 网络提供局域网类型服务的技术，支持 5G 网络在家庭、企业、办公室和工厂园区等场景中提供与局域网和 VPN 类似的服务。引入 5G LAN 之后，5G 网络可以支持不同终端之间的互相寻址，支持 VLAN，还支持单播、组播和广播的通信处理等功能，可以让企业更加灵活地利用 5G 网络进行区域内或者跨区域的企业局域网建设。在当前面向垂直行业的网络建设中，5G LAN 可以切实地解决部署过程中的实际问题，确认需求后可优先考虑引入。

eV2X 使 V2X 业务可以运行在 5G 网络之上。CIoT 则基于 NB-IoT（窄带物联网）和 eMTC

（增强型机器类通信）空口，扩展了 5G 核心网的能力，使 5G 网络可以支持 CIoT 业务，并进行了少量增强。5G 网络为 V2X 和 CIoT 带来了新的发展机遇，同时也带来了新的挑战。运营商在 5G 网络中引入 eV2X 需要充分参考整个 V2X 行业的发展。而对于 CIoT 来说，需要将现网基站升级，以支持 eLTE（演进型 LTE），网络的改造代价较大，运营商要考虑 NB-IoT 和 eMTC 业务如何向 5G 演进或共存的问题。

12.2　5G 无线网 3GPP Rel-16 标准新特性介绍及引入分析

5G 无线网 3GPP Rel-16 标准在上个标准版本的基础上对网络已有能力进行挖潜，进行了空口功能及性能的增强，并引入了新的特性以应对垂直行业应用的需求，同时也注重降低网络运营和维护的成本，优化了网络系统的性能。

Rel-16 空口功能及性能增强方面主要包括 MIMO 增强、DSS（动态频谱共享）增强、URLLC 增强、上行增强和移动性增强等，垂直行业拓展方面主要包括 TSN/IIoT（时间敏感网络/工业物联网）、定位、UE 节能、NPN、NR-U（NR 非授权频谱）和 V2X，运维和网络系统优化方面主要包括 RIM（远端干扰管理）、CLI（交叉链路干扰）、SON（自组织网络）、MDT（最小路测）和 IAB（接入回传一体化）。

12.2.1　空口功能及性能增强

MIMO 增强优化了 MIMO 性能，并增加了网络优化特性，具体包括降低 CSI-RS（信道状态信息参考信号）反馈 TypeII 码本的开销并增加更多的流数，提升网络的效率；降低 DMRS（解调参考信号）的 PAPR（峰值平均功率比），降低终端的复杂度和成本；优化（高频）多波束的管理操作，降低波束管理的时延和开销；支持多 TRP（发射接收点）传输和上行满功率传输，提升小区边缘性能。

DSS 增强完善了 NR PDSCH TypeB 时域分配方式，即基于 mini-slot 的调度，在调度时支持更多的 OFDM 符号，实现 PDCCH 容量和 PDSCH 效率的兼顾；支持多套 LTE CRS 速率匹配图样，从而支持更大 NR 带宽的 DSS。

URLLC 增强是为了满足更严格的可靠性和时延要求。URLLC 在提升可靠性方面包括引入

Compact DCI、基于 mini-slot 的重复传输、支持 4 条支路的 PDCP duplication 和多 TRP 传输等；在降低时延方面包括提升 PDCCH 盲检能力、支持乱序 HARQ-ACK 反馈和基于 sub-slot 的 HARQ-ACK 反馈等。针对 EMBB 和 URLLC 共存的场景，引入上行取消指示和上行动态功控实现 URLLC 和 EMBB 的上行复用。此外，为更好地适配 TSN/IIoT 多样的业务周期，网络支持一个 BWP 内多套下行 SPS（半持续调度）和上行 CG（已配置授权），以及更短的 SPS 周期。

上行增强最主要的特性是引入了中国电信主导的 Uplink Tx switching（上行发射选择）机制，该机制使系统可以根据信道情况选择合适的载波在上行链路上进行传输，提升网络的上行容量。上行发射选择可基于 SUL（补充上行）实现，也可基于 CA（载波聚合）实现[2]。在 Rel-16 标准中，SUL 支持更多频段组合和更大的带宽。而 CA 除了同样支持更多的频段组合，还引入了带间 CA 各载波帧头不对齐实现不同 TDD 帧结构的聚合，引入了辅小区快速激活机制，减少信令开销和时延，并新增不同子载波间隔的跨载波调度功能等。

移动性增强主要围绕提升切换的稳健性和降低切换的时延进行。CHO（条件切换）解决了传统切换可能遇到的测量报告丢失和切换命令丢失的问题，提升了切换的稳健性，但没有减少切换时业务的中断时间。DAPS（双激活协议栈）可实现 0ms 的中断时延，但需要终端支持两套协议栈。此外，还引入了可减少随机接入时延的 2-Step RACH 机制和可使 UE 从切换失败中快速恢复的 T312 定时器。

12.2.2 垂直行业拓展

TSN/IIoT 是 URLLC 场景中的一类特殊业务，除了具有 URLLC 的低时延和高可靠性特点，还具有时钟精度高和小包传输等特点。为适配 TSN/IIoT 业务特性，NR 将空口时钟精度提升到了 10ns 级别，并支持以太网头压缩以减少系统开销。

3GPP Rel-16 标准引入了多种定位方式，能满足较高的定位精度需求。5G 在支持 LTE 已有的 E-CID（增强型小区标识）技术和 TDOA（到达时间差）技术的基础上，引入了 Multi-Cell RTT 技术和依托基站智能天线阵列实现的 AoA（到达角）测量、AoD（离开角）测量技术，定位精度相比 LTE 提升了 10 倍，达到室内场景垂直和水平 3m、室外场景垂直 3m 水平 10m 的精度，同时新增了定位参考信号。

UE 节能在已有的 DRX（不连续接收）技术和 BWP 技术的基础上，引入了基于 PDCCH 的 DRX on Duration 的 WUS（唤醒信号），可减少启动 on Duration Timer（持续计时器）的次数，增强 DRX 终端节能。同时进一步增强了 BWP 技术，通过设置 BWP 中的最大 MIMO 层数，使 UE 可以关闭部分天线，达到降低能耗的效果。

NPN 在无线侧同样进行了相应的设计，如支持相关 NPN 的系统广播、小区选择/重选、接入控制、ANR（自动邻区关系）上报、连接态的移动性方案和 NG-C/Xn 接口的增强，来实现对垂直行业定制化业务较好的支持。

NR-U 是 5G 的非授权频谱技术，包括 LAA（授权频谱辅助接入）NR-U 和 SA NR-U 两种模式。LAA NR-U 将运营商的 NR 授权频谱作为锚点，通过双连接或 CA 的方式使用非授权频谱，可应用在如体育馆和购物中心等人群密集的场景中作为容量补充。SA NR-U 无须授权频谱辅助，可直接在非授权频谱上部署 5G 网络。目前 NR-U 主要聚焦 5150～5925MHz 频段，同时美国也在推动 5925～7125MHz 频段作为 NR-U 的频段。

V2X 的应用场景包含车队驾驶、扩展传感器协同通信、远程驾驶及更加安全和高效的自动驾驶等。3GPP 在 Rel-16 标准中定义了基于 NR 的 Sidelink（侧行链路）的基本架构，包括无线资源管理和资源分配模式，以及 Sidelink 帧结构、HARQ 及功率控制等。

12.2.3 运维和网络系统优化

RIM 是为了解决 TDD 系统远端基站下行发射干扰本地基站上行接收而提出的方案，典型应用场景是大气波导干扰场景。通过 RIM 方案可定位干扰源并使干扰源执行规避方案，如降低发射功率和禁止部分资源调度等。

CLI 特性可以实现对交叉时隙终端间的测量，典型应用场景是邻区 UE 终端上行干扰本小区终端下行接收。标准制定了包括 SRS-RSSI（接收的信号强度指示）和 SRS-RSRP 测量在内的 CLI 相关策略。

SON 和 MDT 特性以 LTE 已有的 SON/MDT 技术作为基础，并针对 NR 新特性如多波束、网络切片等进行了增强。SON 主要在 MRO（移动稳健性优化）、MLB（移动负载均衡）、RACH（随机接入信道）优化 3 个方面对网络性能进行优化，增强了 S1/NG、X2/Xn 和 F1/E1 接口的信息交互能力，并标准化了 RLF（无线链路故障）/HOF（切换失败）/CEF（连接建立失败）/RACH 上报。MDT 标准化了处于空闲态和非激活态的 logged MDT 和处于连接态的 immediate MDT，以辅助路测和优化相关网络。

IAB 主要是对 CU/DU（集中单元/分布单元）间的 F1 接口进行无线传输的技术，集成了接入和中继回传功能的基站可通过无线回传替代光纤有线传输，解决光纤铺设难度大、周期长、成本高的问题。无线回传和无线接入可以使用不同的频段，同时为了简化无线链路的管理，IAB 支持有限的回传跳数和有限的移动性。

12.3 3GPP Rel-17 标准工作介绍

随着 3GPP Rel-16 标准的冻结，Rel-17 标准的相关工作开始提上日程。Rel-16 标准为 5G 网络服务千行百业奠定了基础，Rel-17 标准则在 Rel-16 标准的基础上对一些特性进行了进一步增强，除此之外还引入了新的特性。

12.3.1 5G 核心网 3GPP Rel-17 项目介绍

Rel-17 核心网标准工作在 Rel-16 标准特性的持续增强方面主要包括以下项目。

eNA_Ph2 研究数据上报效率的提升、准实时数据的收集和分析结果反馈、UPF 选择能力增强及多 NWDAF 实例部署，同时还提出新的场景和新的架构，包括 4G/5G 协同、NWDAF 实例和模型训练平台交互等。

eATSSS 研究新的分流模式、新的分流功能及通过 3GPP 接入网接入 EPC 和非 3GPP 接入网接入 5G 核心网场景下的 MA（多接入）PDU 会话建立等。

eLCS_ph2 是 Rel-16 标准的 eLCS 项目的标准化延续，它主要完成 Rel-16 标准工作中尚未解决的问题，并继续完善 5G LCS 的架构、功能和流程。

eNS_ph2 在当前定义的 5G 网络切片功能和流程的基础上，研究 5G 网络切片如何支持 GST（通用网络切片配置模板），从而支持为 5G 网络切片定义各类参数，包括接入终端数量限制、连接数量限制、支持的频谱量等。

eV2XARC_ph2 在 Rel-16 标准的基础上，进一步研究支持高级 V2X 服务的 5G 系统功能增强。

IIoT 是 Rel-16 Vertical LAN 项目中 TSN 部分的延续研究，进一步研究 5G 系统增强对时间敏感通信和确定性周期通信应用的支持。

eNPN 是 Rel-16 NPN 特性的延续研究，主要研究 SNPN 第三方鉴权、支持 UE 上线和推送、支持 SNPN 语音或 IMS 紧急业务等。

Rel-17 核心网标准引入的新特性包括以下内容。

enh_EC 研究潜在边缘计算系统的增强，包括本地服务器 IP 地址的发现、应用场景迁移下的连续性保障、支持 I-SMF 插入实现本地分流、支持 N6 的本地业务链的应用等。

5G_SAT_ARCH（适用卫星接入的 5G 网络架构）研究 5G 核心网支持卫星的接入、在 5G NR 与 5G 核心网之间采用卫星回程的 QoS 控制、使用卫星接入 5G 核心网时的移动性管理功能等。

5G_AIS（5G 系统交互式服务增强）研究潜在的 QoS 参数，使 5G 网络能更好地支持交互式业务（如云游戏）。

5G_ProSe（5G 系统近距离业务的增强）研究支持与公共安全有关的近距离业务及与商业有关的近距离业务的系统增强。

MPS（多媒体优先服务）增强支持策略服务及鉴权、QoS 策略映射等功能，以满足 MPS 用户对优先语音的需求，以及支持数据和视频通信功能。

5G MBS（5G 多播广播服务）的架构增强评估 5G 系统架构的潜在增强，以提供可用于不同垂直业务的多播业务。

UAS（无人机系统）在现有架构和系统的基础上，研究 5G 网络支持无人机系统要完成的相关增强。

MUSIM（多通用用户识别模块）研究多个 USIM（通用用户识别模块）终端的寻呼冲突问题处理、多个 USIM 卡终端业务的优先级问题处理等。

12.3.2　5G 无线网 3GPP Rel-17 项目介绍

Rel-17 无线网的标准关注对 MMTC 能力的支持，在 Rel-16 标准的基础上对空口功能及性能进行了增强，同时也引入了一些新的特性。Rel-17 无线网的增强包括以下内容。

MIMO 增强主要包括减少波束管理的时延和开销，多 TRP 传输增强，支持非周期 SRS、CSI 测量和报告增强等，可以进一步降低空口开销，实现多链路传输以提升网络的效率。

DSS 增强主要集中在定义自 SCell 到 PSCell 的跨载波调度功能，通过 PDCCH 增强提高共享 FR1 载波上可支持的调度用户数，以提升用户的时延体验。

MR-DC（多频双连接）/CA 增强主要为进一步提升能力和进行场景的扩展，实现有效的激活/去激活机制，如 PSCell 的修改和添加等，以达到降低时延的目的。

非激活态 NR 增强也将支持小数据包传输，进一步降低功耗和信令开销，主要的业务场景包括微信、QQ 等即时通信业务和可穿戴式定位设备的周期性定位业务等。

UE 节能增强可以进一步降低连接态下的 UE 功耗，同时将其扩展至空闲态和非激活态，如连接态支持基于 DCI 的功耗降低、RLM（无线链路监测）放松测量等，空闲态和非激活态支持减少不必要的寻呼接收。

URLLC/IIoT 增强基于 Rel-16 标准，进一步在 UE 反馈、UE 间复用等机制上实现优化，同时也扩展了新的应用场景，如与非授权频段 URLLC/IIoT 的共存研究。

NPN 增强通过专用网络的第三方鉴权、用户初始接入授权和应急通信功能，可以实现 NPN 下的 NB-IoT/eMTC，为物联网提供定制化服务。

V2X 增强具体包括资源分配增强，引入 DRX 非连续接收机制、频段扩展和 Sidelink 中继等功能，可以实现降低功耗、提高可靠性、降低时延和扩展网络覆盖范围的效果。

NR 定位增强主要面向更高的精度和更低的时延，3GPP Rel-17 标准的目标为实现 5G 一般场景小于 1m 的定位精度、IIoT 场景小于 0.2m 的定位精度，以及一般场景小于 100ms 的定位时延、IIoT 场景小于 10ms 的定位时延。

NB-IoT/eMTC 增强主要在于提升容量和降低 RRC 重建时延，具体的机制包括在上下行引入 16QAM、增强小区测量等，同时也在降低功耗方面进行了优化。

SON/MDT 增强在于支持 SON 特性的数据收集，面向覆盖和容量优化、功耗降低和运动性能提升等，以实现低开销、高性能的网络运维。

IAB 增强旨在提高频谱利用率，增强稳健性，降低多跳时延并提高端到端性能，具体的机制包括链路间资源复用增强、链路间干扰消除和上下行功率控制等。

Rel-17 无线网的新特性包括以下内容。

多 SIM 卡主要支持解决多 SIM 卡下的寻呼冲突问题和多 SIM 卡下的 UE 与网络间状态不同步等问题，实现 UE 在两张网络间的灵活切换。

NR RedCap 是面向 LTE eMTC/NB-IoT 和 NR EMBB/URLLC 终端之间的中高端 MMTC，相对于 NR EMBB 终端，NR RedCap 终端降低了复杂度、成本和缩小了尺寸等，实现 NR RedCap 的具体途径包括减少天线数、降低带宽、半双工、放松处理时延，支持在随机接入过程中提早识别 RedCap 终端、PDCCH 检测次数，扩展 DRX，对位置固定的终端放松 RRM（无线资源管理）测量，RedCap 典型的业务场景包括工业无线传感器、视频监控、可穿戴设备等。

NR 广播多播适用于空闲态和非激活态，实现广播多播业务，具体包括支持基于广播多播传输的调度和 UE 反馈、广播多播区域的动态控制等，关注服务的连续性保障和提升传输的可靠性。

NTN 支持基于 NR 的卫星服务，包括高空平台和 ATG（地空通信）、LEO（近地球轨道）和 GEO（地球静止轨道），也将研究通过卫星或高空平台提供 NB-IoT/eMTC 服务。

NR 切片主要实现无线切片功能，具体包括支持基于切片的小区重选、RACH 配置和接入禁止，此外，终端快速接入目标切片和支持保障业务连续性的机制也在研究范畴内。

12.4 3GPP Rel-18 标准工作介绍

Rel-18 标准标志着 5G 技术正式进入 5G-Advanced 阶段。Rel-18 标准不仅对 5G 发展前期的 Rel-15 标准~Rel-17 标准持续进行了演进与增强，还引入了更多的创新项目，将通过长期发展来实现 5G 愿景。

12.4.1 5G 核心网 3GPP Rel-18 项目介绍

3GPP Rel-18 标准是 5G-Advanced 的第一个标准版本，在过去几个标准的基础上，进行了大量增强的同时也引入了新的特性。

5G 核心网的增强包括以下项目。

5MBS_Ph2 是 Rel-17 5MBS 项目阶段 2 的延续研究，主要研究由应用触发的广播会话的建立，并可为特定业务选择合适的传输方式（单播或多播）。

NGRTC（下一代实时通信）研究 IMS 增强服务化接口及支持 DC（数据通道）服务，以打造全新语音业务。

UAS_Ph2 是 Rel-17 UAS 项目阶段 2 的延续研究，主要研究广播无人机标识的增强，同时进一步增强 5G 网络对无人机的支持，如对无人机与控制器间的通信、无人机与无人机间的通信的增强等。

eNA_Ph3 是 eNA 项目阶段 3 的延续研究，主要研究网络分析的准确性提升、面向大规模分布式智能架构的演进、基于 NWDAF 辅助的应用检测，以及漫游场景下的数据分析等。

ProSe_Ph2 主要研究终端非直连网络的情况下的业务连续性保障，以及近距离通信的可靠性与速率保障。

EDGE_Ph2 主要完善边缘计算的漫游功能，并研究增强信息开放，IP/IP 地址池与 DNAI 的映射等。

GMEC 主要研究终端群组管理能力的增强，如 5G LAN 业务的群组管理能力增强。

eNPN 研究终端在独立专网间的移动性支持，独立专网支持非 3GPP 接入方式，支持终端动态发现及访问本地网络等。

eNS_Ph3 研究多切片协同增强及漫游场景下的切片选择增强等。

5GSTA_Ph2 研究支持卫星回传的网络策略增强、信息回传能力开放及核心网网关上的卫星等。

ATSSS_Ph3 研究支持非 TCP 流量的分离，支持多个非 3GPP 会话的分离和切换等。

5WWC_Ph2 增强支持 5G 家庭网关所连接设备的接入及质量控制，并增强基于切片的 TNGF（可信非 3GPP 接入网关功能）/N3IWF 选择功能。

eLCS_Ph3 研究移动场景下的定位增强和专网场景下定位服务的增强，新增与 NWDAF 之间的交互能力、终端无感知的终端定位、低时延定位服务的增强等。

RedCap_Ph2 研究能力受限，终端支持长 eDRX 及处于 RRC_INACTIVE 态的信令。

3GPP Rel-18 标准 5G 核心网的新增特性包括以下项目。

XRM（扩展现实和媒体服务）针对 XR 类的新型多媒体业务，开展多业务流协同、多媒体业务的 QoS 增强、减少抖动、节能等方面的研究。

PIN（个人物联网）研究个人物联网的管理、接入、通信、鉴权。

AI/ML（人工智能/机器学习）增强为 5G 系统应用层 AI 及机器学习提供数据传输保障。

UPEAS（UPF 信息开放和服务化）研究 UPF 的服务化和信息开放能力增强。

DetNet（确定性网络）增强——5G 系统支持 IETF（互联网工程任务组）定义的确定性网络。

Ranging 项目增强支持终端间测距、定位及信息开放。

VMR（车载中继）增强支持车载基站中继及其较高的移动性和连续性，支持无线回传及运营商间漫游。

12.4.2　5G 无线网 3GPP Rel-18 项目介绍

Rel-18 无线网对 Rel-15 标准～Rel-17 标准的大部分项目探讨了技术的演进或性能提升，主要涉及容量增强、频谱增强、连接增强、业务管理能力增强、新业务拓展、新能力拓展及终端节能。Rel-18 无线网的增强包括以下内容。

MIMO 增强主要引入了中高速移动场景下的 CSI 反馈增强、TCI（传输配置指示）增强、DMRS 端口数增加、基于相干 JT（联合传输）的 CSI 获取增强、上行多流传输增强、支持 Multi-Panel 上行同时传输和上行 Multi-TRP 增强等。

MR-DC/CA 增强支持单 DCI 调度多个小区的 PDSCH/PUSCH，并研究 2Tx 终端跨 3 个载波或跨 4 个载波的切换机制。在移动性提升过程中，CPC/CPA（条件主辅小区改变/条件主辅小区添加）支持 1 个目标 MCG（主小区组）、1 个目标 SCG，以及多个候选 SCG，并通过 L1/L2 信号实现服务小区变更，在 MR-DC 场景中支持可选激活状态的 SCG。

UL 覆盖增强主要引入相同 beam、不同 beam 下的 PRACH repetition 标准化，增加 CA/DC

场景下 UE 的功率上限对应的 PHR（功率余量报告），实现 CP-OFDM 和 DFT-S-OFDM 波形的动态切换。

DSS 增强引入与 LTE CRS 重叠的符号中接收 NR PDCCH 的机制，同时两套 CRS 速率匹配不再依赖多 TRP 场景，去除邻区 LTE CRS 干扰。

Small Data 传输增强相比 Rel-17 标准仅支持上行小包传输业务，Rel-18 标准将支持 Inactive 态下由网络寻呼触发的下行小包传输业务。

UE 节能增强主要研究和评估低功耗 WUS 接收架构、传输信令，以及物理层过程及高层信令改进。

NTN 增强主要包括 NTN-IoT 增强和 NTN-NR 增强，NTN-IoT 增强主要包括去除 HARQ 反馈、提升 GNSS（全球导航卫星系统）操作、利用位置信息减少功耗、在无线链路失败前触发邻区测量等；NTN-NR 增强主要集中在覆盖范围扩大、移动性提升、业务连续性保障上，增加网络认证的 UE 位置信息，并将频谱扩展到 10GHz。

RedCap 增强可以实现将 RedCap 应用场景扩展到智能电网，提供介于现有 LPWAN（低功率广域网）终端和 Rel-17 RedCap 终端之间的低成本设备，峰值速率不超过 10Mbit/s。

5G 定位增强主要是持续增强定位精度，并进一步降低终端功耗，增加对 RedCap UE 定位的支持，满足车联网、公共安全等用例的定位需求。

XR 增强主要针对 XR 的特点进行充分优化，如对 XR 业务属性和应用侧信息的感知、针对性节能（DRX 等）、容量提升（CG 增强、Grant 增强）等。

MBS 增强主要包括支持 Inactive 态的多播接收、支持空口信令允许 UE 对多播和单播接收的联合处理，在网络共享场景中提升资源利用率。

QoE 增强主要为对新业务类型（如 AR、MR、MBS 业务等）定义 RAN 可见的参数，为 Inactive 态和 Idle 态的 MBS 定义 QoE 测量配置和集合，支持 NR-DC 场景的 QoE（如允许从 SN 侧报告）等。

Sidelink 增强主要是扩展可用性，如非授权频谱、FR2 的 Sidelink，LTE 和 NR 信道共存优化，并关注速率的提升，如支持 NR Sidelink CA 等。

Sidelink Relay 增强主要针对性能上的提升，如保障单跳 L2 relay UE-to-Network 场景下的业务连续性、通过 Multi-path 提升传输的可靠性和吞吐率。

SON/MDT 增强主要支持 SON 特性的数据收集、RACH 增强、NPN 及基于信令的 MDT override 保护（如从 LTE 移动到 NR）。

IAB 增强主要探讨对各种移动的支持，如车载 IAB 节点移动、跨 Donor 节点移动、IAB 节点与 UE 一起移动，以及移动时的干扰规避等。

多 SIM 卡增强主要实现 UE 可通知网络其能力临时发生变更的能力，以及支持多制式并发，如卡 1 为 NR-CA 或 NR-DC 状态，卡 2 可以是 LTE 或 NR 状态。

Rel-18 无线网的新增特性主要涉及智能化、灵活双工、空天地一体化、智能中继及 RAN 侧节能等，具体如下。

AI 特性，主要包括针对空口的研究和针对 NG-RAN 的增强。空口侧增强在于更好地支持基于 AI/ML 的算法，从而增强性能、降低复杂性/开销，同时基于案例来评估和传统方法相比，性能及相关的潜在规格影响，主要聚焦 3 个场景，即 CSI 反馈增强、波束管理和定位增强；NG-RAN 主要针对基于 AI 的网络节能、负载均衡和移动性优化场景，定义数据收集及信令接口。

子带全双工特性，主要支持在常规 TDD 频带内同时存在于 gNB 侧的子频带非重叠全双工，中国电信的超级时频折叠技术基于此技术进行研发和优化。

UAV（无人驾驶飞行器）特性，主要包括增强高空中的测量，如降低测量高度门限、生成飞行路径报告等；进一步增强低空场景中的功能，如低空 UE 鉴权、识别广播、波束成形能力指示等。

NCR（网络控制中继器）特性，是以低成本覆盖拓展为目标，引入网络控制的中继器，相比传统中继，其可以接收和处理来自网络的辅助控制信息，具体的内容包括辅助控制信息组成、用于传输这些信息的信令、对其的认证/授权等。

RAN 侧节能特性，主要定义了网络节能模型与 KPI 评估方法，并研究提升节能的技术，包括时域/频域/空域/功率域，以及 UE 辅助信息、网络协同等。

12.5 智能调度

5G 网络将支持 EMBB、URLLC、MMTC 等丰富的应用场景及商业模式。5G 网络尚处于发展阶段，而 4G 网络成熟稳定、覆盖全面深入，作为一张基础网络，能长期满足基本的移动宽带业务需求，在未来一段时间内并不会被取代。在 4G/5G 网络长期共存的情况下，如何充分发挥 5G 技术优势、合理利用 4G 已有投资，在保证业务能力和用户感知的基础上实现网络投资与价值的最大化，对于全球运营商来说是横跨两代技术的顶层设计问题。为解决此问题，从网络演进和用户体验的角度出发，针对各种应用驻留 4G 网络和 5G 网络的策略、网络优化和控制，3GPP 开展了应用感知互操作这一研究课题，基于应用特性、商业模型和运营策略，实现对 4G 和 5G 接入方式的不同选择的研究，以实现 4G 和 5G 的有效融合及商业模式创新[3]。

12.5.1 智能调度标准化实现

3GPP 定义的 NWDAF 通过分析网络数据，使 5G 网络更加智能和灵活，NF 也可以通过使用 NWDAF 产生的网络数据分析结果针对不同的应用场景进行更准确、灵活、高效的操作及部署。图 12-1 所示是智能调度应用示例。消费者可以向 NWDAF 订阅或请求多种类型的数据分析，NWDAF 可以从 OAM、核心网各 NF、AF 乃至 DPI 等运营商现有系统按需采集有用的数据，包括历史数据和实时数据。经过综合统计分析，NWDAF 会把数据分析结果反馈给消费者，其中，数据分析结果既可以是历史统计信息，也可以是带有置信概率的预测信息。

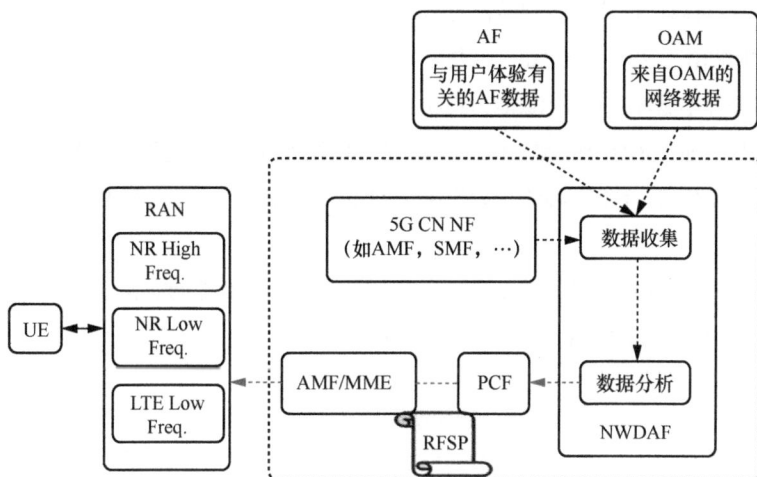

图 12-1 智能调度应用示例

在智能调度场景下，PCF 是主要的消费者。PCF 通过请求或订阅的方式，向 NWDAF 获取用户、业务、网络的数据信息，生成基于业务感知的调度策略，并进行策略调整，涉及的策略包括 RFSP、UE 路由选择策略（URSP）等。PCF 通过把策略更新消息发送给 AMF、SMF 等其他核心网网元，进而把更新策略传达至基站和终端。

借助核心网提供的 RFSP 策略更新，基站能够对无线资源进行调度。基站自身定义的 RFSP 策略包括 RFSP Index 和频点选择优先级，不同的 RFSP Index 关联不同的优选频点。当 NWDAF 发现用户正在或将要进行的业务体验不及预期时，核心网将根据 NWDAF 的分析结果，实时更新 RFSP Index 给基站，使基站把用户调度到核心网推荐的频点上，实时完成高低频切换或者 LTE/NR 间切换，动态保障用户的业务体验。

智能调度可以在基站节能场景中发挥作用，借助智能调度，NWDAF 根据分析出的用户等级、业务需求信息，通知 NR 把高频用户按照更新的 RFSP 策略按需调度至 NR 低频频点或者 LTE 上，使 NR 高频频点被空出来以执行载波休眠，减少闲时的基站能耗，并且使用户的服务质量得到保障，减少基站节能导致的用户投诉。

12.5.2 智能调度应用：基站节能

在多层载波组网条件下，运营商可以充分利用潮汐效应[2]，在业务量较少时，对一些载波实施休眠，即将载波分为覆盖层波载和容量层波载，保留覆盖层载波为用户持续提供服务，部分容量层载波休眠来减少能耗[4]。

在某个载波休眠前，系统需将载波上的用户调度到其他的激活载波上。应当将用户调度至哪个载波的问题在过去鲜少被讨论，这是因为 4G 不同频段（如 1.8GHz LTE 和 2.1GHz LTE）之间的技术差异不显著，业务承载能力相近。然而引入 5G NR 后，不同的 RAT 和频段之间存在显著的差异，如 3.5GHz NR 和 2.1GHz LTE 之间的覆盖范围、带宽和能耗差异，这种变化带来了较高的讨论价值。智能调度考虑如何在保障网络性能和用户业务体验的前提下，通过调度达到节能效果。

目前的基站节能技术通常基于基站侧掌握的信息对用户进行调度，在本节中将这种方式称为无线调度。表 12-1 对比了智能调度和无线调度。

表 12-1 智能调度和无线调度的对比

对比项	智能调度	无线调度
用户识别和调度	充分识别用户，对不同的用户可以使用不同的调度策略	无法识别用户，对不同的用户只能使用统一的调度策略
业务识别和调度	充分识别业务，在 5GS 内、5GS/EPS 跨系统间调度能力强	具有切片和会话层面信息，在 5GS 内具有一定的调度能力，5GS/EPS 跨系统间调度能力差
资源分配	能充分利用 LTE 资源，合理分配 LTE/NR 负载	不便于利用 LTE 资源
灵活性	高，调度策略可随网络的意愿及时调整	低，基站侧需配置相应的策略
信令开销	高，包括核心网内调整策略的信令、核心网与基站间的用户级信令、基站与终端的交互信令	低，基站按既定的策略执行调度，主要是基站与终端的交互信令

通过仿真比较采用智能调度和无线调度的载波休眠方案在基站节能中的性能，并将在无线

调度下不开启载波休眠作为对照。仿真中使用多种业务模型,用户数据包到达率服从泊松分布。仿真场景为密集城区环境,使用 3 层载波组网,共用站点并重叠覆盖,包括 1.8 GHz LTE、2.1GHz NR 及在闲时可采用载波休眠的 3.5GHz NR。

为了评估不同调度方式对网络的影响,考察以下节能相关指标。

① 3.5GHz NR 载波开启时长占比:开启自适应载波休眠时 3.5GHz NR 载波开启时长占总时长的比例,不开启载波休眠时值为 1。

② 能耗:单位时间内多层载波组网的总能耗,单位为 W。

③ 业务完成率:网络完成的业务量和用户发起的业务量之间的比值。

④ 能量效率:网络完成的业务量和网络总能耗之间的比值,单位为 bit/J。

仿真结果如图 12-2 和图 12-3 所示。图 12-2 展示了 3.5GHz NR 载波开启时长占比。在用户数较少时,开启自适应载波休眠的 3.5GHz NR 载波开启时长相比不开启载波休眠的 3.5GHz NR 载波开启时长大幅下降。随着用户数的增加,为了提供足够的容量,基于无线调度和基于智能调度的 3.5GHz NR 载波开启时长占比逐渐提高。相比无线调度,智能调度进一步缩短了 3.5GHz NR 载波的开启时长,尤其是在用户数处于区间(500,850)时,基于智能调度的 3.5GHz NR 载波开启时长缩短最为明显。

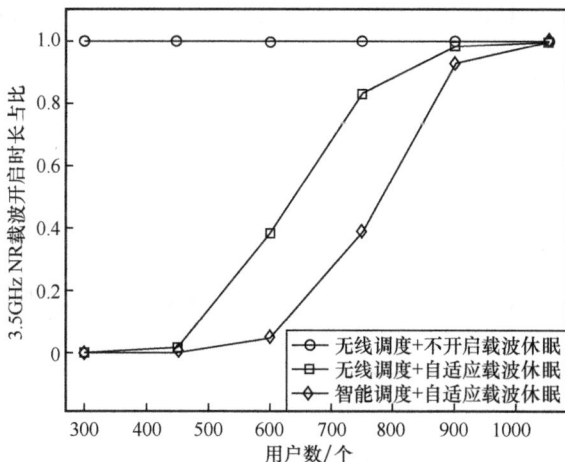

图 12-2　3.5GHz NR 载波开启时长占比

图 12-3 对比了不同情形的能耗。用户数越少,开启自适应载波休眠相比不开启载波休眠的节能效果越好。智能调度的能耗不高于无线调度,用户数处于区间(500,850)时智能调度的优势最为明显。结合图 12-2,可知能耗与 3.5GHz NR 载波开启时长关系密切。3.5GHz NR 载波开启时长更短,是智能调度能耗更低的主要原因。

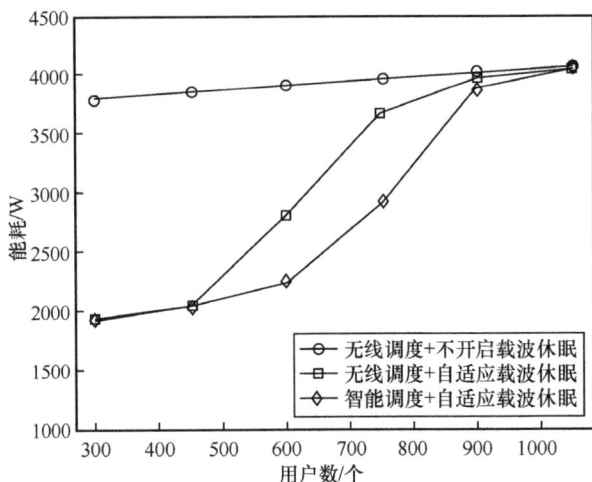

图 12-3　能耗

　　由于开启了载波休眠，无线调度和智能调度的业务完成率均不及不开启载波休眠时的业务完成率，但是都非常接近，如图 12-4 所示。

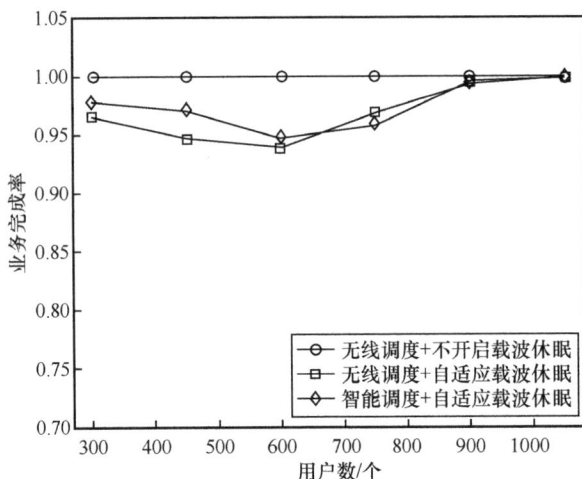

图 12-4　业务完成率

　　能量效率如图 12-5 所示，不开启载波休眠时，能量效率随用户数的增大单调递增，开启自适应载波休眠时，能量效率高于不开启载波休眠时的能量效率，随用户数的增大先递增，再递减，最后递增。第一个转折点出现的主要原因是，业务量的增多使 3.5GHz NR 载波开启时间加长，而 3.5GHz NR 载波的高基础功耗使总能耗大幅上升，对能量效率产生负面影响。随着用户数继续增大，3.5GHz NR 载波承载足够业务量时，其能量效率高的优点才得以体现，能量效率由降转升，出现第二个转折点。智能调度的能量效率高于无线调度的能量效率，用户数处于区间(500,850)时智能调度的优势最为明显。结合上文的分析，优势主要来源于智能调度带来了更短的 3.5GHz NR 载波开启时长。

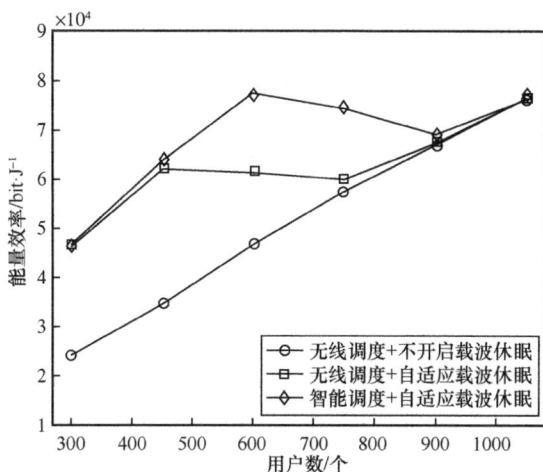

图 12-5　能量效率

智能调度打通了核心网和无线网，首先利用核心网和无线网的数据进行更为全面的智能分析和预测，然后根据用户和业务的属性制定相应的策略，利用 5GS 和 EPS 的策略执行机制执行相关策略，实现最小颗粒度为单个用户的灵活调度，可以在保障 QoS 的基础上实现绿色节能。

参考文献

[1]　王丹墨, 龙彪, 王庆扬. 网络智能化在多频组网场景中的应用研究[J]. 移动通信, 2020, 44(4): 28-31, 44.

[2]　黄韬, 张诺亚, 李鹏翔. 上行选择发射原理和实现分析[J]. 移动通信, 2021, 45(2): 53-57.

[3]　SUAREZ L, NUAYMI L, BONNIN J M. An overview and classification of research approaches in green wireless networks[J]. EURASIP Journal on Wireless Communications and Networking, 2012, 2012(1): 142.

[4]　CHAVARRIA-REYES E, AKYILDIZ I F, FADEL E. Energy consumption analysis and minimization in multi-layer heterogeneous wireless systems[J]. IEEE Transactions on Mobile Computing, 2015, 14(12): 2474-2487.

缩 略 语

缩略语	英文全称	中文释义
3GPP	3rd Generation Partnership Project	第三代合作伙伴计划
5GC	5th-Generation Core	第 5 代移动通信核心网
AAU	Active Antenna Unit	有源天线单元
ADC	Analog-to-Digital Converter	模数转换器
AGPS	Assisted Global Positioning System	辅助全球定位系统
AF	Application Function	应用功能
AI	Artificial Intelligence	人工智能
AMF	Access and Mobility Management Function	接入和移动性管理功能
AoA	Angle of Arrival	到达角
AoD	Angle of Departure	离开角
API	Application Program Interface	应用程序接口
AR	Augmented Reality	增强现实
ATG	Air to Ground	地空通信
AUSF	Authentication Server Function	鉴权服务功能
AZ	Availability Zone	可用区
BaaS	Backend as a Service	后端即服务
BBU	Baseband Unit	基带单元
BFD	Bidirectional Forwarding Detection	双向转发检测
BP	Branching Point	分支点
BSF	Binding Support Function	绑定支持功能
BSS	Business Support System	业务支撑系统
BT	British Telecom	英国电信
BWP	Bandwidth Part	部分带宽
CA	Carrier Aggregation	载波聚合

续表

缩略语	英文全称	中文释义
CaaS	Container as a Service	容器即服务
CAPEX	Capital Expenditure	资本性支出
CAPIF	Common API Framework	通用 API 框架
CCM	Cloud Controller Manager	云控制管理器
CDN	Content Delivery Network	内容分发网络
CE	Customer Edge	客户边缘
CG	Charging Gateway	计费网关
CG	Configured Grant	已配置授权
CHO	Conditional Handover	条件切换
CIM	Container Infrastructure Management	容器基础设施管理
CLI	Cross link Interference	交叉链路干扰
CN2	Chinatelecom Next Carrier Network	中国电信下一代承载网
CNCF	Cloud Native Computing Foundation	云原生计算基金会
CNF	Cloud Native Network Function	云原生网络功能
CNTT	Cloud iNfrastructure Telco Taskforce	云基础设施电信工作组
CPRI	Common Public Radio Interface	通用公共无线电接口
CRD	Custom Resource Definition	客户资源定义
CRS	Cell-specific Reference Signal	小区特定参考信号
CSI-RS	Channel State Information Reference Signal	信道状态信息参考信号
CSMF	Communication Service Management Function	通信服务管理功能
CU	Central Unit	集中单元
DAC	Digital-to-Analog Converter	数模转换器
DAPS	Dual Active Protocol Stack	双激活协议栈
DC	Data Center	数据中心
DCI	Data Center Interconnect	数据中心互联
DCN	Data Center Network	数据中心网络
DCOOS	Digital Capability Open Operation System	数字化能力开放运营系统
DetNet	Deterministic Networking	确定性网络
DevOps	Development and Operations	研发运营一体化

缩略语	英文全称	中文释义
DMRS	Demodulation Reference Signal	解调参考信号
DMZ	Demilitarized Zone	隔离区
DN	Data Network	数据网
DNAI	DN Access Identifier	数据网接入标识
DNN	Data Network Name	数据网络名称
DNS	Domain Name System	域名系统
DoS	Denial of Service	拒绝服务
DPDK	Data Plane Development Kit	数据平面开发套件
DPI	Deep Packet Inspection	深度包检测
DRA	Diameter Routing Agent	代理路由节点
DRB	Date Radio Bear	数据无线承载
DSS	Dynamic Spectrum Sharing	动态频谱共享
DU	Distributed Unit	分布单元
EAS	Edge Application Server	边缘应用服务器
eBGP	External Border Gateway Protocol	外部边界网关协议
E-CID	Enhanced-Cell ID	增强型小区标识
eCPRI	Enhanced Common Public Radio Interface	增强型通用公共无线电接口
eLTE	Evolved LTE	演进型 LTE
EMBB	Enhanced Mobile Broadband	增强移动宽带
EMS	Network Element Management System	网元管理系统
EOP	Enabler Open Platform	使能开放平台
EOR	End of Row	列末式
EPC	Evolved Packet Core	演进分组核心网
ETSI	European Telecommunications Standards Institute	欧洲电信标准组织
FaaS	Function as a Service	函数即服务
FAC	Function Accelerator Card	功能加速卡
FCC	Federal Communications Commission	联邦通信委员会
FlexE	Flexible Ethernet	灵活以太网
FlexO	Flexible Optical Transport Network	灵活光传送网

缩略语	英文全称	中文释义
FPGA	Field Programmable Gate Array	现场可编程门阵列
FQDN	Fully Qualified Domain Name	全限定域名
GaN	Gallium Nitride	氮化镓
GBR	Guaranteed Bit Rate	保障比特速率
GCE	Google Compute Engine	谷歌计算引擎
GEO	Geostationary Earth Orbit	地球静止轨道
GPS	Global Positioning System	全球定位系统
GPU	Graphics Processing Unit	图形处理器
GSMA	Global System for Mobile Communications Association	全球移动通信系统协会
GTP	GPRS Tunnel Protocol	GPRS 隧道协议
HARQ	Hybrid Automatic Repeat Request	混合自动重传请求
HQoS	Hierarchical Quality of Service	层次化质量服务
HR	Home Routed	归属路由
HSS	Home Subscriber Server	归属签约用户服务器
HTTP	HyperText Transfer Protocol	超文本传送协议
IaaS	Infrastructure as a Service	基础设施即服务
IAB	Integrated Access and Backhual	接入回传一体化
ICT	Information and Communication Technology	信息通信技术
IIoT	Industrial Internet of Things	工业物联网
IMT	International Mobile Telecommunication	国际移动通信
IP	Internet Protocol	互联网协议
IPMI	Intelligent Platform Management Interface	智能平台管理接口
IPRAN	IP Radio Access Network	IP 化无线接入网
IPSec	Internet Protocol Security	互联网络层安全协议
ITU	International Telecommunication Union	国际电信联盟
ITU-RWP5D	ITU-Radio Working Party 5D	国际电信联盟无线 5D 工作组
LADN	Local Area Data Network	本地数据网
LAA	Licensed Assisted Access	授权频谱辅助接入
LBO	Local Break Out	本地分流

缩略语	英文全称	中文释义
LEO	Low Earth Orbit	低地球轨道
LFN	Linux Foundation Networking	Linux 基金会网络
LOCI	Lightweight Open Container Initiative	轻量级开放容器计划
LPWA	Low-Power Wide-Area Network	低功率广域网
LTE	Long Term Evolution	长期演进
LXC	Linux Containers	Linux 容器
MAC	Media Access Control	媒体接入控制
MANO	Management and Orchestration	管理和编排
MBO	MSS，BSS and OSS	管理、业务、运营支撑系统
MCG	Master Cell Group	主小区组
MDT	Minimisation of Drive Test	最小路测
MEC	Multi-access Edge Computing	多接入边缘计算
MIMO	Multiple-Input Multiple-Output	多输入多输出
ML	Machine Learning	机器学习
MLB	Mobility Load Balancing	移动负载均衡
MME	Mobility Management Entity	移动管理单元
MMTC	Massive Machine Type Communication	大规模机器通信
MPLS	Multi-Protocol Label Switching	多协议标记交换
MR-DC	Multi-Radio Dual Connectivity	多频双连接
MRO	Mobility Robustness Optimization	移动稳健性优化
MVNO	Mobile Virtual Network Operator	移动虚拟网络运营商
NC	Network Cloud	网络云
NCR	Network-Controlled Repeater	网络控制中继器
NEF	Network Exposure Function	网络开放功能
NF	Network Function	网络功能
NFV	Network Function Virtualization	网络功能虚拟化
NFVI	NFV Infrastructure	NFV 基础设施
NFVO	Network Functions Virtualization Orchestrator	网络功能虚拟化编排器
NGRTC	Next Generation Real Time Communication	下一代实时通信

缩略语	英文全称	中文释义
NPN	Non-Public Network	非公共网络
NR	New Radio	新空口
NRF	Network Repository Function	网络存储功能
NR-U	NR- Unlicensed	NR 非授权频谱
NSA	Non-Standalone	非独立组网
NSMF	Network Slice Management Function	网络切片管理功能
NSI	Network Slice Instance	网络切片实例
NSSAI	Network Slice Selection Assistance Information	网络切片选择辅助信息
NSSF	Network Slice Selection Function	网络切片选择功能
NSSMF	Network Slice Subnet Management Function	网络切片子网管理功能
NSST	Network Slice Subnet Template	网络切片子网模板
NSSI	Network Slice Subnet Instance	网络切片子网实例
NTN	Non Terrestrial Network	非陆地网络
NUMA	Non Uniform Memory Access Architecture	非统一内存访问架构
NWDAF	Network Data Analytics Function	网络数据分析功能
OCI	Open Container Initiative	开放容器标准
ONAP	Open Network Automation Platform	开放网络自动化平台
OOK	OpenStack on Kubernetes	基于 Kubernetes 的 OpenStack
OPNFV	Open Platform for NFV	NFV 开放平台
OPEX	Operating Expense	运营支出
OSS	Operation Support System	运营支撑系统
PaaS	Platform as a Service	平台即服务
PAPR	Peak to Average Power Ratio	峰值平均功率比
PCC	Policy Control and Charging	策略控制与计费
PCF	Policy Control Function	策略控制功能
PCRF	Policy and Charging Rules Function	策略与计费规则功能
PDCP	Packet Data Convergence Protocol	分组数据汇聚协议
PDCCH	Physical Downlink Control Channel	下行控制信道
PDSCH	Physical Downlink Shared Channel	下行共享信道

缩略语	英文全称	中文释义
PDN	Packet Data Network	分组数据网
PDU	Packet Data Unit	分组数据单元
PGW	PDN Gateway	PDN 网关
PHR	Power Headroom Report	功率余量报告
PHY	Physical Layer	物理层
PIM	Physical Infrastructure Manager	物理基础设施管理
PIN	Personal IoT Network	个人物联网
PNI-NPN	Public Network Integrated NPN	基于公网的非公网
PoP	Point of Presence	接入点
PSA	PDU Session Anchor	分组数据单元会话锚点
PXE	Preboot eXecution Environment	预启动执行环境
QAM	Quadrature Amplitude Modulation	正交振幅调制
QoE	Quality of Experience	体验质量
QoS	Quality of Service	服务质量
RACH	Random Access Channel	随机接入信道
RAN	Radio Access Network	无线电接入网
RAT	Radio Access Technology	无线接入技术
RF	Radio Frequency	射频
RFSP	RAT/Frequency Selection Priority	无线接入技术/频率选择优先级
RIM	Remote Interference Management	远端干扰管理
RLC	Radio Link Control	无线链路控制协议
RLF	Radio Link Failure	无线链路故障
RRC	Radio Resource Control	无线电资源控制
SA	Standalone	独立组网
SaaS	Software as a Service	软件即服务
SBA	Service Based Architecture	服务化架构
SCG	Secondary Cell Group	辅小区组
SCP	Service Communication Proxy	服务通信代理
SD	Slice Differentiator	切片区分参数

缩略语	英文全称	中文释义
SDN	Software Defined Network	软件定义网络
SLA	Service Level Agreement	服务等级协定
SM	Session Management	会话管理
SMF	Session Management Function	会话管理功能
SNPN	Stand-alone NPN	独立非公共网络
S-NSSAI	Single Network Slice Selection Assistance Information	子网络切片选择协助信息
SON	Self-Organizing Network	自组织网络
SPS	Semi-Persistent Scheduling	半持续调度
SR	Schedule Request	调度请求
SR-IOV	Single Root I/O Virtualization	单根 I/O 虚拟化
SRv6	IPv6 Segment Routing	基于 IPv6 段路由
SRS	Sounding Reference Signal	探测参考信号
SST	Slice/Service Type	切片/服务类型
STN	Smart Transport Network	智能传送网
SUL	Supplementary Uplink	补充上行
TA	Tracking Area	跟踪区
TAI	Tracking Area Identifier	跟踪区标识
TAU	Tracking Area Update	跟踪区更新
TCI	Transmission Configuration Indicator	传输配置指示符
TCP	Transmission Control Protocol	传输控制协议
TDM	Time Division Multiplexing	时分复用
TDoA	Time Difference of Arrival	到达时间差
TEE	Trusted Execution Environments	可信执行环境
TEID	Tunnel Endpoint Identifier	隧道端点标识
TLS	Transport Layer Security	传送层安全协议
ToB	To Business	面向企业
ToC	To Customer	面向客户
ToH	To Home	面向家庭
TOR	Top of Rack	架顶式

续表

缩略语	英文全称	中文释义
TRP	Tx and Rx Point	发射接收点
TSN	Time Sensitive Network	时间敏感网络
UAV	Unmanned Aerial Vehicle	无人驾驶飞行器
UDM	Unified Data Management	统一数据管理
UDR	Unified Data Repository	统一数据存储库
UE	User Equipment	用户设备
ULCL	Uplink Classifier	上行分类器
UPEAS	UPF Enhancement for Exposure and SBA	UPF 信息开放和服务化增强
UPF	User Plane Function	用户面功能
URL	Uniform Resource Locator	统一资源定位符
URLLC	Ultra-Reliable and Low-Latency Communication	超可靠低时延通信
URSP	UE Route Selection Policy	UE 路由选择策略
V2X	Vehicle to Everything	车联网
vBRAS	Virtualized Broadband Remote Access Server	虚拟宽带远程接入服务器
vCDN	Virtualized Content Delivery Network	虚拟内容分发网络
VIM	Virtualised Infrastructure Manager	虚拟化基础设施管理器
VLAN	Virtual Local Area Network	虚拟局域网
vLNS	Virtual L2TP Network Server	虚拟 L2TP 网络服务器
VMM	Virtual Machine Monitor	虚拟机监视器
VMR	Vehicle-mounted Relay	车载中继
VNF	Virtual Network Function	虚拟网络功能
VNFM	VNF Manager	VNF 管理器
VoLTE	Voice over LTE	基于 LTE 的语音业务
VoNR	Voice over NR	基于 NR 的语音业务
VPDN	Virtual Private Dial Network	虚拟专有拨号网络
VPN	Virtual Private Network	虚拟专用网络
VR	Virtual Reality	虚拟现实
VRF	Virtual Routing Forwarding	虚拟路由转发
XRM	Extended Reality and Media Service	扩展现实和媒体服务

缩略语	英文全称	中文释义
VS	Virtual System	虚拟系统
VSS	Volume Shadow Copy Service	卷影复制服务
VTEP	VxLAN Tunnel Endpoint	VxLAN 隧道端点
VXLAN	Virtual eXtensible Local Area Network	虚拟可扩展局域网
WDM	Wavelength Division Multiplexing	波分复用
WI	Work Item	工作项目
WLAN	Wireless Local Area Network	无线局域网
WUS	Wake Up Signal	唤醒信号